U0743907

高等教育内涵式发展

——2018 宁波高等教育研究论坛论文集

主　编：胡赤弟

副主编：郑卫东　董珍时

浙江工商大学出版社

ZHEJIANG GONGSHANG UNIVERSITY PRESS

·杭州·

图书在版编目(CIP)数据

　　高等教育内涵式发展：2018宁波高等教育研究论坛
论文集／胡赤弟主编. — 杭州：浙江工商大学出版社，
2020.5
　　ISBN 978-7-5178-3775-6

　　Ⅰ．①高… Ⅱ．①胡… Ⅲ．①高等教育－教学研究－
宁波－文集 Ⅳ．①G642.0－53

　　中国版本图书馆CIP数据核字(2020)第037626号

高等教育内涵式发展——2018宁波高等教育研究论坛论文集
GAODENG JIAOYU NEIHANSHI FAZHAN——2018 NINGBO GAODENG
JIAOYU YANJIU LUNTAN LUNWENJI

主　　编：胡赤弟
副主编：郑卫东　董珍时

责任编辑　王　耀　张晶晶
封面设计　林朦朦
责任印制　包建辉
出版发行　浙江工商大学出版社
　　　　　（杭州市教工路198号　邮政编码310012）
　　　　　（E-mail：zjgsupress@163.com）
　　　　　（网址：http://www.zjgsupress.com）
　　　　　电话：0571—88904980,88831806（传真）
排　　版　杭州朝曦图文设计有限公司
印　　刷　杭州高腾印务有限公司
开　　本　710mm×1000mm　1/16
印　　张　32.25
字　　数　614千
版 印 次　2020年5月第1版　2020年5月第1次印刷
书　　号　ISBN 978-7-5178-3775-6
定　　价　99.00元

版权所有　翻印必究　印装差错　负责调换
浙江工商大学出版社营销部邮购电话　0571-88904970

本书编委会

主　编: 胡赤弟

副主编: 郑卫东　董珍时

编　委: (以姓氏笔画排序)

邢　伟(浙江工商职业技术学院)

张劲英(浙江纺织服装职业技术学院)

陈书华(宁波工程学院)

陈汉强(浙江医药高等专科学校)

林上洪(宁波大学)

林　怡(浙江万里学院)

周亚红(宁波卫生职业技术学院)

侯苏红(宁波城市职业技术学院)

徐　莹(宁波大学科学技术学院)

崔　丽(宁波广播电视大学)

黄小灵(宁波财经学院)

黄志兵(宁波教育学院)

前　言

习近平总书记在党的十九大报告中提出,要加快一流大学和一流学科建设,实现高等教育内涵式发展,并在全国教育大会上的重要讲话中对高等教育内涵式、特色化发展以及如何培养创新型、复合型或应用型人才进行了阐述。

自 2014 年以来,"宁波高等教育研究论坛"已经成为宁波高等教育界分享年度高等教育研究成果、总结高等教育实践经验、开展学术交流的一个重要平台。为深入学习贯彻党的十九大、全国教育大会相关精神,加强高等教育理论研究,推动高等教育改革发展,探索解决高等教育发展过程中的理论和现实问题,2018 年宁波高等教育研究论坛主题是"高等教育内涵式发展"。宁波 15 所高校的领导、教学研究人员、专业教师等 150 余人报名参会。论坛收到论文81 篇。

实现高等教育内涵式发展,提高质量是主题,调整结构是主线,首先必须加强学科建设,增强学科专业与市场的融合度。其次是切实提高教学质量,加快教学理念、内容和方法的改革。产教融合、协同育人能够解决传统教育模式中人才培养结构与社会需求脱节等问题,使教学过程更加贴近经济社会发展需求。构建支持中国特色世界一流大学和一流学科建设的长效机制,引导高等教育持续健康发展,科学评价是核心。因此,参会代表就高校学科专业建设、高校课堂教学改革、高校产教融合协同育人、高等教育绩效评价等议题进行了现场交流和探讨。经作者同意,部分参会论文现结集出版,以分享收获和启迪,推动宁波高等教育界开拓创新、取得更大成就。

本书在编写过程中,得到了宁波市教育局和各编委所在单位的大力支持。浙江纺织服装职业技术学院张劲英老师承担了主要的稿件整理、通讯联系工作。在此一并致以衷心的感谢!

由于编者水平有限,不免疏漏不当之处,欢迎各位专家、同仁及时批评指正。

编者

2019年12月

目　　录

第一篇　高校学科专业建设研究

第二篇　高校课堂教学改革研究

第三篇 高校开展产教融合、协同育人研究

第四篇　高等教育绩效评价研究

第一篇

高校学科专业建设研究

◎宁波市南高教园区升级发展问题研究

孙　宇　　陈聪诚　　徐军伟①

摘　要:进入高等教育普及化发展阶段的高教园区面临升级发展的现实问题。本文通过对宁波市南高教园区6所高校在学生培养、横向科研经费、成果转化收入以及年度决算经费等方面情况的调研,结合专家访谈,分析了宁波市南高教园区升级发展中存在的园区整体实力不强、学科专业与产业衔接不紧、毕业生留甬比例不高、园区规划需要完善等问题,提出升级高教园区的功能定位、做大做强优势学科专业、推进学科专业产业链的建立、以国际化推动园区升级发展等建议。

关键词:高教园区;高校;升级发展;宁波

高教园区是我国高等教育大众化的产物,经过近二十年时间的发展,我国高等教育即将迈入普及化发展阶段,高教园区也面临转型升级的现实需要。浙江省是我国高教园区建设的先发省份,进入高等教育普及化发展阶段的浙江高教园区也在全国率先提出"转型升级"的新命题。2017年12月,浙江省教育厅提出下沙高教园区转型升级问题。2018年7月,在浙江省和教育部第一次部省会商会议中,就把"探索高教园区转型升级新路径"作为十大重点会商内容之一提出,希望教育部支持浙江探索"以高教园区为基础,协同发展为目标的科教创

---

①　作者简介:孙宇(1994—　)女,宁波大学教师教育学院硕士研究生;陈聪诚(1975—　),男,浙江慈溪人,宁波卫生职业技术学院党委副书记,副研究员;徐军伟(1975—　),男,浙江余姚人,研究员/博士,主要研究方向为高教管理、区域高等教育。

新城建设"。2018年8月,在浙江省全面实施高等教育强省战略的意见中,再次把"推进高教园区转型升级"作为重点任务提出。

宁波市南高教园区是浙江省最早建成的高教园区。"1999年9月,宁波市委、市政府召开'科教兴市'大会,把大力发展高等教育作为振兴宁波经济的战略决策",不仅揭开了宁波高等教育的崭新历史篇章,也标志着全国高教园区发展的顺利起航。以宁波市南高教园区建设为标志,宁波高等教育在短时间内获得了快速发展,但在当前宁波经济发展进入新常态和高等教育发展进入普及化阶段之际,南高教园区也面临转型升级的现实要求。深入研究宁波市南高教园区发展所存在的问题,创新发展思路,提出针对性的发展建议,对推进全国同类型高教园区的转型升级具有积极意义。

一、宁波市南高教园区发展现状

宁波市南高教园区位于鄞州中心区,"1999年9月动工开建,2002年12月建成投入使用。总投资38亿元,规划建设面积6500余亩,首期完成建筑面积110余万平方米,是全国建成的第一个高教园区"。目前,园区内共有6所高校,其中本科院校3所,分别是宁波诺丁汉大学、浙江万里学院和浙江大学宁波理工学院;高职高专院校3所,分别是宁波城市职业技术学院、宁波卫生职业技术学院和浙江医药高等专科学校。

宁波诺丁汉大学于2004年由英国诺丁汉大学与浙江万里学院合作创办,是中国第一所具有独立法人资格和独立校区的中外合作大学。浙江万里学院创办于1999年,由原浙江农村技术师范专科学校改制设立,是"公办高校实行新的管理模式和运行机制"的新型高校。浙江大学宁波理工学院成立于2001年,是由宁波市政府投资建设,浙江大学负责办学管理的独立学院;2018年浙江省支持浙江大学宁波理工学院转设为公办普通本科高校,实行公费招生政策。宁波城市职业技术学院成立于2003年3月,在原宁波大学职教学院基础上创建,是一所专业较为综合的市属公办高职院校。宁波卫生职业技术学院前身是宁波卫生学校,2004年改建为宁波天一职业技术学院,2012年更名为宁波卫生职业技术学院,是一所以护理和健康为特色的市属公办高职院校。浙江医药高等专科学校已有30多年的办学历史,是由浙江省食品药品监督管理局主办,浙江省教育厅主管的以医药为特色的省属高等专科学校。

(一)园区高校学生培养状况

1.在园学生的规模结构

"截至2017年底,南高教园区有全日制在校生6万余人,占全宁波市普通高校在校生人数15.61万的38%,有教职工3273人,校均545人。"其中,宁波诺丁汉大学有6000余名全日制在校学生;浙江万里学院有2万多名全日制在校学生;浙江大学宁波理工学院有1.1万多名全日制在校学生;宁波城市职业技术学院有全日制高职学生8630人,本科学生1126人;宁波卫生职业技术学院有全日制高职学生6158人;浙江医药高等专科学校有全日制专科学生8200余人。南高教园区涵盖了研究生、本科生以及高职高专生等各个层次的学生,但主体以本科生和高职高专学生为主,研究生层次的学生极少。

2.学生毕业就职情况

从图1可见,2007—2016年,南高教园区高校中就职于宁波的毕业生人数与就职于鄞州区的毕业生人数呈现上升趋势。6所高校就职于宁波的毕业生人数由2007年的4653人增长至2016年的6055人,就职于鄞州区的毕业生人数2007年是840人,2016年增长至2323人。

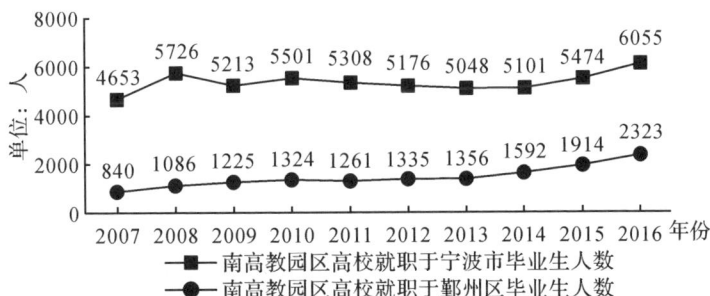

注:就职于宁波市的毕业生数包含就职于鄞州区的毕业生人数。

图1 南高教园区高校学生毕业就职情况折线图

调查数据显示,十年间,南高教园区各高校就职于宁波市的毕业生人数中,浙江万里学院的毕业生留在宁波市就业的人数最多,近三年年均为1894人;其次是宁波城市职业技术学院与浙江大学宁波理工学院,两校近三年年均各为

1356 人和 1071 人。宁波诺丁汉大学毕业生就职于宁波市的人数最少,近三年年均仅有 42 人。而各高校就职于鄞州区毕业生人数中,最多的也是浙江万里学院,近三年年均为 865 人,其次依旧是浙江大学宁波理工学院与宁波城市职业技术学院,两校近三年年均为 366 人和 435 人。

(二)园区高校横向科研经费情况

图 2 显示,南高教园区各高校在宁波市获得的横向科研经费与在鄞州区获得的横向科研经费呈现出基本一致的状态,2007 年开始快速增加,2012 年达到顶峰后又开始逐年减少,从 2016 年开始各高校的横向科研经费又有了逐渐回升的迹象。调研数据显示,浙江大学宁波理工学院获得的横向科研经费最多,近三年年均为 2566.46 万元;其次是浙江万里学院,近三年年均为 773.94 万元。这两所高校所获得的横向科研经费在六所高校中遥遥领先。

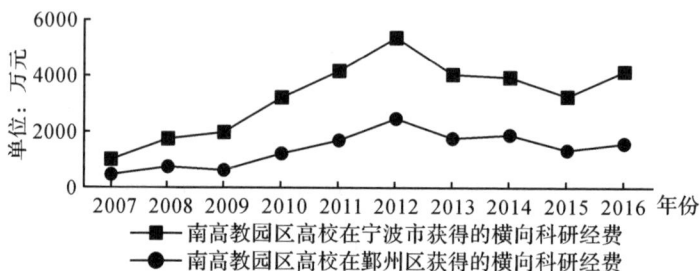

注:高校在宁波市获得的横向科研经费包含在鄞州区获得的横向科研经费。

图 2　南高教园区高校获得的横向科研经费情况

(三)园区高校成果转化情况

南高教园区高校的成果转化收入(图 3)呈现出一个较大的陡坡势的变化,图 3 中显示 2007—2013 年,这七年间南高教园区各高校在宁波市转化的成果收入与在鄞州区转化的成果收入都很少,成果转化率也较低。以 2013 年为分水岭,2014 年园区内各高校在宁波市转化的成果收入以较快的速度上升。2015 年到 2016 年间南高教园区各高校的成果转化收入更是有了一个质的飞跃。浙江大学宁波理工学院 2014 年在宁波市的成果转化收入为 215 万元,2015 年为 295 万元,2016 年快速增长,达到了 660.46 万元,分析其中原因,该校机械学科在其中做出了突出贡献。

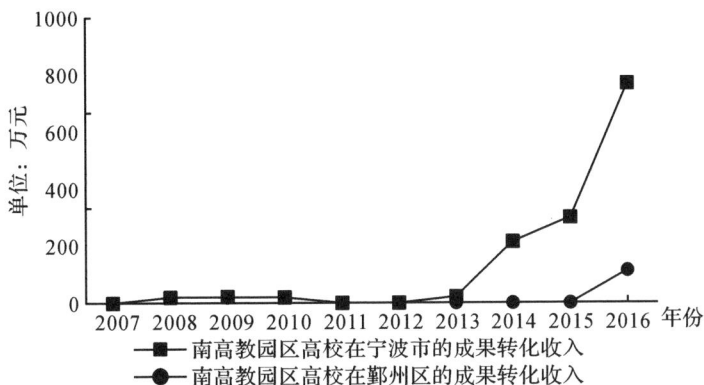

注:高校在宁波市的成果转化收入包含高校在鄞州区的成果转化收入。

图3 南高教园区高校的成果转化收入情况

(四)园区高校年度决算经费

从图4可见,南高教园区6所高校的年度决算经费总量不大,总体呈现上升趋势。2007年,6所高校的年度决算经费总数是10.303亿元,2016年增长至23.276亿元。调查数据显示,十年内宁波诺丁汉大学、浙江大学宁波理工学院与浙江万里学院的年度决算经费增长稍快,三校近三年年均年度决算经费分别是4.91亿元、3.76亿元和4.38亿元。而宁波城市职业技术学院、宁波卫生职业技术学院与浙江医药高等专科学校的年度决算经费增长较慢,三校近三年年均年度决算经费分别是2.5亿元、2.06亿元和1.74亿元。

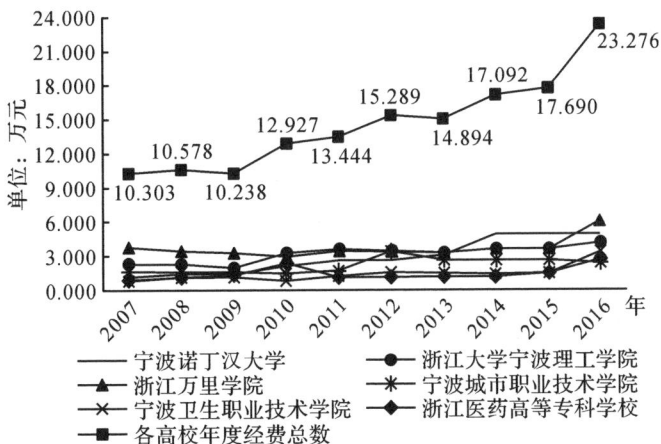

图4 南高教园区高校年度决算经费情况

二、区域经济转型升级对高教园区的新要求

当前,新一轮科技革命和产业变革正在加速推进,经济发展动力正由要素驱动向创新驱动转换。以制造业为发展优势的宁波也正处于产业转型升级的关键期,需要以科技和人才为代表的创新要素的充分供给。高校承担着为社会培养人才、开展科学研究和提供社会服务的职能,区域经济社会的转型发展与高校之间形成了紧密的供需关系。高教园区是区域高校的集结地,是推动区域转型发展的重要创新平台,新时代宁波经济的转型升级对高教园区的创新发展提出了新的要求。

(一)区域经济转型升级需要高教园区集聚高端创新要素

"抢机遇、抢项目、抢人才"是宁波加快转型发展的战略举措,进一步加快高等教育发展,实施"名校、名院、名所、名人"引进工程是其中的核心举措。高教园区是区域科教创新重大载体,是"集聚创新资源、汇聚创新资本、吸引创新人才有效的组织形态和空间形态"。利用高教园区科教资源汇聚、创新人群集聚的优势条件,建设以高教园区为基础,协同发展为目标的科教创新城,进一步汇聚以高水平科教创新平台、大学科技产业园、区域创新创业空间、高新技术企业为代表的区域高端创新要素,以高教园区为核心,在更大的范围内集聚高端创新要素,推进协同创新,打造区域创新发展的核心,既是高教园区升级发展的内在需要,也是区域经济转型升级对高教园区发展提出的迫切要求。

(二)区域经济转型升级需要园区高校增强创新服务能力

高教园区建设的最初目的,是解决自1999年以来我国高等教育大扩招后所带来的高校办学空间资源不足的问题。在20世纪最初的十年间,全国各地一批高教园区的建成,极大地加快了我国高等教育大众化的进程。但宁波市南高教园区入驻高校由于建校时间较短、办学基础较弱、发展实力有限,自2003年南高教园区建成投入使用以来,其功能的发挥主要表现在扩大了在园高校的人才培养规模,更好地履行了高校人才培养的第一职能,但高校科技创新的第二职能和社会服务的第三职能并未得到有效的发挥。面对区域经济转型升级

的需求和高等教育进入普及化发展阶段的现实,在园高校如何加快提升科技创新能力和社会服务能力,更好地助推区域经济的转型升级成为当务之急。

(三)区域经济转型升级需要园区高校增加青创人口供给

一个区域拥有高校的数量与质量,是区域竞争力的重要构成要素。高校是招收、培养年轻人的社会组织,在我国很多城市逐渐步入老龄化社会之际,高校通过特有的招生培养机制,吸纳其他区域的年轻人口,经过培养后留在本地就业、创业,能为区域经济社会发展提供源源不断的带有创新精神与创业能力的青年人口。我国城市转型发展的实践显示,一所城市拥有高校数量越多、水平越高,往往城市经济转型发展能力和创新活力就强。当前,宁波城市老龄化问题严重。"据统计,截至 2015 年底,宁波全市 60 周岁及以上户籍老年人口131.6 万,占户籍人口总数的 22.4%,老年人口较上年增加 6.1 万,增幅 4.9%,是总人口增幅的 10 倍,老龄化系数连续五年以约 1% 的速度增长。据预测,到2020 年,宁波市老年人口将突破 160 万,老年人口系数将超过 25%。"老龄化问题将影响城市的创新活力与经济转型能力,如何发挥高教园区的作用,进一步扩大办学规模,提升青年创新创业人才培养数量与质量,吸引青年大学生毕业后留甬工作,助力宁波城市的可持续发展,成为当前地方政府和高校需要共同应对的重要问题。

三、南高教园区升级发展面临的问题分析

在高等教育大众化发展阶段,高教园区的主要功能是扩大人才培养的规模,满足人民群众接受高等教育的要求。进入普及化发展阶段之后,成为区域的创新中心是地方政府与社会各界对高教园区转型发展的强烈要求。从世界范围来看,美国的"硅谷"科技园区、波士顿 128 公路科技创新带、英国的剑桥科学园和日本的筑波科学城等都是以大学城为核心,以高新技术产业群为基础形成的产学研结合的科技创新中心,从而带动区域乃至国家经济的快速发展。面对区域经济社会对创新资源要素的强烈渴求,走过十五年发展历程的宁波市南高教园区也面临二次创业、提升创新动能的现实问题。

(一)园区规划需要优化完善

1999年全国教育工作大会之后,为满足高校扩大招生工作的需要,全国各地陆续建设了一批高教园区,以拓展高校办学空间,增加高校学生容量。宁波市南高教园区建设的初衷是为了扩大在甬高校数量、扩大高校办学空间、增加在甬大学生人数,通过高教园区建设带动提升宁波城市化发展水平和城市南部功能区块的开发。宁波南高教园区的规划定位是以浙江万里学院、浙江大学宁波理工学院、宁波诺丁汉大学、宁波城市职业技术学院等为主体的若干所高校和以宁波中学、鄞州区职教中心等为集合的学校集中布局区域。随着区域经济社会的快速发展,高教园区在推动区域经济社会转型发展、创新发展方面能力不足的问题逐渐显现,原有较为单一的以高校集聚功能为主的规划布局与功能定位已远远不能满足区域经济社会创新发展的需求。如何进一步发挥高教园区青年人才集聚的优势,进一步优化完善区域规划布局,通过增加区域科技创新平台建设、区域青年创新创业中心建设,相邻布局发展创新型经济,以提升高教园区整体创新发展动能,成为地方政府需要规划的现实问题。

(二)园区高校整体实力不强

由于宁波市高等教育发展起步较晚、基础较弱,因此,在最初规划南高教园区建设之时,没有实力较强的高校入驻。构成南高教园区的3所本科院校和3所高职高专院校整体实力较弱,主体高校基本上都是新建高校,浙江大学宁波理工学院、宁波诺丁汉大学、宁波城市职业技术学院、宁波卫生职业技术学院都是新建高校,浙江万里学院由浙江农技师专转制发展建设,浙江医药高等专科学校整体办学规模实力较弱。目前,除宁波诺丁汉大学具有少量博士生培养外,其他学校都无博士生培养资格,硕士研究生培养量也极少。园区6所高校的在校生规模不大,除浙江万里学院有全日制在校学生2万余人,其余高校均在1万人左右。调研数据显示,2016年南高教园区6所高校的年度决算经费排在前三位的是浙江万里学院、宁波诺丁汉大学和浙江大学宁波理工学院,分别为6.05亿元、4.90亿元和4.05亿元,三所高职院校的年度办学经费很少。南高教园区高校办学层次低、办学规模小、师资力量弱、办学经费少、科研实力弱的现状导致宁波市南高教园区对区域经济社会的创新发展支撑能力不足,在园高校急需加快发展,提升创新实力。

（三）学科专业与产业衔接不紧

当前,在宁波市与鄞州区的经济结构中,第二产业与第三产业基本持平,这种产业结构直接决定了对理工类高端人才与服务类人才的需求较大。从南高教园区各高校开设专业的情况来看,经管类、商贸类、计算机类专业开设较多,但是纵览宁波市大力发展的高新技术产业和鄞州区着力打造新经济增长点的新材料、高端装备、新一代信息技术三大战略新兴产业都存在人才短缺的尴尬境地。南高教园区内高校部分专业人才相对过剩和部分专业人才紧缺成为当前的突出矛盾。调研数据显示,近几年南高教园区6所高校中,只有浙江大学宁波理工学院的成果转化收入和科研经费稍显可观。这一方面说明南高教园区各高校的科研能力还很弱,另一方面也反映出各高校学科专业与产业衔接存在问题,缺少与企业的合作,科研成果难以转化。南高教园区多所高校间的学科、专业和产业的关系更倾向于相互独立的,相互之间存在断节或错位的现象,未能建立起相关学科、专业产业链。因此加强高校间学科专业与产业的互动与合作,扩大创新高端要素和产业群的集聚,培养为宁波产业发展服务的创新型人才是园区高校的当务之急。

（四）毕业留甬学生比例下滑

当前,宁波市人口老龄化趋势加快成为宁波城市经济社会转型发展的重要隐忧。高校是城市培养和吸纳青年人才的重要社会组织,通过高校特有的招生培养机制,能为城市创新发展、可持续发展增加年轻人口的供给,这是城市发展最节约成本的人才引进办法。调查显示,南高教园区三所本科院校中,浙江万里学院2016年毕业生留甬就业比例为44.47%,2017年为45.82%。浙江大学宁波理工学院毕业生留甬就业比例2016年为43.04%,2017年降至41.03%。宁波诺丁汉大学毕业生留甬就业比例长期以来很低,2017年仅为2.63%。数据显示,南高教园区内本科高校毕业生留甬工作比例近年来整体有所下降,与杭州等兄弟城市相比存在较大差距。在宁波城市人口老龄化问题加重的背景下,需要政府部门和高校引起高度的重视,以重新审视各高校的人才培养模式和区域经济社会发展的方式,准确把握区域经济与产业发展需求的应用型创新人才以及企业对当前及未来人才的需求变化,加大政策力度,增加高校毕业生留在宁波的人数与比例,促进宁波市城市的可持续发展。

四、南高教园区升级发展的路径选择

目前,宁波正在围绕市党代会确定的"建设国际港口名城、打造东方文明之都"的奋斗目标,加快大湾区、大花园、大通道、大都市区建设。高等教育和高教园区在推动区域经济社会创新发展中的作用更为重要。宁波市南高教园区需通过功能定位升级、密切学科专业与产业的关系、做大做强特色优势学科、推动国际合作等途径带动园区的升级发展,实现高教园区的二次创业,助推宁波经济社会的创新发展。

(一)升级南高教园区的功能定位

实现高教园区由目前相对单一的人才培养功能向融合人才培养、科学研究与社会服务三大功能的科教创新城功能的转变,最大限度地发挥高教园区青年创新人才集聚的作用,加快高教园区内非创新型组织的"腾笼换鸟",拓展高教园区的发展空间,加大创新型城市建设所需的新型创新平台、创新资源的注入,全面升级高教园区的功能定位,对加快高教园区转型发展,提升城市经济社会创新动能具有极为重要的现实意义。应引导园区高校明确发展定位和办学特色,提升南高教园区高等教育办学质量和水平;推进官产学研用的合作,实现高校与社会产业的对接,建立高校与市场主体合作发展的长效机制,培养创新型应用人才。同时,推进南高教园区内高校与高校、高校与创新创业园、高校与科技产业园等的合作,共建创新平台、协同培养人才,创建科技创新成果孵化转化基地,努力打造区域创新高地,推动城市经济社会转型升级发展。

(二)推进学科专业产业链的建立

学科—专业—产业链的建立是高等教育服务经济社会的有效载体,"学科专业可以为产业链中企业的生产与创新提供相应的智力、知识和技术层面的支持,而产业也可以为相应的学科专业的发展提供相应人员、资金、场地等回馈"。为了满足企业发展与区域经济转型对于人才培养的需求,高教园区各高校应加大重点学科专业建设力度,发挥优势专业的作用,并且根据不同的学科、专业,为学生提供实践环境、场地、设备和技术指导,以培养学生的实践动手能力、实际操作能力和创新能力,培养创新应用技术型人才。园区高校可以根据地方经济的需求,主动调整学科专业,设置新兴专业,加强学科、专业与产业的合作互动。南高教园区高校要主动对接区域内机械电子、新能源新材料、环保装备、医疗健康等产业发展的重大需求,加大力度调整改造学科专业,与产业共同打造研发创新平台,努力把学科、专业嵌入产业链之中,将政府、市场、高校串联成一个利益共同体。

(三)做大做强优势特色学科专业

优势特色学科专业是高等学校核心竞争力的重要体现,也是高校实现可持续发展的重要保障。宁波市南高教园区的六所高校办学特色明显,但学科专业体量不大、实力不强、优势不足,需要持续按照"扶优、扶特、扶需"的学科专业建设思路,持之以恒地推动优势特色学科专业建设,使当前的特色学科专业真正成为学校在同类院校当中的优势、强势学科专业,使特色学科专业成为学校的立校之基、创新之源。结合区域创新发展的需要,具有工科学科专业办学特色的高校需要强化工科办学优势,进一步做大做强以机械、电子为代表的特色学科专业;具有医药学科专业办学特色的高校也需要进一步提升办学层次、优化办学结构,加大力度做大做强以药学、中药学、护理学为代表的特色学科专业。同时,通过做大做强优势特色学科专业,带动其他学科专业的发展。南高教园区要结合浙江大学宁波"五位一体"校区的建设,重点布局谋划发展与区域经济社会有重大供需关系的学科专业,以满足经济社会发展需求,进一步做大做强优势特色学科专业,提升园区的整体发展实力。

(四)用国际化带动园区加快升级发展

国际化是推动高校加快发展的重要动力。宁波南高教园区高校的国际化发展水平总体较好,6所高校中有4所国际化发展水平排在全省同类高校前列。《2017浙江省高等教育国际化发展年度报告》显示,宁波诺丁汉大学在有硕博授权高校国际化排名中位列第2,浙江万里学院在其他本科院校国际化排名中位列第8,宁波城市职业技术学院在高职高专院校国际化排名中位列第3,浙江大学宁波理工学院在独立学院国际化排名中位列第2。充分发挥宁波市南高教园区在国际化方面形成的优势,对接宁波"名城名都"战略,对接高校学科发展和地方产业发展需求,深化教育国际合作,加强高端引领,引进国际知名教育机构和教育科研机构,建设与产业发展深度融合的专业化中外合作特色学院,积极推动高水平中外合作办学项目建设;大力引进海外高层次人才,加大引进境外优质教育资源力度,着力打造国际优质教育资源集聚地,用国际化带动南高教园区加快升级发展。

参考文献

[1] 华长慧.高教园区建设与管理的"宁波模式"[J].高等教育研究,2002(1).

[2] 宁波市统计局.宁波市2017年国民经济和社会发展统计公报[EB/OL].(2018-03-28)
    [2019-10-12].http://www.tjcn.org/tjgb/11zj/35354.html.

[3] 陶晓丽,王海芸,黄露,等.高端创新要素市场化配置模式研究[J].中国科技论坛,2017(5).

[4] 杨静雅,梅薇.我市老年人较上年增长4.9%[N].宁波日报,2016-02-05(5).

[5] 胡赤弟.论区域高等教育中学科—专业—产业链的构建[J].教育研究,2009(6).

本论文已发表于《宁波大学学报(教育科学版)》,2019年第2期。

◎高职院校幸福教育活动课程设置实践探索

——以"幸福心学堂"活动教学课程为例

王　丽[①]

摘　要:本文以积极心理学为价值理念,以某高职院校幸福教育为主线的"幸福心学堂"活动教学课程设置为例,从高职院校幸福教育活动课程设置的理念目标、内容设计、实施特点、实践成效及启示等方面进行论述,探索高职院校开展幸福教育的有效途径。

关键词:活动教学;心理健康;幸福教育;积极心理学

一、背景与意义

幸福是人人向往和追求的一种生活状态,但并不是人人都能得到幸福的。感受和习得幸福都是一种需要培养的能力。幸福作为一种可以习得的能力,对幸福的追求就需要引导和教育。教育是影响主观幸福的重要因素。幸福教育就是将教育与人的幸福生活紧密联系,使个体更好地生存和发展,在回归人性的过程中实现幸福。幸福教育不仅是一种教育理念、教育模式,更是一种教育实践。从幸福教育研究来看,幸福教育理论研究多于实践探索,相对中小学,高

---

①　作者简介:王丽(1981—　　),女,浙江绍兴人,硕士,讲师,研究方向为心理健康教育。

基金项目:学校第二批课堂教学创新专项课题"大学生心理健康'立体式课堂'教学模式研究"

校幸福教育实践探索比较少,高职院校尤其少。

活动教学主要是指以在教学过程中建构具有教育性、创造性、实践性、操作性的学生主体活动为主要形式,以鼓励学生主动参与、主动探索、主动思考、主动实践为基本特征,以促进学生整体素质全面提高为目的的一种新型教学观和教学形式。在高职院校以活动教学课程的形式开展幸福教育,教育者鼓励学生积极参与活动情境体验,通过引导学生体验互动、感悟分享、操作实践,理解和内化幸福,促进"知、情、意、行"四位一体教学目标的达成,从而实现心理的成长和发展。我校开设1学分的幸福教育活动课程,经过两年实践,幸福教育已形成一套系统化、立体式的"活动课程",既自成一体又融入整个心理健康课程中,增强课程的实效性和针对性,更好地满足学生健康成长的需要。

二、设计与实施

(一)幸福教育的理念与目标

我校作为卫生健康类高职院校,培养的毕业生均从业于健康服务行业,未来工作对象基本上都是人,他们未来职业目标是帮助人们拥有健康,对他们的幸福感的培养和教育关系到社会整体的幸福和谐。如何让学生富有爱心、懂得感恩,形成自信、乐观、阳光的积极心态,用自己的幸福力去感染和服务他人,更优质地做好人类健康服务工作,做一个幸福的职业人,这些思考是设计幸福教育活动课程的核心所在。幸福教育本着"让每位学生青春阳光、健康幸福"的宗旨,以积极心理学为理论基础,以"关注心理健康、着眼心理发展、提升主观幸福感"为教学理念,以"幸福心学堂"为平台,通过"幸福心学堂"的实施,使学生增强心理健康意识,学会调适自我,形成自信、乐观、阳光的积极心态,提升积极心理品质。

(二)幸福教育的设计

一是在教学内容的设计方面,积极心理学研究内容主要集中在三大方面:积极体验、积极人格特质和积极的社会环境。"幸福心学堂"在活动内容和载体的设计上融合这三大内容。如在体现积极的社会环境上,我们通过幸福班级文化风采展示、"健康寝室生活"校园心理情景剧等活动,使学生从营造温暖的集体氛围来发现和感受幸福。根据学生"知、情、意、行"心理成长规律,将"幸福心学堂"分为三个主题板块:"探索自我、幸福感知""实践自我、幸福体验"和"成就自我、幸福入职"。每个主题板块包含丰富多彩的活动载体,采取菜单式选择和学分制管理相结合的形式,学生可以根据自己的兴趣爱好,自主选择参与活动。具体内容见表1。

表 1　"幸福心学堂"活动教学内容体系

主题名称	主要内容	具体实施方法	要求与目标	学时设置	实施时间
探索自我　幸福感知	幸福大学:从适应开始	新生心理拓展训练:新生入学第一堂心理课,以团队形式投入各项游戏活动的情景设置,在愉快、积极参与交流中学习知识、领悟道理,促进成员之间相互熟悉,增强班级凝聚力(固定为始业教育的一项内容)	学生在互动体验中探索自我,重新认识自己,找到新的归属感,明确新的目标,学会幸福地接纳大学生活,树立正确的人生观和幸福观	2学时必修	每学年第一学期
		学生在互动体验中探索自我,重新认识自己,找到新的归属感,明确新的目标,学会幸福地接纳大学生活,树立正确的人生观和幸福观		8学时选修	
	心理健康活动课	以"我要幸福"为主题,结合班级同学普遍关注的心理行为现象作为活动课内容,由班级心理委员主持开展		2学时必修	每学年第二学期
	心理健康知识大赛	以团队方式进行,通过才艺展示、情景考验、案例分析等环节,在寓教于乐中普及心理健康知识,学会团队合作与沟通		4学时选修	
	"心灵茶吧"心理工作坊	每期围绕大学生成长过程中的一个主题,以心理工作坊的形式进行自我探索		1次2学时选修	每学年4次

主题名称	主要内容	具体实施方法	要求与目标	学时设置	实施时间
实践自我　幸福体验	校园心理情景剧大赛	把在生活、学习、交往中的心理冲突、烦恼、困惑等,以小品、角色扮演、情景对话等方式编成"小剧本"进行表演。在剧中融入心理学的知识原理和技巧,通过"自己演,演自己",把"大道理"用"心理剧"的形式表现出来,借助"舞台"传播心理健康知识和理念,学习调适技能	学生在活动体验中尽情展现自我、融入集体,培养职业基本心理素质,发现和凝练幸福,培养积极自信、乐观向上的幸福品质	6学时选修	每学年第一学期
	"心灵使者阳光行"实践活动	与社区、企业等共建心理健康宣传基地,针对不同年龄人群开展相应的心理健康辅导和宣传,将"阳光心理"送入千家万户		1次4学时选修	每学年开展4次
	"幸福班级"文化风采展示	以"幸福"为主题,采用各种形式来展示班级的幸福文化		6学时选修	每学年第一学期
	5·25宣传月系列活动	以积极心理学理念为先导,根据每年5·25主题及每届学生的特点,设计"与时俱进"的幸福体验活动		2学时选修	每学年第二学期
成就自我　幸福入职	有关未来职业心理素质的调研	以专业为单位,学生自愿报名组队,选择与未来职业相关的心理方面的主题,形成调研报告	学生在实训活动体验中了解未来职业所需要的职业心理素质,学会如何从心理上尽快适应职场社会,提升职业核心能力,在为职业奋斗中增强追求幸福和创造幸福的能力,成就幸福职业人生	1次6学时选修	每学年开展2次
	学生入职心理适应模拟训练	对进入职场后可能会遇到的心理适应问题,通过呈现案例、角色扮演等,以沙龙的形式进行探讨和交流,以院为单位开展		1次2学时选修	每学年开展4次
	职业核心能力训练与提升	团队合作训练营		4学时选修	
		人际沟通技巧训练营		4学时选修	
		自信心提升训练营	通过活动体验,行为训练、角色扮演等方式,开设小班化(30人左右)活动训练课程	4学时选修	入学后第二学年
		思维能力培养训练营		4学时选修	
		时间管理训练营		4学时选修	
		情绪与压力管理训练营		4学时选修	

二是在教学活动载体设计方面,要围绕教学目标进行,不能只是为了追求活动的形式而只注重活动本身。活动只是一种外在的表现形式,学生积极品质和心理素养的形成才是教学的落脚点。因此,在设计活动时,要时刻考虑活动的目的是什么,可以培养学生哪些心理素质,如何在活动中引导学生去体验和反思,这些活动是否贴近学生的生活,学生是否感兴趣等问题。同时还需考虑学生的个体参与,设计不同层次的活动载体,既要有展示型的活动,又需草根式的活动,让每位学生都有展示的舞台。

三是在教学实施队伍功能的发挥方面,除了教师团队数量和质量上需要保障外,要充分发挥朋辈心理辅导员在幸福教育中的作用。朋辈心理辅导员在幸福教育开展中扮演着既是参与者,又是诸多活动开展者和实施者的角色。第一,要培训好朋辈辅导员的幸福宣教技能。第二,大胆让他们去策划和组织活动,教师扮演好指导者和协助者的角色。充分尊重和培养学生的主体性,在活动教学中强调自我教育和主体实践,实现"做中学"和"知行统一"。

(三)幸福教育的实施特点

幸福教育活动课程实施特点主要体现在以下"五个化"上。

活动普及网络化。幸福教育活动扎根于班级、寝室。这种网络式的普及活动主要通过"自上而下"和"自下而上"相结合的方式来进行。"自上而下"活动,如学校组织的新生心理素质拓展活动、心理委员传递幸福活动等。"自下而上"活动,如心理委员、寝室心理气象员自发组织开展励志心理影片赏析、放松操练习等。通过形式多样的基层活动宣教,真正将幸福理念深入每位学生心中。

活动体验个性化。幸福教育注重普及的同时,关注个体差异性。如有些学生善于用文字表达情感,有些善用活动展示自己,有些喜欢沟通交流来探索自我等。对于不同思维风格、情感表达、能力大小的学生,让他们以菜单式选择活动的方式参与到幸福教育中来。如"幸福心学堂"微博互动、校园心理情景剧剧本和家庭心理情景剧剧本的撰写等,为喜好文字表达的学生提供平台;如幸福班级文化风采大赛、心理健康知识 PK 赛、校园心理情景剧大赛等,为具有表现力的学生提供舞台;如心理工作坊、团体心理辅导等,为善于语言表达的同学搭建沟通桥梁。这种分类活动,为每位学生彰显个性、表达内心、体验幸福构建了自由的空间。

活动训练职场化。高职院校的幸福教育,其活动载体不仅融入心理健康教育中,同时也与职业教育紧密连接起来。入职心理适应模拟训练项目,各分院根据专业特点设计职场化的训练情境,如护理专业的护患人际沟通角色扮演练习,美容专业的微笑训练等。通过职场化的模拟训练,帮助学生学会幸福地走向职场生活,积极地追求未来的职业。

活动品牌项目化。幸福教育试图通过一个品牌带出更多的子活动,形成项目化效应。比如校园心理情景剧大赛,既有原创剧本征集大赛,也有心理情景剧的表演。作为一个综合大型活动,从剧本的撰写者、导演、演员、观众等,不同角色的学生都能从活动中感受到"心理剧"带来的心灵震撼,通过心理活动艺术化的展现,学习理解和觉察生活的意义、幸福的内涵。

活动影响渗透化。所谓渗透,是指幸福教育活动在不知不觉中影响学生的言行。幸福教育与现实生活紧紧相连,容易将活动中产生的认知和情感体验"移植"到日常生活中。如"心灵使者阳光行"实践活动,"心灵使者"们经过培训后走进社区向居民传播幸福,在感受助人之乐时更加深了对幸福的体验,以自身的行动带动周围人行动起来。

三、幸福教育成效检验

采用过程考核和结果考核相结合的考核方式,重在过程考核,以此检验幸福教育成效。第一,对学生的考核评价。每位学生两学年内完成《幸福心学堂成长册》,学生修满1学分,考核合格后方可获得学分。考核指标包括活动参与情况、自我调适能力、助人能力、学生自我评价、学生感言、学生互评、教师评价等,力求考核评价多元化和客观化。第二,对课程实施的考核评价。课程考核采取量化和质性相结合的方式。对学生群体效果,一是采用崔春华修订的《大学生幸福感量表》对学生进行实施前后测试,共39题,每题均采用6点计分,总分越高代表主观幸福感越高,总体主观幸福最高总分应为234分。全量表的重测一致性为0.91。二是通过每位学生记录《幸福心学堂成长册》,对学生的成长记录资料进行整理分析。三是学生对整个课程的满意度进行调研。采用自编《幸福心学堂满意度调查问卷》,随机抽取了535名学生进行调查,得到有效问卷 527 份。

（一）学生主观幸福感有了显著提升

在"幸福心学堂"活动教学课程实施前,对 2054 名学生进行测试,得到有效问卷为 1962 份。有效问卷中总体主观幸福感均分为 154.62,标准差为 14.32。后测结果显示,学生的总体主观幸福感均分为 168.54,标准差为 16.15。经配对样本 T 检验发现,前后测有显著性差异($t=28.555$,$P<0.001$)。测试结果显示,活动化教学课程有效提升了学生的主观幸福感。

（二）学生积极心理品质在逐渐养成

通过跟踪观察法和整理分析学生《幸福心学堂成长册》发现,很多学生对每次活动的体验和感受,反映了学生心理成长的过程。比如在参加完"心灵使者阳光行"实践活动时,有同学在成长册中写道:"小时候,幸福是一件很简单的事;长大后,简单是一件很幸福的事。当我每周去桑菊社区,教居民心理保健操时,很满足很开心。做自己喜欢的事,忙碌也是一种幸福。"又如学生参加校园心理情景剧时留下的感言:"通过扮演遭受家庭和情感打击而最终蜕变的角色,我明白了人生历程中总有不可抗拒的挫折,拥有一颗健康乐观的心灵去面对人生的每一次遭遇是关键,学会放下和接受,永远都是艳阳天。"有学生在参加完幸福班级文化风采展示后说道:"幸福班级——我想这辈子我都会深深记住这四个字,和这四个字背后那一群可爱的兄弟姐妹们。这两个多月里我们哭过、笑过,有过摩擦和矛盾,但收获更多的是成功后的喜悦和同学们一起见证的幸福。作为活动的组织者之一,从开始填写《幸福班级风采大赛报名表》那刻起,我就意识到'集体'在此刻的重要性,不是某个同学能歌善舞或能说会道就能体现班级的幸福的,班级幸福风采的展示需要我们一齐为之努力,班级每个人都在幸福之链上,缺一不可。"

（三）活动教学课程得到普遍认可

对学生进行活动教学课程满意度的调查发现,大部分学生还是比较认同课程的实施的。调查结果见表 2。

表2 "幸福心学堂"满意度调查人数(百分比)

内　　容	选　　项			
1.你能理解《幸福心学堂成长册》里的内容吗？	完全理解 142(26.94%)	基本理解 336(63.76%)	似懂非懂 49(9.30%)	不理解 0
2.你对"幸福心学堂"所开展的活动满意吗？	非常满意 64(12.14%)	比较满意 422(80.08%)	一般 41(7.78%)	不满意 0
3.你对"幸福心学堂"所开展的活动感兴趣吗？	非常感兴趣 57(10.82%)	比较有兴趣 415(78.75%)	一般 54(10.25%)	没兴趣 1(0.19%)
4.你觉得"幸福心学堂"开展的活动对你而言有收获吗？	非常有收获 55(10.44%)	有一些收获 432(81.97%)	一般 40(7.59%)	没收获 0
5.你对心理委员在班级所做的心理宣教工作满意吗？	非常满意 97(18.41%)	比较满意 274(51.99%)	一般 144(27.32%)	不满意 12(2.28%)
6."幸福心学堂"哪项活动最受大家欢迎？（学生自己填写，按照次序，前6项活动如表格所示）	幸福班级文化风采展示	校园心理情景剧	新生拓展训练	心理健康主题班会	"心灵茶吧"心理工作坊	快乐游园活动

注:若有取值点和不为100%,系处理数据时取约数所致。

从调查可知,绝大部分学生对"幸福心学堂"活动教学持肯定和满意态度,认为"幸福心学堂"活动能够帮助自己成长。

参考文献

[1] 闫艳.中国幸福教育研究与实践[J].现代基础教育研究,2015,17(3).

[2] 余英.教育如何影响幸福[J].北京大学教育评论,2014,12(3).

[3] 孙启帆.《大学生心理健康教育》活动教学的设计策略[J].河南教育(高教),2013(6).

[4] 尹秋云.积极心理学视野下心理健康教育课程的错位与开发[J].黑龙江高教研究,2012(12).

[5] 崔春华.河北省大学生幸福感量表的编制及其信效度初步研究[D].石家庄:河北师范大学,2005.

本论文已发表于《宁波教育学院学报》,2017年第5期。

◎地方高校外专外教管理模式创新研究

——从传统的人事管理到战略人力资源管理

刘林林[①]

摘　要:选取高校外专外教管理模式作为研究对象,分析外专外教在提高教育质量、增强教育国际竞争力方面的重要作用。对比传统人事管理模式与战略人力资源管理模式在管理理念、管理地位、管理目标三个方面的差异,提出创新管理模式的主要途径。

关键词:教育国际化;中国制造2025;外专外教;战略人力资源管理

一、背景分析

《国家中长期教育改革和发展规划纲要(2010—2020年)》指出要"开展多层次、宽领域的教育交流与合作,提高我国的教育国际化水平""引进外籍专家,提高高校外籍教师比例"。

20世纪90年代前后,全国各高校陆续将"国际化"作为发展战略之一,原因有三个:一是中国对外开放政策要求走出去,融入世界,学习并赶超;二是英美

①　作者简介:刘林林,女,硕士研究生,工作于宁波工程学院外事处,主要研究方向为教育管理,人力资源,英语教育。

基金项目:宁波市教育科学规划课题"高校外籍教师管理体系构建研究——基于跨文化理论与需求层次论的分析"(项目编号:2016YGH016);2017年宁波工程学院高教研究立项课题"地方高校外专外教管理模式创新研究——从传统的人事管理到战略人力资源管理"(项目编号:2017054)。

教育产业化导致了一场大规模"教育服务贸易"输出,进而演变成国际层面教育规则和话语权的争夺,这给我国的高等教育带来了强烈的冲击与挑战;三是经济全球化趋势愈演愈烈,教育国际化的节奏将越来越快,教育与经济的不可分割性及教育对经济发展的巨大推动作用使我们意识到"教育的质量及竞争力关系着国家的兴衰、经济地位及国际话语权"。进入 21 世纪,教育的使命不仅仅是提高国民素质,还要为培养能够参与国际竞争的人才做好准备。

2015 年 5 月,我国政府发布了《中国制造 2025》,有人称这是中国版的"工业 4.0"规划,是中国建设世界制造强国的行动纲领。文中对当前"中国制造"的定位是:中国是制造大国而非制造强国,制造技术较之先进国家有较大差距;自主创新能力不强,关键技术、核心技术缺乏;能源利用效率低,环境污染严重;缺少世界著名品牌,产业结构不合理,生产性服务业发展滞后。可见,中国与世界先进科学技术之间的差距依然存在。"中国制造 2025"旨在打造出一批国际知名品牌,且能够被世界认可的"中国制造"产品,这意味着中国的产品及服务要参与国际竞争,同时也要求各地方经济实体全面配合国家这一行动计划,自主创新,开展技术研发,进行结构调整,提升能效等。毫无疑问,完成这次"质"的飞跃,需要一批能够胜任这场"战役"的"特种兵"。而地方应用型本科院校以地方财政供养为主,办学定位和发展方向与地方产业、经济密切关联,肩负着为企业输送大量懂技术、会操作、明理论、能创新的工程技术人员的使命,其作用不可忽视。我们应积极发挥地方应用型本科院校的作用,为"中国制造"的升级打下坚实的基础。

二、外专外教在教育国际化中的特殊作用

外专外教在培养学生语言能力、传播国际理解教育、渗透跨文化意识、开拓国际化视野等方面发挥着积极的作用。尤其是专业类外专外教在地方应用型本科院校越来越受重视,他们所做的行业界最新资讯的报告与讲座可以让学生"飞跃书本,走向未来",了解到各国各专业领域的动态,并对发展趋势进行有效预判,做到"知己知彼",为今后开拓创新研发之路做准备。

外专外教不但带来了文化与知识方面的新内容,而且带来了另一种思维方

式。通过课堂教学,学生可以体会外专外教在教学方法、课程编排、课堂组织等方面的不同,拓宽思维,走出"中国思维定式",这也是培养学生创新意识的有效途径。外专外教可以帮助营造校园的国际化氛围,为中国学生走出国门、探索世界提供可能。另外,本土教师通过与外专外教的合作与交流,不但可以提高自身的语言能力,还可以为自己在教学科研及改革创新等方面提供新思路。

三、传统模式下的外专外教管理现状及问题

多数地方应用型本科院校的前身为高职高专或技校,虽然办学历史不长,却历经了从专科升格为本科,再到"应用型"定位的三个发展阶段。目前,常规外专外教的聘请管理工作大多归于外事处或国际交流处,由于外专外教群体的多元文化性,加之专管人员对工作的理解普遍停留在"事务管理"层面,管理工作缺乏活力,无法释放外专外教的工作潜能。

管理者的问题。针对外专外教的专管人员大多是语言专业出身,缺乏人力资源管理的相关理论和知识,其管理思维仍处于"传统模式"。

管理者与被管理者的问题。管理的问题致使外专外教对组织缺乏认同感和归属感。一是源于其对组织文化及战略的不了解;二是源于组织本身没有选择"包容性"策略,没有将其并入本校师资队伍的建设工作中,导致外专外教感到自身的发展路径受阻,进而对组织缺乏认同感和归属感。

管理制度的问题。目前高校针对外专外教的管理制度包括考评制度、薪酬制度、岗位设置制度、定期培训制度等。在考评制度方面,通过对部分高校外籍教师管理人员的访谈发现,多数高校对外专外教考核制度的制定没有给予足够重视,对外专外教的考核多以签订聘任合同为主,并未从学校层面制定具有权威性、系统性的考核制度。在薪酬制度方面,大部分高校依然执行2010年公布的《普通外国文教专家及专业人员在华工作工资参考线》标准。随着近几年物价的不断上涨,外专外教的薪酬相对来说显得普遍偏低。在岗位设置方面,很少有高校将外专外教纳入编制内,有些高校甚至将外专外教作为"替补队员",将无人承担的课程或临时课程丢给外专外教的情况普遍存在。在定期培训方面,很少有高校对外专外教定期开展业务培训,认为那是"成本的投入",而不是

"资本在升值"。另外,几乎没有高校为外专外教设立过专门的教研或科研奖励基金,也不对他们在教研或科研等方面提出任何要求。这种情况下,缺乏主动性的教师就容易形成在教学或专业上得过且过的心态,这既不利于自身的提高,也不利于学校的发展。

跨文化交际问题。相对于由同种文化构成的群体,由多元文化构成的外专外教群体在"融合"方面是有局限性的,这导致团队意识的培养工作相对复杂。该群体因内部在政治、宗教、教育、伦理、人际关系等方面存在着大大小小的差异,极易产生文化不适应,内部人际冲突的情况时有发生。

四、传统人事管理与战略人力资源管理的比较

(一)管理理念

从管理理念方面看,传统人事管理围绕着对"事"的管理,即按照相关的"政策、规定、制度"进行,其管理形式和目的是"控制人",人在组织中被当作"成本",而不是资源;战略人力资源管理是把人当作组织的资本,认为人是组织产生竞争优势的根本。

(二)管理地位

就管理地位而言,传统人事管理阶段,管理单位扮演的是行政角色,无权参与组织战略的部署与指定;战略人力资源管理要求管理单位了解整个组织战略管理框架中的人力资源问题,并参与组织战略的制订,帮助做出最佳的战略选择,并在战略决策后推动、实践并完善人力资源管理活动。

(三)管理目标

从管理目标分析,传统人事管理注重人的工作业绩,即完成的工作量,并以此为检验工作效果的依据;战略人力资源管理强调如何通过人促进组织实现目标,获得竞争优势,实现战略目标。

可见,战略人力资源管理更多地强调以"人"为本,把"人力"看作组织持有的"资本",通过实现"资本升值"和"优化资本组合"配合制度完善,实现组织的战略目标。

五、实现管理模式创新的有效途径

(一)转变管理思维

转变管理思维,将外专外教的聘请工作归到高校人事部门,并设专员进行管理。同时,对管理人员的业务水平(包括语言沟通能力、跨文化知识、人力资源管理理论等)提出要求,并将外专外教纳入学校教职人员的福利体系,增强其对"组织"的归属感与认同感,以兼容并包的真诚态度对待他们,培养其对"组织"的忠诚度。

(二)完善制度建设

高校要不断完善制度建设,使各制度之间形成体系,并配合组织发展的战略。根据国际化办学战略及《中国制造2025》的要求,高校应结合培养方案,为外专外教专设岗位,并形成长效机制。薪酬制度与考评制度的修订要根据组织的发展战略进行调整,打破以往依据"工作量多少"进行考评的方式,而要结合学生反馈、同行评价、为学院做出的贡献、教学效果等要素设置考评与奖励办法。另外,为外专外教设立专门的教科研奖励基金,鼓励他们对自身的教学和专业发展进行思考和自我完善。此外,针对外专外教建立定期培训制度,除入职培训外,定期开展教学研讨及业务培训,以及文化方面的交流活动等,以提高其文化认知和业务水平。

(三)建立合理的工作机制

通过定期举办交流座谈、集体活动等,凝聚人心,培养团队意识,形成合理的工作机制。高校要经常组织外专外教参与中国民俗活动,引导他们入乡随俗,潜移默化地传输"中国式思维和理念",帮助其尽快适应中国环境。通过构建"共同的价值与文化体系",打造和谐的团队关系,营造共同的文化氛围,避免文化不适应造成的人才流失;在面对敏感话题及团队内外人际关系冲突时,管理者应树立"跨文化管理"意识,及时处理各种矛盾。

(四)人力资本的开发与利用

根据组织战略目标,注重外专外教的人力资本开发与利用,学会吸纳人才、培养人才、使用人才、开发人才。一方面,高校要善用外专外教培养本土教师,从而为组织节省人力资本投入,可以通过鼓励合作课程、合作科研等形式,增强师资队伍的国际竞争力;另一方面,高校要学会开发人才,从外专外教自身的职业发展出发,为他们提供发展晋升的机会。

结 束 语

通过对高校外专外教管理模式的分析和研究,希望国家相关部门对优秀外专外教在入籍、永久居留、工作期限、签证等方面的管理政策进行调整,开通"绿色通道",通过建立外专外教社会信用查询系统,整合其工作评价、银行信用记录、居住信息记录、医疗卫生记录、违法犯罪记录、社会服务记录等信息于一体,全面充分地了解他们的能力、品行等,挑选更优秀的人,让其真真正正地为实现"中国制造2025"及伟大的中华复兴计划贡献力量。

参考文献

[1] 彭剑锋.战略人力资源管理[M].北京:中国人民大学出版社,2014.

[2] 苏珊·C.施奈特.跨文化管理[M].北京:经济管理出版社,2002.

[3] 王兰云.人事管理、人力资源管理与战略人力资源管理的比较分析[J].现代管理科学,2004(6).

本论文发表于《英语教师》,2017年第10期。

◎高职专业基础课程职业能力培养的路径探究

——以"旅游学概论"为例

何　勇[①]

摘　要："旅游学概论"是高职旅游管理大类专业的一门必修基础课程,教学效果影响到学生对专业的认识和学习的兴趣。现实却面临着学生不乐意学,教师不愿意教的尴尬境地。结合职业能力培养视角,透视课程教学现状,分析课程学习与学生职业能力培养的关系和现实意义,通过挖掘校内外教学资源、激发学习兴趣,更新教育理念、改进教学方法,发挥学生主体作用、培养职业能力等路径,增强了课程教学实效。

关键词：职业能力;旅游学概论;教学改革;实践探究

旅游业已经成为国民经济的战略性支柱型产业,人才培养是确保旅游业可持续发展的基本保障。高职旅游人才的培养在国家旅游人才建设中占有重要地位,而"旅游学概论"课程是高职旅游管理大类专业的一门必修基础课程,该课程旨在让学生通过学习,掌握旅游学的基础知识和基本技能,培养发现问题、分析现状、解决旅游实践问题的能力,使学生具备从事旅游行业的基本素质和基本能力,并为后续相关学科的学习打下基础。有资深旅游学者将这门课程比喻为旅游专业课程的"宪法"。然而,通过实地走访,与师生交流,发现学校在

① 作者简介:何勇(1973—　　),男,宁波城市职业技术学院高级讲师,主要从事旅游职业教育研究。

基金项目:本文是全国教育科学规划 2017 年教育部重点课题"基于'专业教学工作室'的中职跨界教学组织与运行机制研究"(课题批准号:DJA170409)的阶段性成果。

"旅游学概论"课程教学中还存在不少问题。例如课程教学内容太过庞杂,教学设计不合理,教师理论讲授满堂灌,学生听课不专心,低头玩手机或呼呼大睡,师生之间缺少互动,职业能力得不到有效提升,等等,这些问题需要正视并加以解决。

一、课程教学现状之困境

(一)学情之困

现行教育考试人才选拔制度,高职学生的入学考试成绩一般不理想,旅游酒店类专业的录取分数线通常是学校所有专业中排名最后的几位,多数学生在中学阶段基本处于边缘状态,常被忽视;很多学生不同程度地存在生活习惯不良,学习主动意识不强,学习自信心不足,自控能力偏弱,不习惯抽象思维,人际沟通能力较弱,团队意识淡薄等问题,但这部分学生也有很多优点,如活泼好动,讲义气,形象思维能力强,对手机、电脑等新媒体接受速度快,同时具有爱面子、好表现,渴望被肯定等特点。面对这么有性格的学生,老师理应通过有效的教学,上好"旅游学概论"这门大一旅游专业的入门课程,激发学生学习兴趣,建立起专业认同感,培养职业能力,引领学生踏入前景广阔的旅游行业,但现实情况却不尽如人意。

(二)教学之困

通过与多位讲授"旅游学概论"课程的教师交流得知,为讲授好本课程,多数老师都在用心备课,认真教学,但学生们却不买账,课堂上多是当"低头一族"。在对学校旅游管理专业大类学生进行调查访谈之后,得出"旅游学概论"课程教学主要存在以下几个问题:(1)教材理论性太强,内容枯燥庞杂,识记性知识偏多,学生学习兴趣不高;(2)课堂教学以教师讲授为主,学生被动接收,参与性少,课堂气氛压抑;(3)学生学习目的不明确,不知道本课程所学知识对后续学习和未来职业选择的基础作用;(4)课程评价方式单一,基本是传统的书面考试,考题多为记忆性知识为主;(5)课程学习缺少以活动为载体的职业能力训练,忽视了学生综合职业能力的培养。分析发现,从教学内容、教学方法评价方式等方面均无法很好地调动起学生对该门课程的学习兴趣,学生自主学习与小组合作更难实施。

二、课程能力目标与学生职业能力培养

(一)课程能力培养目标

通过"旅游学概论"课程的学习,学生能了解旅游核心要素的基础知识,掌握人类旅游活动的发展历史、现状及将来的发展趋势和规律,能根据旅游的属性、特点和旅游的发展、旅游活动的要素等基础知识,组织开展旅游活动;能运用旅游学基础知识分析和解决旅游实践的基本问题;能根据旅游活动的效应原理,进行旅游资源开发策划;能根据可持续发展理论开展旅游活动的实践探索;能进行资料查找、收集、编辑、展示等,为旅游行业企业培养一线服务和基层管理人员提供专业人才支持。

(二)职业能力内涵

职业能力是指人们从事某种职业的多种能力的综合,一般分为社会能力(学会做人与学会共处)、方法能力(学会学习与学会工作)和专业能力(专业知识与专业技能),基本要素是知识、技能和态度。在这三种能力中,社会能力和方法能力构成关键能力,也是任何职业都需要具备的能力,专业能力是特定工作所需要的能力,三者构成有机整体。职业能力的差异直接影响着工作效率和职业发展。

(三)课程学习与职业能力培养

高职旅游专业学生可以通过在团队环境中学习专业理论知识,强化专业技能训练,并在实践活动中逐渐形成和提高职业能力。"旅游学概论"属于应用型基础学科,课程内容与学生将来所从事的工作紧密联系,根据旅游企业职业岗位的能力要求,对本课程进行职业能力分析梳理,可以在培养学生社会能力的同时重点培养方法能力和专业能力,见图1。

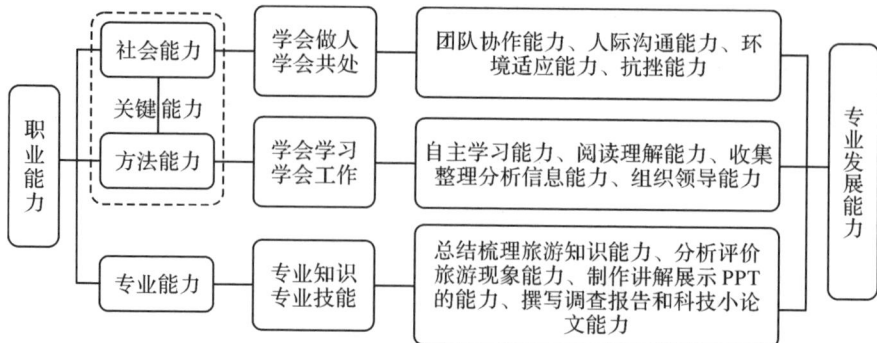

图1 "旅游学概论"与职业能力结构示意图

如图1所示,与"旅游学概论"课程相关的社会能力主要有班级学习小组成员之间的团队协作、人际沟通、环境适应以及抗挫抗压等能力,方法能力主要是学生的自主学习、阅读理解、收集整理与分析信息、组织领导等能力,专业能力上有总结梳理相关旅游知识、分析评价旅游现象、制作讲解展示PPT、撰写旅游调查报告和科技小论文等能力。

三、课程教学对学生职业能力培养的意义

(一)增加旅游知识,提升职业素质

"旅游学概论"涉及文化学、经济学、管理学、市场学、心理学、地理学、历史学、民族学、政策法规、资源开发与规划学等多种学科,知识涵盖面广,内容丰富。通过该课程的学习,学生能够系统掌握国内外旅游发展的历史,知道旅游的基本要素,明白旅游业的主要构成支柱及管理范围,理解旅游可持续发展的理念,了解旅游市场划分,知道世界及中国旅游市场的发展现状及前景等内容,为未来从事旅游工作做好铺垫。

(二)增强职业意识,提高职业能力

作为旅游管理专业的核心基础课,"旅游学概论"带领学生以旅游发展的视角观察、探究旅游发展的规律,认识旅游活动的六大核心要素和六大拓展要素,认清旅游业的发展趋势,拓宽视野,加深职业情感,树立对客服务的意识。学生通过课前自主预习、资料查阅、PPT制作、小组合作、团队探究、轮值展示、轮流

发言、现场提问、礼貌致谢及课后整理等一系列活动提高职业能力。

四、课程教学促进学生职业能力培养的路径

(一)挖掘各类教学资源,激发学习兴趣

1.参观校内实训中心,形成专业认知

旅游管理专业大一新生刚到校,对学校和专业充满期待。我校旅游专业是浙江省骨干专业、特色专业,旅游实训中心建有酒店前台、咖啡厅、中餐、西餐、烘焙、调酒、茶艺、花艺、会展、导游讲解、旅游大数据等实训室,还是国家旅游局旅游职业教育校企合作示范基地。学生参观校内先进的设施设备,增强了对专业的感性认知。

2.观摩校外实训基地,感受职业环境

大一新生到校后,除让他们接受常规的入学教育外,还组织学生分批到校企合作单位参观。如组织学生到开元名都大酒店参观,由在店工作的学姐出面介绍酒店服务知识和职业前景;到宁波博物馆参观,邀请优秀讲解员示范讲解;到院士公园游览,由高年级导游专业学生带队讲解等活动。通过对旅游企业的实地观摩,学长学姐的讲解示范,学生初步感受到了将来工作的职业环境,打开了学习旅游专业的兴趣大门。

3.展现教师专业素养,增添课程引力

课程的授课老师通过得体的穿戴、精心的备课、精美的课件,幽默的语言、精彩的讲授、丰富的职业经历、与新生的"走心"交流,促使学生喜欢旅游专业,使学生在课堂上有看"3D"电影的效果,以此增加教师在学生心目中的人格吸引力,为课程学习打下基础,达到亲其师,信其道的效果。

4.邀请行业旅游专家,分享职业体验

为引领好学生,在开学之初,邀请职业院校的知名旅游学者参加学生的开学仪式,并做生动的专业成长报告,传授大学旅游专业的课程学习方法,讲解学习策略,指明学习目标,激发学习动力;邀请酒店、导游等行业技术"工匠",分享人生成长经历,剖析职业发展的心路历程,为学生树立了标杆,促进学生明晰学

习方向。

5.组织学生自我介绍,增加专业认同

新生入学后的第一次"旅游学概论"课,既是学生了解本课程的开篇之课,也是引导学生展现自我,进行专业教育的绝佳时机。课堂上组织学生介绍自己,介绍家乡,介绍旅游经历,介绍选择大学及专业的过程等。学生通过这些自我参与的班级活动,增强了学习自信心和对旅游专业的认同感。

(二)更新教育理念,改进教学方法

1.树立学生为本的教育理念

"旅游学概论"课程理论性强,针对高职旅游管理专业的大一新生,采用教师为主体的讲授方式上课,学生兴趣不高,容易分心走神,教学效果不理想。面对"90后"的"新新人类",教师需要更新教育观念,树立"以学生为中心,能力培养为重"的课堂教学理念,引导学生以问题为导向,在"做中学,学中做"中开展学习。在课堂教学实践中既要防止教师主观臆想、唱独角戏,声嘶力竭地讲解,学生无动于衷,又要防止片面强调学生参与,造成形式热闹,内涵不足的"虚假繁荣"景象。在整个课程学习过程中,学生分工协作、积极有效地参与,教师作为课程学习的组织者、引导者、辅助者,只是在学生最需要的时候才出现,发挥应有的关键作用。

2.采用灵活多样的教学方法

"旅游学概论"课程教学方法有很多可以采用,譬如小组讨论法、项目教学法、情景模拟教学法等,除此以外还可以采用以下教学方法。

(1)多媒体教学。"旅游学概论"课程教学内容具有时间延续长,地域跨度大,内容丰富、原理抽象等特点。时间上从远古时代讲到当今世界,延伸到将来;地域上从国外到国内,从北到南,自西到东;上下五千年,纵横几万里;内容涉及广,理论讲述多。面对如此庞杂的教学内容,教师可以充分利用网络媒体和各种教学软件资源,开展"互联网＋课堂"教学,制作多媒体课,录制教学音视频,从视觉、听觉等多方面触动学生学习的"痛点",达成教学目标。

(2)翻转课堂。翻转课堂是基于现代技术支持,实现"先学后教"的一种教学模式。教师课前将教学内容划分成几个部分,设计相应的问题,提供相关资源,任务布置到每个学习小组,引导学生在自主学习的基础上,查阅老师提供的学习"资源包",通过"蓝墨云班课""雨课堂"等教学平台软件,利用 QQ、微信、微博等新媒体工具交流学习,开展团队探究,在合作学习中将知识内化于心,完成作业,在课堂展示。

(3)混合式教学。教学过程中,组织学生个人自学与小组协作相结合;线上学习与线下讨论相结合;课前自学、课中展示探究与课后拓展训练相结合;分组交流与教师点评讲解相结合。实践证明这是一种行之有效的教学方法。

(4)案例教学。参与课程学习的师生精心选取有关旅游活动及事件的典型案例,在课堂上分享,师生置身于案例所提供的环境中,通过对案例的独立思考、深度剖析、小组讨论,提高了学生解决旅游行业实际问题的能力。

(三)发挥学生主体作用,培养职业能力

1.引导学生阅读,撰写读书心得

旅游业是一个关联性强,带动面广的产业。旅游管理专业学生需要广博的知识,精专的技能。没有广泛的阅读作支撑是难以实现的。因此开学之初老师就开列书单名录,推荐学生阅读《大唐西域记》《徐霞客游记》《中国哲学简史》《中国文化史》《世界旅游发展史》《沉思录》等书籍,并要求撰写读书心得,在班级交流;还推荐中国旅游报、江南游报、中国国家地理、旅游天地、时尚旅游、旅游学刊等杂志及中国国家旅游局网、浙江旅游网、世界旅游组织等网站,供学生平时查找浏览,以此开阔学生视野,培养阅读能力,提高写作水平。

2."三段式"教学,培养综合能力

"三段式"教学,主要是将课堂教学分为课前、课中、课后三个部分,每个部分设计相应的活动,完成对应的任务,最后达成学习目标的一种能力培养范式。见图 2。

课前,老师向学生布置学习任务、做好协调分组、提供学习资源包,学生针对学习内容,提前做好预习,梳理好主干知识要点,以小组为单位,制作成 PPT;课中,老师组织班级学生展示学习成果,要求是每个小组成员轮流发言,代表讲解之后小组成员集体亮相,轮流解答同学们的现场提问,如一时不能答复,成员可以在台上讨论后作答,个别难题可以课下回复,完成任务后礼貌致谢,展示结束后,老师点评各组同学展示的活动成果,查漏补缺,归纳小结,完成学习任务,

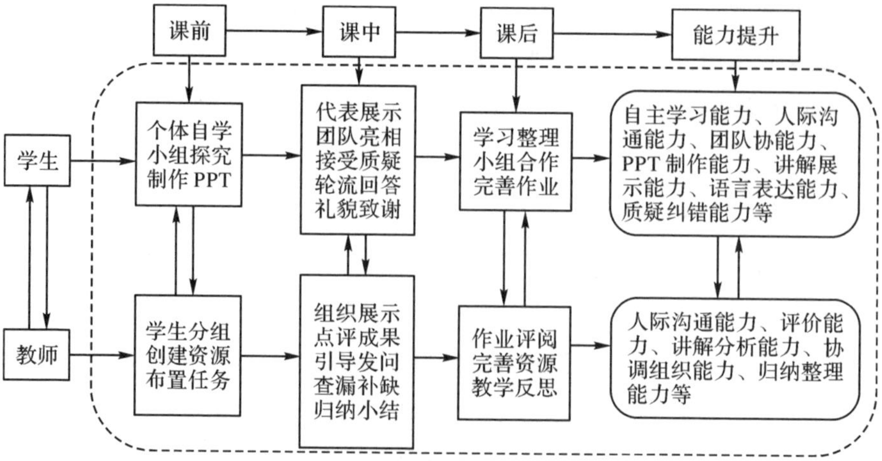

图2 以学生为主体、教师为主导的"三段式"课堂教学能力培养流程图

达成教学目标;课后,学生自我整理学习资料,小组合作完成作业修订,老师评阅作业,完善教学资源,撰写教学反思。

通过"三段式"课堂教学,学生的自主学习、人际沟通、团队协作、PPT制作、讲解展示等多种能力得到有效训练,学期结束总结时,很多学生都对自己的进步感到非常惊叹,说"上中学时连课堂回答老师提问都脸红害怕的我现在居然能在台上从容地展示小组学习成果了,真不可想象,变化太大了"。

开展"三段式"教学,老师利用课堂主阵地,培养了学生多种职业能力,提高了学生综合素质,同时老师自身的教育教学能力也得到了提升,真正实现了教学相长的目的。

3.开展专业研究,提交调查报告

"旅游学概论"课程理论性强,学生学习难度大,为更好地促进学生学习理解书本内容,老师还鼓励学生走出校园,走进城市,深入景区。学生分成小组,设计问卷,设计线路,开展社会调查,拍摄照片和视频、制作成PPT,提交了《天一阁游客来源调查》《南塘老街特色小吃调查》《东钱湖游客满意度调查》等调查报告,在课堂上展示汇报。这些活动的开展,使学生的组织能力、人际沟通能力、文字编写能力及论文写作能力等,都得到不同程度的培养和提高。

4.参与社会实践,积累实战经验

学习旅游知识是为了更好地应用。为了学以致用,老师支持学生参与社会实践,如鼓励学生积极参加学校的礼仪、茶艺、餐饮等各类社团活动,参与学校的大型接待任务,参加酒店企业大型宴会接待,为宁波会展中心提供场馆布展和引领服务。老师还会对学生活动进行专业指导,如对参加学校党课学习演讲汇报的同学,在班级组织试讲并提出修改建议,最后同学们取得了优异成绩。学生在课堂上学习旅游专业理论,在社会中实践应用旅游技能,增加了学习经历,提升了职业能力。

高职"旅游学概论"是统领旅游专业的"纲领性"课程,是学生对旅游专业形成初步印象的"脸面"课程,对学生后期专业选择、兴趣培养与职业能力提升具有基础性的作用。教师根据专业人才培养目标,结合学生学习需求,选取教学内容,更新教育理念,改变教学方法,合理设计教学过程,定将收获预期的教学效果,达到学生职业能力培养的目标。

参考文献

[1] 杨载田,刘天曌,杨芳.高职"旅游学概论"课程教材创新建设探索与实践[J].衡阳师范学院学报,2010(3).

[2] 王纯阳.基于应用型人才培养的精品资源共享课程建设与实践——以"旅游学概论"为例[J].广西教育学院学报,2015(5).

[3] 夏正超.以学为中心的教学探索与实践——以"旅游学概论"为例[J].浙江工贸职业技术学院学报,2014(2).

[4] 王任达.高职院校学生职业能力培养问题研究[D].天津:天津大学,2005.

[5] 孙伟华.论旅游地理课程对高职旅游专业学生职业能力的培养[J].教育与职业,2008(26).

[6] 周晓梅.旅游学概论[M].北京:清华大学出版社,2010.

[7] 方志远.旅游文化概论[M].广州:华南理工大学出版社,2005.

[8] 欧阳嘉旋.基于竞争优势理论的会展旅游发展研究——以桂林为例[D].桂林:桂林理工大学,2009.

[9] 王艳丽,程云.网络课程中学生自主学习环境的创设[J].现代远程教育研究,2007(2).

[10] 张善文,王旭启,师韵.互联网+下物联网工程导论课程教学模式探索[J].中国教育技术装备,2016(8).

◎"双创"背景下以创业类学科竞赛推动市场营销专业创业人才培养的路径与对策

陈金龙①

摘　要：将创业类学科竞赛融入市场营销专业人才建设，为市场营销专业创业人才培养提供了一条新的路径，具有重要的研究意义。本文以创业类学科竞赛为视角，提出市场营销专业创业人才培养的路径与对策，构建了一套基于创业类学科竞赛的市场营销专业创业人才培养模式，有利于培养市场营销专业学生的创业意识与能力，推动优秀竞赛作品向创业项目转化，提高市场营销专业创业率，打造市场营销专业"创业"特色。

关键词："大众创业，万众创新"；创业类学科竞赛；市场营销；创业人才

一、研究背景

培养创业人才是市场营销专业人才培养目标的重要方向，尤其是近年来，由于我国互联网经济的飞速发展以及严峻的毕业就业形势，培养创业人才成为市场营销专业打造专业特色的发展之路。

当前，在"大众创业，万众创新"国内背景下，我国高校十分重视学科竞赛发展，其中，创业类学科竞赛种类最多、参与度最高、影响力最强。并且，相比其他

---

① 作者简介：陈金龙，男，博士，浙江万里学院讲师。

类别学科竞赛,创业类学科竞赛十分注重大学生创业意识与能力的培养,这与市场营销的专业属性与人才培养不谋而合,对市场营销专业创业人才培养具有重要的意义与启示。因此,将创业类学科竞赛融入市场营销专业人才建设,为创业人才培养提供了一个新的模式,具有重要的研究必要性和重要性。

二、文献梳理与评述

(一)文献梳理

基于上述背景,本文通过检索文献资料,重点关注学科竞赛、创业人才培养、市场营销专业三者之间的关系理论研究现状,并适当提炼国内目前有关高校在该领域的改革实践,具体表现为以下几个方面:

市场营销专业创新创业人才培养。培养创业人才是市场营销专业人才培养目标的重要方向,关于市场营销专业创业人才的培养历来是学术领域研究的重点。当前学者对于市场营销专业双创人才培养的研究主要集中在目标、理念、机制或制度方面。张超武(2011)以安徽科技学院为例,阐述了普通本科院校市场营销专业创新创业人才培养的对策;杨世信(2012)以广西财经学院市场营销专业为例,提出了职业化视角下的高校创新人才培养模式研究;李红艳(2013)探讨了应用型本科市场营销专业创新人才培养中存在的问题及对策;陈友余(2015)以湖南财政经济学院为例,提出了推进应用型本科院校市场营销人才培养模式创新与实践;王玉霞(2016)研究了应用型本科高校市场营销专业创新创业人才培养模式的改革与实践。

学科竞赛与创新创业人才培养。随着近年来我国"双创"教育不断推进,高校学科竞赛如火如荼,例如"挑战杯""互联网+""电子商务大赛"等等,学科竞赛成为高校培养学生创新创业能力的重要平台。师文庆(2015)提出借助学科竞赛推动基础学科分类型分层次创新人才培养;王满四(2015)结合广州大学创新创业实践基地的实践与体会探讨了以学科竞赛为载体开展创新型人才培养的模式;张泽旺(2016)提出以电工电子省级实验教学示范中心为依托构建创新人才培养模式。

学科竞赛与市场营销专业建设。通过检索发现,有关学科竞赛与市场营销专业发展的文献相对较少,主要集中在基于学科竞赛的市场营销专业课程改革方面。陈颖(2011)以浙江财经学院为例探讨了营销应用型人才培养与学科竞赛机制的构建;王素玲(2013)基于学科竞赛对市场营销专业实训教学改革模式进行了探索;左迎颖(2015)研究了营销策划类学科竞赛对艺术设计专业的实效教学方法;龚新湘(2015)依托学科竞赛平台对市场营销实训课程、市场营销策划课程教学改革进行了探讨;陆榕(2016)以湖北经济学院市场营销专业为例研究了高校学科竞赛的设计、组织与配套管理机制。

(二)现状评述

综上所述,本文发现,无论是学术研究,还是高校人才培养实践,当前创业人才培养都是热点主题,相关理论研究以及教育改革实践成果都十分丰富,这为本研究的顺利开展提供了重要的理论与实践参考价值。然而,本文认为,该领域仍然存在一定的空白或不足之处,表现在以下两个方面。

在学术领域,现有文献未能深入探究创业类学科竞赛对创业人才的影响机制。虽然现有研究已经提出了学科竞赛对创新创业人才培养的积极作用,但研究深入有限,对于如何利用学科竞赛,尚未形成完善的系统、制度和模式。尤其是对于如何基于创业类学科竞赛培养市场营销专业创业人才,此类研究更是少有,有待进一步探讨和研究。

在实践领域,高校在创业人才培养中对学科竞赛的重视程度、利用层次较低。虽然当前高校大学生学科竞赛如火如荼,然而,很多高校推动学科竞赛的目标功利性强,为了应对教育部门的考核评估,过于重视学科竞赛的获奖结果,而未能将学科竞赛充分、有效地融入人才培养的整个体系中。主要表现为:第一,一些高校评价学科竞赛效果,主要取决于教育主管部门认定的学科竞赛的获奖数量、名次、级别等量化指标,而对于学科竞赛成果转化创业项目,则没有引起足够重视,甚至被忽视。第二,虽然有些高校也尝试将学科竞赛融入人才培养体系,例如,利用学科竞赛推动相关创业课程或课堂改革。然而,这些做法尚未形成完整体系,就实际效果而言,很难充分利用学科竞赛真正推动创业人才培养。

三、推动市场营销专业创业人才培养的路径与对策

（一）基于创业类学科竞赛的市场营销专业创业人才培养的路径

鉴于当前我国市场营销创业人才培养的实践以及理论研究现状，本文认为，从创业类学科竞赛的视角出发，培养市场营销专业创业人才培养有两条路径。

打造高质量创业类竞赛作品，推动优秀成果转化为创业项目。随着我国高校对"挑战杯""互联网＋"等创业类学科竞赛的重视，以及学生创新能力的提升，越来越多的优秀竞赛作品不断涌现，引起了商业领域企业家、投资公司的兴趣与关注，这为市场营销专业创业人才提供了一条重要的路径。通过鼓励市场营销专业参与创业类学科竞赛，打造高质量创业项目，并为相关团队或个体提供相关政策与经费保障，推动优秀成果转化为创业项目。

培养良好创业素质，为未来创业做好充足准备。鉴于在校学生身份等客观因素，并非所有的创业类竞赛作品都能够转化为创业项目，然后，在这个过程中，学生的创业意识能够得到启蒙和激发，创业能力能够得到锻炼和提升，从长远角度而言，这也是培养创业人才的另一条重要路径。创业人才应具备良好的综合素质，如强烈的创业意愿、扎实的理论知识、创新能力、实践能力、坚持不懈的拼搏精神等。通过鼓励市场营销专业学生参与创业类学科竞赛，可以有效地激发其创业意识，开展系统的创业能力培训，培养良好的创业素质，为其创业做好必要准备。

（二）基于创业类学科竞赛的市场营销专业创业人才培养的对策

为了确保这两种创业人才培养路径，本文从人才培养方案、产教融合、竞赛成果转化、创业师资队伍建设等四个方面提出具体对策。

构建创业人才培养方案。本文围绕创业类学科竞赛，以培养市场营销专业创业人才为目标，调整人才培养方案：第一，创建创业类特色模块。根据学生个人意愿，创建市场营销专业的创业模块，旨在培养创业人才。第二，调整教学内容。围绕主要学科竞赛的需要，以竞赛项目为案例，为创业模块的学生设置营

销策划、财务、创业团队管理等课程。第三,优化教学方法。以竞赛项目为导向,在传统授课法的基础上,充分利用案例教学法、项目教学方法、现场教学法,锻炼学生创新、组织、实践等综合能力。第四,优化毕业设计。突破当前高校毕业论文制度,争取以创业类竞赛项目,或正在实践的创业项目作为毕业论文。

创新产业教育融合模式。产教融合有利于锻炼学生的创业意识与能力,使得创业类竞赛项目更具有可实现性。第一,成立行业学院、特色班。努力争取依托市场营销协会、工商联等行业组织,以及知名企业,成立以培养市场营销专业创业人才为导向的行业学院或特色班。第二,与企业共建创业实训基地。积极与eBay、亚马逊等知名电商平台合作,共建创业实训基地,选拔有潜力的营销专业学生"订单式"培训,提高企业创业意识与能力。第三,建立企业导师制。聘请企业家为创业导师,指导学生学科竞赛项目,帮助其转化为创业项目,同时指导创业类毕业论文设计。

健全竞赛成果转化机制。创业类竞赛成果是创业项目的重要来源之一,从政策、资金、场地等资源的支持,有利于推动竞赛成果转化为创业项目。第一,设立大学生创业基金。设立学科竞赛或创新创业扶持基金、创新创业孵化基金等,保障创业类学科竞赛优秀作品不断涌现,争取实现成果转化。第二,提供创业实践平台。针对创业类竞赛优秀作品,支持创业团队在大学生创业园、创业孵化基地等场所进行系统孵化,并给予一定政策、物资支持。第三,建立成果转化考评机制。将学科竞赛成果转化纳入二级学院考核指标,建立奖惩制度。

提升教师创业指导能力。创业导师的指导能力至关重要,必须进行必要的强化。第一,加强创业类课程教师的培训。依托"双创"背景下各类创业导师培训等项目,定期开展创业教学培训,提高创业类课程教学能力。第二,提升创业类竞赛指导能力。定期邀请专业培训机构或名校名师,开展创业类竞赛论坛、讲座等培训活动,提高竞赛指导能力,有利于创业类竞赛项目向创业项目显现转化。第三,吸纳具有创业研究能力的师资。根据市场营销专业创业模块的学生数量,适当聘任在创业领域具有研究能力的高级人才,为营销专业的学生提供高水平的创业指导。

四、研究总结及意义

本文以创业类学科竞赛为视角,提出市场营销专业创业人才培养的路径与对策,构建了一套基于创业类学科竞赛的市场营销专业创业人才培养模式,有利于培养市场营销专业学生的创业意识与能力,推动优秀竞赛作品向创业项目转化,提高市场营销专业创业率,打造市场营销专业"创业"特色。因此,本文具有重要的理论意义与实践意义。

(一)理论意义

本文基于创业类学科竞赛,研究市场营销专业创业人才的培养模式,开拓"创业学科竞赛"这一新的研究视角,是对"市场营销专业创业人才培养"相关理论研究的重要补充。

(二)实践意义

实践意义是本文最突出的价值所在,主要表现在以下三个方面:第一,为市场营销专业构建一种新的创业人才培养模式。以创业类学科竞赛为抓手,探索基于创业类学科竞赛的创业人才培养的新路径,为市场营销专业构建一种新的创业人才培养模式。第二,有利于打造市场营销专业"创业"特色。本文提出的基于创业类学科竞赛的市场营销专业创业人才培养的路径与对策,有利于提高市场营销专业学生的创业意识与能力,推动优秀竞赛作品转化为创业项目,从而提高市场营销专业在校生及应届毕业生的创业率,打造市场营销"专业"特色。第三,为其他专业创业人才培养提供参考与借鉴。在市场营销专业创业人才培养实践中,充分发挥创业类学科竞赛的"抓手"作用,不断完善基于创业类学科竞赛的创业人才培养模式,为其他专业培养创业人才提供参考与借鉴。

参考文献

[1]陈颖.营销应用型人才培养与学科竞赛机制构建探讨[J].黑龙江教育学院学报,2011,30(3).

[2]张泽旺,睦平,谢雯瑜.基于学科竞赛的创新人才培养模式研究[J].实验室科学,2016,19(2).

［3］王玉霞.应用型本科高校市场营销专业创新创业人才培养的问题及对策研究［J］.鸡西大学学报,2016,16(2).

［4］左迎颖.营销策划案类学科竞赛的实效教学方法研究——以艺术设计学科专业为例［J］.美术大观,2015(6).

［5］陈友余,刘纯霞.应用型本科院校市场营销人才培养模式创新研究——以湖南财政经济学院为例［J］.赤峰学院学报(自然科学版),2015,31(11).

［6］龚新湘.依托学科竞赛平台的市场营销策划课程教学改革研究［J］.科技经济市场,2015(2).

［7］王满四,郭成.以学科竞赛为载体开展创新型人才培养的探讨——来自广州大学创新创业实践基地的实践与体会［J］.教育教学论坛,2015(1).

［8］王素玲.学科竞赛与市场营销专业实训教学改革模式探索［J］.价值工程,2013,32(28).

［9］李红艳.应用型本科市场营销专业创新人才培养的研究［J］.课程教育研究,2013(12).

［10］杨世信,关涛.创新型营销人才培养及就业模式的研究与实践——以广西财经学院为例［J］.广西教育学院学报,2012(5).

［11］张超武,胡月英.市场营销专业应用型创新创业人才培养模式研究［J］.重庆科技学院学报(社会科学版),2011(7).

本论文经修改以"基于创业类学科竞赛的市场营销专业创业人才培养研究"为题发表于《消费导刊》,2019 年第 25 期.

◎"课程思政"背景下习近平语言风格对专业课教学话语的启示

许　烽[①]

摘　要：高等教育的根本任务在于"立德树人"，高等学校的办学使命在于培养有道德、有技能的合格公民。基于此，新时代高校思想政治工作必须贯穿高校教学工作全过程，从"思政课程"转变为"课程思政"。现实背景下，高校专业课程抽象、深奥的学科特点决定了专业课教学话语要转变思路，用语言的魅力加强课程思政的黏合度和吸引力。习近平语言风格内涵丰富、独具魅力，将习近平语言风格运用到专业课教学全过程，有助于提升专业课的育人效果，从而将"立德树人"落到实处。

关键词：课程思政；习近平语言风格；专业课教学；启示

2016年12月，习近平总书记在全国高校思想政治工作会议上明确指出："把思想政治工作贯穿教育教学全过程，开创我国高等教育事业发展新局面。"高等学校课程思政化改革由此拉开帷幕。课程思政，顾名思义就是除了原有设置的思政课以外，其他课程都应发挥思想政治教育的作用，以专业课程为依托，把思政工作融入专业课程之中，强化专业课育人功能。因此，新形势下教师应当将专业课作为"课程思政"的重要载体，充分提炼专业体系中的思想政治教育元素，进行课程体系创新。本文以习近平语言风格为例，通过对习近平语言艺

---

①　作者简介：许烽（1981—　　），男，汉族，浙江上虞人，宁波财经学院工商管理学院院长助理，硕士，副教授，主要从事思想政治教育研究。

术特色的梳理,就课程思政体系建设中的课程教学话语创新给出启示,助推专业课教学的思政育人效果。

一、专业课教学话语体系概述

(一)专业课教学话语体系的内涵

"话语"即特定语境中人与人之间具体的言语行为,体现为人的表达,作用于人的沟通,目的是交流思想和观点。"体系"即整体,它由不同的要素或事物构成。"话语体系"是为了表达某种思想或观点而产生的外在语言表达形式,是依据一定语言表达规律,基于特定表达对象,在特定场合下形成的语言沟通体系。有学者指出,专业课教学话语体系是指教育工作者在专业课的施教过程中为了达到思想政治教育的目的,根据特定学科所具有的话语特点和话语要求,采取描述、解释、评价等方法,加强教育活动中教育者与被教育者间的沟通而共同形成的一个互动的有机整体。基于此,专业课教学话语体系应当理解为在师生专业教学和学习过程中,基于思想政治教育为目的的,通过言语表达和言语对话,而进行的包括话语内容、话语形式、话语风格等在内的话语互动体系。

(二)专业课教学话语体系创新的重要意义

有利于提升专业学习的能动性。以往有一个误区,认为高校的主要任务就是培养社会需要的专业技术人才,把高校思想政治教育与专业教育完全脱离,高校人才培养中的育人功能仅仅依靠思想政治教育理论课、辅导员、党团活动等来实现,重视程度不高,实施途径单一,作用效果不明显。党的十八大以来,党和国家高度重视青年道德品行的培养,把"德"的培养放在人才培养的首要位置,这在价值多元、急功近利的今天,得到了社会的普遍认同。课程思政化就是主张专业培养与精神育人的相互融合。高校思想政治教育是对学生世界观、人生观、价值观等根本问题的匡正,更注重对学生进行道德人格和行为修养的指导,因此思想政治工作做到位了,学生才能端正专业学习的态度,以积极有为的姿态投身专业学习。因此在"课程思政"背景下,为在专业课程教学活动中发挥思政功能,有必要进行教学话语体系的创新,使思政教育与专业学习有机结合。

有利于强化马克思主义话语权。中国共产党自成立以来,致力于探索和实践中国特色社会主义道路、制度、理论和文化建设,并不断取得令人瞩目的历史成就。历史和实践证明,越是牢牢把握马克思主义话语权,社会主义制度就越能发挥其优越性,任何时刻都必须旗帜鲜明地坚持中国特色社会主义制度。在世界思潮多元变化的当下,各国都大力加强意识形态话语权,甚至通过各种途径渗透或抢夺他国话语权,企图用意识形态话语控制他国民意,从而威胁执政基础和地位。推动"课程思政"建设,目的之一就是要将思想政治理论贯穿于各专业课程,使学生在学习掌握专业知识的同时,关心国家、关注时政、关怀民生,提高对马列主义、毛泽东思想、邓小平理论和习近平新时代中国特色社会主义思想的学习和认识,牢牢掌握马克思主义话语权。

有利于增强爱国报国的"四个自信"。举什么旗帜,走什么方向,办什么样的大学,关系到高等教育的根本政治站位和发展方向。社会主义大学要努力将办学方向与中国特色社会主义建设事业结合起来,坚持为社会主义服务,为人民服务;要始终确立党的教育方针,确立马克思主义在高校意识形态领域的主体地位,坚持为党的长期执政服务;要坚定中国特色社会主义道路自信、理论自信、制度自信和文化自信,讲好中华文明史、中国共产党党史、改革开放光辉史,为社会主义现代化建设服务。基于此,高校教师在专业授课中,通过结合历史和时代进程,对已经经过实践检验的宝贵经验和伟大成就进行点拨和阐述,能够有效帮助学生树立"四个自信",进而更好地激发爱国报国情怀,为实现中华民族伟大复兴的中国梦打下良好的理想信念基础。

二、习近平的语言风格

(一)质朴精练

用简单的语言表达质朴的道理,是习近平典型语言特色之一。以《之江新语》为例,该书收录了习近平 200 多篇评论短篇,字数最多的 600 余字,最少的才 175 字。每一篇短小精悍,以小见大,一事一文,极大地消除了阅读倦怠感,提升了写作的实效,达到了"要用尽可能少的篇幅,把问题说清、说深、说透,表达出丰富而深刻的思想内容"的目的。在《打好"团结牌"》一文中,运用了"众人拾柴"、"指头"与"拳头"、"三个臭皮匠"等耳熟能详的事物,将团结的重要性以及搞好团结的具体方法,简单明了地做了解答。在《小事小节是一面镜子》一文中,以"巴豆虽小坏肠胃""酒杯不深淹死人""摔跟头"等俗话俚语精炼简明地道出了小事也需谨慎、小节也需照应的朴素道理。此外,在党的政治理论教育方面,他主张"要深入浅出,用朴实的语言阐述深刻的理论"。对领导干部讲话存在的"假、大、空"现象提出坚决反对,指出"'那种穿靴戴帽'、空泛议论、堆砌材料、空话连篇、套话成串、'大而全'、'小而全'等弊病,都要防止和克服"。习近平把中国共产党人的治国理想用简单的"中国梦"进行高度概括,在老百姓中产生了强烈的共鸣,他用家喻户晓、妇孺皆知的"鞋子合不合脚,自己穿了才知道"来表明中国人民选择什么样的发展道路,只有中国人民才有发言权。简单质朴的平实语言中展现了习近平作为党和国家领导人的大智慧,凝聚起全体中国人民的正能量。

(二)引经据典

习近平的语言之所以深入浅出又博大精深,很重要的原因是他经常使用经典出处和典故案例。在治国理政方面,他引用"治大国若烹小鲜""不患寡而患不均""尚贤者,政之本也"等倡导国家治理体系应当着力于立足国情、谨小慎微,着力于和谐稳定社会格局的构建,着力于崇尚贤能、人尽其能。在党员领导干部教育方面,习近平引用"见贤思齐焉,见不贤而内自省也""与人不求备,检身若不及""见善如不及,见不善如探汤"等,告诫领导干部要内省自律、崇德向善,常怀谦逊之心;引用"盲人骑瞎马,半夜临深池"劝诫领导干部要遵循科学发展规律;用"宰相必起于州部,猛将必发于卒伍""天将降大任于斯人也"勉励基层干部加强历练、善作善成;用"物必先腐,然后虫生"提醒党员干部洁身自好、廉洁自律。在青年学习方面,习近平引用"从善如登,从恶如崩"这句话,对青年在思想品行和道德修养上提出要求;用"学如弓弩,才如箭镞"勉励青年专注于潜心学习和知识积累;用"学者非必为仕,而仕者必为学"强调学习对人生的重要意义;用王国维《人间词话》中讲到词作的三种境界,表明青年治学求学应怀抱远大理想,秉持坚韧不拔的意志,发扬勇于追求的精神,持之以恒取得大学问和大智慧。这体现了习近平深谙经典传统文化精髓,并将其灵活地运用到实践中,使经典焕发了时代气息。

（三）擅长修辞

修辞能让语言更为形象生动,使交流更富张力,更显立体,从而提高话语的思想力和说服力。习近平自幼酷爱学习,知青下乡劳动之余还不忘勤奋读书,学识渊博、学养深厚,他给出的推荐书单中就包括古今中外经典名著,涉及文学、历史、哲学、传记等,深厚的国学素养和丰富的民间优秀文化精髓,使他的语言既有文化韵味,更有百姓思维,语言表达更具气韵、更加流畅、更加传神。习近平引用"幸福不会从天而降,梦想不会自动成真""劳动最光荣、劳动最崇高、劳动最伟大、劳动最美丽",阐释了劳动的伟大意义和劳动者的无上光荣。类似的排比还有"贯彻党的群众路线,与人民心心相印,与人民同甘共苦,与人民团结奋斗"等等。排比的运用使得语句更加工整,精炼明快,富有层次,体现了语言的感染力和力量感。习近平对语言的驾驭能力还体现在运用其他修辞方法,比如设问,如"什么是当今世界的潮流?答案只有一个,那就是和平、发展、合作、共赢"等;对偶,如"佛兴西方,法流东国""惠及亚洲,泽被世界"等;比喻,如"拿破仑说过,中国是一头沉睡的狮子,当这头睡狮醒来时,世界都会为之发抖。中国这只狮子已经醒了,但这是一只和平的、可亲的、文明的狮子",形象地向世人宣告中国走和平发展道路,中国的崛起有利于世界和平稳定;他把一个人缺少理想信念比作精神"缺钙",把确立和养成青年价值观比作"穿衣服扣扣子","如果第一粒扣子扣错了,剩余的扣子都会扣错。人生的扣子从一开始就要扣好"。修辞手法的灵活运用,使得原来生硬的说教话语摆脱了抽象枯燥的思维定式,风格的转换使话语表达更为传神、更接地气,切中要害的同时引起人们思想的共鸣和心灵的共振。

（四）注重真情

感人心者,莫先乎情。习近平总书记高尚的人民思想和人民情怀,归因于他从小接受革命传统教育,归因于习仲勋等父辈耳提面命的谆谆教导,归因于他长期扎根一线,扎根基层,与人民群众紧密联系在一起。习近平总书记正是在长期的基层实践中了解了中国的国情,熟悉了群众的生活,才能在话语中流露出对国家、对人民的深厚感情。一句"你比我大,我叫你大姐",拉进了与群众的距离;一句"好好干,有奔头",给予了群众莫大的鼓励;一句"少出去应酬,多回家吃饭",唤醒了无数领导干部对家庭的责任。无论是重要讲话还是基层考察,习近平总书记总是对群众的冷暖安危牵肠挂肚,时刻关心群众的衣食住行。"我们的人民热爱生活,期待有更好的教育、更稳定的工作、更满意的收入、更可靠的社会保障、更公平的医疗卫生服务、更舒适的居住条件、更优美的环境,期盼着孩子们能成长得更好、工作得更好、生活得更好。人民对美好生活的向往,就是我们奋斗的目标。"习近平总书记是这么说的,也是这么做的,他在谈到群众工作时,一直强调要带着感情去做,要始终心怀人民,否则就是"作秀"。习近平总书记确立为人民领袖,深受人民爱戴,就在于他心怀深厚的民本思想,以满怀真挚的感情,夙夜为公为人民,话语间体现一种泥土的芬芳,温暖人心、情理相融、使人如沐春风。真情实意的话语表达体现了习近平总书记对人民的拳拳赤子之心和共产党人的精神风貌,体现了大国领袖的使命担当和人格魅力。

(五)体现时尚

互联网时代,拓宽了话语发展途径和视野,丰富了人们使用、传播和交流的话语平台,逐渐形成了一批广为熟悉、流行兴盛的网络热词和网络话语。习近平总书记讲话始终与时代发展同频共振,与当下节奏对接合拍,呈现话语流行、极具趣味的时尚特色。2013年3月,习近平总书记在访俄期间谈到工作和生活如何协调时,用"我不是痛并快乐着,是累并快乐着"来表达他对生活和工作的热爱,激发起全民用"奋斗的幸福观"创造美好生活,同年7月,习近平总书记在武汉"市民之家"考察时,用"美女,你好!"与市民打招呼,引得市民热烈鼓掌,简单可亲的问候展现了大国领导极具亲民爱民的亲和形象。2015年,习近平总书记引用网络热词"点赞""蛮拼",在新年致辞中高度赞赏中国人民的勤劳奋斗和积极进取,令人感到新奇和鼓舞。在2016年的新年贺词中,习近平引用河南女教师辞职信中的"世界那么大,问题那么多"来形容当前复杂多变的世界局势,具有极强的画面感。不可否认,这些时尚潮语是时代的产物,一定程度代表了人们的价值判断和时代选择,是时代进程中不可缺失的元素,并引领和丰富着人们的话语体系。习近平总书记适时选用富有时代气息、反映时代风貌的网络新鲜语言,道出了人民的心声,拉近了与群众的距离,也提升了语言的黏合度,使话语更加入耳入心,贴近当下,更体现了人民领袖与时俱进、贴近群众的宝贵品质。

三、习近平语言风格对创新专业课教学话语的启示

(一)贴近生活,力戒学究味

习近平喜闻乐见的语言风格,之所以深受广大群众欢迎,最重要的源自他对生活的亲密接触和深入观察。高校教师都是社会高级知识分子,学识广,阅历深,在教学与科研工作中,经常与社会打交道,经常深入田间地头、厂矿企业开展调查研究与科学调查,具有广泛而深刻的社会经历。专业课教学一般呈现教学内容复杂、学科概念抽象、专业体系晦涩难懂等特点,学科性质决定了课程讲授的学术性和抽象性,专业讲授多余形象补充,程式化、公式化、学究化现象较为普遍,一些教师长期从事理论研究,在课堂中经常加入学术思想和学术用语,使得没有经过专门学术训练和专业研究的学生茫然不知,产生知识接受障碍。一味地进行理论灌输和概念分析,再加之教学方法照本宣科,陈旧老套,导致课堂沉闷无趣,造成教师唱"独角戏"现象。当前的专业课教学逐渐打破了满堂灌单一的教学形式,在教学模式上开始尝试和探索小班教学、翻转课堂、混合式教学等,但教学语言还未得到创新改变。

基于此,高校教师应尽可能摒弃高高在上的官腔语言和学究语言,更加主动地贴近生活,将专业教学内容与生活内容紧密结合,发现挖掘教学内容中生活化元素,通过生活化、口语化语言,通俗易懂地与学生进行交流,让学生在喜闻乐见、生动活泼、耳熟能详的生活语言中找到专业学习的乐趣,在饶有趣味的话语交流中讲授理论和深化情感。比如在讲授财经类课程中,多用生活案例和生活故事,让学生感知财经学的魅力,在唤醒生活体验和勾画生活图景中学通弄懂财经学概念,同时教会学生算好人生经济账、人生价值账和人生幸福账,把理想信念教育和价值观教育融入课程教学中。还可以在"大学生职业生涯规划与就业指导"课中,用发生在身边的就业数据、求职案例深化生涯规划理论,在生涯纸条、价值观拍卖等课堂生活化游戏中,认识生涯规划的意义和方法,指导学生重塑大学目标,重建人生目标,树立起对生命的热爱、对幸福的追求。

(二)贴近文学,力戒枯燥味

习近平曾说:"让书写在古籍里的文字活起来。"[11]通过广泛阅读古典诗词

书籍,习近平的文学修养十分深厚,他精通中国传统文化精髓,将常用的诗句、典故和名言运用到各类讲话和致辞中,使他的讲话增添了文学气息,引人入胜,在诗意中启迪了智慧。他的语言表现力通过丰富多样的修辞手法,达到炉火纯青的境界。专业课的讲授具有一定的专业色彩,学科特性也要求教师注重讲授的准确性和严谨性,特别是理工类专业课,实操性比较强,需要实验和实训,离不开细致务实的治学态度。尽管如此,我们可以在教学语言上下功夫,把平淡无味、呆板枯燥的语言通过文学化的转换,生动具体地表达出来,通过对语言进行艺术性加工和创新,增强学生的课堂专注度和吸引力,在体会语言诗情画意的同时,达到情感交流、知识汲取、思想提升的目的。

基于此,高校教师应当从丰富的中国传统文化智慧中吸取养分,不断积累文学素材,增加补充文学词汇,用中国经典古诗词和典故使课堂语言生动传神起来,提高课堂教学成效。如在讲授"思想道德修养与法律基础"课时,可以用《诗经》中"蓼蓼者莪,匪莪伊蔚。哀哀父母,生我劳瘁",或者刘安《劝孝歌》里"十月胎恩重,三生报答轻"来阐述中华传统美德中"孝"的真谛与光华,还可以用李清照《点绛唇》中的"见有人来,袜刬金钗溜,和羞走。倚门回首,却把青梅嗅"教育引导大学生正确看待恋爱观念,学会在爱情中自尊自重。再比如可以引用唐朝诗人杨炯《杜袁州墓志铭》中的"言非法度不出于口,行非公道不萌于心"来劝勉大学生应当知法、懂法、守法,做遵守道德规范和法律制度的合格公民。类似的例子还有很多,文学语言的运用,使得专业理论讲授凸显诗意之美,不同的主题用不同的经典诗词加以美化,拓展了师生的思想境界。因此,活用文学化教学语言,可以帮助专业教师克服"茶壶里煮饺子有口倒不出"的教学困惑,达到专业育人与思想育人的良好效果。当然,倡导教学语言文学化,并不是刻意地去添加"文学味",而是要讲求自然的效果,强调"教学语言的优美和教学意境的深远"。

(三)贴近情感,力戒严肃味

习近平总书记擅长用轻松诙谐、走心入理的话语表达观点,传递情感,讲话极具人情味,在轻松愉悦的氛围中拉进与听众的距离。话语表达的指向在于交流的有效传递和思想的有效互通,贴近心灵且富有吸引力的话语表达能迅速唤醒听众的兴趣,达到沉醉其中、引人入胜的听觉效果。课堂专业教学是非常严谨严肃的事情,学生在枯燥乏味的教学语言环境下,愈发排斥对专业知识的学习,教师如果一味地孤芳自赏,最后只会陷入坐而论道、无人问津的尴尬境地。德国教育学家第斯多惠说过:"教学的艺术不在于传授本领,而在于激励、唤醒和鼓舞。"古代先贤也曾启示我们:"善诱者,善导。"我们的教育客体是一个个鲜活的充满思想的人,他们有对丰富情感体验、强烈心灵共鸣和适度情感抒发的渴望,他们渴望在知识的海洋中找到情感的归依和道德的认同。

基于此,专业课教学既要肩负起传播专业知识的重任,也要承担起传递正确道德观、价值观的使命,教师更应该在教学中克服教学语言过于严肃的倾向,改变程式化、套路化语言风格,激发学生对专业学习的探求欲,激励学生热爱党、热爱祖国、热爱人民的真挚情感,让学生感性的认知升华为理智的选择。另外教师要营造真情实意的课堂语境,使"视域融合"和"观念共享"尽可能在师生互动中得以实现,要善于随时切换角色,努力做学生的知心朋友,扑下身子,放下身段,用真诚和寓庄于谐的教学语言感染学生,真正走入学生心灵深处,了解学生情感需求,达到以情化人、以情动人、以情明理的目的。比如在讲授财经类课程时,有的学生可能会问"各种会计从业证书对求职真的很重要吗",教师可以用"你敢轻易使用'三无'产品吗"来回应;比如上英语课要求学生背单词,学生会觉得很难很累,教师可以用"那就试着把会的画出来。是不是很快就把一本书画完了"来鼓励学生;再比如可以用"自古红颜多薄命",对自我防御机制补偿心理的这一概念做出趣味阐释;再比如讲到"风险投资",可以用"做赌徒,要玩得起;有底线,才可控"来看待,具体而言,可以理解为"有闲钱,再参与:赢自喜,输得起;风险无常,唯有自控:设置止赢/损点(比如10%),赢够就抽身,输到界限马上走"来告诫大多数人不要因"贪"而被玩死。类似案例举不胜举,教师应该努力提高情商修炼,用有趣、好玩、走心的语言调动学生参与课堂的积极性,妙趣横生的同时带动课堂氛围,传递悦人情感。需要指出的是,教师要把握好使用非严肃性语言的度,切忌把无中生有、生编硬造、庸俗搞怪的语言带入课堂,既影响教学成果,又影响学生心智。

(四)贴近时代,力戒陈旧味

马克思主义指出,任何事物都是变化发展着的。语言也应当破除陈旧的格局。更何况当代大学生生活在瞬息万变的时代,价值文化多元,思维判断活跃。

教师如坚守过去"一言堂"的思维，自封最权威的"圣人"，那将在教师与学生之间架构起沟通的屏障，使得原本艰涩难懂的课程教学变得更加索然无味。习近平善于运用体现时代特征的语言吸引听众的关注力，牢牢掌握听众的喜好，达到事半功倍的效果。当代大学生思想活跃，追求时尚和潮流，崇尚创新与改变，较为熟练掌握、应用与创造层出不穷的具有一定影响力的流行时尚语言。而我们不少教师却"两耳不闻窗外事"，很少去关注学生的需求和特点，意识中还停留在对大学生原有个性和行为习惯的看法，对学生现有的话语体系不了解，对学生所关心专注的事物不掌握，对学生成长发展规律不研究，共同语言越来越少，可交集的空间越来越窄，课余交流频率又十分低下，导致课堂教学平铺直叙，"台上一潭死水，台下昏昏欲睡"。

基于此，教师应有强烈的时代气质，敏锐的时代嗅觉，独到的时代眼光，全面的时代思维，教学语言才能"因时而进、因势而新"。首先，要不断分析、解读社会发展中的重大理论和实践问题，要以时代的眼光与精神，正确看待社会矛盾的变化以及社会发展的特点，要将时代发展中出现的各种社会问题理清楚、讲明白、悟得透，才能通过教学语言提高大学生对社会发展的认识，促使大学生在了解历史变迁规律的基础上形成正确的世界观、历史观，从而找到专业学习和精神成长的时代意义，把握人生价值航向和时代方位，树立起自信、担当的社会责任和人生信仰。其次，在话语体系转变中，教师的选材和表述都需要切准时代的轨迹，紧跟时代的节奏。既能对当前社会重大现实问题给予充分关切，又对未来社会发展趋势给予合理展望，汲取时代供给的生趣盎然、富有现代感、与专业教学任务相契合的时尚化语言，这样才能使课堂专业教学更具有说服力，也能更接地气。再次，教师要积极构建具有时代气息的实践教学话语，立足中国特色社会主义的基本国情，结合专业实践和社会实践指导，丰富和拓展教学话语创新载体和平台，在经验传输、特色普及、方法优化等专业教学实践活动传授中，体现社会主义制度的优越性，讲好中国特色好故事，帮助学生坚定学好专业、报效国家、服务人民的理想信念。比如在咨询人际关系心理问题"宿舍里奇葩太多，我该如何是好"时，教师可以用"与狼共舞，打怪升级，学会与奇葩和平共处，让自己的人际交往能力变得无敌"来鼓励学生学会适应集体生活，将人际关系处理得更为优化和谐；可以用"你的良心不会痛吗？""请开始你的表演"来批评大学生专业学习玩世不恭、消极懒散现象；可以用"贫穷限制了我的想象力"来阐释经济学中的某些现象;还可以用"……了解一下"来具体阐释某个名词解释或专业术语,用"确认过眼神"鼓励学生坚定对专业学习的态度;等等。当然也要看到,对流行网络语言和时尚语言的应用也不是"眉毛胡子一把抓",更不能随时随地乱用一气,要注意力戒"哗众取宠"的习惯性操作,否则生动活泼、井然有序的课堂也有可能异化为嘈杂、喧嚣的菜市场。最后,紧跟潮流"追新"并不是否认传统的教学语言,而是要求教师能够旧辞新翻,打破老套路,赋予语言新的韵味,增强其从正面吸引人、感染人、影响人和教育人的魅力。

"言为心声",习总书记不仅理论功底深厚,而且学用结合、知行合一。讲话既逻辑严密、思路清晰又简洁凝练、通俗易懂;既引经据典、融中汇外,又联系实际、时尚新潮;既有很强的亲和力和感染力,又有很强的穿透力和冲击力。在课程思政的背景下,学习领悟习近平总书记的语言风格,将习近平总书记的文风运用到专业课教学话语中,必将有助于提高专业课教学实效,也必将有助于提升思想政治教育全程化、一体化效果。

参考文献

[1] 张烁.习近平在全国高校思想政治工作会议强调:把思想政治工作贯穿教育教学全过程 开创我国高等教育事业发展新局面[N].人民日报,2016-12-9(01).

[2] 温美平,孔晨旭.思想政治理论课教学话语、教材话语及其关系[J].学理论,2014(21).

[3] 马辉,王超.浅议网络时代的高校思想政治教育话语[J].教育与职业,2014(6).

[4] 习近平.之江新语[M].杭州:浙江人民出版社,2007.

[5] 习近平.努力克服不良文风　积极倡导优良文风[J].求是,2010(10).

[6] 中共中央宣传部.习近平总书记系列重要讲话读本[M].北京:学习出版社、人民出版社,2014.

[7] 习近平在德国科尔伯基金会的演讲[EB/OL].(2014-03-29)[2019-10-25].http://www.gov.cn/xinwen/2014-03/29/content_2649512.htm.

◎应用型本科院校数字媒体专业群的创意教育模式研究与实践

陈　实①

摘　要:首先对数字创意产业相关专业的创意教育课程内涵调研,分析和评价;继而提出数字内容和服务创意培养的方法论,确认创新来源于专业内思维训练,给出了指导数字媒体专业群协作的创意教育途径;基于数字创意产业企业结构特性,分析数字媒体类专业群的现有产教融合特征,强调高校教师创意能力和审美价值判断的重要性,提出产教融合的新内涵和协作原则;将数字内容产品开发问题转化为多专业跨界合作的服务设计协作,实现数字创意产品内容创业从创意、设计开发、分发传播、衍生品设计的人才培养全链条整合。

关键词:应用型;数字媒体;创意教育

数字创意产业是现代信息技术与文化创意产业跨界融合而产生的新经济形态。2016年被纳入国家战略性新兴产业发展规划,浙江省和宁波市政府已出台推进发展数字创意产业的多项措施。预计到2020年,我国数字创意产业规模接近3万亿元。

数字创意产业领域包括动漫、影视、游戏等数字文化内容产品,虚拟现实、增强现实、交互娱乐、文化资源数字化等数字文化技术服务和相关高端数字文化装备制造。其中数字内容创意与数字产品创新设计是产业发展最为重要的原动力。虽然内容消费覆盖领域众多,但存在优质内容产品和服务供给不足、

---

① 作者简介:陈实,男,浙江万里学院数字媒体系副教授,研究方向为数字媒体、动画。

劣质产品产能过剩的问题。数字创意产业融合艺术和科学技术领域,与传统行业相比,要求人才的复合型素质,以适应长产业链的需求。产业链的革命推动高校数字媒体教育转型。

一、数字创意相关专业群的创意教育现状

数字创意产业发展的灵魂是创意。优秀的创意来源于创意思维的培养。纵观国内高校,把创意思维课程作为专业主干课程的学校和专业很少,从各校官方网站的教学计划调查汇总见表1。课程主要分布在动画、数字媒体艺术、视觉传达设计、网络与新媒体等人文、艺术专业。其他高校的上述专业主干课程集中于培养学生技能,创意教育分散到创作实践环节,试图通过创新实践教学模式促进创意教育。创意思维能力培养缺失造成学生依赖灵感、创意不得法甚至缺乏创意,创意型人才匮乏是制约产业发展的主要短板。

分析上述创意思维课程的部分教学大纲和教学计划,发现两个趋向:一种是直接沿用平面设计创意教学内容,其创意法则和技法来源于物态认知,关注事物之间的分类与融合。数字媒体综合了视觉外观和叙事,强调空间发散的创意教育方法论并不适宜。另一种教学内容借用实体(工业)产品创新设计方法,忽视了数字媒体的复杂性,远离了创意数字内容本体,反映出设计方法论总体上的缺失。在理论研究层面,国内面向数字创意产业的教育研究严重滞后,数量不多的动画教育成果集中在校企合作等方面,多为个案工作心得与经验总结,缺少理论归纳,针对创意开发的系统研究尤为少见。

更深层次的问题在于数字创意产业链的跨专业协作特性,它要求动画、数字媒体艺术、数字媒体技术、视觉传达设计、网络与新媒体等数字媒体类专业链的融合。然而,在高校内部,由于缺乏专业间人才合作培养动力,专业群关系松散,专业间隔阂没有根本打破。高校教育必须打破学科壁垒、发展专业链、实现专业群融合,通过产教融合的项目化实战,从外部推动改革成为切实的方案。

表1 普通本科高校开设创意思维课程情况

专业	主干课程中含创意类课程	普通本科高校
数字媒体艺术	数字艺术与创意方法	上海戏剧学院
	媒体设计与创意	浙江传媒学院
	数字媒体创意表现	武汉传媒学院
	创意思维	河北传媒学院
	策划与方案	北京电影学院现代创意媒体学院
	数字产品策划	北京工业大学
	设计创意与表现	青岛农业大学
	创意思维工作坊	汕头大学长江艺术与设计学院
	艺术项目策划与管理	上海视觉艺术学院
	影视节目策划	浙江财经大学
网络与新媒体	创新思维训练、媒体创意导论、新媒体创意实务、广播电视创意与策划	中国传媒大学
	影视新媒体的创意与生产	北京电影学院现代创意媒体学院
	新媒体创意与策划	广州大学
	网络视听创意与策划、新媒体创意与策划	浙江传媒学院
动画	新媒介与创意思维	北京工业大学
	二维创意实践	大连科技学院
	故事创作	中国传媒大学
	创造性思维训练	天津商业大学
视觉传达设计	创造性思维训练	天津商业大学
	媒体创意表现	江汉大学
	设计图形想象	上海师范大学
戏剧影视文学	剧本策划与创意、新媒体创意与策划	西安文理学院
艺术设计	思维与创意表达	浙江工商大学
摄影	故事创意与剧本策划	北京电影学院现代创意媒体学院
产品设计	设计创意思维与快速表达	上海第二工业大学
广播电视编导	创造性思维、视频栏目创意与策划	浙江传媒学院
媒体创意	创新思维原理与应用	中国传媒大学
媒体创意	媒体创意与创作实务、文化项目创业策划与实践	中国传媒大学南广学院

二、数字媒体类专业产教融合的特点

数字创意产业的注意力经济特征导致它与传统产业结构有极大差异,企业分为创意运营型和产能型两类,它们具有明显的高低端分野。前者走规模化发展路径,具有创意产品运营与变现能力,为龙头企业;后者为分散的中小企业,通过承接平台项目生存。大多数普通本科高校的数字媒体类专业与市场脱节,难以同区域、行业高端骨干企业建立合作,中小企业对专业人才强烈渴求,校企合作积极性和主动性高。

引进数字创意产业的企业教师和专家,与学校共同打造多方位实践平台,将使教育界学科内容创作优势和产业界的运营优势得以无缝对接。但产能型企业实战项目技能要求水平和创意层次不高、合作效率低下;教育方缺乏产业内的行业经验判断,缺乏创意运营型企业内的先进实践经验,教学设计受中小企业的指挥。市场意识和商品化价值融合程度越深,学生岗前训练、岗位适应越充分,就越倾向于职业技术教育。并且在产教不对等的情况下,企业天然的逐利本质被放大,学校的道德、文化与审美观念的优势被压缩,技术应用的前瞻意识和社会价值的引领作用弱化。例如,现有国产"二次元"文化产品整体上审美格调不高,且多有软色情、微暴力倾向。产业界为迎合市场而大量生产;教育方的精英文化倾向以及消费主义批判立场又将"二次元"亚文化排斥在艺术教育和教学研究之外。

文化产品意识形态性和商品性的二元价值共存,体现审美价值、社会价值与商业价值的多重特征。企业立足自身发展战略,持有较强的商业目标意识;高校秉持文化传承的使命。校企双方只有经过充分商榷,达成共同的价值认同,这是产教融合的基础。教育方作为介入产业发展的力量,在产业微观层面上牵引企业的发展和升级,宏观上不干预产业整体发展。为促进双方价值认同的一致性,产教双方的关系与传统行业的产教融合模式不同,双方相对独立、相互扶持,共同进步。产教双方应达成教育原则高于商业诉求的共识,教育原则与商业规范之间碰撞,相互补充,相互适应。

三、数字创意能力培养方法论的实证

创意并非来源于漫无目的的想象。我们前期的科学研究证明,数字媒体内容创意有四个基本规律,可以由简到难地对学生施展创意训练:(1)想象世界与现实世界的叙事蒙太奇;(2)现实世界相对弱势者的超能力灵性想象;(3)现实世界里出现慰藉情感的精灵;(4)现实经验观照下的想象世界。数字媒体服务创意的四个基本取向,由浅入深地思考:(1)数字媒体的技术性改写;(2)云平台服务聚合与联动;(3)人与实在物的关系改写;(4)人与社会的关系重构。

数字创意产品涉及数字内容创意—生产—分发—传播产业链。精细化的分工和严格的流程保证创意内容的高质量生产。为达成数字创意专业链的人才系统化培育,我们组织相关专业学生,组成艺术与技术的跨专业师生团队,通过项目化实作使学生在各应用领域差异化发展,促成人才结构性分流,任务如表2。

表2 专业链人员任务分解

专业	任务
动画专业	原画创作、三维模型、人物角色,动画制作与配音等
数字媒体艺术	场景设计、原画创作、虚拟空间美工、交互系统设计与开发等
数字媒体技术	软件系统实现
视觉传达	界面设计、形象设计等平面宣传
网络与新媒体	社交媒体运营、活动运营和用户运营等
产品设计	与本地区的生产制造业紧密结合,设计衍生产品

在具体的教学环节,按Jigsaw教学法组织实施跨专业创意教学:在动画、数字媒体艺术两个专业学生中跨专业组成多支队伍;所有队伍的同专业学生组建专业小组;针对命题,经专业小组研讨和队伍内头脑风暴,运用专业创意规律和取向在叙事创作、情节设计、产品逻辑等层面创新实践。

在实践中,我们发现创意教学的最大障碍是固有的结果导向学习评价方式。而引导学生依循创意规律进阶、迭代尝试是教育的难点。教师指导团队在教学中注重学生创意思考全过程,结合专业内创意思维规律适时引导学生积极思考,帮助其解决各阶段的障碍;通过协调教务部门置换课程,获得了学生支持,激发了学生热情。

四、数字媒体专业群的产教融合方案设计

我们以行业内龙头企业凤凰卫视教育集团深度参与的"全国高校数字媒体产教融合基地"为依托,利用数字媒体生态圈企业的产业资源,充分挖掘数字媒体专业群的科研职能,以"项目多元化、创意实战化、作品商品化"实施产教融合,开发数字创意内容产品,指导学生内容创业。如图1所示。

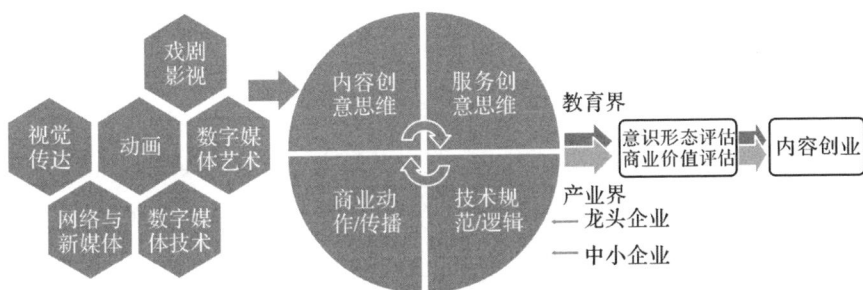

图1　专业群的数字创意教育

具体分三步:

(1)与中小企业合作。企业提出商业诉求,给定真实项目。将文化产品作为商品生产,实现产学无缝对接。校企双方构成教师团队,推进多专业聚合的教学实践,培育学生在不同视角与价值观汇聚情境下的专业技能。校内教师与企业教师互动,了解产业的商业环境、行业技术规范、检验标准;

(2)实施学研一体的创意教学。借助灵活、自由、开放的工作室培养优势,以系统化思维激发学生团队整体创意,贯通数字创意专业链,设计创意项目的原型系统;

(3)引进龙头企业入校。企业专家依据技术趋势、市场模式、商业价值等指标,评估原型系统,指导学生创意团队自我反复迭代。经由校企双方的意识形态评估和商业评估,具有市场价值的成果进驻孵化中心,对接企业真实业务场景,实施内容创业,引入龙头企业投资合作,实现产学研一体化。

五、改革成效

近三年,我们在数字媒体专业群的学生进行教学实证,教师坚持审美、社会价值取向,获得了行业经验判断能力,树立了创意能力自信,不再单纯受制于产业的商业诉求,不断迭代探索,自主优化升级了专业人才的培养体系。实践表明,提出的创意教育模式:

(1)依靠产业力量推动学校内部专业教学的交叉与融合,发挥数字媒体专业群的资源集聚效应,实现了文理多领域融合,优化了教学资源,提高了教育投资的使用效率。

(2)整合创意教育理论研究成果,扩大创意教育的范围,激发了专业间学生的创新思维碰撞,以培养专业性、前瞻性和能动性的创意型人才,凸显应用型本科高校与职业技术院校错位竞争发展,促进了教育机构整体高效运行。

(3)探索多层次的校企合作策略,改革了松散的、缺乏系统性的校企合作形式,健全了应用型本科高校与行业骨干企业、中小微企业紧密协同的创新生态,构建了校企合作长效机制。

在数字创意教育改革过程中,我们指导学生参加大学生动画、多媒体设计、计算机艺术设计等竞赛,获得众多奖项,其中国家级优秀奖7项,省级一等奖13项,省级二等奖17项。更值一提的是,动画专业学生的创业率与就业率一直在本市高校居于前列。这些成果可以证明,这种以产教融合为手段、内容创业为目标的数字创意教育改革是富有成效的。

参考文献

[1] 战略性新兴产业分类(2018)[R].北京:国家统计局,2018.

[2] 史光辉.创意设计与宁波创意产业竞争力研究[M].哈尔滨:黑龙江人民美术出版社,2016.

[3] 于胜男,朱红岩,王婵.新媒体环境下应用型高校传媒专业创新创业教学实践探析[J].新闻研究导刊,2018,9(17).

[4] 兰德.动画专业"项目促进式"产教融合实践教学问题探究[J].长春师范大学学报,2018,37(3).

［5］徐立萍.校企深度融合下数字媒体艺术设计专业创新人才培养模式探究［J］.教育现代

　　化,2017,4(40).

［6］赖声川.赖声川的创意学［M］.桂林:广西师范大学出版社,2011.

［7］陈实.动画创意课程的教学探索与实践［J］.装饰,2017(5).

［8］陈实.自然人机交互的设计思维［M］.浙江人民美术出版社,2017.

［9］ARONSON E. The Jigsaw Classroom［EB/OL］.(2018-12-10)［2019-10-20］.www.

　　jigsaw. org. the.

◎行业组织对美国法学教育的影响研究

江春华　　胡赤弟[①]

摘　要：行业组织的形成有其历史必然性，对美国法学教育产生的影响是深刻久远、历久弥新的。在市场主导机制作用下，美国律师协会和美国法学院协会在共同互动、相互监督中，从法学院招生、办学、教学到毕业就业，都提出了具体的标准要求，且持续强化，促进了法学教育专业化，也提高了法律人才培养质量，逐步控制了美国法学教育的入口和出口。行业组织对美国法学教育的影响是全过程、全方位的，并且持续贯彻、落到实处，推进了行业自律，也为美国法学教育卓越做出了巨大历史贡献。

关键词：行业组织；美国法学教育；双主体模式；行业自律；影响

一、美国律师协会和美国法学院协会的形成

美国的独立，促使法律职业在这个新生国度里冉冉升起。即使在今天，美国的律师仍然发挥着比其他国家同行更大的社会作用。这不仅仅是因为法律职业是社会生产力和劳动分工交叉发展的产物，还因为随着市场经济的迅猛发

---

① 作者简介：江春华（1994—　　），安徽歙县人，宁波大学教师教育学院硕士研究生，主要研究方向为高等教育管理。胡赤弟（1963—　　），浙江宁波人，宁波大学区域高等教育研究中心主任，教授，主要研究方向为高等教育管理。

展和许多大企业的出现,美国不可避免地需要借助律师这个行业,才能实现各种国家职能,法律职业及其社会地位就获得了实质提升。由此也萌生了法学教育,并一跃成为蓬勃发展的产业。尽管此时法律人才培养大多都只是通过社会法学院进行短期技能培训,实质上是一种职业培训,但还是迎来了爆炸性增长时期。1850年,全美律师人数为23939人,1870年达到40376人,到了1880年,跃升到64137人。19世纪后期,随着依附于大学的法学院的复建与增设,机制化法学教育重获新生。它强调系统的知识和技能训练,提供的是一种旨在提高立法质量、律师素质,从而提升法律职业地位的系统性、学术性服务,培养社会需要的专业性法律人才。纽约大学对外宣称创建法学院的原因,在于"满足公众获知立法技术、法律理论与实践的迫切需求"。毫无疑问,无论社会法学院还是大学法学院,它们所培养的法律人才最终都将步入律师行业。但由于社会专业化程度的不断提高,职业群体意识到必须尽快实现法学教育专业化,以满足更专门的法律人才需求。

我们知道的是,与普通职业相比,专业有着更限定的边界,它既是一种特定的职业,也是一种正式的职业。从业人员要达到专业,必须长期接受和掌握比普通职业更多更系统的知识与技能训练,而且这种学习训练是在大学里进行的,是以是否接受过高等专门教育为标志。它提供的也是一种特有的、范围明确的、社会不可或缺的优质服务,致力于弘扬专业精神,并且承担着更大的职业道德和法律责任。为了提升法学教育的标准、水平,满足法律职业对律师特别是高水平律师的需求,专业性行业组织应运而生。行业组织是市场经济国家出现的一种旨在维护行业利益、规范行业秩序、促进行业发展的非政府性、非营利性、会员制、自治性社会法人团体,它与市场经济体制的建立、成熟相伴而生。行业组织对于法律职业的升级呼吁,法律及法学对于学术的兴趣重燃,与现代大学的破土萌发并行不悖,关系密切。

克拉克·克尔(Clark Kerr)曾指出:"一千年来,大学的生命是和它周围社会中被认可的专门行业联系在一起的,而且它将继续对新出现的专门行业做出反应。"大学法学院也已经成为人们想要进入律师行业的主要"港口"。在美国法学教育和律师人才培养中,美国律师协会(the American Bar Association,ABA)和美国法学院协会(the Association of American Law School,AALS)发挥了至关重要作用。美国律师协会自1878年8月21日在伊利诺伊州芝加哥市成立以来,一直是美国法律人士和法学师生的共同自治组织,他们拥有共同的身份特征、共同的价值追求和清晰的社会边界,也是美国法律职业发展和法学教育质量的主要看门人之一,以平等地为其会员、法律职业和公众服务为使命追求。律师协会成立之初,在其7个常设委员会之中就列入律师执业资格审查委员会和法学教育委员会。从20世纪20年代起,美国各州都强制执业律师加入各州律师协会,到了70年代,约48个州的律师都必须加入该州的律师协会。如今,美国律师协会已有会员超过40万人,成为全球最大的法律职业组织。在詹姆斯·埃姆斯(James Barr Ames)担任哈佛大学法学院教职之时,首次将法律职业区分为"学术"与"实务"两大类。埃姆斯担任哈佛大学校长时出现的新兴职业即"学术型律师"尚无自身的统一组织,因为实践型律师此时已经成立了专门的行业组织即律师协会,但没有投入足够时间和精力关注法学教育的发展,所以1899年,律师协会呼吁成立由几所知名法学院组成的学术联盟。翌年,12所法学院组成的完全独立于律师协会的美国法学院协会正式成立,以推进法学教育的卓越为使命追求,其成员面向的是法学院,而非个人。至今,全美已有179所法学院是其会员。

二、行业组织对美国法学教育的主要影响

(一)招生

1.提高入学标准

长期以来,美国法学教育没有设置强制性入学要求,社会开放程度高。1927年,只有11个州要求法学院入学申请者具有高中学历或同等学力。可见,直到20世纪20年代,法学院入学学生大多都只是高中及以下毕业生,知识基础较为薄弱,学习水平参差不齐。

为提高法学教育质量,美国律师协会最早于1921年要求所有攻读法学专业的申请者正式具备两年以上大学学历。美国法学院协会也于1925年提出相同标准。到了20世纪30年代,每年都会有三四个州对法学院提出以上入学要求。宾夕法尼亚大学、斯坦福大学、哥伦比亚大学、耶鲁大学等大学的法学院也已经开始要求入学者必须具备本科学历。截至1938年,全美范围内已有40个

州 109 所法学院要求入学申请者具备两年大学学历。入学标准仍在持续强化。1970 年,要求法学院申请者具备三年高校学历,已经获得普遍接受。有 8 个司法区甚至要求申请者具有学士文凭或四年大学学历。入学标准的逐步提高在根本上保障了法学院生源质量。

2. 增加女性和少数族裔就学机会

一直来,美国女性、少数族裔包括非洲裔在法律职业和社会地位中都处于劣势,没有完全的权利保障,甚至有很强排斥现象。19 世纪 60 年代,联邦法院就明确反对女性从事律师执业,约瑟夫·布莱德利(Joseph Bradley)大法官就表示:"女性专属的怯懦、敏感等本质特征,明显不适合很多社会职业。"即使如此,美国女性依然极力争取成为律师的权利。1869 年,艾奥瓦州就认可女性可以报考法学院。1872 年,波士顿大学法学院开始招收女性。在社会民权运动和女性参政运动的影响下,美国律师协会和美国法学院协会进行了多项调查,考虑社会各阶层的利益诉求,要求法学院采取有利于扩大女性和少数族裔受教育群体的优惠招生政策,以促进法学教育群体的机会均等。

在不断斗争和努力下,美国法学教育的群体形势有了很大改观。1963 年,在全美获得认证法学院就读的 49552 名法科学生中,有 1883 名女性;到了 1970 年,就读的 82499 名学生中,女性数量增长到 7031 人;1979 年,在 122860 名法科学生中,女性人数又达到了 38627 名。在获得认证的法学院中就读的少数族裔学生人数,从 1969 年的 2933 人,增长到 1974 年的 8333 人,之后在 1979 年又增长到 10008 人(其中 5257 人是黑人)。从女性和少数族裔就读法科人数变化的两组数据来看,两个群体所占比例都有了很大的提高,律师协会和法学院协会的政策措施也显现出成效,法学教育的平等化得到了实质性推进,这具有深远的社会进步意义。

(二)办学

1. 认证法学院资格

由于美国法学教育市场不规范,法学院办学层次和水平参差不齐。于是,从 20 世纪 20 年代起,美国律师协会和美国法学院协会就通力合作、积极行动,不断推出新规,试图通过认证法学院资格从根本上提高法学教育的办学标准,控制法学教育的入口。1923 年,美国律师协会首次公布获得其认证资格的法学院名单。39所符合要求的法学院被列为A级法学院,另外的9所有望满足要求的法学院被列为B级。1927年,律师协会又再一次公布了65所法学院认证名单,这份名单几乎与法学院协会的会员单位相同。1928年至1935年间,在被认证的法学院就读的学生规模就从32.2%增长到48.8%。

截至1938年,共有101所法学院通过了美国律师协会的认证,其学生规模(23827人)占到了全美法科学生总数的63.7%。20世纪30年代,加利福尼亚州律师协会首次针对未经其认证的法学院开展清理整治活动,到了第二次世界大战前后,一些无法得到认证的法学院,特别是营利性法律职业培训机构如私立法学院、非全日制法学院、法律夜校等"劣质"法学院就被迫停止了招生,从而逐渐退出了历史舞台。如今,共有205所法学院通过了美国律师协会的资格认证(其中包括3所获得临时认证的法学院)。

2.增加全职教师,保证合理师生比

教师作为教育的重要主体,知识与技能的输出方,其教学水平在一定程度上决定了教育质量。美国律师协会1892年最早提出每所法学院必须有一名全职的法学教师的要求。1919年,美国法学院协会将这一要求提高到3名全日制法学教师。标准还在不断强化。1928年,律师协会要求其会员院校至少要有3名全职法学教师,法学院协会也决定1932年之前其会员院校应当聘请至少4名全职法学教师。1924年,法学院协会对师生比做出了不得高于1∶100的要求。要求的提出很快在顶尖大学法学院显现出效果。1925年,哈佛大学法学院每位全职教授平均面对78名学生(整体师生比为17∶1320),耶鲁大学每名教师面对约70名学生(整体师生比为6∶418),哥伦比亚大学法学院每位教师面对约103名学生(整体师生比为7∶721)。1952年,法学院协会对最低师生比做出新规定,要求不能超过1∶75。

3.提高图书馆建设条件

图书馆是教学条件的重要一方,师生学习离不开图书馆。正如哈佛大学法学院院长克里斯托弗·哥伦布·兰德尔(Christopher Columbus Langdell)所认为:法学教育的核心是法学图书馆,图书馆对于教授和学生而言,就是最佳的工作坊。1927年,美国法学院协会要求其会员院校图书馆至少藏书7500册以上,年均投入经费1000美元以上。翌年,美国律师协会也要求其会员院校图书馆

藏书 7500 册以上。20 世纪五六十年代则见证了对于图书馆建设更高标准的持续追求。1948 年,美国律师协会要求图书馆也须有馆长和专门管理员。1968 年,美国法学院协会提出其成员法学院在 1968—1971 学年间,图书馆支出不低于 3 万美元,并且需要在某一年购买 1 万美元的图书资料(也就是在三年间总共支出 4 万美元),图书馆藏书最终达到 6 万册以上。这极大改善了学习环境和教学条件。

(三)教学

1.拓展课程范围

教学内容的首要问题就是课程设置。19 世纪早期,美国大学法学院授课内容较为宽泛,主要包括法学导论、侵权法、诉讼实务与证据法、不动产法、商法、合同法律行为、法律实务等。由于教学需要,1870 年后又增设了法理学、联邦程序法、信托法、抵押法、担保法、损害赔偿法等专业课程。在美国律师协会 1881 年年会上,要求法学院开设更多的人文社会科学课程,从而为毕业学生做好充足准备以适应更多职业要求。

此外,律师协会又要求法学院开设律师职业技能课程,例如设立一次严格的法律文书写作训练,内容包括一审及上诉审庭辩论技巧、法律咨询方法和起草法律文件等,加大对学生的技能培训。律师协会还要求法学院学生必须学习法律职业道德行为规范,提升职业基本素养。1975 年俄亥俄州就要求法学院院长签署承诺书,保证学生至少用 10 个学时来学习该州的职业道德行为规范。课程的逐步增设,丰富了教学内容。

2.创新教学模式

20 世纪初,实用主义风靡美国。顶尖大学强调生活实际,科学的教学方式要突出的是实践性。判例教学法正是满足了当时大学特别是法学教育的教学需求,其兼具科学性和实用性的特征不仅使自己成为一种极佳的教学方式,促进了教学目标的实现程度和效率,更在理论层面将美国法学教育从规则研究转变到程序研究。判例教学法在兰德尔的坚定不移实施推广下,哈佛大学法学院就凭借这一教学方式拥有了压倒性的领先优势。尽管在实施推广过程中,遇到很多阻碍,但判例教学法已经被视为一种法学教育的方法创新得到了法学院协会的支持。截至 1902 年,在全美范围内注册的 92 所法学院中,12 所明确采用了判例教学法,到了1907年,这个数字攀升至30所。美国律师协会还要求法学院以小班教学、小组合作的形式开展教学,提高教学质量,这种教学模式一直沿用至今。

3.发布调查报告,引导教育改革

对法学院教育质量的评估一直是美国律师协会和美国法学院协会的重点工作之一。20世纪40年代末,美国律师协会对全美几乎所有法学院进行了专项检查并发布多份调查报告,引导教育改革。1944年,美国法学院协会发布了由卡尔·卢埃林(Karl N. Llewellyn)撰写的课程设置年度报告,该报告首次将法律技能作为独立问题进行分析,论证了法学教育的内在正当性。报告建议法学教授应当拥有讲授法律技能和具体内容的自主权。1947年发布的报告又将卢埃林的建议推向深入,主要强调了5项法律技能:确定判例法律观点的能力(法律分析能力);通过分析判例个体从中总结法律原则的能力(法律综合能力);处理复杂事实局面的能力(法律判断能力);解读成文法律法规的能力(法律解释能力);应用法律原则解决问题的能力(法律救济能力)。两份报告引发了俄亥俄州立大学围绕法律技能组织的课程设置改革,就是将法律技能分为若干个部分,在不同课程中予以体现,任课教师也承担起教授法律技能的任务。这种以技能为导向的教学方法在该大学获得了成功。行业组织通过评估检查法学院教育教学情况,提出的政策建议是有效、可靠的,能够显著提升法学教育质量。

(四)毕业就业

1.提高律师执业资格申请标准

美国法学教育作为律师人才培养的专门职业教育,入学标准提高了,则律师执业资格申请者的标准提高也是必然的。这主要体现在资格申请者的学历要求上。1896年,在美国律师协会的同意下,律师执业资格的申请者必须具有高中学历(这一要求一直持续到1921年),且有2年法学院学习经历,翌年,学习期限被要求延长到3年。1930年,就有4个州要求律师执业资格考试申请者必须具备法学学历。更有甚者,33个州要求申请律师执业资格的人必须具备3年以上的学徒见习经历。对学历要求的提高还在持续进行,也很快有了显著效果。到了20世纪50年代,律师中拥有大学学历的人数超过了没有大学学历的人数。

2.提高律师执业资格获得条件

1860年,美国基本上还不存在统一规范的法律职业准入标准,甚至在申请律师执业资格时,都没有严格的法律学习时长要求,考试形式也大多为口试,非常随意。美国律师协会要求规范律师执业资格的获得程序和条件。1890年,在39个司法区中,正式要求完成一定时长的法律学习的司法区由9个增加到了23个,律师执业资格笔试也逐渐成为普遍做法。1875年,纽约州律师协会成立一个考试委员会负责组织统一的律师执业资格笔试。逐渐地,由地方律师协会控制的"资格审查委员会"取代各州最高法院,成为律师执业资格考试的主办方。1928年,除了印第安纳州之外的其他美国各州都设立了州一级律师执业资格考试机构并开始推行强制性的律师执业资格考试。1930年,律师协会资助成立了全国律师执业资格考试委员大会,期于从整体上、全局上完善律师执业资格考试要求并尝试建立律师执业资格的国家认定模式。

3.设定学习时长和毕业要求

1921年,美国律师协会规定法学院需要推行三年全日制或者四年非全日制学制,这也就规定了法学院学生必须接受三年及以上法学教育。1927—1928学年,166所法学院要求三年及更长学制,二年学制的法学院变为8所,一年制法学院变为2所。美国律师协会要求法学院设定学生学习时长和学分获得要求,全日制学生要顺利毕业,必须要有不少于90周内1200学时参加学院安排的学习,每周上课不得超过20学时,学时是50—60分钟;非全日制学生不得少于120周内1200学时。法律博士也必须达到一定的教学时间,每年不低于130天,分布时段不少于8个月,每周不得超过5天,学生完成学位课程的时间不少于24个月,也不得超过84个月。1910年,美国律师协会还提出法学院毕业生至少要见习一年。此外,一般法学院鼓励支持学生进行课外实践学习和海外学习,但学生达到申请要求并得到学院同意后,还需要经得美国律师协会的同意,否则学生获得的学分不能被认可。

三、行业组织对美国法学教育的影响分析

行业组织对美国法学教育的影响是深刻久远、历久弥新的。一方面,以美

国律师协会和美国法学院协会为主要实施载体,针对专业性法律人才培养,对法学教育各方面提出标准要求,促进教育改革,提升法学院教育质量,以适应日益增长的社会需求。另一方面,行业组织通过设立独立的律师执业资格考试,提高行业准入门槛,法学院培养出来的优秀执业律师又提高了律师协会和律师行业的整体水平,从而律师协会又再次对法学教育强化标准要求,法学教育进一步增强实力。至此,行业组织对美国法学教育的影响形成一个良性循环的系统(如图1)。这个持续发挥强大作用的系统有三大特点。

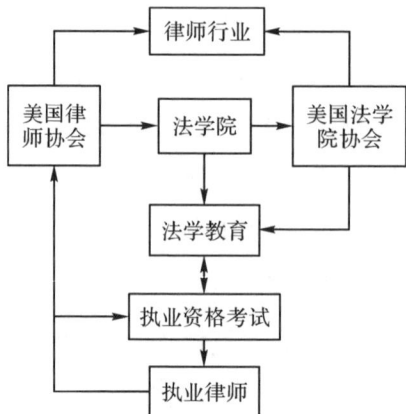

图1 行业组织对美国法学教育的影响系统

(一)市场主导机制

在经济学上,市场作为一种交换商品或服务来满足需求的场所,由来已久。美国自建国以来就一直采用市场经济体制,两百多年来没有太大曲折,并建立了比较成熟的市场经济模式即自由市场经济模式,它十分强调市场主导地位,开放程度高,崇尚市场效率,促进市场自由竞争,由市场机制来调节、推动社会经济甚至科技教育、文化艺术等活动资源的配置。美国法律职业和法学教育也不例外。由于美国长期没有类似“教育部”的国家教育管理机构,法律职业的需求和法学教育的供给很大程度上都由市场来配置资源,政府不做过多干涉。于是,自由市场提供了法学教育适宜、快速发展的土壤,在自由竞争中不断维护、追求法学教育卓越,为法律职业市场输送了更多更高质量的专门人才。行业组织对美国法学教育的影响是以市场需求为导向的,自由竞争的市场主导机制是其内在逻辑。

(二)双主体模式

随着市场主导机制的成熟,面对日益扩大的行业群体和亟待提升培养质量的法学教育,行业孕育出了美国律师协会和美国法学院协会这两个既相互联系、共同互动,致力于美国法律职业和法学教育的发展,又存在一定的相互竞争、相互监督关系的行业组织,这也构成了行业组织对美国法学教育影响的双主体模式特征。美国法学院协会作为代表着精英法学院的学术性联盟,从供给方的角度为法学院提出利益诉求,逐步提高法学教育的办学标准和要求,控制了法学教育的入口。而美国律师协会作为代表着庞大执业律师群体的专业性组织,从需求方的角度为执业律师提出利益诉求,逐步提高律师执业资格标准和行业准入门槛,控制了法学教育的出口。最终,在百余年的发展历程里,与大学、政府、社会的积极互动中,美国律师协会和美国法学院协会通过采取一系列持续性机制措施,保障了法律职业群体的最低利益,规范了行业秩序,提升了行业的地位和影响力,也提高了法学教育水平和人才培养质量。

(三)行业自律

市场主导也并不意味着无序竞争、恶意规制。作为一种柔性市场治理手段,行业自律在约束行业主体不良行为、建立和维护良好的市场竞争秩序上发挥着重要作用。行业自律就是在同一行业内,由一致认可的行业协会监督管理下,遵守行业道德行为标准、提升行业地位和影响力而进行的自我规制、自我协调的自觉性行为机制。美国是市场为导向的高度分权的国家,非系统化的多样性是美国高等教育的典型特征。所以,制定行业准入标准、控制职业发展、设定高等教育要求和保障高等教育质量等任务就需要由行业自律机构来实施,美国律师协会和美国法学院协会就是典范,不遗余力推动行业自律,使其逐渐成为一种制度安排。直到如今,行业自律仍源源不断地发挥着深刻作用,行业组织对美国法学教育影响的内在机理也一直没有被破坏。

参考文献

[1] REED A Z. Training for the public profession of the law: historical development and
principal contemporary problems of legal education in the United States[M]. New York:

Kessinger Publishing,1921.

[2] 罗伯特·史蒂文斯.法学院——美国法学教育百年史:19世纪50年代至20世纪80年代[M].李立丰,译.北京:北京大学出版社,2017.

[3] Department of Law,New York University. Annual announcement of lectures[R]. New York:New York University Press,1858-59.

[4] 教育部师范教育司.教师专业化的理论与实践[M].北京:人民出版社,2001.

[5] 克拉克·克尔.大学的功用[M].陈学飞,等,译.南昌:江西教育出版社,1993.

[6] JOHNSTON Q, HOPSON D. Lawyers and their work[M]. Jr. New York:The Bobbs-Merrill Company,Inc. 1967.

[7] American Bar Association. Review of legal education[R]. New York:American Bar Association Journal,1979.

[8] REED A Z. Present-Day Law Schools in the United States and Canada[M]. New York:The Carnegie Foundation for the Advancement of Teaching,1928.

[9] LANGDELL,CHRISTOPHER COLUMBUS. "Harvard Celebration Speeches." 3 Law Quarterly Review[R]. Cambridge,1887.

[10] Association of American Law School. Association of American Law School Proceedings[R]. New York:Association of American Law School,1968.

[11] SELIGMAN J. The High Citadel:The Influence of the Harvard Law School[M]. Boston:Houghton Mifflin,1978.

[12] 胡晓进.美国律师协会的法学院设置标准[J].高教发展与评估,2011,27(6).

[13] 罗俊明.以"法"治法学院——介绍美国律师协会《法学院合格标准章程》[J].国外法学,1988(4).

[14] JOHN S. BRUBACHER,WILLIS RUDY. Higher education in transition:a history of American colleges and universities[M]. Transaction Publishers,2007.

本论文已发表于《宁波大学学报》(教育科学版),2018年第6期。

◎高职高专德育教育的创新与研究

李凤燕 陈阳建[①]

摘 要：文章分别从学校、教师、教学层面进行阐述，提出对高职高专院校德育教育的创新性意见，以期落实立德树人的根本任务，达到德育教育的目的。

关键词：德育教育；学校；教师；教学

改革开放以来，我国的高等职业教育飞速发展，培养出了较多应用型专门人才，但近年来也出现了一些问题。随着大学的扩招，高职高专院校的生源质量日益下降，很多学生自制力较差，分辨是非能力较弱。个人主义、享乐主义、拜金主义等思想经过各种媒体和网络平台大肆传播，学生易受到其影响，价值观出现问题。所以，高职高专院校的德育教育就显得尤为重要，如何开展德育教育创新研究，使其具有针对性和实效性，落实立德树人根本任务，是一个值得不断探讨的问题。

一、学校层面

德育工作任重而道远，需要在教育领域进行全方位的改革。学校作为德育教育的引导者，必须充分发挥学校主体功能。

---

① 作者简介：李凤燕（1988— ），女，汉族，讲师，研究生，浙江医药高等专科学校，研究方向为生物技术制药及肿瘤信号通路机制研究。陈阳建（1981— ），男，汉族，副教授，博士，浙江医药高等专科学校，研究方向为生物技术制药。

（一）建设先进的校园文化

把学校校园转化为德育教育的"真情景"。校园文化涉及地理环境、文化传统、校风教风学风、师生精神面貌等许多方面,提升校园的文化品位和精神内涵,是德育教育创新的一个重要方面。

德育教育是高度情境化的,对于道德情感教育而言,除了引导,环境的熏陶也是关键。德育的目标与内容必须贯穿在校园文化的建设之中,使学生身临其境地体验和感受到学校倡导的价值观念和取向,"以境陶情、以境育情",才能丰富道德情感体验与感受;而建设先进的校园文化,需要上行下效,构建全员、全程、全方位体系,使院墙内外的师生在无时无刻地熏陶和感染过程中达成德育"润物无声"的功效。

我校校训包含了"厚德"二字,认为高校是人才的培养基地,人才的最高标准在于树其德。德是人的立身之本,将"德"置于首位,强调它的重要性和根本性。"厚"是崇尚,是积累,学校的首要任务在于培养人的品行、道德、操守。我校始终把校训贯穿于教育教学中,使其深入人心。如举办文化寝室等各种比赛;学校在献血活动中还引导学生干部充分发挥带头榜样作用,鼓励和动员学生积极参加无偿献血,定期对学生进行有关献血知识的培训,培养其无私奉献精神,建设健康、先进、具有自身特色的校园文化。

（二）加强学生社团建设

学生社团是高职高专院校德育工作的重要载体,是当代大学生成才不可缺少的阵地,是新形势下提高学生综合素质的重要形式。由于社团活动内容丰富,形式多样,大学生在社团活动中增长知识,开阔眼界,受到的锻炼也远比课堂多,同时有利于培养学生合作沟通的能力,挖掘学生潜能,满足自身发展需要,对有效地实现德育目标,培养高素质人才,具有举足轻重的作用。

我校有各种学生社团,如校学生会、各院学生会、青年志愿者协会、邓小平理论协会、乒乓球协会、动漫社、象棋协会,依各社团特色,学生可根据自己的兴趣爱好加入相应的社团,学其想学,满足其自身发展需要。其中最重要的是提高社团质量,使其真正发挥作用。学校可健全相应的奖励与淘汰机制,对发展较好的社团给予奖励,激励其发展;淘汰"空壳子"的社团,整合社团资源,实现最大效益。

（三）搭建社会实践活动平台

加强大学生德育教育最为直接的方式就是拓展大学生道德实践活动。道德实践是道德教育的综合展现,它可以使大学生深化德育教育的目的和意义,同时又能双管齐下将德育教育和德育意识培养相结合,是防止学生误入道德误区的有效途径。

在计算机信息技术发展迅猛的今天,高职高专学校德育工作也必须与时俱进,不断向家庭、社会延伸,打破原有的模式,寻找一种有利于学校、家庭、社会、媒体教育的相互衔接、相互补充的一体化模式,这便是搭建社会实践活动的平台。学生由"被动改造"到"主动参与",在为社会、人民服务的社会实践活动中接受教育,学知识、长见识、积累社会经验。

社会实践活动有多种形式,如志愿者活动、社会调研、军训、社会考察等;高职高专院校可根据自己院校特色,有目的地搭建社会实践活动平台。把专业教学的空间由课内伸到了课外,将社会当作教学的工厂,以学生未来就业所需基本素质的培养为路径,有力地帮助学生提升综合素质,为今后的发展提供了有力支撑。如我校与浙江省食品药品监督管理局合作,作为第三方,对省内 11 个市化妆品"百千万"美丽消费示范工程进行实地检查评价。其中化妆品专业的学生作为主要成员参与了此次评价工作,把教育主体和客体自然和谐地结合在一起,对学生的教育作用既明显又深刻。

（四）建立以德育为核心的教育理念

当代教育理念应该建立以德育为中心的教育理念。德育教育和知识技能教育是同样重要的。社会主义道德建设要坚持以为人民服务为核心,坚持以集体主义的原则为基本要求,以诚实守信为重点,加强社会公德、职业道德和家庭美德教育。

高职高专院校德育教育工作可以因地制宜,具体问题具体分析,比如我校作为药学类专科院校,针对大学生诚信缺失的问题,开展诚信教育,在课堂上渗透药企如果无诚信会产生的严重后果以及作为制药行业从业人员,诚信的重要性等内容,着重培养学生职业道德。

（五）实行多元化的德育考核方式

考试成绩不是衡量学生的唯一标尺。传统课程的考核内容大都以理论知识为主,整个考核过程由教师出题、阅读、评审,再结合学生平时成绩给予最终成绩,这几乎由授课教师一手完成,没有对学生的合作能力、沟通能力、自主学习能力等综合能力或者德育方面进行考核。[3]在经济发展新背景下,高职高专院校更要建立涵盖思想道德教育领域全方位、全覆盖、立体化的考核体系,创新德育评估方式。这就迫切要求学生的最终成绩不能仅限于期末考试成绩、考勤、作业等,可以将学生参加的各种活动的表现计入总成绩之中,如班级活动、院系活动、党团活动、社团活动,此外,也可以将大学生参与的社会实践活动计入总成绩之中。如我校两名学生在宁波市江北区发生爆炸事件后,主动寻找爱心献血点,为爆炸事件的伤员献血,学校对这两名同学进行了表扬。

实行多元化的德育考核方式,有利于德育教育顺利开展。但由于德育评估是一个动态的实践活动,人们对德育活动的规律和评估的意义认识也不一致,因此,高校德育工作评估是一项长期而又艰巨的历史任务,需要不断探索,结合学校教育和社会教育、家庭教育、自我教育,综合评估,建立多元化、全面的德育评估机制。

二、教师层面

(一)提高教师的职业道德水平

教师是人类灵魂的工程师,是学生做人的启蒙者和引路人,其一言一行对学生都有着潜移默化的影响。教师的素质决定教育的质量,抓好师德教育,提高教师的职业道德水平,建设一支符合核心素养要求的、一专多能的教师队伍是实施德育教育的关键之举。

对教师来说,增强教育者角色意识,注意提高自己的专业素养,维护自己的人格形象,是争取受教育者信任、改进德育工作的前提。教师要不断学习德育理论和道德规范体系,始终与社会道德教育、家庭道德教育与高校道德教育保持一致,引导学生建立正确的人生观与价值观。

(二)加强师资队伍建设

加强师资队伍建设,打造一批专心教学、用心传道的教师团队,让全员教师都参与进来,将德育教育工作贯穿教学的始终。教师改变教育理念,进行角色转变,重塑内部动机是进行教学创新的关键,根据学生心理特征和学习行为模式,有针对性地进行德育教育,提升教学效果。

我校积极实施青年教师助讲培养制度,即由副高以上职称教师作为指导老师,系统培养新进教师或者进校三年内的青年教师。我院还积极推动教师集体备课制度,组织集体备课活动,使教师一起研究大纲教材,利用集体智慧,探讨如何在课堂上渗透德育元素,探讨教学方法,提升课堂教学质量。此外,我校还举行一些教师说课比赛,如召开"基于课程思政理念"教学单元设计及说课比赛,提高广大教师的教学设计能力和立德树人的履职能力,推进专业课程改革与建设,切实提高课堂教学质量,实现全方位育人目标。

三、教学层面

(一)整合学科德育资源

通过整合学科德育资源,德育资源共享,并且在课堂上积极地渗透,可以恰到好处地对学生的思想品行进行点化,有助于学生优良品行的培养。在教学中,教师应充分挖掘教材的潜在德育价值,把教材与生活实际、社会生活结合起来,使教材更有"亲切感",使德育教育效果更佳。

我校一直非常重视德育在学科教学中的有机渗透作用,并做出了积极的探索和实践。如我校举行了"课程思政建设"主题教学研讨——微讲座活动。其中有的老师结合学院开展的"课程思政"建设实践,展示了在"医学基础""生物医用材料""制剂设备使用与维护"等专业课程中相机渗透伦理道德、法律法规、职业素养教育的教学实例,探讨了德育元素融入专业课程的切入点和结合点。有的老师还结合自身企业工作经验和教学体会的生动案例,分享了其在药物质量检测技术课堂中开展的爱岗敬业、质量意识和诚实检验等的教育心得。通过整合学科德育资源,力求德育教育贯穿于学校教育教学全过程,将教书育人的内涵落实在课堂教学主渠道,让课程突出育人价值,让立德树人"润物无声"。

(二)推进专业教学改革

在通识课程与专业课程的教学中,除了传统的知识教学之外,更为重要的是课程知识背后的求真意志、创新精神、人生态度和审美情怀。也就是说,课程教学在教授知识的同时,更为重要的是通过知识背后的精神与信念引导学生形成正确的价值观。

通识课程对德育教育的作用不言而喻,这里重点阐述专业课程教学改革。高职高专院校要不断加强面授教师对学生三观的影响因子,充分挖掘课程的德育资源,充分发挥课程资源的德育价值。在平时的教学过程中,教师应以自己的教育智慧,结合课程,采用现代传播工具与手段,适时对学生进行思想道德的教育,适时地点化学生,实现德育教育,实现"教、知、行"相统一。

四、结 语

德育是伴随人们一生的品质,德育教育是一项长远又润物细无声的工作,所谓德育创新就是要树立新的德育观念,改革和更新德育的内容和方法,积极探索德育的新形式,调动所有与学校教育有关的因素来培养人才,形成多元化的德育教育体系,采用多种方法,探索德育创新,形成系统工程。

参考文献

[1] 董云川.道德情感教育亟须"破冰"[J].高等教育周刊,2016(5).

[2] 侯玉双.增强大学生德育教育的重要性及对策研究[J].湖北函授大学学报,2017,30(24).

[3] 代苑林.医学类高等院校从"思政课堂"到"课堂思政"的路径探索[J].德育研究,2017,4(21).

◎高职会计专业"课证融通,双轨递进"人才培养模式的研究

——以宁波电大为例

王　俊[①]

摘　要:推进人才培养模式改革和专业课程建设一直是高职教育的热点话题。为满足社会对应用型人才的需求,"课证融通,双轨递进"会计人才培养模式建设的开展尤为重要。文章从高职会计人才培养的现状分析,并针对宁波广播电视大学会计专业实施的"课证融通,双轨递进"会计人才培养模式的教学改革内容进行探讨,重构了专业课程体系,将课程与职业证书融通,以期为社会培养更多应用型会计人才。并提出专业课程建设的具体措施,以此提高会计教学工作水平。

关键词:高职;会计专业;人才培养模式;课证融通;双轨递进

针对高职会计专业学生不同程度地存在着实践能力和综合素质欠缺、学历教育与职业证书培养相互脱离的现象,一部分学生毕业之后,因为不能满足工作单位对上岗证的要求,难以在企业找到相应的职位及相关类职业岗位。针对这种情况,我校从2015年开始在会计专业试点,开始研究和实践"课证融通,双轨递进"人才培养模式,使之更适应社会发展的需要,初步取得较为显著的成效。

---

①　作者简介:王俊(1979—　),浙江东阳人,硕士,宁波广播电视大学讲师,研究方向为高职教育、成人教育。

一、"课证融通,双轨递进"人才培养模式的内涵

"课证融通,双轨递进"人才培养模式是指将专业人才培养与职业岗位要求融通,将人才培养目标与相关企业对人才的需求融通,将课程内容与职业标准融通,将培养方案与双证书融通,采取手工和计算机双轨并行的方式,兼顾专业技能大赛要求的一种高素质实用性人才培养模式。该模式既满足了学历证书教育,又满足了岗位能力需求和职业资格证书教育需求,同时提高了专业技能水平。高职会计专业的"课证融通,双轨递进"是指将会计人员国家职业标准所对应的知识、技能和素质要求融入正常的会计专业教学内容中,并按照职业证书考试大纲制订相关人才培养计划与方案,从而使课程教学内容与证书考试内容相一致,同时,通过"基础技能实训→岗位模拟实训→会计综合仿真实训→企业顶岗实习"等主要实践教学环节,建立系统化的实践教学体系,采取会计手工和信息化处理能力训练"双轨"并行方式进行职业技能训练,与就业岗位对接,与技能大赛能力要求相互融合,培养出大批高素质应用型人才。

二、实行"课证融通,双轨递进"人才培养模式的意义

(一)有利于促进高职教育人才培养模式的创新

实施"课证融通,双轨递进"人才培养模式,要求专业教学与职业技能标准融合,改变传统教育中重理论轻技能的人才培养模式,实现以就业为导向,有针对性地对学生进行职业技能培训和鉴定,使高职教育教学工作更加贴近企业对人才的需求,培养出具有良好职业道德且实践能力强的应用型人才。

(二)有利于增强学生的就业竞争力

实施"课证融通,双轨递进"人才培养模式,能促进高职学生的全面发展,使高职教育更注重学生职业素质和实践能力的培养,更加贴近职业岗位的需要。学生在校期间通过校内和校外实训基地操作,提前了解该专业职业岗位技术技能的要求,有利于增强毕业后的就业竞争力,缩短就业上岗后的适应期。实践

也证明,在"课证融通,双轨递进"人才培养模式背景下培养出来的学生更受用人单位欢迎,对岗位的适应能力更强。

(三)有利于高职院校准确定位,凸现高职教育的办学特色

具体体现在两个方面:一是有利于提升办学特色。高职院校实施"课证融通,双轨递进",可以推动教学模式、教学内容和教学计划等改革,把理论与实践结合起来,增强了实习实训等教学环节,更符合社会经济发展的需求。二是有利于高职院校"双师型"师资队伍建设。不断完善"双师型"教师队伍的建设成为高职院校发展"课证融通,双轨递进"制度的必要条件。

三、高职会计专业实施"课证融通,双轨递进"存在的问题

(一)高职院校培养目标与推行"课证融通,双轨递进"制度不完全一致

"课证融通,双轨递进"人才培养的目标要求高职学生在校期间要取得与学历证书相对应的有关证书,比如初级会计师证书或者其他有关技能证书等。但是有些证书的取得设置了年限门槛,比如中级会计师证书,要求专科毕业五年才能报考,使高职学生在校期间无法拿到此类证书。高职院校仍然以学历教育为主,学生只要获得学历证书就可以毕业。或者只要取得若干个职业资格证书中的其中一个,而不强调是否与专业核心能力相对应的证书,导致学生为了考证而考证。

(二)教学策略与"课证融通,双轨递进"所要求的能力的培养不一致

一些高职院校以传统的人才培养模式在教学,在会计教学中强调面面俱到,不同程度存在重理论、宽范围,重知识的单方面传授,轻学生对知识的主动学习。学校在人才培养中付出了艰巨的劳动,而大多企业招聘会计人才的条件之一却是"具有一定的实际工作经验"。毕业生实际操作能力差,这无疑与高职会计人才培养模式有一定的直接关系。

(三)专业课程设置与"课证融通,双轨递进"的鉴定相互脱节

当前相当多的高职院校会计人才培养的课程设置不能紧贴职业资格证书

"应知"的内容,还没有真正形成与应用型会计人才培养目标匹配的课程结构体系。许多高职院校没有将职业标准融入教学体系之中,课程内容与职业资格证书之间缺乏联系,学历教育与职业资格培训相分离现象尤为突出。在传统的教学模式和课程体系中,另外增加考证所需要的理论课程和技能训练课程,增加了学生学习负担,同时也增加了人才的培养成本。

(四)师资力量与"课证融通,双轨递进"的要求有差距

目前高职院校教师队伍仍然以学术、科研型为主。师资队伍结构不合理,理论教师偏多,缺乏能胜任"课证融通"模式的"双师型"实习指导教师,专业理论教师实践经验少,不能指导学生的技能训练。这种情况严重影响了学生职业技能水平的提高,严重阻碍了职业资格证书制度的顺利实施。我系会计专业现有专职教师13人,中级会计师4名(包括注册会计师2人),"双师型"教师的占有率只达到30%左右,可见,"双师型"教师的培养还有待加强。

(五)高职院校实践教学条件不能适应"课证融通,双轨递进"制度的要求

一方面,虽然很多高职学校校内都配置了会计模拟实训室,但是其内置功能比较单一。一般只是涉及工业企业或者出纳岗位核算,没有商贸企业,即使有也只有若干笔简单的会计核算。甚至有些高职院校校内的会计模拟实训室形同虚设,只是为了应付上级部门的检查。只注重校外实训基地的数量或规模建设,而忽视实践教学内涵的建设。

另一方面,很多高职院校只注重和一些会计师事务所或者大型企业签订校企合作协议,使之作为校外实训基地,但是,在实际中却很少派学生到校外实训基地去实习,校外实训基地流于形式。"课证融通,双轨递进"意识不强,严重制约了会计实践性教学条件的建设。

四、推行高职会计专业"课证融通,双轨递进"人才培养模式的实践教学

高职教育应以职业标准为导向,以职业能力为培养核心。突出实践动手能力的培养,使学生掌握最新的技能,并将其贯穿于学历教育的全过程。推行学

历证书和职业资格证书相融通,是提高高职学生职业素质和就业竞争力,实现职业教育与劳动就业对接的重要举措。

(一)转变教育观念,构建"课证融通,双轨递进"的人才培养模式

在我国经济高速增长、应用型人才缺乏的形势下,高职教育必须树立全面的职业教育观,坚持学历教育与非学历教育融合,坚持理论考核与技能考核融合,素质与能力并重,学业考核与社会技能鉴定并重。较强的职业能力和较高的职业素养是高职人才培养的两大特征。因此,高职应从人才的社会需求和职业岗位分析入手来构建"课证融通,双轨递进"的人才培养模式,这是社会经济发展的需要,也是高职教育自我完善和自我发展的需要。

(二)改变教学内容,改革教学方法

在教学内容的设计上,应该以岗位需求为目标,将课堂教学与会计校内校外实训基地结合起来,营造职业氛围,使学生能够身临其境。教学方法及手段的改革,强调启发性,充分调动学生学习的主动性,培养学生的自学能力;加大体验式教学的应用,构建虚拟公司运营环境,让学生积极参与进来,进行实践体验,增强学生适应企业工作的能力,使学生毕业后就能马上上岗。课时结构安排上,应该大幅度增加实践课时,从时间上保障实践教学的效果。

(三)加强专业课程建设,课程教学内容与"课证融通,双轨递进"深度融合

高职专业课程体系建设要以社会需求为目标。通过多次深入企业调研,召开实践专家研讨会,根据职业岗位技术要求为主线,把整个课程体系分为四部分,分别为专业基础课程、专业核心课程、拓展学习课程和综合素质培养。为了满足学生考初级会计师证和 ERP 应用资格证书等的学习需要,对会计专业的核心课程的内容进行了整合,第一学期,完成会计基础、财经法规与会计职业道德、出纳实务等专业基础性的课程,使学生对会计工作和会计岗位有了更加清醒认识。第二、第三学期,利用校内实训室完成资金岗位会计核算、成本会计岗位核算、财务成果会计核算、初级会计实务、纳税实务等专业核心课程的学习,培养学生会计岗位核算能力以及获得初级会计师证。第四学期,完成单项实训练习。比如"基础会计"课程实训内容主要围绕原始凭证、记账凭证的填制,账

簿的登记以及编制报表等;"成本会计"课程实训主要是要素、制造费用等的归集和分配。第五学期,完成会计信息系统(会计综合实训)等学习。完成手工方式实训和电算化实训,以便学生通过手工方式实训可以掌握会计工作的流程,又能通过财务软件应用的实训,熟练使用计算机操作会计业务。第六学期,校外顶岗实习。一般会安排几个校外实训基地或者学生自己外面找签约单位实习。主要是将所学理论应用到实际工作中,提高学生的实践操作水平和综合素质。学生通过校内外实践取得学校和企业共同颁布的工作经历证书或者会计岗位技能鉴定证书等。为了不断提高教育教学质量,为社会培养应用型的高素质会计专业人才,更好地体现高职教育的可操作性,近两年来,专业会计教师积极参与到实训课程教材的编制上,满足了会计专业实践教学需要。

(四)抓好"双师型"教师队伍建设,不断提高教师业务水平

实施"课证融通,双轨递进"人才培养模式的关键是要建立一支既能胜任专业理论教学、又能指导学生实训操作的"双师型"教师队伍。为此,我们可以通过传帮带,即经验丰富的专业带头人带实习教师;鼓励教师去参加会计类或者经济类的职业资格考试,获取相关职业资格证书;鼓励教师进入相关企事业单位挂职顶岗锻炼,来提升自身专业水平和实践操作能力;聘请实践经验丰富的专业技术人员作为兼职教师;等等途径。一方面可以提高教师队伍的整体素质,提高教学能力,另一方面也较好地解决实践性教学缺乏的师资问题。有了一支优秀的教学团队,从而保证了"课证融通,双轨递进"人才培养实施的质量和效果。

(五)建立适合"课证融通,双轨递进"的实训基地,强化职业技能训练与考核

首先,强化校内会计模拟实训室的建设利用。校内会计模拟实训室的建立要突出"课程"与就业"岗位"的融通并兼顾职业资格证书。由于高职会计专业学生一般毕业后主要是到中小企业从事工作,主要从事出纳、会计核算、财务管理等工作。所以,校内需要建设纳税申报实训中心、会计岗位实训室、金蝶(用友)软件实训平台等,为"课证融通"人才培养模式实施提供了保障。同时,引进代理记账公司进入学校建成校内实习基地,由高职院校的企业兼职教师和校内的专任教师共同管理,指导学生实习实训,形成了真正的会计工作环境,以企业

真实的会计岗位,按照真实的业务流程,完成企业真实业务的核算。尤其是按照人才培养需要设置出纳、核算、纳税申报和会计主管的分岗位实训,创建与企业零距离的实训环境。通过该项目的实施,使学生熟练掌握手工账务处理及会计电算化操作技能,能胜任出纳、会计等工作岗位。

其次,有效发挥校外实训基地作用。在社会上选择专业对口、技术先进、符合实训要求的企业作为实训基地,学生通过顶岗实习,直接参加生产和实际工作,让学生真正零距离接触工作岗位,体会会计操作流程的特点。校外实训基地能有效弥补校内实训基地设备和场地的不足。目前,我校现有校内实验实训室3个,校外实习实训基地5个。这些都为"课证融通,双轨递进"的推行奠定了扎实的基础。

最后,建立适合"课证融通,双轨递进"的评价和考核方法。要根据"课证融通,双轨递进"制度的要求,注重职业技能的考核,加大实际操作能力的考核权重,对学生校内实训和校外实习整体技能进行综合考评。部分考证课程可以以考证成绩来替代学校的期末考试成绩,并且考出与未考出的同学期末成绩要有区分度。考核方法要体现公平科学性,为"课证融通,双轨递进"的教学保驾护航。

随着经济的发展,市场对高素质应用型人才的需求逐渐增加,高职院校应该把握好机遇,有效地来推进"课证融通,双轨递进"的改革,在教学中坚持"理论够用,重在实践",改革创新教学方法,加强校内、校外实践教学环节的建设,增强学生对各个会计工作岗位的职业技能,为经济社会培养更多既有一定理论基础又有较强实践能力,符合用人单位需求的高素质技能型会计人才。

参考文献

[1] 李霞.会计实务教学中"课岗融合"的研究与实践[J].商业会计,2011,11(33).

[2] 张凯.高职会计专业人才培养模式探讨[J].财会通讯(综合版),2011(12).

[3] 蔡维灿.基于能力视角下的高职会计专业教学改革思路探讨[J].商业会计,2011,12(35).

[4] 赵盟.基于应用型人才培养的会计实践教学改革研究与实践[J].中国乡镇企业会计,2015(11).

[5] 张洪波.高职会计电算化专业"课证深度融合、四环双轨递进"人才培养模式改革与实践[J].山东商业职业技术学院学报,2010(2).

[6] 秦蕾,赖盛中,等.高职"课证融通,双轨递进"会计人才培养模式的研究[J].中国市场,2016(28).

[7] 朱重生,胡建国,等.基于"课证融通,理实一体"的高职会计电算化人才培养模式的改革和创新[J].湖北经济学院学报,2011(5).

本论文已发表于《宁波广播电视大学学报》,2017年第4期。

◎浙东传统文化视域下高校思想政治教育路径研究

朱　伟①

摘　要：文章梳理了高校思想政治理论教育现状，提出将浙东传统文化融入高校思想政治教育的创新性思路，分析了浙东传统文化的育人价值和浙东传统文化的精神内涵，最后提出在传承浙东传统文化的基础上，探索高校思想政治教育的新路径，包括思想政治理论课程结合路径、校园文化建设路径、社会实践教育路径和网络教育路径四个方面。

关键词：浙东传统文化；思想政治教育；路径

随着我国经济社会的快速发展与全面深化改革的不断推进，多元化的价值观、深刻变化的社会结构以及新兴媒体的出现极大地影响着当代大学生的世界观、人生观和价值观，给高校思想政治教育工作带来了挑战。

浙东传统文化以其鲜明的地域特征和丰富广博的精神内涵，在中国传统文化中占有十分重要的地位，尤以明清时期王阳明、黄宗羲等人为代表的学说蕴藏着丰富的精神内涵和宝贵价值，将其运用于高校思想政治教育，是对浙东传统文化的有效继承，也是提高高校思想政治教育吸引力和实效性的创新性思考与实践。

---

①　作者简介：朱伟(1982—　)，讲师，女，浙江大学研究生，马克思主义哲学专业，浙江工商职业技术学院思政教师。

一、现状分析

近年来,广大高校思想政治教育工作者一直致力于高校思想政治教育实效性研究,从教学理念、教学方法、信息化技术的应用等方面展开了广泛而深入的研究与实践,取得了一定的成就,也带给我们很多思考。目前,就高校思想政治教育实效性而言,存在一些不足之处。

(一)从思想政治教育内容来看,与学生的生活实际和发展需要相脱节

当今大学生群体大多是"00后"的一代,他们出生成长于互联网时代,他们思想活跃,善于创新,兴趣爱好广泛同时又充满着个性。他们更多思考的是"对我有什么用? 我能学到什么? 对我以后工作有什么帮助?"等十分实际的问题。思想政治理论课对于他们来说理论性太强,与生活实际和他们的发展需要相脱节。课堂教育的效果不够理想,学生对思想政治理论课先天存在一种偏见,觉得这门课就是灌输党的意识形态的课程,于实际并无帮助。这就需要找到一个切入点或者载体让学生明白思想政治理论课对于他们未来的成长成才来说都具有重要的指引作用。可以依托学生身边的浙东传统文化,用身边人的事例,让学生们真切感受到一个人的成功成才,不仅需要专业知识,还需要坚定的理想信念、崇高的个人品德及正确的世界观、人生观、价值观的指引,同时要把自己的前途命运和国家的前途命运联系在一起,路才能走得远走得辉煌。

(二)从思想政治教育的方法和形式来看,相对落后陈旧

传统的思想政治教育重知识轻实践,重说教轻体验,导致部分学生也出现了知行分离的状态,空谈理论而实践能力很弱。从理论的层面上说,目前绝大部分大学生都能很好地理解思想政治教育所传播的理想信念、道德观及人生观的教育内容,也能拥护党的理论、路线、政策,但是,很多学生对党的理论及爱国爱党的理解停留在表面,对自己身上肩负的历史使命和主人翁意识不够明确,树立中国特色社会主义的共同理想信念也不够坚定,"不在乎大国崛起,只在乎小民追求"的观念普遍存在于大学生的头脑中。而实践教学则可以让学生由被动的理论接受者转变为主动的参与者和实践者,结合地方特点,做地方的事情、

说地方的话语、接地方的地气,实现由"知识本位"向"行为本位"的转型,从而增强大学生进行社会主义现代化建设的热情和服务社会、奉献社会的意识,真正地使思想政治教育内容入脑入心。

二、浙东传统文化的育人价值

(一)浙东传统文化的精神内涵

浙东传统文化孕育于浙东独特的地理环境和人文环境,在历史的发展中,形成了独具特色的精神内涵,蕴藏着极为浓厚的实践精神。

1. 知行合一、学以致用的实践自觉精神

王阳明的哲学思想,是浙东传统文化的重要代表之一,他提出的"知行合一"理论,对后世产生重要影响。按照传统的朱熹观点,应该是知先行后的,但却造成了许多人知而不行,空谈理论。王阳明提出了"知行合一"的观念,"未有知而不行者,知而不行,只是未知"。他强调知与行的相互联系的不可分割性,知是行之始,行是知之成,光有知是不够的,还要靠行,也就是强调以行促知、学以致用。王阳明的一生也在践行着他的知行合一的思想,他不仅精通哲学思想,熟知为官之道,还领兵平乱剿匪,创下以少胜多的战绩,被认为是立德、立功、立言三不朽的圣人。

2. 经世致用、实事求是的求真务实精神

经世致用思想的历史可追溯到儒家思想,明清之际,黄宗羲对其加以批判发展。"所谓经世致用,简而言之,就是要求文化、学术之事必须服务于国计民生,以社会效应作为衡估文化、学术事业价值的主要准则。在哲学思想上,它要求道与功、义与利、理论和实践的有机统一。"也就是说研究学问要紧密联系当下社会和实际问题,要根据事物发展的客观规律解决实际问题,蕴含了实事求是、求真务实的现代精神和当代价值,是一种历史使命感与社会责任感的集中体现。

3. 博采众长、兼容整合的开拓创新精神

在长期的人文历史和自然环境中,浙东人民开拓进取、开放包容的性格特点,"使得浙东传统文化在发展过程中呈现出博采众长、兼容整合的风格"。从历史进程来看,两宋时期是浙东传统文化的发展繁荣期,随着宋室南迁,南北文化出现了大融合大交流现象,浙东传统文化更是博采众长、兼容整合,积聚了深厚的底蕴,为后世浙东传统文化的创新发展奠定了基础。黄宗羲的《明夷待访录》重新发掘了孟子的民本论思想,其内容具有丰富的近代议会制民主精神,"从政治、法律、经济以及文教等方面提出了社会变革的广泛要求和主张,是早期启蒙学派的思想纲领",因此他被20世纪初中国革命民主主义者称为"中国的卢梭"。浙东传统文化的这种博采众长的开拓创新的精神,强烈地体现了时代精神,顺应了时代变革发展的潮流。

4.忧国忧民、解放思想的爱国主义精神

明清之际,人民生活日益艰难,以黄宗羲、朱之瑜为代表的爱国思想家积极寻求救国救民的道路,积极认真地去研究和解决现实问题,着眼当时情况,办教育、开学堂,身体力行地践行自己的学说和思想,传播着爱国斗争精神。晚清时期,国家饱受帝国主义的侵略,民不聊生,中华民族面临着生死存亡的严重局面。在这种情况下,经世致用之学,再度兴起。在戊戌变法期间,《明夷待访录》作为进行反清斗争的宣传资料,具有重要启蒙救世作用。

(二)浙东传统文化对高校思想政治教育有重要的引领作用

1.浙东传统文化的内涵是加强高校思想政治教育的重要人文基础

目前,世界在大发展大变革和大调整之中,价值观利益化、集体观念淡薄和理想信念缺失等思想问题不可避免地影响当代大学生,而以往灌输式、政治化、口号式的思想政治教育效果不是很好。一般情况下,人们对自己生活的区域文化具有认同感和亲切感,因此通过传统文化作为切入点开展工作则比较易于接受。以浙东传统文化的历史渊源、发展脉络、价值观念、鲜明特色等内容为载体,集中开展思想政治教育,"让大学生真学、真懂、真信、真用,不断增强他们的理论认同、政治认同和情感认同",引导他们将个人前途与国家发展结合起来,积极投身社会主义事业的建设。

2.浙东传统文化的资源是提升高校思想政治教育的丰富素材来源

浙东传统文化所蕴藏的资源,是开展高校思想政治教育取之不尽、用之不竭的素材宝库。在王阳明、黄宗羲等学术论述中,蕴含了丰富的智慧,对时下大学生树立正确的世界观、人生观和价值观有重要启示。思想政治教育的内容要接地气,要富有生活气息,密切联系大学生的现实生活,以学生耳熟能详的地方文化去感染学生、引导学生。比如,王阳明的"知行合一"思想不仅是践行道德、知行并重的哲学智慧,也有着肩负使命、政治实践的政治理想和责任担当,无论面临什么样的困境,王阳明始终坚信"三代王道、大同世界"的理想生活一定能够实现。这种真实的历史人物身上传奇的人生故事,特定的历史遗迹、纪念馆等所蕴含的丰富思想政治教育的素材,是提高高校思想政治教育的吸引力和感染力的宝贵来源。

三、在传承浙东传统文化的基础上,探索高校思想政治教育的新路径

(一)高校思想政治教育对浙东传统文化的传承与创新功能

1.浙东传统文化在思想政治教育中实现历史传承

浙东传统文化是浙东人民长期实践和历史创造过程中所形成的相对稳定的精神追求和文化内涵,在浙东人民将其精神一代代传承下去的过程中,思想政治教育发挥着重要的作用,大学生是文化传承的重要主体,广大思政教育工作者是文化传承与创新的重要力量。在思想政治教育过程中,把浙东传统文化思想的人文价值和历史价值体现出来,就是推动了浙东传统文化的进一步传承与发展。改革开放四十年来,我国经济高速发展,社会正在经历深刻变革,特别是浙东部分地区,经济较为发达,价值观也比较多元化,受西方文化的冲击较大,在部分大学生中存在着重功利,讲实惠,对物质利益看得较重现象,而对于本地区的传统文化,很多大学生觉得枯燥乏味,不愿意花很长时间去了解,因此我们在思想政治教育的实践中,要多渠道、多形式地使大学生对浙东传统文化所倡导的价值观念、道德规范等有清楚的了解,领略文化的独特魅力,在引导大学生坚定文化自信的同时,浙东传统文化也在汲取现代文明养分中实现传承发展。

2.浙东传统文化在思想政治教育中实现时代创新

中国传统文化是中华民族宝贵的精神财富,对待中华优秀的传统文化,要实现创造性的转化,结合新时代背景,要着力把握它的"现在",从当今实际出发,使传统文化为中国特色社会主义所用。浙东传统文化在不同的历史阶段以不同的方式表达,新的表达方式要符合现代社会的要求,这就要求我们在进行高校思想政治教育的过程中,要坚持古为今用,推陈出新,结合新的实践和时代要求进行时代创新。如王阳明"知行合一"思想在今天仍然可以对高校思想政治教育有重要启示。而王阳明"万物一体""大同世界"的政治社会追求大体上和共产主义的伟大理想是一致的。这些传统文化通过与当代社会相契合的时代性阐释,唤起今天大学生的民族情感和使命感,也实现了时代创新性发展。

(二)浙东传统文化融入高校思想政治教育路径分析

1.传承浙东传统文化与思想政治理论课引领相结合

首先,开展融入思想政治理论课教学研究。以"思想道德修养与法律基础"课为例。思想政治理论课课堂教学是高校思想政治工作的主渠道和主阵地,笔者将浙东传统文化资源与课程教学内容有机结合,既是对课堂教学的创新,也是对浙东传统文化的传承。目前,思政理论课教材是全国统一的,每个地方的具体情况不同,本科学生和高职学生的特点也不一样,这就需要把教材体系转换为教学体系,把学生身边看得见、摸得着、体验得到的浙东传统文化的历史渊源、发展脉络、人物特色等资源以多种形式运用到课堂教学中,为学生提供更为实际、更为真实的学习情境,让思想政治理论课真正活起来、好听起来、入心入脑,成为学生真心喜爱、终身受益的人生大课。如在"思想道德修养与法律基础"课上,关于理想信念的学习中,笔者通过列举一些王阳明的例子:王阳明自幼立下志向,要做圣贤,他后面做的事情也都是朝着这个目标努力,王阳明在《教条示龙场诸生》中说"志不立,天下无可成之事",说明理想信念是人生前进的动力和目标。

其次,开设符合教学实际的浙东传统文化资源的课程与讲座。笔者所在学校一直致力于学生学习和传承浙东传统文化精神,在课程上开设"宁波商帮精神"及"浙东传统文化概论"等课程与讲座,内容涉及浙东传统文化的历史渊源、发展脉络、代表人物、学术观点、艺术修养、民俗文化、时代价值等方面。采用多种形式进行教学,课堂讲授与阅读作品、观看视频、主题讨论、主题演讲等相结合。在课堂下引导学生进行社会实践活动,用图片、微电影等形式加以记录,挖掘浙东传统文化资源。同时聘请校内外浙东文化研究专家开设具有鲜明地域文化特色的专题讲座,提高学生的人文素质。

2. 校园文化建设的路径

王阳明重视"环境熏陶",他坚持"致良知"学说,以书院为主阵地,重视自然环境和社会环境对人的道德教育作用,这与现代的观点不谋而合。校园文化是随着大学的产生和发展而产生的,对学生的世界观、人生观和价值观的影响是深远和强烈的。目前,一些高校已经将浙东传统文化的精神和内涵运用到校园文化建设之中。但多数校园文化活动类型单一,活动范围较小,重视程度不够高。

首先,要提高认识,学校领导和相关部门齐抓共管。在校园文化建设中,从制度和机制入手,提高广大师生的积极性,对浙东传统文化的传承活动进行统一的计划、安排、实施和考评。其次,重视师资队伍建设,建设一支高素质专业化的队伍,发挥教师言传身教的作用。最后,要开展丰富多彩的活动,多渠道、多形式营造浓烈的校园文化氛围。在促进校园文化建设与浙东传统文化相互融合渗透的过程中,鼓励学生践行"知行合一"的思想,继承和发展实事求是、开拓创新、求真务实的精神,在实践中实现自我价值和社会价值的统一。

3. 社会实践教育的路径

在王阳明的"知行合一"思想中,行是知的基础和前提,而现阶段,在高校思想政治教育过程中,多以理论为主,忽视了实践的环节,造成了理论与实践相脱节的现象,也就是知行相分离。要解决这个问题,首先要积极开发和建设社会实践教育基地,开展多种渠道的实践教育活动。建立社会实践教学基地是开展思想政治教育的重要举措,应充分利用浙东传统文化资源,选择具有代表性的地点建立校外实习基地,如余姚名人馆、王阳明故居纪念馆、中天学阁、黄宗羲纪念馆等地,结合校内的课堂教学、暑期社会实践等活动,带领学生或者学生自发在校外实践基地进行实践教学,去实地感受、感知名人的遗迹,可以让学生更加全面与深刻地认识与了解王阳明、黄宗羲等人的生平、学术、影响等,直观感受浙东传统文化的博大精深,深刻认识浙东传统文化的当代价值,并将其转化为个人前进的动力,做到内化于心,外化于行,以知促行,以行促知,知行合一。其次,运用多种形式的实践教学方法,提高社会实践教育的实效性,以"现场教学"方法为例。"现场教学是组织学生到生产现场或社会生活现场进行教学的一种组织形式。时间、形式上不像课堂教学固定,常依教学任务、教材性质、学生实际情况和现场具体条件等而定。"通过现场感知、实地调查或实际操作,丰富学生的感性认识,将现场教学与浙东传统文化结合起来,用现场教学的表现力、吸引力和感染力,深挖浙东传统文化的资源内涵,让学生在看中悟、在听中感,在思考中得到启发。笔者所在学校通过打造"行走的思政理论课课堂",多次带领学生来到实践基地进行现场教学,鼓励学生用脚丈量,用心体悟,延伸和拓宽了思想政治教育的有效性和针对性。

4.网络教育的路径

当前,中国进入"互联网＋"时代,互联网已经成为众多大学生日常生活不可分割的一部分。用互联网这个"新瓶"装浙东传统文化这瓶"旧酒",是对高校思想政治教育途径的积极探索,也是浙东传统文化发挥当代价值的有效途径。

首先,促进当代与传统的有效结合。结合高校思想政治教育实际,可以建设特色品牌网站、在线课程、手机 APP、微信公众号、微电影、微动漫、手机报等平台,内容要体现知识性、趣味性和教育性的有机统一,同时要及时结合宁波经济与社会发展热点更新内容,以增强思想政治教育的时代性和感染力。

其次,推动现实与虚拟的互动结合。积极开展线上线下相结合的互动活动,利用线上的各种功能服务于线下的思想政治教育实践活动。比如,在网站和微信上开通报名通道、在线征集各种浙东传统文化资料、开展相关话题讨论、发起各种在线征文活动等;同时发挥自媒体的优势,让学生自己建设网站,或者在豆瓣、优酷、抖音等制作视频来拓宽网络教育的路径,通过网络平台参与现实生活中各种教育实践活动,在虚拟世界中接受浙东传统文化的洗礼和熏陶,从而增强浙东传统文化的吸引力,提高高校思想政治教育的活力。

参考文献

[1] 王阳明.传习录[M].北京:文化发展出版社,2018.

[2] 心浩.经世致用:浙东文化的最高宗旨[J].宁波大学学报(人文科学版),2000,13(2).

［3］蔡罕.试析秦汉以来浙东文化之特色［J］.浙江万里学院学报,2006,19(4).

［4］张如安.开拓创新浙东文化的本质内涵［J］.宁波大学学报(人文科学版),2000,13(2).

［5］赵忠庆.浅谈高职高专院校思想政治理论课教学的实效性［J］.红河学院学报,2016,14(2).

［6］王阳明.教条示龙场诸生［M］.北京:中华书局,2015.

［7］裘燕南.创设丰富教学情境　提高学生职业素养［J］.中国职业技术教育,2007,14(7).

本论文已发表于《宁波大学学报(教育科学版)》,2018 年第 6 期。

◎涉外会计人才培养模式研究

——以中美合作会计学专业为例

王益明[①]

摘　要:鉴于国内对于涉外高层次会计人才的巨大需求,本文在比较美国、英国、澳大利亚会计教育的模式,分析宁波市各高校会计学专业的人才培养方案,总结宁波工程学院中美合作会计学专业人才培养方式的基础上,最后归纳了涉外会计人才培养模式。希望本文的研究成果能够为涉外高层次会计人才的培养提供借鉴作用。

关键词:涉外会计;人才培养模式;中美合作会计

为适应宁波市经济发展过程中对涉外会计人才的需求,2011年宁波工程学院与美国特拉华州立大学合作举办了中美合作会计学专业。中美合作会计学项目采取"4+0"培养模式,即学生在宁波工程学院学习4年,毕业时可以同时获得中美双重文凭。中美合作会计学专业完全引进美国优质教育资源和教育理念,是一种新型的中外合作办学模式。经过近4年的人才培养,本专业取得了一系列的成绩,总结和研究本专业的人才培养方式,提炼具有借鉴意义的涉外会计人才培养模式,可以为地方普通高校的国际化发展提供有价值的、可实际操作的运作范式,为培养外向型、应用型涉外会计人才提供理论和实证支撑。

---

① 作者简介:王益明,男,讲师,宁波工程学院,主要研究方向为中小企业财务管理。

一、国外会计教育的现状与经验

（一）美国模式

培养目标：美国会计教育改革委员会于 1989 年在结合会计职业界发展基础上，经过广泛而深入地研究后，发表了名为《会计教育的目标》的研究报告，在该报告中指出：美国大学会计教育的目标应该是使学生为毕业后成为一名专业会计师做好准备，而不是使学生在一毕业时就成为一名合格而专业的职业会计师。

课程设置：美国会计学专业课程设置紧紧围绕培养目标出发，所有课程在传授知识的同时，还重视培养学生的各种能力。会计学专业课程一般包括通识教育类课程、专业基础类课程、会计类课程三大类。

教学方式：美国会计专业的课堂教学采取"学生参与为主，教师讲授为辅"的教学模式，在课堂上，教师的主要任务不再是讲授书本内容，而是通过课堂教学过程引导、启发学生自我学习，让学生成为课堂的主角，学生通过自我学习、团队合作、案例分析、课堂演示、文献研讨等方式在掌握课程知识的同时还锻炼了各种能力。

（二）英国模式

培养目标：作为会计职业起源地的英国是现代会计理论和实务较为发达的国家，与之相适应，其会计教育一直以"注重学生素质和能力的培养"而著称。虽然英国各个大学的会计教育有不同的教学模式，但注重学生能力和素质的培养是学校的共同目标。

课程设置：英国会计课程设置比较科学，与社会需求、学生就业结合非常紧密。会计专业和课程设置紧扣时代发展的脉搏，主要是根据市场需要和学生就业情况，每学年进行会计课程的总结、修改和替换。另外，英国会计本科教育通常与 ACCA 紧密相连。会计专业的课程设置和教学内容与 ACCA 考试挂钩，并随着 ACCA 考试科目与内容的调整而做相应调整。

教学方式：在英国，整个会计教学过程十分强调学生的自学能力，注重开发学生的创造性思维，并为学生提供各种展示自身能力的机会，主要表现在上课时间少,学生自主支配的时间多;会计教学方式多样,讲授、辅导、研讨相结合。会计课程作业充分体现培养学生的独立工作能力和团队合作精神。会计考试评估方式注重考查学生综合能力和素质。

(三)澳大利亚模式

培养目标:澳大利亚大学会计教育目标不仅包括学生的专业能力培养,还包括文字和语言能力的培养、人际交往能力的培养、组织能力的培养、团体协作精神的培养等,为学生毕业后更好地适应经济发展和职业要求做好准备。

课程设置:澳大利亚大学会计学专业本科教育在课程设计上与国内高校的会计专业课程设置比较类似,但其课程体系更加注重对现实经济环境的模拟和提高学生对经济环境中非结构化决策能力的培养,旨在让学生掌握会计、审计、经济法和财务管理方面的知识和技能,并且能够达到澳大利亚注册会计师协会和澳大利亚特许会计师协会设定的执业要求。

教学方式:澳大利亚会计本科教学方法灵活多样。常见的教学方法主要有四种:讲座、课程辅导、研讨会和实验室练习。

二、宁波市高校会计学专业人才培养模式比较

目前宁波市高校中宁波大学、宁波工程学院、浙江万里学院等本科大学开设了会计学专业,通过对这些高校进行走访调研,同时对比分析这些会计学专业的人才培养方案,各高校人才培养模式总结如表1—表3:

(一)培养目标

表1 培养目标

会计学专业	培养目标
宁波大学	培养具备管理、经济、法律和会计学等方面的知识和能力,能在企、事业单位及政府部门从事会计实务,以及教学、科研方面工作的工商管理学科高级会计人才
宁波工程学院	培养具备较系统的管理、经济、法律和会计学等方面的知识,具有较强的会计核算与分析、财务管理与投资理财、审计与税收筹划等专业核心能力与相关知识,综合素质高的应用型高级专门人才

续　表

会计学专业	培养目标
浙江万里学院	培养德、智、体全面发展,具备管理、经济、法律和财务等方面的知识和能力,熟悉会计制度、财务制度和独立审计准则,具有较强的会计核算、审计和财务管理能力;能够在各类企业、事业单位和政府部门从事会计、审计、税务等工作的应用型人才
中美合作会计学专业	培养熟练运用中英双语,较系统地掌握工商管理和会计学的基本理论知识和基本技能,谙熟会计学国际惯例,通晓国际市场会计学知识,熟悉国际市场金融运作,服务于各类中外机构和企业,具有创新意识的会计学专门人才

(二)课程设置

表 2　课程设置

会计学专业	课程设置
宁波大学	164 学分,包括通识教育平台课程 32 学分、学科大类教育平台课程 27 学分、专业教育平台课程 19 学分、专业方向模块课程 23 学分及选修课 63 学分
宁波工程学院	178.5 学分,其中理论与专业课程 109.5 学分、专业选修课 16 学分以上、跨专业全校性选修课 8 学分以上、实践环节学分必须满 45 学分
浙江万里学院	170 学分,包括普通教育课程 31 学分、基础教学课程 31 学分、专业教学课程 55 学分、公共选修课程 14 学分、实践教学环节 29 学分及 10 个素质拓展学分
中美合作会计学专业	164 学分,包括通识理论课程 45 学分、通识实践课程 9.5 学分、通识选修课程 2 学分、专业基础课程 45 学分、专业理论课程 39 学分及专业实践课程 23.5 学分

(三)教学方式

表 3　教学方式

会计学专业	教学方式
宁波大学	传统讲授为主
宁波工程学院	传统讲授为主,突出实践教学
浙江万里学院	传统讲授为主,强调动手能力
中美合作会计学专业	学生自主学习为主,教师讲授为辅,突出美国财会准则

三、涉外会计人才培养模式构建

(一)中美合作会计学专业人才培养情况总结

总结近4年来宁波工程学院中美合作会计学专业在人才培养方面的一些做法,可以将其人才培养模式概况为:"Double I(双结合)"人才培养模式,即基础教育与专业教育相结合,知识传授与技能培养相结合的"高素质、厚基础、重应用、强能力"的人才培养模式。主要表现在:

1.优化人才培养方案

本专业自开办以来,按照教育部基本要求,以及学校确立的"知行合一,双核协同"的人才培养模式,在进行广泛调研和科学可行性论证的基础上,中美双方共同制订了培养目标明确、课程体系设置较为科学、合理,有利于学生人文素养、科学素质的提高以及重视基础技能的训练和创新精神及实践技能培养的专业培养方案,并逐年修改与完善。

一是体现大类培养特点。在专业课程设置上,第一学年主要学习英语课程,第二学年开始学习专业基础课程和专业课程,在专业课程的进展上,遵循"数量由少至多、难度由浅入深"的原则。二是坚持以人为本的原则,增加学生自主学习时间。为适应学生个性发展,同时让学生有充分的时间发展自己的兴趣及特长,在专业课程的开设上,采取短学期和长学期结合的方式,让学生可以根据自己的爱好进行自主学习。三是坚持适应社会需要的原则,及时跟踪社会对本专业人才综合素质要求。在保持核心课程相对稳定的基础上及时调整专业课程设置,增设了相关课程,同时删减了若干课程,以适应社会发展和行业发展的实际。四是坚持突出应用的原则,强化实践教学环节。该专业毕业要求的实践教学环节学分占总学时的比例超过20%,同时在每学期后半段为学生提供实习机会和时间,大四最后一学期集中实习。

2.优化课程体系

本专业围绕培养目标要求,坚持科学、优化的原则,扩大学生知识面、提高学生人文素质,在课程设置方面的具体做法是:

一是优化课程体系。为培养宽口径、厚基础、具有创新精神和较强应用能力的高素质人才，将课程分为三大模块，即通识教育课程、学科基础课程和专业课程。

二是在基本保持总学分不变的情况下，增加了英语和实践课程，尤其是增加实践的学时学分，以强化对学生能力的培养。

三是注重了课程教学内容的衔接与落实。制订了符合专业发展、可执行性强的课程建设规划，引进并修订了一套全新的课程教学大纲，在构建了专业核心课程体系的基础上，重点创建精品课程和全英语教学课程。目前，本专业绝大部分课程为全英语教学课程。

3. 强化英语学习

本专业在第一学年以强化英语学习为主，设置大量的语言课程。例如在第一学年每一学期都分别开设了英语听说、英语阅读、英语写作、会计英语课程，每周英语类课程课时数达到 16 节课，占周课时总数的百分比超过 50%。这种课程安排能帮助学生克服使用第二语言学习专业课程的语言障碍，进而让学生能够顺利进入第二学年的专业课程的学习，能够听懂美方派遣教师的讲课内容。经过一年的英语学习，学生的四六级通过率位居全校第一。

4. 加强优秀学生培养

学院对优秀学生开展了"新苗"人才培养计划，使之成长为具有研究与创新素质、社会责任感与务实精神、人文与科学素养、交流与协作能力和国际视野的优秀人才。

针对中美合作会计学专业一年级重点抓语言、二至四年级重点抓专业的专业特色，将"新苗"人才培养分成英语类和专业类人才，分两个阶段进行培养，每届"新苗"人才共 20 名学生，培养周期为一个学期或一个学年。

5. 推行学分制

中美合作会计学专业在美方 12 门授课中率先实行了学分制，其具体内容是：学生在会计Ⅰ、会计Ⅱ、中级会计Ⅰ、中级会计Ⅱ、高级会计五门课程中必须通过前一门课程考核才能进入下一门课程学习；若学生在 12 门课程中考核不及格，要在下一阶段重修该门课程，重修在网上进行，费用按照学分由美方收取。由于每门课程重修费用很高，极大地震慑了学生，促使学生认真对待美方授课课程。本专业开设至今,只在第一届学生中出现了3人4次重修。推行学分制在一定程度上提高了整个专业的学风。

6.开展暑期赴美见习活动

为提升开放办学理念,加强国内外高校之间的合作交流,提高我校中美会计学项目学生的国际竞争力、适应力和拓展学生国际视野,学院每年会在暑期开展赴美见习活动。赴美见习活动内容如下:美国大学课堂会计学专业课程观摩及体验、精英商学院(AACSB)会计学专业核心课程解读、美国注册会计师证书考试与培训指导、实地了解当地知名企业工厂或学生实习基地、美国注册会计师解读会计行业及求职指导、调研中美两国在语言文化及高等教育理念之间的比较与差异等。

(二)涉外会计人才培养模式

1998年教育部在文件《关于深化教学改革,培养适应21世纪需要的高质量人才的意见》中指出:人才培养模式是学校为学生构建的知识、能力、素质结构,以及实现这种结构的方式。其内涵是一种教育思想和体现教育思想的教学运行方式,包括教育目标和培养方式。其外延是专业设置、课程体系、教学方法、教育教学活动运行机制和非教学培养途径等。根据该定义并结合中美合作会计学专业的实践,可以将涉外会计人才培养模式分解如下。

参考文献

[1] 于增彪,赵景文,等.重新审视美国会计对中国会计国际化的影响[J].会计研究,2006
(5).

[2] 田志刚.澳大利亚会计本科教育分析与思考[J].财会通讯,2009(2).

[3] 刘学文,陈慧雪.美国会计教育改革综述及其启示[J].财会通讯,2011(2).

[4] 孙萍.英美与我国本科会计专业培养目标比较[J].财会通讯,2011(5).

[5] 许志龙,王益明.美国会计教育对我国国际型会计人才培养模式影响的启示[J].商场现代化,2013(10).

本论文已发表于《现代经济信息》,2015年第2期。

◎刍议内涵式发展视域下的大学语文教师专业化成长策略

——以高等职业院校为例

苏　蓓①

摘　要: 高等职业教育作为中国高等教育中不可或缺的重要组成部分,一般旨在培养高素质技术应用型人才。在高等教育内涵式发展的背景下,高职院校语文教师坚持以人为本、促进学生全面发展,提升自身素质是对内涵式发展战略要求的积极回应。本文在内涵式发展的背景下,以高等职业院校为例,分析了高职院校语文课程的重要性、定位、理念等,简要阐述了高职院校语文教师专业化成长的内涵及意义,从而以内部和外部两方面来提供语文教师专业化成长的策略。

关键词: 内涵式发展;语文教师;高职院校;专业化成长

一、引言

此前在 2010 年《国家中长期教育改革发展规划纲要(2010—2020 年)》中指出,"树立以提高质量为核心的教育发展观,注重教育内涵发展,鼓励学校办出特色、办出水平,出名师,育英才"。直至 2012 年,党的十八大报告中第一次明

---

①　作者简介:苏蓓(1990—　　),女,汉族,浙江宁波人,宁波城市职业技术学院,硕士研究生,助教,研究方向为高等教育学、语文课程与教学论等。

确地提出了"推动高等教育内涵式发展"。接着,到了党的十九大报告,又再次清晰地指出了,要"加快一流大学和学科建设,从而实现高等教育内涵式发展"。

二、内涵式发展背景下"大学语文"课程的概述

(一)内涵式发展的概念及意义

有关内涵式发展的含义,许多专家学者见解不一。结合多方面观点,本文认为,高等教育的内涵式发展可以理解为,既含有优化技术层面的结构,提高质量、效益等,也包括在价值哲学层面上的本质发展属性,即为"遵从内在价值,实现内在目的,从受内在逻辑支配转变为总体取向的发展"。

此外,内涵式发展不仅体现在高等教育管理体制和文化建设层面,也涉及高等院校中人才的培育、师资队伍的组建等多方面。在如今高等教育逐步实现内涵式发展转移的战略之中,我们可以清楚地认识到,对各专业领域人才的培养,既要符合当今社会的快速发展对人才提出的不同标准与需求,更要适应人才自身提升与发展的需要。值得一提的是,高等职业教育作为中国高等教育中不可或缺的重要组成部分,一般旨在培养高素质技术应用型人才。因此,在高等职业院校中所开设的专业课、公共课,以"大学语文"课程为例,无论是从课程设置、教学内容,还是教学方法、评价方式等方面,都应逐步进行较为深入的革新。

(二)高等职业院校中"大学语文"课程的定位

随着大部分高职院校社会服务能力大幅增强、产教深度的融合,教学上加大了学生的实习、实训时间,从而提高学生的实践操作技能,旨在突出了"高素质技能型"人才的培养模式。与此相对应的是,大幅缩短了公共基础课程的学时,教师专业化成长也主要集中在专业课教师的"双师型"及"双师素质"的培养。

"大学语文"作为一门通识必修课,是高校人文素质教育课程体系中的重要组成部分。"大学语文"包括工具性、知识性、人文性、审美性四个功能。结合高职院校"现代服务业优秀人才"这一培养目标以及分类培养精神,"大学语文"课程在提升高职学生人文素质的基础上着力培养现代服务业优秀人才所应具

备的职业素养,包括诚信、责任、沟通、敬业与创新等。

(三)高等职业院校中"大学语文"课程的独特意义

通识教育有赖于能有效、集中致力于学生人文素质提升的课程,"大学语文"即为此类课程,开设这一课程,有利于实现科技与人文的有机结合,培养社会需要的"完人"。

《关于实施中华优秀传统文化传承发展工程的意见》(以下简称《意见》)是由中共中央办公厅、国务院办公厅于 2017 年 1 月印发的,其中也强调了在大学生群体中宣扬传统文化的重要性。《意见》中指出:把中华优秀传统文化全方位融入思想道德教育、文化知识教育、艺术体育教育、社会实践教育各环节,贯穿于启蒙教育、基础教育、职业教育、高等教育、继续教育各领域。

三、高等职业院校中大学语文教师专业化成长的含义及意义

(一)高等职业院校中大学语文教师专业化的含义

结合当前时代背景,我们需要认识到"大学语文"课程在新时期高等教育内涵式发展背景下所承担的重要使命,任课教师需要及时提升自我修养。

本文认为,高职院校语文教师专业化指的是高职院校中的大学语文教师在职业生涯中,通过专业化的训练和持续教育,逐步完善语文课程教育专业的知识,同时提升相应的技能,并在实践中不断提高自身的从教素质,从而成就语文课程教育专业工作者的专业成长过程。教师的专业化成长不同于通常的在职培训,更不等同于单纯地增加学科专业知识。在教师专业化成长中,最强调的特点是实践性和技能性。

(二)高职院校大学语文教师专业化成长的意义

1.加强产教融合,提升人才培养质量的需要

"大学语文"课程是高职院校的专业人才培养方案课程体系中,也是公共基础课体系中的重要组成部分,承担着提高学生文化素质和综合职业能力的重任。开展语文课教学,有利于培养大学生的综合素质,有利于提升大学生的创新创业能力,有利于养成大学生的良好道德风范和爱岗敬业品质。

2.有效解决语文教师职业规划意识薄弱的需要

本研究的调查问卷结果显示,宁波部分高职院校中的公共基础课青年教师对于职业认同度普遍不够高。其中,仅有50%的教师对自身职业生涯有非常清晰的规划。而在教龄为5年及以下的新进教师群体中,32%左右的教师对自身职业规划设计了较为具体的实施步骤,剩余部分的青年教师对自己的职业人生缺乏具体的计划,职业成长意识有待提升。

3.提升教学反思及创新能力的需要

以语文教师为例,面对生源质量不高、学生语文基础能力薄弱、教学压力大等等因素,很多语文教师的教学还是停留在提高文字表达和口头语言表达的基本功上,不能充分地体现高职语文课中"能力为主,够用为度"的语言能力要求。

四、高等职业院校中大学语文教师专业化成长的策略

(一)内部修养提升方法

1.拓展自己的专业范围

高职院校语文教师的知识结构包含教育学与课程论、语言文学、政治、历史、哲学、宗教等多方面,可谓是包罗万象。因此,想要成为一名合格,乃至优秀的大学语文教师,不仅需要提升本专业知识能力,更要拓展交叉学科视野。

2.建立开放的教学观念

只有把学生当成学习的主人,当成有头脑、有思维的人,并且在教学观念、规律上多下功夫,才能提升教学的效率。并且作为语文教师,强化"不仅要教人,更要教人去读书"的自我塑造也显得格外重要。

3.创立合适的教学理论

针对不同大学生的性格特点,语文教师要因材施教,既要做到善于抽象理念的概括,又要提炼总结文本含义与主题思想,从而将各方面的知识融会贯通。优秀的语文教师需教学相长,总结出既符合教育规律,又符合课程特点的教学理论与教学模式。

(二)外部政策扶持

1.教育行政主管部门政策扶持

公共基础课教师中的语文教师的专业化成长,不单只是高职院校单方面的努力,还需要多方面的支持,例如政府、教育主管部门的政策支持,只有充足的政策保障,才能确保语文教师专业化提升顺利持续发展。

2.高职院校制定合理的语文教师下企业管理办法

公共基础课的青年教师部分是刚毕业的高校毕业生,初步踏入社会的毕业生没有经过基本的职前培训就进入工作领域,缺乏从教经验。因此,本文认为需要逐步完善当下的新手语文教师下企业实践的管理机制,从而将理论与实践相结合。

3.制定相关规划和制度

由此可见,高职院校语文教师的专业化成长是一个漫长的、递进式的过程。因此,高等职业院校应该加快制定行之有效的教师专业化成长的相关规划和制度,组织更多的语文教师参与到教师专业化成长中来,开展形式多样的教师专业化成长活动。

五、结　语

总而言之,大学语文教师的专业素养贯穿教师成长的整个历程,包括专业知识、专业技能、专业态度等。为了促使高等职业院校语文教师的专业化成长,不仅需要政府、教育主管部门的通力合作,更依赖于学校与教师本人的共同努力。政府、教育主管部门需要出台相应政策给予支持,学校需要建立健全管理规划与机制,教师自己需要在思想上转变观念,增强自己不断学习、锻炼的内在需求,努力成为一名"名师"和"杂家"。

参考文献

[1] 刘煦,陈海涛,赵静.内涵式发展背景下对大学语文教学的思考[J].齐鲁师范学院学报,
　　2017(12).

[2] 刘振天.从外延式发展到内涵发展:转型时代中国高等教育价值革命[J].高等教育研究,2014(9).

[3] 唐骋帆.我国大学语文教学研究现状述评[J].柳州师专学报,2014(1).

[4] 张筱荣,郭超,林家虎.中华优秀传统文化的教育价值探析——基于大学生社会主义核心价值观教育视角[J].沈阳师范大学学报(社会科学版),2017(4).

[5] 余玲,徐丽,张海轮.浅谈职业院校教师专业化成长现状[J].中文信息,2015(10).

[6] 王华志.高职语文课如何为培养学生职业能力助力[J].学周刊,2017(33).

[7] 杨建波.加法与减法的辩证法——兼谈大学语文教师的专业修养[J].语文教学通讯·D刊(学术刊),2013(3).

[8] 张维娜.浅谈高职院校公共基础课教师专业化成长策略[J].卫生职业教育,2016(20).

◎高职园林专业积极课堂开发系统策略研究

付　涛　林乐静①

摘　要:为了提高高职园林专业的课堂积极性,培养出高质量的应用型人才。本研究对目前高职院校园林专业的课堂积极性进行了问卷调查,结果表明高职园林专业学生课堂积极性受学生的兴趣、教师的授课方式、课程的实用性和学习环境等诸多因素的影响。本研究构建了园林专业积极课堂开发的具体策略,概括为"五化四步十实验、实训"。所谓"五化"即课程内容的项目化、教学评价的多元化、课堂管理的人性化、教学方法的现代化和课堂教学的丰富化。"四步"即精讲点拨、练习巩固、讨论研究和知识拓展。实验、实训主要是针对园林专业的专业类课程而开展,不是园林专业所有课程都要实施,随着校企合作的深入,把实训课程搬到企业实施的时机也已成熟。通过"五化四步十实验、实训"的具体实施,可极大提高园林专业学生的课堂积极性、参与度和专业认同感。此外,在积极课堂实施过程中还应注意将"积极"延伸到课外,注意教师自身综合素质的提高,注意学生德育的培育,注意试验、实训课堂纪律的维持等。

关键词:高职院校;园林专业;积极课堂

目前,随着手机、iPad等智能工具的普及,高职园林专业课堂上"低头一族"的现象十分严重,看朋友圈、打游戏、聊天、刷微博等现象几乎充斥在每一节课

---

①　作者简介:付涛(1988—　),男,汉族,浙江宁波人,宁波城市职业技术学院,硕士,实验师,研究方向为植物生理生化与分子及其教学研究;林乐静(1983—　),女,浙江宁波人,宁波城市职业技术学院,硕士,高级实验师,研究方向为植物资源调查与教学研究。

堂中。很多学校对此也采取了相应措施,如禁止学生带手机进入教室或者将手机放入学校准备的手机袋等,但在信息化教学的大背景下,很多课堂需要学生利用手机进行查阅资料、做题和成果展示。此外,在现有传统教学模式下,很多理论课程枯燥乏味,实践课程流于形式,难以吸引学生,种种原因造成课堂"低头"现象不能得到根本解决,因此,急需一种新型教学模式来改善现状。

随着高职教育研究的不断推进,各高职院校园林专业也都积极大胆地开展了专业课堂教学改革研究,但是关于园林专业的研究确实不多。笔者以"高职园林专业课堂"为主题词,以2000年到2017年3月为时限,在CNKI上搜索,仅得到195条搜索结果。从研究内容上看,文献资料大体分为四类:第一类主要着眼于各类教学方法的具体探讨与运用,如黄艾等采用慕课的"五学一六位"法对园林专业课程进行教学改革与实践,此外,李香菊等、邓洁和陈祺分别采用了体验式教学法、POE调研导入教学法和五维园林课堂教学实践法对园林专业相关课程教学进行了尝试与应用。第二类主要着眼于高职园林专业教学模式改革,如夏丽芝提出利用校企合作和教研结合双轮驱动,在实践教学及第二课堂的开发中,实行"训""研""创"一体化的教学模式。第三类是从课堂的另一主体——学生的学习行为着手,如吴志明等对高职园林专业学生自主学习能力的培养提出一些建议和对策,董斌等提出了在中职和普高学生中开展差别化教学。第四类主要着眼于高职园林专业实践教学模式改革,如张淑琴等对公司制学生团队的概念及要素,学生组建团队的意义,公司制团队组建在高职园林专业实践教学中的运行等方面进行了探讨;张纯等以实践教学模块体系为主体,开展三段式实践教学,以实训基地和师资教材建设为两翼,在实践教学中与企业发展、技能证书获取和学生职业素养培养相结合。基于新一轮教学改革热点,高职园林专业在在线课堂、移动学习平台等教学方面也进行了一些探讨与实践。

高职园林专业是与产业高度关联,职业特色鲜明的高层次职业教育。高职园林专业的人才培养目标是满足园林产业、行业的需要,培养具有较强实践能力和良好创新意识的应用型、复合型专门人才。但是,目前园林专业课堂普遍存在的"低头一族",以及学生消极、被动的学习状态,必然影响园林专业应用型、复合型人才的培养。积极课堂的研究能够调动学生良好的学习积极性,能够帮助学生抬起他们的头。依据苏波儿等观点,"积极课堂"被定义为以学生为主体,让学生积极全面参与课堂教学,促进学生养成积极思考、善于思考的习惯,形成学生积极情感体验,从而实现高效又有吸引力的课堂。

一、国内积极课堂研究现状

国外对积极课堂的研究起步较早,研究方法也比较成熟,遥遥领先于国内。研究主要围绕积极课堂环境、积极课堂氛围营造以及积极课堂教学等方面展开。在积极课堂环境方面,如穆斯(Moos,1979)肯定了通过"学生知觉"对了解教育环境的重要意义,它能够提供很多重要的信息。Fraser(1986)也指出"学生知觉"的测验,超越了观察方法,比观察者观察到的信息更加重要和深刻。在积极课堂氛围方面,如美国著名心理学家德雷克斯(R. Dreikurs)提出目标导向理论,主张教师和学生共同决定班级常规和奖惩规则,这样双方都有责任去营造有助于学习的积极课堂气氛,此外还有和谐沟通理论和团体动力理论等。在国内,对于积极课堂的研究并不多,但近些年随着高职院校教学改革的深入,积极课堂的相关研究也随势而起。

(一)国内积极课堂环境研究现状

国外对课堂环境进行系统研究的有沃尔伯格(Walbegr)和穆斯,沃尔伯格认为课堂环境包括结构维度和情感维度,穆斯提出不同的社会环境都可以用相同或相似的三个维度来描述,即关系维度、个人发展或目标定向维度和系统维持与变化维度。其实两人观点无本质区别,目前被研究者广泛接受。总结起来,我们可以把课堂环境理解为影响教学活动的开展、质量和效果,并存在于课堂教学过程中的各种物理的、社会的及心理的因素的总和。

在国内,对积极课堂环境的研究近年来不多,但已被广大研究者所关注。如黄敏通过分析当前课堂环境中存在的主要问题,提出了构建积极课堂环境的必要性,并指出积极课堂环境建设应该紧抓课堂教学过程中教师和学生两大关系主体。彭付芝等研究了高校思想政治理论课积极课堂环境特征、建设目标和创建策略。李博提出了快乐课堂构建、情感性的课堂构建和交互性的课堂构建。乔桂娟等认为在班级课堂中,师生的积极互动是保障教学有效进行的必要条件,学生只有在平等、和谐的环境中才能得到更大的发展。她们将师生的课堂互动看作是教师和学生这两大群体为了完成社会对其角色的期望与要求,以语言为主要媒介形式的社会交互过程。此外,并从以下4个方面进行了认真阐述:符号互动论,"符号"是强大的互动工具;角色期待理论,建立积极的期望教育观;拟剧论,优秀的教师都是好演员;标签理论,切忌对学生乱贴标签。黄晓颖提出了构建积极的教学情感,以提高课堂教学效能,认为从教学情感的角度探讨课堂教学沟通,切实提高大学生的课堂参与与互动,用积极情感增强教学效果很有必要。

(二)国内积极课堂氛围营造研究现状

课堂气氛可分为积极、消极和对立三种形式,而积极的课堂气氛无疑是教学中的理想状态,一般又可从情绪安全感、趣味性、自信、归属感、权力与自由等方面加以判别与促进。目前,国内对"课堂气氛"的研究越来越重视,但大多数成果仅局限于教学实践总结与感悟,在研究深度如学科交融、理论支撑等方面尚不足。到目前为止,国内对高校课堂气氛的认知仍处于摸索阶段,如其定义内涵等,尚未达成共识。在国内外已有研究成果的基础上,对这一概念做如下描述:师生之间的关系是互相信任且平等的,学生在课堂上是活跃而投入的,学习是思想与心灵的自由翱翔,教学不仅能有效实现知识的传递与建构,而且对学习者的人格有持久的积极影响。

国内已有少许教学工作者对积极课堂氛围营造进行了相关研究,如姜发军认为影响积极课堂心理气氛的重要因素包括教师因素、学生因素和学习情境,其中积极课堂心理气氛下的师生关系构建是关键;戴健提出了积极课堂气氛的营造有利于大学生主体意识的培育,并给出了三个方面的改进,即以平等原则突出主体地位,以建构主义理论体现主体价值,以对话方式培养主体能力。

受"网络教学"教学信息化改革风潮的影响,在传统课堂演讲式教学方式基础之上,各种形式的网络教学开始成为一种辅助性教学方法,进而导致出现一种新型的教学组织形式——"混合式学习",其中"翻转课堂""微课"等新型名词相继出现。"翻转课堂"是混合式学习思想的具体表现形式,利用各种基于互联网的新教学工具来实现教学环节、教学流程或教学步骤的调整和重组,从而实现学与教、师与生、课内与课外、讲授与自学等组织形式的转变。"微课"是基于学科的核心知识点设计而成的,以短小型教学视频为核心的,具有明确教学环节的结构化和微型化在线教学课件,微课是翻转课堂的具体技术设计方案。总结来说,混合式学习是翻转课堂的指导思想,翻转课堂则是混合式学习的具体实施方案;微课则是翻转课堂的具体技术设计方案。

(三)国内积极课堂教学研究现状

相对于国外发达国家而言,我国对课堂教学,尤其是教学方法的研究和实践也都处在起步阶段。理论上更多的是介绍国外的先进理念和经验,如行动导向、项目合作、任务驱动、情境教学等;实践上也针对某些具体课程进行了试点,但成效并不高。目前,需要一种新的教学模式,积极课堂教学研究可以通过整合课程教学内容,重构课堂教学结构,优化教学方法,改进评价体系,提高课堂管理有效性等课堂教学全方位策略开发,充分调动学生的积极性,让学生全面参与课堂教学,提高课堂教学的有效性,实现良好的教育效果。

国内对积极课堂教学的研究逐年增加。如秦凤华等从马斯洛需求层次角度提出高校教师从教育教学内容的设计到课堂教学的组织实施都应充分考虑大学生的需要。崔景贵等通过课堂消极心理与原因分析,提出要从教学理念、目标、过程、方法、环境和评价等方面系统建构积极课堂教学模式。吕同认为利用小组式学习共同体的方式能够促进学生学习,构建高效课堂。苏波儿等探讨了高职旅游专业积极课堂实施的五大具体策略,即教学内容整合、课堂结构重设、教学方法优化、学业评价多元和课堂管理谐调,并提出了积极课堂实施过程中应该注意立足与延伸、引导与独立、积极与沉默。沈月华对积极课堂教学模式的构建进行了相关研究。但截至目前还未见到积极课堂教学研究在高职园林专业中的相关应用。

二、园林专业课堂积极性调查情况

在对园林专业实施具体的积极课堂策略之前,对园林专业大二学生进行课堂积极性的调查,旨在更为精准地了解哪些因素影响学生的课堂积极性。以大二园林专业学生为研究对象,随机选择 80 名学生进行影响课堂积极性的问卷调查,收回问卷 80 份,其中有效问卷 80 份。

该调查问卷有 6 道题目,调查问卷结果详见表 1。由表 1 可知,题目 1 调查结果显示,绝大部分园林专业学生课堂参与度与具体课程紧密相关(71.25%),表明不同的课程对学生课堂积极性的表现起到重要作用。题目2调查结果显示,学生参与积极课堂的主要原因首先是兴趣(76.25%),其次是他们认为这门课程对其自身发展有用(61.25%),还有就是教师的授课方式(56.25%),表明课程的趣味性、实用性和教师的授课方式是学生参与积极课堂的主要原因。题目3调查结果显示,学生课堂积极性不高的主要原因首先是对课程本身不感兴趣(65.00%),其次是本身对课程有兴趣,但课堂教学内容比较枯燥(63.75%),表明不同的课程以及教师教学的方法、方式直接影响学生课堂积极性的表现。题目4调查结果显示,教学方法是影响学生课堂积极性的最主要因素(87.50%),其次课堂的环境、氛围也很重要(60%),表明教师营造积极的课堂氛围,选择多样化的教学方法有利于学生课堂积极性的表现。题目5调查结果显示,沙龙式教学(67.50%)、小组讨论法(58.75%)和案例分析法(53.75%)是学生们比较喜欢的教学方法,表明学生喜欢在轻松、活跃的课堂氛围下进行学习,而对于一些较为"严肃"的教学方法(如PPT汇报、课堂小竞赛等)不太感兴趣。题目6调查结果显示,学生们比较喜欢实验、实训法(56.25%)、情景剧(51.25%)和小组讨论(50.00%)等授课方式,表明高职园林专业学生兴趣主要集中于实践教学,而在理论教学应多采用复合式的教学方法,如理论知识点的引入可采用情景剧,辅助讲授法对知识点进行详细的讲解,而知识点的掌握、练习可采用小组讨论法。单一的授课方式很难满足大部分学生的需求,因此,教学方法多样化越明显,越有利于提高班级全体学生整体的学习积极性。此外,一些新的教学方式如翻转课堂、信息化教学等可能由于园林专业学生接触的不多,学生对一些新的教学方式不甚了解,因此,在我们课堂教学中可以适当地采用一些新的教学方式,丰富我们的教学方法,这也是未来趋势。

总体而言,高职园林专业学生课堂积极性受到诸多因素的影响,学生的兴趣、授课方式、课程的实用性和学习环境等是最主要因素,因此,这对我们广大任课教师上一堂高质量的课提出了更高要求,教师可多采用学生感兴趣的授课方式(如沙龙式教学)或者多样化的授课方式,"总有一款适合"学生,以提高学生对这门课程的兴趣,教师课堂上不应过于严肃,可以实时地插科打诨,烘托课堂氛围,营造良好的课堂环境。

表 1　园林专业课堂积极性调查问卷

序号	题目	选项	比例/%
1	你对自己上大学以来课堂积极性的客观评价是（单选题）	A. 积极听课、思考、发言、参与互动交流	12.50
		B. 部分课程参与度较高，另一部分很少参与	71.25
		C. 很少参与互动，经常走神或者做其他事情	16.25
2	你积极参与课堂学习的原因是（多选题）	A. 老师授课方式很吸引人	56.25
		B. 老师个人魅力很大	25.00
		C. 对所学课程非常有兴趣	76.25
		D. 认为该课程对自身发展有好处	61.25
		E. 迫于老师的考核办法	21.25
		F. 出于责任心，为了对得起自己、家长和老师	26.25
		G. 受其他同学的影响	16.25
3	你课堂积极性不高的原因是（多选题）	A. 老师的教学方法不适合自己	31.25
		B. 老师不关注自己	1.25
		C. 对课程有兴趣，但是上课内容比较枯燥	63.75
		D. 对课程本身不感兴趣	65.00
		E. 感觉课程实用性不高	27.50
		F. 习惯于做其他事情（看小说、玩手机等）	23.75
4	你认为哪些因素会影响课堂上的积极性（多选题）	A. 教学方法	87.50
		B. 课程设置	42.50
		C. 老师个人因素	47.50
		D. 课堂环境	60.00
		E. 上课时间	43.75
5	你认为有哪些教学方法更能提高同学们的课堂积极性（多选题）	A. 组建小组，参与课堂讨论，共同完成课后作业	58.75
		B. 以案例分析为主，得出理论知识	53.75
		C. 沙龙式的教学，营造老师学生畅所欲言的氛围	67.50
		D. 作业以 PPT 或演讲的方式进行	21.25
		E. 设置课堂小竞赛	21.25
		F. 利用手机教学软件如蓝墨云班进行教学	20.00

续　表

序号	题目	选项	比例/%
6	你比较喜欢哪些授课方式(多选题)	A.讲授法	23.75
		B.小组讨论法	50.00
		C.实验、实训法	56.25
		D.新闻播报	7.50
		E.情景剧	51.25
		F.辩论式教学	38.75
		G.翻转课堂	16.25
		H.信息化教学	35.00

三、积极课堂在高职园林专业中的具体实施策略

(一)课程内容的项目化

依据高职园林专业人才培养目标,积极课堂课程内容应体现课程内容的实用性,以培育学生能力为导向,以提升学生素养为核心,以项目化教学为载体,可以有针对性地进行教学。

以"植物生长与环境"课程为例,该课程为园林专业必修课程。园林专业学生将来要和植物打交道,因此,了解植物生长发育与环境因子的关系,明确各种环境因子影响植物生长的规律,明确植物生长状况的环境调控技术,最终能够正确分析植物的生长环境条件,这些是园林专业学生将来从事园林专业的基本知识和技能储备。但是该课程理论性较强,传统的教学内容枯燥乏味,学生学习积极性不高,课堂上难以集中注意力,低头现象最严重。采取项目化教学方式,可以极大提高学生积极性,增加学生的参与度,组织实施具体的实践项目,达到教、学、做一体化,集知识传授和技能培养于一体(表2)。

表2　高职园林专业"植物生长与环境"课程内容项目化整合

序号	项目名称
项目一	典型园林小区植物与环境的关系分析

序号	项目名称
项目二	植物细胞和组织结构观察
项目三	植物营养器官的分类与识别
项目四	植物生长物质及除草剂的使用
项目五	植物生殖器官的分类与识别
项目六	园林土壤组成与理化性质的分析
项目七	植物与水分、矿质营养的分析
项目八	植物与光照、温度的分析
项目九	园艺设施小气候与植物培育
项目十	典型植物群落与生态系统分析

(二)教学评价的多元化

改变评价学生学习成绩的方法,体现以"学生为本,能力为先"的原则将以课程考试成绩为主转变为完成项目任务的效果为核心的形成性评价。采用现场操作考核的方法,辅助以理论考试、作业和提问、出勤率考核等。其中在具体实施过程中过程性评价的比例应不少于 70%,终结性评价不超过 30%(表 3)。这样的教学评价体系的构建,不仅能够让学生更多地注意平时的学习和积累,而且也有益于调动学生课堂学习的积极性、主动性和主观能动性。同时,形式丰富的过程性考核,更加注重的是知识的运用,这对园林专业学生综合能力的提高也起着一定的作用。

表 3　高职园林专业《植物生长与环境》积极课堂教学评价构成

评价方式	构成内容	比例/%
过程性评价	考勤	10
	笔记	10
	平时课后作业	10
	课堂表现	5
	实训报告	30
	课前课后的劳动表现	5
终结性评价	期末理论考试	30

(三)课堂管理的人性化

在人性化课堂管理过程中,不仅要重视教师的主导作用,还应重视学生的主体性。本着"学生主体,教师主导"的理念,正确处理"主导"和"主体"的关系,是教师实现课堂管理的基础,是把握宽严有度的前提。如果过分强调教师的主导地位,忽视学生的主体地位,课堂管理处处弥漫着"主导"创造"严肃谨慎"的氛围,就很容易压制和损伤学生的主动性和积极性;如果管理放宽,课堂上"漫山放羊,不闻不问",对于自制力差或者不具备自制力的学生而言,就会丧失教育教学的目的。教师在课堂人性化管理方面要做到宽严有度,严于律己,宽以待人,尊重学生,平等对待,能够认真听取学生提的建议或意见,为学生提供和谐、宽松的学习环境。

良好的课堂管理是实施积极课堂的有效保障,高职学生往往比较活跃,性格上往往比较自我,因此在课堂管理上很有讲究。若教师过于权威,对学生比较严格,学生积极性和创新精神很可能会被无情扼杀,同时,也不利于师生之间良好关系的维护,因此,高职园林专业积极课堂要给予学生一定的权利与自由,塑造"有限度"的教师权威。"有限度"的教师权威,可以帮助师生营造相互尊重、信任和民主平等的氛围,从而促进课堂谐调,为积极课堂构建奠定坚实基础。

(四)教学方法的现代化

现在是信息化时代,科技进步日新月异,传统教学方法诸如讲授法、演示法、实验法、讨论法、发现法等在课堂教学中受到严峻的挑战,急需新的、现代化的教学方法,目前已有新闻播报、情景剧、辩论式教学和翻转课堂等新型教学方法。

积极课堂的教学一定要具有现代化的教学方法,辅之以一些传统的教学方法,这样才能与时俱进,才能拉近与学生之间的距离。比如对于园林专业偏向于理论知识类的课程,可主要采用讲授法、发现法、翻转课堂教学法等;偏向于专业技能类的课程,可主要采用任务驱动、实验法、情景剧和翻转课堂教学法等教学方法;偏向于综合专业类的课程,可主要采用实验法、探究法、讨论法、情景剧、辩论式教学和翻转课堂教学法等教学方法。但是在具体教学过程中,由于每堂课教学内容存在多样性,需要综合运用几种方法,并把它们有机结合起来,以发挥其最佳功效。

目前，几乎每个学生都有 QQ、微信等社交软件，园林专业课堂可借助这些社交软件进行开放式教学。教师可以通过 QQ 群、微信群及微信公众号等平台开设微课堂，开展专题讨论，为学生进行答疑，从而形成课外的多角度互动。此外，在今后园林专业应逐渐并熟练使用学习通、蓝墨云班课等教学软件。这些教学软件把课堂教学与手机移动终端有效结合起来，使手机变成了学习工具，为广大教师运用现代化教学手段提供了平台，也可极大提高学生课堂学习参与度与积极性。还有蓝墨云班课等引入翻转课堂教学模式，能够把教师从知识传授者的角色中解放出来。教师可以根据课程特点、学生特点、个人教学理念，进行课堂活动的设计安排，为学生打开一条课堂之外的学习通道。

(五)课堂教学的丰富化

任务先导，扫清学习障碍，打好课堂参与基础。课前，教师可以建立 QQ 群、微信群或微信公众号，也可以要求学生在手机上下载蓝墨云班课 APP，创建云班课，学生用教师提供的邀请码加入班课。教师可在课前将 PPT 课件、教学视频、微课、慕课以及与课程相关的网络链接等发到 QQ 群、微信群或云班课，给学生提前布置学习任务，要求学生课前预习。

园林专业相关课程一般 3—4 个课时，课堂教学一般 2 个课时，实验实训一般 1—2 个课时，例如"植物生长与环境"课程为 4 课时，一般理论教学 2 课时，实操 2 课时。理论教学主要采用翻转课堂结合信息化教学的方法，2 节理论课连上，共 90 分钟，开始 2—3 分钟利用蓝墨云班课进行考勤签到，教师现场利用手势签到或一键签到的方式让学生进行签到，无故没来的学生无法进行签到，这不仅保证了课堂的出勤率，也提高了课堂趣味性。把"立德树人"作为教育的根本任务，将思想政治教育与各类课程同向同行，形成协同效应，利用 5 分钟左右的时间进行课程思政教育以及当前园林专业发展前沿情况介绍。剩下的 80 多分钟全部用于课堂教学活动，采用小组合作式(3—5 人一组)自主学习为基本教学组织形式。对于理论教学主要采用精讲点拨的教学方式，精讲点拨主要是利用情景剧、微课视频或 PPT 等对一些重难点进行精讲，对于每一个知识点，可以利用云班课里面的"摇一摇"功能进行随机提问(可设置抢答、投票)或者利用"头脑风暴"的功能，让学生巩固重要的知识点。这不仅增强了课堂的趣味性,也调动了学生的学习积极性,提高了课堂教学的效果。此外,教师也可抛出相关重要知识点问题,学生以小组形式利用手机、书本进行讨论、探究,经过小组讨论、交流后将讨论结果或习得技能进行汇报,教师再进行点评,以此来掌握、巩固重要知识点。最后在课末15分钟进行知识的拓展延伸,立足教材、超越教材,紧密结合园林专业发展新趋势、新技能,拓展知识,培养学生良好的思维品质和创新能力,树立积极乐观的就业前景。总体而言,在积极课堂理论教学中采用的精讲点拨、练习巩固、讨论研究和知识拓展这四步骤,简称积极课堂理论教学四步骤,也可推广应用于园林专业相关课程。

实操训练2个课时,该环节主要采用实验法、调查研究、PPT汇报等教学方式,如"植物生长与环境"课程,项目一、项目六、项目九和项目十均采用调查和PPT汇报的教学方式,其余项目均采用实验法,具体见表4。由于实践性比较强,且以3—5人的小组为单位进行实训,故学生参与度、积极性都比较高,学生在探索中进行实训,也增加了学生的探索性、创造性和趣味性。当然,根据具体课程以及课程性质可选择不同的教学方式用于积极课堂实验实训教学。

此外,目前都在强调校企合作,例如,2018年我校景观生态学院园林专业相关课程与杭州凰家树人科技发展有限公司相合作,真正做到了在企业给我们的学生进行授课、实训。在企业进行教学和实训目的性更强,更利于学生们努力学习和掌握实践技能。

表4 "植物生长与环境"课程实验实训项目教学方式

序号	项目名称	实训项目	教学方式
项目一	典型园林小区植物与环境的关系分析	植物与环境关系调查	调查、PPT汇报
项目二	植物细胞和组织结构观察	植物细胞实验	实验
		植物组织实验	实验
项目三	植物营养器官的分类与识别	植物根、茎的初生、次生结构的观察	实验
		植物叶的形态观测与结构观察	调查、实验
项目四	植物生长物质及除草剂的使用	植物激素不同浓度的配置及其催芽试验	实验
项目五	植物生殖器官的分类与识别	植物生殖器官花的形态观测及花粉粒观测	实验

序号	项目名称	实训项目	教学方式
项目六	园林土壤组成与理化性质的分析	土壤剖面结构调查	调查、PPT 汇报
项目七	植物与水分、矿质营养的分析	土壤含水量测定	实验
		植物蒸腾作用测定	实验
		植物缺素调查	调查、PPT 汇报
项目八	植物与光照、温度的分析	光照强度的测定	实验
		地温和气温的观测	实验
项目九	园艺设施小气候与植物培育	小气候观测	调查、PPT 汇报
项目十	典型植物群落与生态系统分析	群落调查	调查、PPT 汇报

四、园林专业积极课堂实施中的注意事项

园林专业积极课堂教师不断引领学生认知、理解、探索和发现,学生主动参与获取知识,实现课堂教学质量最优化与效率最大化。但在积极课堂的实施过程中,还有如下几个问题需要注意:

首先,积极课堂的"积极"不仅仅局限于课堂上,还应将这种积极状态延伸到课外,将学习的内容拓展,将学习的方法迁移,将学习的热情扩大。从而让"积极"成为培养学生自主学习的行为,让他们更敢于表达和积极思考。

其次,教师在积极课堂实施过程中起着主导作用,教学效果的好坏与任课教师紧密相关,因此,教师自身的道德素质、知识水平、课堂掌控力等至关重要,教师平常要多注意知识的积累,多与学生交流沟通,多练习口才,多了解课程前沿进展,多加强自身的修养等。

再次,高职教育培养的是应用型人才,知识传授固然重要,但德育更为重要。大学生担负着社会主义建设的重任,然而随着手机、电脑和网络的普及,大学生很容易受各种网络游戏乃至不良信息的影响,造成玩物丧志、思想消极乃至产生不利于社会稳定的思想的后果,因此,不仅是课前 5 分钟,在整个课堂教学中都要注意课程思政内容的融入,时时刻刻提醒我们的学生做个有正能量的

四有青年。

最后,在实验、实训课堂上,应注意课堂纪律的维持。积极课堂需要活跃的课堂气氛,但这种气氛是在遵守课堂纪律的基础上,严禁出现打闹、嬉笑、打游戏等不良现象。因此,每个小组应安排小组长辅助教师管理,小组长也可以作为教师教学的得力助手,对小组长实行奖励制度,根据实际表现给予额外 2—10分的加分。

参考文献

[1] 黄艾,祝志勇.基于慕课的"五学—六位"职教园林专业课程教学改革与实践[J].职教论坛,2014(12).

[2] 李香菊,金平国.体验式教学法在高职园林专业"园林花卉"课程教学中的应用[J].现代园艺,2015(4).

[3] 邓洁.POE调研导入教学法在高职园林专业课程设计中的应用[J].中国职业技术教育,2011(11).

[4] 陈祺.基于角色转换的五维园林课堂教学实践[J].杨凌职业技术学院学报,2016(3).

[5] 夏丽芝.高职园林技术专业"训研创一体化"实践教学体系的构建与实践——以温州科技职业学院为例[J].现代农业科技,2014(23).

[6] 吴志明,陈霞,梁继华.高职园林专业学生自主学习能力的培养探析[J].河北职业教育,2011(3).

[7] 董斌,赖巧晖,岳海林,等.高职农业院校中职和普高起点学生学习状况调查与分析——以广东农工商职业技术学院园林技术专业调查为例[J].中国农学通报,2013(29).

[8] 张淑琴,肖海军,王登荣,等.公司制学生团队组建模式在高职园林专业实践教学中的应用[J].农业与技术,2015(11).

[9] 张纯,周博,刘卫斌.高职园林专业"一体两翼三结合"实践教学探索[J].陕西教育(高教),2016(6).

[10] 苏汝儿,熊国铭.高职旅游专业积极课堂实施策略研究[J].职教通讯,2017(15).

[11] 黄敏.高校积极课堂环境建设的研究[D].长沙:湖南农业大学,2011.

[12] 彭付芝,贾梦蕾.高校思想政治理论课积极课堂环境的创建策略[J].北京教育(德育),2013(9).

[13] 李博.课堂积极心理环境的体系化构建[J].教育理论与实践,2017(14).

[14] 乔桂娟,李楠楠.社会互动论对教师创建积极课堂互动的启示[J].黑龙江教育学院学

报,2018(7).

[15] 黄晓颖.大学课堂教学中应注重积极教学情感的创设[J].内蒙古师范大学学报(教育科学版),2015(1).

[16] DaleScottRidley,BillWalther.自主课堂:积极的课堂环境的作用[M].沈湘秦,译注.北京:中国轻工业出版社,2008.

[17] 姜发军.试论积极课堂心理气氛下师生关系的构建[J].华章,2013(2).

[18] 戴健.积极课堂气氛的营造与大学生主体意识的培育[J].大学教育,2016(9).

[19] 刘雅."翻转课堂"在高职院校创设积极课堂心理环境过程中的价值探究[J].教育现代化,2018(15).

[20] 秦凤华,王凯.基于需要满足的高校积极课堂教学的创设[J].呼伦贝尔学院学报,2015(2).

[21] 崔景贵,杨治菁.职校生专业学习心理与职校积极课堂教学的建构[J].职教论坛,2015(7).

[22] 吕同.利用小组式学习共同体构建中职数学积极课堂[J].读与写,2018(7).

[23] 沈月华.职校专业积极课堂教学模式的构建探究[J].新课程,2016(1).

[24] 林存华.以文化对话精神重塑教师权威[J].上海教育科研,2016(4).

[25] 秘嘉.几种新型教学方式与传统教学方式的对比[J].教育,2016(12).

[26] 房云.蓝墨云班课与传统教学模式的对比分析——以高校思想政治理论课为例[J].西部素质教育,2018(3).

◎我国大学教育基金会的治理：问题、经验借鉴与推进路径

刘　洁①

摘　要:我国大学教育基金会起步较晚,虽然在支持大学教育事业发展等方面取得一定成绩,但还存在双重管理模式、社会公信力低、捐赠制度不完善等一系列的治理问题。浙江大学教育基金会在经历了几十年的探索发展后,已发展得比较成熟。借鉴浙江大学的具体做法和实践,积极推进我国大学教育基金会的治理路径,从而促进我国大学教育基金会的健康发展。同时,可以促进我国民办大学教育基金会的健康发展。

关键词:大学;教育基金会;治理

根据基金会中心网统计,截至2015年底,全国大学教育基金会共计454家。大学教育基金会在数量不断增加的同时,其影响力也越来越大,大学教育基金会在补充办学经费方面发挥着越来越重要的作用。我国大学教育基金会的发展虽然取得一定成绩,但是由于起步晚发展时间短,尤其是大学的教育发展基金会近些年才开始得到发展,基金会的发展存在各种问题,特别是在治理能力现代化的大背景下,基金会的治理问题就显得比较突出。在推进国家治理体系和治理能力现代化背景下,我国大学如何发展教育基金会,进一步增强对基金会的治理能力,对完善我国大学治理水平,促进高等教育健康发展具有重要意义。

---

① 作者简介:刘洁(1990—　),女,河南新乡人,宁波财经学院助教,从事教育经济与管理研究。

一、我国大学教育基金会治理存在的问题

我国最早成立的教育基金会是暨南大学教育基金会,清华大学教育基金会和北京大学教育基金会分别成立于 1994 年和 1995 年。我国民办大学教育基金会的起步较晚,虽然近几年教育基金会在支持大学发展、培养人才等方面做出一定成绩,但是还存在许多治理方面的问题制约着我国大学教育基金会的发展。

(一)双重领导的传统管理模式

依据《基金会管理条例》,我国大学教育基金会建立了以理事会负责决策,监事(会)负责监督,秘书处负责执行的内部治理体系。同时,基金会一般接受业务主管部门和登记部门的双重管理,基金会是在双重管理的体制下发展起来的。虽然基金会的决策由理事会制定,但由于我国大学教育基金会大都属于二级职能部门,为了控制基金会业务存在的风险,业务主管部门会对理事会成员进行人事安排,成员大都由校领导兼任。这样做的结果就是,理事会的决策权实际掌握在校领导手中,基金会并不能作为独立法人自由运转,也就是说基金会既要接受业务主管部门的领导又要接受登记部门的管理,这实际是大学行政体系和行政逻辑在基金会的延伸。这种双重领导的管理模式严重限制了基金会的灵活性和发展空间,影响其运作效率。

(二)基金会的社会公信力低

财务公开透明是基金会持续运转的重要条件。大学教育基金会作为非营利性组织,应该积极向社会公众公开自己的财务信息,主动接受社会公众的监督和检查,确保财务信息的透明公开。基金会透明指数(FTI)是衡量基金会信息披露的重要指标。FTI 得分低于 50 分,说明基金会的信息披露程度低,财务信息和资金运作未做到公开透明。图 1 是全国非公募教育基金会各地域 FTI 得分情况,全国 FTI 平均的得分为 49.13 分。总体来说,基金会信息披露程度低,社会公信力低。此外,虽然很多大学教育基金会都有自己的网站,但却疏于管理和维护,并没有及时将相关信息公布在网站上。而且,从很多大学教育基

金会的收入来源来看，几乎没有来自社会捐赠的收入。这都说明了基金会的运作不够透明，社会公信力低，没有很好地赢得社会公众的信任。

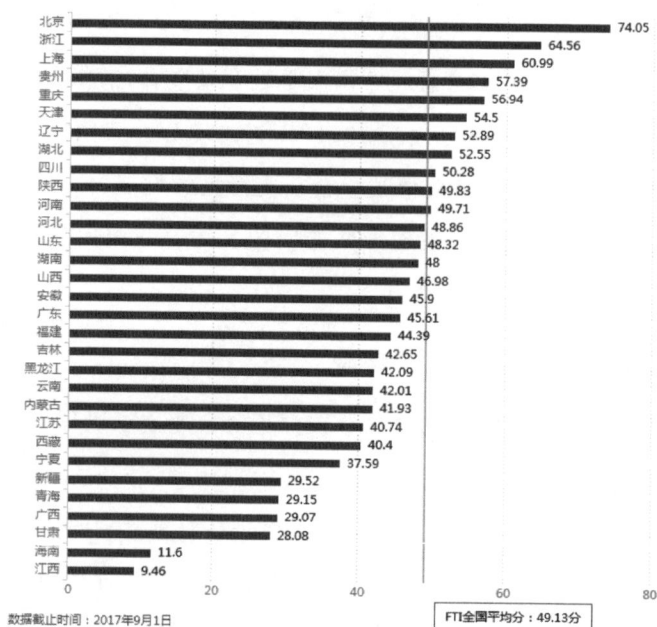

数据截止时间：2017年9月1日　　　　　　　　　FTI全国平均分：49.13分

图 1　全国部分地域非公募基金会 FTI 得分情况

（三）我国大学基金会的捐赠制度尚不完善

为鼓励社会各界对民办教育的捐赠，《中华人民共和国民办教育促进法》第四十七条规定：国家对向民办学校捐赠财产的公民、法人或者其他组织按照有关规定给予税收优惠，并给予表彰。这项规定只是笼统地提到给予税收优惠，对具体的税收优惠是多少，如何享受优惠政策等操作层面并没有做出明确说明。《中华人民共和国企业所得税法》（以下简称《企业所得税法》）第九条规定：企业发生的公益性捐赠支出，在年度利润总额 12％ 以内的部分，准予在计算应纳税所得额时扣除。虽然《企业所得税法》对社会捐赠的税收优惠做出了明确规定，但享受这些税收优惠的机构有很多限制条件，而且还有烦琐复杂的审批流程，这些程序和限制无形中提高了社会捐赠的门槛，增加了捐赠难度，将一部分社会捐赠拒之门外。

二、浙江大学教育基金会的成功案例

浙江大学竺可桢教育基金会成立于1994年,2006年在民政部重新进行登记注册,正式更名为"浙江大学教育基金会"。经过十多年的探索和发展,形成了一套较为完善的基金运作管理模式。

(一)多元化的基金运作模式

基金会的发展壮大,一方面要通过募集资金,另一方面要通过有效投资实现基金的保值增值,实现"投资—增值—再投资"的滚动式发展,因此对基金来说,有效的投资和增值是基金会的生命,是基金会得以发展的重要保障。浙江大学基金会主要通过将资金存入银行,校友企业合作投资,分散资金进行市场运作等多元化的基金运作模式,成功实现了资金的保值增值。

(二)坚持品牌特色战略,汇聚校友资源

作为浙江大学的校友,他们对母校有着深厚的回馈情感,希望能通过自己事业上的成功回报母校的栽培之恩,正是基于校友这样的情感,校友捐赠成了浙江大学教育基金会资金的一个重要来源。浙江大学作为知名大学,培养出很多成功企业家,这些校友在物质上给予浙江大学教育基金会很多支持。2017年5月,上海遂真投资管理有限公司捐赠设立"浙江大学教育基金会遂真教育发展基金",将持续10年共计捐赠11亿元,助推浙江大学建设成为世界一流大学;2017年11月,众美集团向浙江大学教育基金会捐赠3000万元,该项基金将用于支持浙江大学教育事业的发展,更好地培养一流高素质人才,支持浙江大学土地与国家发展研究院的创新发展;2017年12月,浙江卫健科技有限公司向浙江大学教育基金会捐赠500万元,该项基金主要用于支持卫健健康研究实验室的专项研究和人才培养。

(三)设立专项基金

专项基金就是根据学校发展需要设置的专款专用基金。浙江大学教育基金会现在设置的专项基金包括:学科发展基金、基本建设基金、学生培养基金、教师发展基金、院系发展基金、学校发展基金和社会公益基金及重点项目专项

发展基金等。通过设置专项基金,不仅可以吸引各个行业参与到学校的建设和发展中来,同时还可以调动学校对口部门募集资金的积极性。截至2017年,浙江大学教育基金会的专项基金资产总额达17.6亿元。

(四)成立境(海)外基金会

由于国内外的经济环境、法律环境等差异较大,因此国外对于社会捐资办学的认可度很高。美国的捐赠传统历史悠久,有对学校、慈善事业和公益事业等捐赠的传统。此外,美国的捐赠制度相对于国内更加优越,捐赠条件也相对宽松,这也是吸引社会捐赠的动力之一。浙江大学教育基金会正是认识到境外相对良好的捐赠制度,于1995年在香港成立了香港浙江大学竺可桢教育基金会。1996年,又在美国成立了北美浙江大学竺可桢教育基金会。这些基金会从成立之初,一直都在发挥着重大作用,支持着学校的发展与建设。

三、浙江大学教育基金会的治理经验借鉴

浙江大学教育基金会的健康发展,一方面得益于基金会专业的治理结构,另一方面离不开基金会良好的社会公信力——浙江大学教育基金会的透明指数得分为78.8,在浙江省602家基金会中排名上游。良好的治理使得基金会的影响力愈来愈大,获得的捐赠资金越来越多。浙江大学教育基金会的治理经验具体表现为三个方面:

(一)专业的基金会管理队伍

浙江大学教育基金会的健康发展,离不开一支专业的基金会管理人才队伍,这支队伍拥有财务、金融、投资、公关等各个方面的专业人才。一方面,这支专业人才队伍不仅保障了基金会的健康运营,同时,通过他们的各种宣传和策划活动,实现了基金的保值增值。这不仅仅是依靠银行利息实现的,还依靠他们的专业素养和投资理财知识,以投资股票、证券、债券、房地产等方式使基金增值,实现较高的投资回报率。

(二)充分利用校友资源

校友是一所大学的宝贵资源,也是支持学校发展的重要力量,尤其是优秀

大学的杰出校友出于对母校的回报之情,往往会对母校贡献自己的力量,其中一个重要表现就是向母校捐款资助。因此,大学要积极和校友保持联络,培育这股大学教育基金募集工作中的重要动力,可以通过各种活动,吸引世界各地的校友积极参与进来。浙江大学通过举办校庆、校友会等各种大型活动,由校友直接捐赠的教学楼、实验室、资金等已达数千万元。综观浙江大学教育基金会多年的发展,尤其是境(海)外校友对基金会的发展更是起到积极作用,据统计,境(海)外校友个人及校友企业所捐赠的资金达到学校获得捐款总额的75%左右。

(三)广泛开展校企合作

通过开展校企合作,不仅能实现企业和学校联合办学,还能利用双方的优势实现各自发展,实现信息共享的"双赢"。浙江大学教育基金会通过理事的牵线搭桥,不断拓宽与企业合作的领域。2017年5月,上海遂真投资管理有限公司捐赠设立"浙江大学教育基金会遂真教育发展基金",将持续10年共计捐赠11亿元,助推浙江大学建设成为世界一流大学。浙江大学与上海遂真投资管理有限公司的合作是社会参与办学的制度创新,体现了金融资本与大学、人才、技术的结合,实现了企业和大学的共同发展。

四、我国大学教育基金会健康发展的推进路径

我国大部分大学教育基金会成立的时间并不长,依然存在很多问题制约着基金会的健康发展。通过学习和总结浙江大学教育基金会的成功经验,结合各所大学的实际情况,实现我国大学教育基金会的健康发展。

传统的双重管理体制,严重限制了我国基金会的发展,必须构建科学的管理模式。借鉴浙江大学教育基金会的治理框架,结合大学自身的特点,建立具有自身发展特色的组织结构和治理框架。设立以基金理事会为决策机构的组织框架,由校领导担任理事长,理事会负责制定基金会的发展战略,并确保基金会的独立运转。理事会下设运营部和事务部,运营部主要负责资金的保值增值业务,借鉴浙江大学的做法,结合大学的实际情况,将资金运营业务交于专业的投资机构或成立独立的投资管理公司。事务部下面可设行政部门、捐赠部门

等,这些部门分管与基金会有关的业务往来。这种矩阵式的科学治理结构下,各个部门分工合作,确保整个基金会的健康运营。可见,实现大学教育基金会的治理与发展,离不开科学的管理模式和治理机构。此外,还要不断推进大学教育基金会的公信力建设和完善大学教育基金会的外部保障体系,实现大学教育基金会的治理。

教育的大众化推动着民办大学的迅猛发展,截至2017年,全国普通大学2631所,其中民办大学数量为742所,占比为28.2%,民办大学已经成为补充我国高等教育的重要力量。民办大学由于缺乏政府的财政支持,办学经费紧张已经成为制约民办大学发展的短板。大学的可持续发展离不开资金支持,在我国经济转型和高等教育财政体制改革的过程中,大学教育基金会对实现大学教育经费多元化,增强大学办学自主性,促进高等教育整体发展具有重要价值。因此,对于民办大学的发展,可以积极借鉴浙江大学教育基金会的发展经验,从而破解经费短缺的发展难题,实现民办大学教育基金会的发展。

参考文献

[1] 鹿长余,戴小平.我国大学教育基金会投资现状、问题及对策[J].上海金融学院学报,2014(4).

[2] 郭秀晶.我国高校教育基金会的现状分析与发展路径选择[J].天津大学学报(社会科学版),2009,11(3).

[3] 张茜.我国高校基金会现状浅析及发展对策探究——以江南大学教育发展基金会为例[J].文教资料,2016(1).

[4] 陈秀峰.当代中国大学教育基金会研究[M].北京:中国社会科学出版社,2010.

[5] 伍尚海.大学教育基金会的发展探析[J].高教论坛,2010(8).

[6] 谢晓霞.中国慈善基金会的管理效率研究[J].中国行政管理,2015(10).

◎高校政治理论课教师与辅导员队伍深度融合机制研究

——以宁波大红鹰学院为调查研究对象

嵇红亮[①]

摘　要: 在高校,思政课教师和辅导员是大学生思想政治教育工作的主要力量,在育人方面发挥着重要作用。然而,在教育实践中,由于教育目标分离、教育过程分离以及人员分离等阻碍因素的存在,两支队伍未能形成育人合力。因此,通过辅导员参与教学、构建资源共享平台、建立制度保障等途径,切实在教育实践中推进两支队伍的融合。

关键词: 政治理论课教师;辅导员队伍;思想政治教育;深度融合

当前,学校党政干部和共青团干部、思想政治理论课和哲学社会科学课教师、辅导员和班主任等3支队伍是构成大学生思想政治教育工作队伍的主要部分。从3支队伍的分工来看,学校党政干部和共青团干部主要是从宏观层面全面组织和协调学生的思想政治教育工作,而思政课教师和辅导员则"按照党委的部署有针对性地开展思想政治教育活动"。从中可以看出,思想政治教育工作主要由辅导员和思政课教师具体负责。因此,这必然会产生高校辅导员和思政课教师之间如何有效进行协调沟通的问题。

然而,从当前高校思政教育的实际情况来看,思政课教师和辅导员各自所具备的优势未能有效发挥,缺乏资源的有效共享与整合,育人的效果大打折扣。

---

①　作者简介:嵇红亮(1984—　　),男,江西抚州人,研究方向为学生思想政治教育。

随着社会对"三全"育人理念理解的深入,大学生思政教育工作的重要性日益凸显。因此,将思政课教师队伍与辅导员队伍进行深度融合,从而形成联合强大的育人合力就显得十分有必要。

一、政治理论课教师与辅导员融合现状

(一)教育目标分离导致二者之间缺乏互动

从教育职责上来看,思想政治理论课教师与辅导员都承担着对大学生进行思想政治教育的任务。然而,二者在具体的教育目标上却存在差异。按照学科特质,思政课教师主要是对学生进行理论知识的传授。部分任课教师由于对学生的实际情况和思想观念了解不够,导致在教学过程中不能真正实现理论与学生实际相结合,因此不能有效地解决教学实效性的问题。辅导员的工作主要是对学生进行心理健康教育、就业指导、奖勤助贷等,由于将主要精力放在这些具体事务,对思想政治理论来进行有效提升,面对学生出现的各种思想困惑无法进行深入解答。因此,从具体教育目标上来看,两者没有产生交集,无法形成一个完整的教育系统。

(二)教育过程分离导致教育与学生思想实际脱节

在大多数情况下,思想政治理论课只是被看作是一门课程,由于学生的日常学习生活与课程中所传授的知识联系不密切,因此思想政治理论课的教育功能没有得到有效发挥。对宁波大红鹰学院学生的调查显示,学生在看待"学校开设的思想政治理论课程对您日常生活是否有用"时,只有43.16%的学生选择是"有用",51.24%的学生选择"没什么作用",另外还有5.6%的学生选择"不清楚"(见图1)。可见,学生对这门课程的作用是不太认可的。这也可以在思想政治理论课教师和辅导员在对待学生出现的问题不同的解决方式上得到佐证。在学生出现思想困惑时,思想政治理论课教师一般是用一种比较宏大的价值导向来回应这些问题。实际上,这种解决问题的方式由于没有提供一种具体的方案,对问题的解决只是隔靴搔痒。辅导员则多以事务处理者的形象出现,主要是处理学生在日常的学生生活中出现的各类纷繁复杂的事务性工作,虽然在一定程度上解决了一些具体问题,但是否从根本上解决了学生的思想困惑仍然有待考证。很显然,思政理论课教师与辅导员在功能上讲未形成统一。

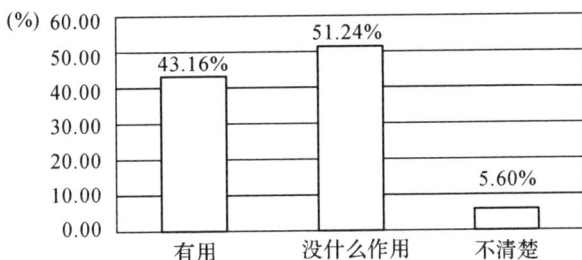

图1　思想政治教育理论课的作用

(三)人员分离导致思政理论课教师与辅导员之间资源缺乏共享

据对宁波大红鹰学院思政课教师和辅导员的调查,18.26%的人认为"思想政治理论课教师和辅导员沟通交流的次数""比较多",71.35%选择"不多",甚至有10.39%的人认为二者之间"没有交流"(见图2)。由此可见,思想政治理论课教师和辅导员相互之间缺乏必要的沟通和了解,以致未能形成资源共享、优势互补的局面。另外,辅导员队伍由于把太多的时间和精力放在处理学生日常事务上,以致对科研钻研不够,科研能力同任课教师相比差距较大。调查显示,有33.16%的辅导员"近两年没有发表过与工作相关的学术论文",有60.84%的辅导员"近三年来没有申请与工作相关的科研项目",而进行过相关科研工作的辅导员仅占6%(见图3)。在一定程度上,辅导员队伍理论及科研指导不够也是造成上述现象的重要原因。很显然,两支队伍间存在着现实的资源互补及共享的需求。

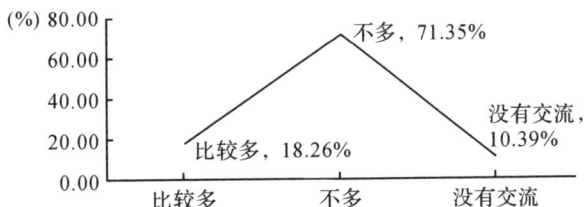

图2　思政课教师和辅导员之间的交流

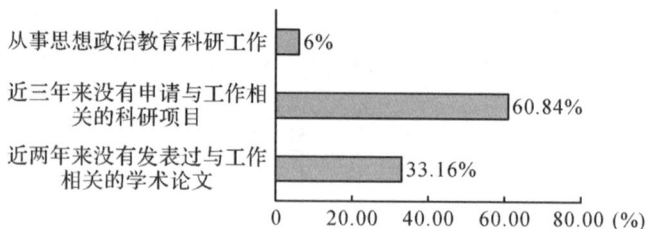

图 3　辅导员科研情况

从上述情况来看,思政理论课教师和辅导员队伍在思政教育的作用上没有形成合力,对思想政治教育的有效性产生了直接影响,不利于大学生思想政治教育成效的提高。因此,加强思想政治理论课教师和辅导员之间的沟通和了解,构建二者之间沟通交流的机制和平台,这对于提高思政工作的针对性和有效性具有重要的意义。

二、思想政治理论课教师与辅导员深度融合可行性分析

大学生思想政治教育的主体力量是思政课教师队伍与辅导员队伍。两支队伍的岗位职责、素质要求一致,这是推进二者深度融合的前提条件。从现实操作的角度看,两支队伍的结合同样具有可行性。主要体现在以下几方面:

第一,岗位职责。两支队伍的工作职责都是对大学生进行思政教育,虽然工作方式不同,但工作内容一致,均在于帮助学生形成正确的人格。思政课教师是以课堂授课为主要工作方式,思想政治教育的内容以理论教育为主,即通过"提高教学水平,用中国特色社会主义理论体系武装大学生,用社会主义核心价值体系引领各种社会思潮,把他们培养成德智体美全面发展的社会主义建设者和接班人"。辅导员作为"高等学校从事德育工作,开展大学生思想政治教育的骨干力量,是大学生健康成长的指导者和引路人",主要是在学生日常的学习生活中以一种隐性化的方式对学生进行思想政治教育,如道德品质教育、心理健康教育、理想信念教育等,通过这种隐性化的教育方式在潜移默化中完成育人任务。

第二,素质要求。思政课教师和辅导员的岗位职责决定了他们在政治素质和人格素养的要求上具有一致性。在政治素质方面,思想政治理论课教师"必

须始终坚持党的基本路线和基本纲领,在言行中与党中央保持一致,坚决拥护党的十一届三中全会以来的各项方针政策,有坚定的社会主义和共产主义信念"。二是在师德师范方面,率先垂范,以身作则,真正做到为人师表,从而潜移默化地对学生思想产生影响。以上分析两点也恰恰是辅导员要求具备的。在人格素养方面,一是要有强烈的事业心和责任感,将真挚的情感融入解决学生的思想问题与实际问题上,关爱学生,热爱教育事业。二是健康的心理素质和完善的人格魅力。因此,在队伍建设的素质要求上,二者存在一致性。

第三,操作层面。推进两支队伍的结合,符合国家改进和加强高等学校思想政治理论课的要求,而且对加强思政教育师资力量,提高大学生思想政治教育工作质量具有重要作用。当前,部分高校思政课教师缺乏,师生比例失调,思政课教师教学任务过重。以宁波大红鹰学院为例,该校社科部有专任教师24名,却要承担全校近万名学生的思政课教学任务,师生比达到1:416,教学任务之重可想而知。为解决这个问题,选择通过考核、具备相关专业教育背景的辅导员承担一定的思政课教学任务,是一条较为行之有效的途径。

三、思政课教师队伍与辅导员队伍深度融合的影响因素分析

两支队伍是否能深度融合受到多重因素的影响,但最主要的影响因素有以下两个:

辅导员专业素质和能力方面。当前,在我国高校辅导员队伍当中,非思想政治教育专业出身的人员占有相当大的比重。宁波大红鹰学院的情况也是如此。调查显示,该校辅导员的学科结构呈现以下特点:目前该校有辅导员115名,具有哲学社会科学背景的辅导员占总人数的22.63%,具有教育学、心理学或社会学学科专业背景的占14.34%,两者相加只有36.97%,相对较少;其他专业占人数的63.03%(见图4)。这些不具备思政专业背景的辅导员因欠缺思政教育专业方面的系统训练,可能对于学生思想政治教育工作方面缺乏全面、系统的理解和把握。因此,辅导员队伍与思政课教师队伍学识基础、经验体验不相同,双方之间会存在阻碍深入探讨某些问题的可能。

管理机制和体制方面。通常情况下,思政课教师属于专职教学人员,归属

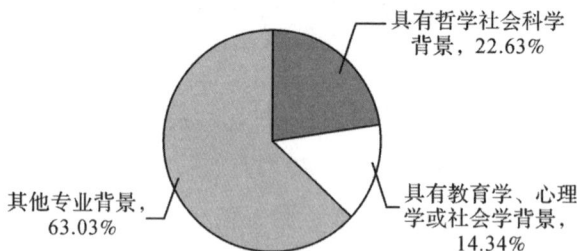

图 4 辅导员的专业背景

于教学系统；辅导员则隶属于学校党委领导，其工作归属于学生工作系统。因此，二支队伍分属不同的管理系统。实际工作当中，高校教学系统和学生工作系统根据教育管理要求各自开展工作，二者之间存在不同的运行方式。从这一点来看，思政课教师与辅导员缺乏必要的联系，导致二者在工作实践中沟通不畅，交流不够。由此可以看出，高校教学与管理机制和体制也是制约高校辅导员队伍与思政课教师队伍交流的重要因素。

四、构建思想政治理论课教师与辅导员深度融合机制

综上所述，提升大学生思想政治教育的实效性，必须推进思政课教师队伍和辅导员队伍深度融合。从教育实践来看，推进两支队伍的融合不仅有必要，而且切实可行。因此，在实际工作中，应积极创造条件，搭建平台，切实在教育实践中推进两支队伍的结合。

辅导员参与思政课教学。鉴于当前高校思政教育的现状，引入辅导员参与思政课教学显得非常有必要。思政课教学挑选具有专业素质和能力的教师参与其中，是提升思想政治教育实效性的一个重要途径。2011 年 9 月，宁波大红鹰学院开始推行辅导员参与思政课教学计划。为了保证教学效果，参与教学的辅导员经过选拔后，课前进行统一备课，教学过程中定期举行研讨会，期末进行考核评定。采取多项措施，保证教学质量。合力育人机制通过设置辅导员对思想理论课实践教学的参与机制推动形成学科理论与实践的互动，形成彼此资源的良性循环。

构建资源共享平台。思政课教学与辅导员工作是一体两翼关系，都服从和服务于大学生思想政治教育。因此，需注重平台建设，以实现优势互补。一是

社科部和学生管理部门联动,如思政课教师和辅导员定期举行研讨会。如此一来,实现双方之间的信息共享,全方位了解现在的大学生的思想动态,提升思政教育的效果。二是创建二者之间的合作渠道。例如教学观摩、集体备课,社会实践邀请思政课教师共同参与,等等,以拓展两支队伍交流合作的渠道。

建立制度保障。从制度上进行严密设计,是促使思想政治理论课教学与辅导员工作有效互动的根本保证。一是要制订两支队伍深度融合的规划方案。方案要确定目标任务,明确实施步骤、具体做法等,并在方案中统筹两支队伍结合的人员调配和工作分工。方案确定以后,在实际工作中完全按照方案执行,以保证两支队伍的结合按章办事,有效推进。二是要建立两支队伍结合的联系制度。鉴于思政课教师和辅导员在学生思想政治教育工作中的优势与缺陷,学校要建立两支队伍的联系制度,定期召集思政课教师和辅导员开展交流,以互通有无,取长补短。

参考文献

[1] 谢志青,李苏琴.论高校思想政治理论课教师的基本素质[J].九江学院学报,2009, 28(5).

[2] 陈再生.论高校思想政治理论课向第二课堂教学的延伸[J].思想教育研究,2007(12).

[3] 赵庆典,李海鹏.努力建立大学生思想政治教育的组织保证和长效机制——高校辅导员、班主任队伍建设情况调研报告[J].国家教育行政学院学报,2006(2).

◎基于全面发展目标的大学生逆商教育路径研究

黄婷婷[①]

摘　要：大学生思想政治教育的目标是学生的全面发展，心理健康是全面发展的重要组成部分。逆商高低是衡量心理健康的重要标准之一，就个人全面发展而言，逆商比智商更具有决定性。当前大学生面临压力大，抗挫折能力弱，校园惨剧的发生都凸显了高校进行逆商教育的急迫性。鉴于此，本文对高校实施逆商教育的必要性和途径进行探究。

关键词：全面发展；大学生；逆商教育

逆商是随着心理科学的发展而产生的概念，是指人们面对困境的反应方式和摆脱逆境的能力。20世纪90年代中期，美国职业培训师保罗·史托兹首次提出逆商这一说法，将其分为四个部分：控制感、起因和责任归属、影响范围、持续时间。逆商较高的人在遇到挫折时，对于整个场面具有较好的控制能力，相信可以通过自己的努力走出困境，同时能够积极地、多方面地分析面临挫折的原因，更多地承担其中的责任，采取行动，并将逆境产生的负面影响降到最低，不会让挫折持续太长时间。而逆商较低的人在遇到困境时通常都会方寸大乱，怨天尤人，不知道该如何面对和摆脱困境。逆商作为一个心理学概念，与智商、情商属于同一范畴。我们都知道智商和情商对于一个人的发展很重要，但实际

---

① 作者简介：黄婷婷（1990—　　），女，汉族，江苏南通人，硕士，助教，现任教于宁波大红鹰学院，主要研究方向为高等思想政治教育。

上逆商对于个人综合实力的提升和自身潜能的发挥具有更高的价值,逆商是构成一个立体人的重要侧面。

一、高校开展逆商教育的必要性

(一)当前大学生抗挫折能力较弱

近年来,校园安全事件成为社会一度关注的热点,自2004年2月马某某案件至2016年9月大学生因电信诈骗而自杀,被报道并被社会关注的大学生非正常死亡案例达170余起,按性质可分为自杀、他杀及行凶杀人事件。这些触目惊心的校园惨剧无不让我们反思,高智商的大学生群体为何屡屡成为这些悲剧的主角? 笔者认为,大学生抗挫折能力弱是深层次原因。

年轻的大学生另类有个性,当他们离开家庭的保护,来到大学参加集体生活,或多或少都会出现一些心理上的问题,有些还会遭受大范围的心理危机。现代社会充满着各种挑战,挫折与逆境在所难免,更无法预料。他们在之前的生活中都处于被保护的角色,一旦离开父母的庇护,遭遇困境,便无法通过自我激励或寻求出口的方式来缓解压力。当他们同时面临学业压力、择业压力、情感压力、社会压力时,往往容易出现焦躁、抑郁、狂躁等情绪,有些甚至丧失理智做出极端行为。整理的案例中就有相当一部分学生因为拿不到学位证,与恋人分手,求职遭拒,遭经济诈骗等原因自杀。

(二)实现学生全面发展亟待开展逆商教育

实现大学生全面发展是高校思想政治教育的目标。全面发展是指思想道德素质、科学文化素质、健康素质的协调发展。世界卫生组织表明,健康不仅是指没有疾病,更是指身体、精神和社会适应上的完好状态,而逆商正属于精神上的完好状态,是衡量精神健康的重要标准。但在逆商教育传入中国的近20年中,高校始终未将逆商作为大学生培养目标中的指标,既没有课程,也没有教育,几乎是空白。在教育实践中过分强调智商能力的发展,过分地注重高分、高学历,把成绩作为衡量人才的重要标准。但现实中存在很多智商超群、逆商不高的人,比如复旦大学投毒案的林某某,没有人敢说复旦的学子智商存在问题,但是超低的逆商却让他走上了这样一条不归路。因此对一个学生的全面发展而言,逆商比智商更重要。

鉴于此,高校应当将逆商教育作为开展思想政治教育、实现学生全面发展的重要抓手,培养大学生良好的心理素质,提升其面对挫折的胆量和摆脱困境的能力。

二、高校开展大学生逆商教育的途径

(一)根据"顾客需求",科学设置逆商教育的课程

课堂教学是教育的主阵地,逆商教育指的是给大学生提供系统的心理学理论课程。心理学理论课程与专业的心理学课程不同,是指将心理学中适合大学生的理论系统地教授给他们,同时帮助他们将学到的理论运用到现实的生活中,以促进个人成长和心理健康。当前高校的逆商教育处于无师资、无课程、无计划的状态,而逆商作为当代大学生的必备素质,逆商教育被纳入学习课程体系势在必行。

逆商教育的课程设置应当在充分了解当前高校的服务对象——大学生的兴趣、需求的基础上,科学地设置课程。这一系列课程的培养目标在于让大学生掌握提高自身逆商的知识及方法。比如什么是逆境商,面对挫折时如何进行自我调节,当受挫情绪找不到出口时的求助办法,以及如何进行自我训练使从容面对困难成为习惯性的行为方式。教师也要不断加强自身专业素养,并定期参加最新的课程培训,提高任教水平。

(二)加强心理咨询室的宣传,积极开展心理疏导

当前各大高校对学生心理状况的关心程度日益增长,几乎每所高校都设置了专门的心理咨询室,供心理出现问题的学生咨询调节。但现实中仍有很大一部分学生不知道学校心理咨询室所处的位置,还有一部分学生不好意思走进心理咨询室,害怕一进去就被贴上问题学生的标签。高校应当利用好心理咨询室这一平台,加大对咨询室的正面宣传,尽量解除那些想要进行心理咨询学生的后顾之忧,引导他们及时进行心理咨询,尽量减少逆商低造成的不良后果。在

心理咨询的过程中,潜移默化鼓励他们勇敢面对挫折,慢慢提高摆脱困境的信心和能力。

(三)创设校园文化情境,实施逆商情境教育

社会心理学研究表明,人与人之间的社会关系影响着一个人的思维、情感、动机、知觉和行为,社会场景的微小变化可能会对个人接下来的举动、想法产生较大的作用。校园文化建设是推进逆商教育的重要平台,可以将逆商教育融入校园文化建设,让他们在追求真、善、美的环境中受到熏陶和启迪。比如在校训、校歌、校旗中体现厚德载物、自强不息的精神,将勇于担当、锐意进取的向上精神内化为他们的品质。同时逆商教育也可以同丰富的文化活动相结合,抓住学校举办的各类活动、比赛,开展逆商主题教育,使学生在参加活动的同时切身感受到逆商的提升,能更好地处理面对困境时的情绪,更好地思考走出逆境的办法。

(四)丰富实践训练活动,提升抗挫折能力

再好的理论不去实践,也只能是纸上谈兵,逆商的提升也有赖于实践训练活动。高校可以开展当下比较流行的实践活动——素质拓展训练,当然前提是要保证每个学生的人身安全。素质拓展训练的开展要求每个组员都积极参加到活动中,他们为了实现一个共同的目标,必须精诚合作,克服一个又一个困难。这样的活动不仅具有一定的趣味性,学生的积极性比较好调动,同时也很好地磨炼了学生的意志,他们在解决困难的过程中,不知不觉提升了自身的逆商水平。

三、结语

梦想和现实之间难免存在差距,逆境更是无处不在,这要求大学生具备较高的逆商。高校应当充分发挥教育、管理和服务的功能,通过相关课程的设置、心理咨询室的宣传、校园文化情境的创设及实践训练活动的开展,不断提高大学生的逆商水平,让他们更从容地面对生活。

参考文献

[1] 刘昕,孙彪,俞俊彤.90后大学生逆商教育对策研究[J].前沿,2014(11).

[2] 侯文兰,王静.当代大学生提升逆商的必要性和方法探究[J].文化学刊,2016(7).

[3] 张广鑫,王晓姣.基于全面发展目标的大学生情商教育路径选择[J].辽宁师范大学学报(社会科学版),2017,40(2).

[4] 金自如,金自康.从心理逆境和网络成瘾看大学生逆商教育[J].煤炭高等教育,2008,26(1).

[5] 刘昕.论当代大学生逆商培养[J].前沿,2014(10).

[6] 付斌,史玉,丁建萍,等.逆商教育——大学生心理危机干预的有效途径[J].中国市场,2008(48).

◎"社区养老"视域下宁波城市社区
体育资源配置与对策研究

曾楠楠[①]

　　摘　要：采用文献资料研究、问卷调查、访谈等方法，调查宁波市城市社区体育资源配置现状的基础之上，从社区养老角度，探析宁波市城市社区体育资源配置不足的问题及对策。现存在问题：社区适合老年人特点的健身器材及体育健身指导员匮乏，社区体育服务资金和健身场地短缺是制约社区老年人体育活动的重要因素。对策：增补老年人特点的体育锻炼设施，加强运动项目的开发；加强社会体育健身指导员与社区健身管理人员的培养；政府资金扶持老年人体育发展，把老年人社区体育服务纳入社区总体发展规划中。

　　关键词：社区养老；社区体育；体育资源；宁波

　　随着我国人口老龄化的加剧，数量巨大的老年人口在生活、健康等方面的养老需求不断增多。各种养老模式中，社区凭借诸多优势逐渐成为各种养老服务的载体。体育活动作为老年人精神文化生活的一部分，如何加强社区体育观念，完善社区体育资源，提高社区体育资源配置效率，使社区体育资源内容丰富，满足老年人身心健康、娱乐等方面的健身需求，是符合社区养老现实需求的问题之一。同时，对推动社区建设，促进社区体育服务更好地开展有着理论价值和实际意义。

---

　　①　作者简介：曾楠楠（1985—　），女，河北石家庄人，讲师，硕士，研究方向为体育社会学。

一、研究对象与方法

(一)研究对象

本研究以宁波市鄞州区、江东区、江北区、海曙区随机抽取的 12 个社区里经常参加体育锻炼的老年人、体育场地设施、社区管理人员等体育资源为研究对象。

(二)研究方法

采用实地走访、座谈、电话访谈、发放调查问卷的形式,得出相应数据进行分析和研究。

二、研究结果与分析

(一)宁波市城市社区体育场地设施资源配置状况

宁波市城市社区体育场地设施资源配置现状如下:

《城市社区体育设施建设用地指标(2005 年)》要求,城市社区体育设施要求人均室外面积 0.30—0.65m²,人均室内面积 0.10—0.26m²,即总面积在 0.40—0.91m² 这一范围。截至 2014 年底,宁波市人均体育场地面积达到 1.61m²(户籍人口)。高于全国的人均体育场地面积 1.46m²。

表 1　社区体育场馆、设备配置状况统计表

健身点	数量(个)	28
老年活动中心	数量(个)	12
	项目种类	麻将、棋牌、阅读、织毛线、戏曲、合唱团、乒乓球
设备器材种类	数量(个)	180
	种类	蹬力器、仰卧起坐平台、单杠、转体训练器、旋风轮、转腰器等健身器械
	社区老年人满意度(%)	58%

由表 1 可以看出,调查的 12 个宁波市城市社区中,共有健身点 28 个,平均

每个社区有至少 2 个健身点;老年活动中心 12 个,平均每个社区至少 1 个老年活动中心,其中老年活动中心中开设的活动项目有麻将、棋牌、阅读、织毛线、戏曲、合唱团、乒乓球,多是适合老年人健身活动的项目。安装在健身点处的健身设备有 180 个,种类包括蹬力器、仰卧起坐平台、单杠、转体训练器、旋风轮、转腰器材等。老年人对社区健身设备的满意度只有 58%。从老年人的角度看,社区内健身设施的规模、种类及功能仍有问题。

(二)社区老年体育活动组织管理情况

表 2　社区老年体育活动组织管理的主要问题($N=24$)

类别	项目	人数(个)	百分比%
组织管理人员	缺乏专业知识	14	约 58
	工作太多	6	25
	待遇太低	2	约 8
	其他	2	约 8
组织管理机构	经费少	7	29
	场地少	3	13
	缺乏指导	13	54
	参与不够	1	4

从表 2 调查结果看出,社区老年体育组织管理的问题主要为:(1)社区老年体育活动组织管理者大多数是社区居委会兼职性人员,且专业化不够,导致对体育活动组织的管理力度不够,管理水平不高。极少数的社区有社会体育指导员来组织体育活动,部分社区居委会的工作人员自行考取健身指导员证,社区的体育组织者为志愿者或居委会工作人员兼任。这是造成当前对老年人参加体育活动的专业指导不力的一项重要原因,再加上大多数社区体育组织管理人员身兼数职,平时行政性事务性工作繁多,根本没有时间对老年人体育活动进行指导。调查中还发现,社区在组织体育活动时,因缺乏足够的健身指导员的科学指导,又想要规避一些伤害事故的发生,会排除掉一些年长的人员参加比赛,或直接不组织比赛,让老年人自行组织比赛。(2)社区老年体育活动场地和器材有限。尤其老三区的社区,社区旧,老年人又居多。(3)社区老年人体育组织管理服务的经费渠道有限。经费数量不足,致使社区老年体育活动场地及体育活动设施器材不够,这是困扰社区体育管理和老年体育活动的一个重要问题。

(三)社区老年体育活动组织服务的经费来源

经费是保障老年体育持续发展的前提。缺少经费是导致老年体育健身设施的缺乏和无法保障丰富多彩的体育活动开展的主要原因之一。本研究调查了有关社区老年体育组织管理的经费情况。详细见表3。从表3可以得出,大多数体育组织机构有一定的经费,约占79.2%,但没有经费保证的体育组织机构约占8.3%,还有一些被告知说不了解;此外,已有的经费来源大多是政府拨款,占75%,还有一部分是靠老年人自主筹款,占12.5%;企业或个人捐赠也有一小部分,占16.7%。从这里可以看出,社区老年体育组织管理经费来源不广,数目有限,这是制约社区老年体育发展的最大障碍。

表3　社区组织老年体育管理经费情况一览表($N=24$)

类别	项目	人数(个)	百分比%
组织机构有无经费	有	19	约79.2
	无	2	约8.3
	不了解	3	12.5
组织管理经费来源(多选题)	政府拨款	18	75
	企业赞助或个人赞助	4	约16.7
	老人自主筹款	3	12.5
	无经费来源	1	约4.2
场地经费来源	政府拨款	20	约83.3
	企业赞助	2	约8.3
	其他来源	2	约8.3

(四)政策制度资源

政策制度资源,主要包括发展理念、发展规划、政策法规等。这一点上,宁波市体育事业发展规划都提出具体计划,对全民健身场地设施,乡镇(街道)、行政村(社区)综合性体育健身场地设施,人均体育场地面积,公共体育设施的开放率,体育健身广场,体育休闲公园,健身步道或社区多功能运动场所都做出了详尽规划。政策制度的支持对全民健身资源起到了有效的保障作用。2012年宁波市人民政府《关于进一步加强老年体育工作的意见》中对加强老年体育工作也给出了政策性引导。

三、结论与建议

(一)结论

老年人在社区体育活动上呈现出的态度比较积极,需求较大。体育健身重在保持身心健康等心理特征,但部分老年人对体育活动缺乏兴趣,体育健身意识不强,有待进一步引导。

社区老年体育活动组织管理虽然受到一定重视,有一定数量的社区体育活动组织,也配有体育组织管理人员,但管理体制不完善,管理人员既非专职,也缺乏专业化素质,管理经费不足,来源单一,体育场地缺乏,设施不够齐全等问题依然存在,值得重视。

体育健身设施的缺乏,健身实施计划的不合理性,及社区老年体育活动组织服务的经费缺少是制约社区老年体育发展的重要原因。

宁波市政府对群众体育及老年体育服务上的政策有一定的引导和保障。

(二)对策与建议

加大体育活动宣传力度。完善体育健身设施,增补老年人特点的锻炼设施,加强运动项目的开发。增设体育活动场地与运动设施。

加强体育管理人员培训,加强体育健身指导与管理人员的培养,健全法律保障体系等方面,改进和完善社区老年体育组织管理。

开拓体育管理经费来源,多渠道筹集社区体育服务资金和物质资源。

越来越严重的老龄化社会态势下,政府和单位应高度重视老年人体育活动,并设立固定资金扶持老年人体育发展。体育主管部门应多渠道筹集资金,把老年人社区体育服务办成特殊的第三产业。在健身场地、器材问题上,应把老年人特点考虑进去,把老年人社区体育服务纳入社区总体发展规划,使之得到保证。与社区相邻的各单位,应积极地把场地与器材向老年人开放,这样才能使老年人在社区内外享受到服务,并真正做到社区体育服务与社区生活服务相辅相成,实现老年人的"老有所养"和"老有所乐"生活目标。

参考文献

[1] 庄永达.人口老龄化背景下宁波市城市社区体育服务体系构建研究[D].上海:华东师范大学,2008.

[2] 张莹,秦俭,董德龙,等.我国不同地区群众体育资源配置效率研究[J].山东体育学院学报,2012,27(12).

[3] 朱桐辉,孙建华.长春市社区公共体育设施资源配置与服务研究[J].当代体育科技,2015(18).

[4] 杨高习,李丹,韩丽菲.论人口老龄化背景下的体育公共服务体系建设[J].河北学刊,2013,33(4).

[5] 李斌.中国养老设施的发展现状、问题及对策[J].时代建筑,2012(06).

本论文已发表于《黑龙江科技信息》,2017年第5期。

◎宁波市保育员职业认同感影响因素分析与对策研究

廖思斯[①]

摘　要：保育员职业认同感的提升对宁波市保育员队伍的稳定及保教质量的提升具有积极的现实意义。保育员角色定位的偏差，职业期待与福利待遇、社会认可的偏差，保育员自身素质的低下是影响宁波市保育员职业认同感的主要因素。可以从保障保育员基本权益，给予其应有地位和认可，提升保育员综合素质三方面着手来提高宁波市保育员的职业认同感。

关键词：宁波市；保育员；职业认同；对策

一、保育员职业认同的内涵

职业认同是个体对于所从事职业的肯定性评价，是用特定的条件来刻画一个职业团体特征的心理变量，或者说是"个体在多大程度上认为自己的职业角色是重要的、有吸引力的，与其他角色是融洽的"。具体到保育员职业认同而言，是个体对保育员工作的心理认可，其职业认同的过程既有自我认同的过程，也受到外界环境的影响。在幼儿园里，保育员同幼儿教师一样，都是影响幼儿健康成长的重要他人，保育员职业认同感的高低直接影响幼儿园的保教质量。

---

　　① 作者简介：廖思斯（1986—　），女，四川成都人，硕士，助教，研究方向为学前儿童心理发展与教育。

因此,提高保育员职业认同对保育员队伍的稳定及保教质量的提升具有积极的现实意义。

二、影响保育员职业认同的因素分析

(一)福利待遇差

其实,在保育员的相关研究中几乎都提出要提升保育员的福利待遇,但怎么提升?提升到什么水平?相关的研究中却没有太多可行的做法。其中缘由之一在于保育员多数是非在编人员,保育员工资的绝大部分是由幼儿园承担,幼儿园在有限的财政收入情况下,会尽可能地压低保育员的工资水平,略高于所在地区的最低生活保障水平。由于工资水平的限制,幼儿园能够招聘到的保育员的素质也可想而知。无疑,保育员的工资和素质也陷入了死循环,即"低工资待遇只能招聘到低素质保育员,由于保育员素质低,幼儿园给出的工资也低"。尽管绝大多数幼儿园都认识到这个问题,但更多的是有心无力。以宁波市为例,保育员的平均工资一般在 2000 元到 2500 元之间,与幼儿教师的收入差距较大。尽管在外人看来保育员就是负责卫生清洁工作的,但实际上,幼儿园中的卫生清洁工作却并不轻松。访谈中,绝大多数的保育员都反映保育工作强度实际很大,工作时间也比幼儿教师要长,投入与收入不平衡直接影响了保育员的职业认同感。

(二)社会认可度低

有学者提出要淡化幼儿教师与保育员之间的职责与称呼界定,统称"教师",然而"保教分裂"的现状却一直在持续。在专业以外的人眼中,保育员只要做好卫生、清洁工作就可以;有些幼儿教师、家长也认为保育员只是幼儿饮食起居的照料者,轻视保育员工作。尽管保教结合要求保育员参与教育工作,但实际中很少有保育员参与进来。

有研究结果表明:教师职业认同,学历越高认同越低。另一项调查也得出类似的结果:本科及以上学历的保育员职业认同最低,初中及以下学历的保育员职业认同最高。这样的结果可能会违背我们正常的推理,其实不然。学历越高,人们通过参与群体的比较而产生的一种利益被剥夺的内心感受即"相对剥夺感"就越强烈,保育员无论何种学历,其工资待遇、社会地位相差无几,并没有因大专或本科学历水平而得到更多的认可,"芸芸众生"导致其"相对剥夺感"就会更为强烈,直接降低其职业认同。实际上,学历水平越高的保育员在从业初对保育员职业期待较高,改变当前局面的意愿与冲动较强,但从业之后发现更多的是无能为力,学历水平与职业成就感难以匹配。以笔者所在的高职院校为例,我校2012年在全国范围内率先开设高职层次的幼儿保育专业,专门培养高素质的保育员。然而,学生在毕业后从事保育员工作时发现,较高的素质和专业技能尽管得到部分园长和幼儿教师的肯定,但更多的是不理解,被视为"异类"。在少部分人眼中,保育员工作就是清洁搞卫生,学得再多也还是搞卫生,照顾幼儿的生活起居,看不到高素质保育员的价值。

在访谈中,我们发现宁波多数幼儿园的老师甚至园长仍然称呼保育员为"阿姨",对"阿姨"的定位与期待也只是搞好卫生工作就可以了。社会认可度低,在较大程度上影响了保育员对这一职业的认同。

(三)保育员自身角色定位偏差

保育员的职业定义是:在托幼园所、社会福利机构及其他保育机构中,辅助教师负责婴幼儿保健、养育和协助教师对婴幼儿教育的人员。一些学前教育的理论研究者认为"保育员就是教师",这一角色定位突破了传统意义上对保育员的认识。"保育员就是教师"既是对保育员工作价值的认可,也对保育员工作提出要求,要求保育员更大程度地发挥其教育价值。其实对学前儿童而言,吃饭、喝水、穿衣等日常生活都是教育,保教本为一体。然而我国幼儿园保育员总体素质偏低却是不争的事实,保教结合的原则要求保育员发挥更大的作用,但由于保育员自身素质的局限,既难以发挥其价值,更难以认识其工作价值。在对宁波市保育员访谈中笔者发现,目前还有部分保育员对自身角色的定位仍然停留在"自己就是幼儿园里的保洁人员、清洁工,保育员的工作就是照顾幼儿的日常生活"。保育员自己对自身角色定位的偏差直接影响对保育工作价值的认可和投入程度,更谈不上高质量的保教结合。

三、提升保育员职业认同感的对策

（一）保障保育员基本权益是首要

目前，我国幼儿园保育员的生存状况尤为堪忧。要建立一支稳定的幼儿园保教队伍，首先必须保障保教队伍的基本权益，满足其生存的基本需要。因此，要提升保育员的职业认同感首先必须提高其福利待遇。

在访谈幼儿园园长的过程中，笔者发现个别幼儿园园长提出的保育员工资"AA制"具有一定的新意。以公立园为例，幼儿园要给出的保育员的工资水平应达到其所在的托幼园所教师工资的平均水平，工资由两部分组成，幼儿园和政府各承担一半，同时招聘保育员的要求也相应提升。当然，具体实行起来要综合考虑的问题也有很多，如保育员的学历、工龄、职称等都要考虑到，需要深入地研究，探讨出更为具体可行的办法。因此，提高保育员的经济收入，必须由政府牵头，制定相应的政策，从政策层面来保障保育员的经济收入。

此外，政府及教育部门要制定并完善有效的保育员职称评定体系，把保育员职称评定体系真正落实起来，从制度上保障保育员的职业发展，通过职称评定来提升保育员职业技能与素质，提高保育员的职业认同感。

（二）给予应有地位和尊重是核心

笔者在研究中发现一个很有意思的现象，无论是在校就读的学前教育、幼儿保育专业的学生还是在幼儿园一线工作的幼儿教师，都认为保育员工作很重要，在幼儿园的保教工作中不可或缺，但如果让他们去从事保育员工作，他们又极不情愿。背后的原因与幼儿园"保教分裂""重教轻保"的现状是分不开的，从国家政策到幼儿园一线教师都提"保教一体"，各方面也在积极努力地实施，但实际情况却不是如此。因此，必须让更多的人认识到保育员工作的价值和重要性，给予其应有的地位和尊重。

首先，政府应制定保育员相关的政策，发挥政府的导向作用。国际经验表明，如果政府不积极引导该事业的发展或对该事业消极和不作为，都会导致儿童早期教育和保育发展迟缓。目前，我国幼儿园保育员无论是相关的研究还是实践,都进展迟缓,这与政府一直以来的不够重视有直接关系。关于未来保育员的发展可能性,笔者认为有两个可能的方向:一是逐步取消保育员的岗位,让幼儿教师分担保育工作,真正实现保教结合;二是大力培养和培训保育员,从源头抓起,开设保育员专业培养高素质的保育员,同时对现有保育员加强培训,促进保育员队伍的发展。然而现状是,无论是学界,还是政府都没有较为明确的方向,相关的政策引领也不明确,导致保育员素质提升一直缓慢发展。因此,无论是从源头培养高素质的保育员,还是取消保育员的岗位,目前需要解决的是给予保育员应有的地位和尊重,提高社会对保育员和保育工作的认可度。

其次,在幼儿园层面要创设"保教并重"的幼儿园文化环境。各级幼儿园需要将"教育寓幼儿园一日生活"真正落地,大力向教职员工、幼儿家长宣传保育工作的意义所在,改变幼儿教师和家长思想中对保育员的固有印象。逐步平衡保育员与幼儿教师的发展机会,如职称评定,外出学习、进修等,努力实现幼儿教师与保育员的平等地位。

(三)促进自身专业发展是根本

打铁还需自身硬。保育员是幼儿教育的主体之一,也是幼儿保教质量提升的关键因素之一。保育员必须从自身角度出发,加强自身素质建设。幼儿园保育员和教师都是影响幼儿身心健康发展的"重要他人",因此,吸引高素质的人员加入保教队伍,严把保育员准入关是提高保育员队伍素质的重要途径。

首先,严格把关,保育员持证上岗。保育员在年龄、学历、专业上都应适度提高要求,现行的《幼儿园工作规程》中对保育员素质的要求显然过低,不符合时代的要求,在源头上确保保育员的素质是赢得社会认可的先决条件。

其次,建立学习成长共同体,加强保育员职前职后培训。目前我国专门培养保育员的学校和专业非常少,培养的层次也相对较低,根本无法满足幼儿园对保育员素质和数量的要求。因此,保育员的培养、培训就显得尤为重要。托幼机构要建立学习成长共同体,让保育员拥有和幼儿教师同等的学习成长机会,重视保育员的在职培训。幼儿园可以通过经费补贴、激励的方式鼓励保育员去接受继续专业教育,以提升职业能力。幼儿园保育员也应打破"保育员的职责就是打扫卫生,照顾幼儿一日生活的饮食起居"的旧观念,树立"在教师的指导下,管理幼儿生活,并配合本班教师组织教育活动"的现代保教理念与终身学习的观念,成为影响幼儿身心健康发展的"重要他人"。

最后,转变评价方式,构建多元的保育员评价机制。研究表明,评价主体的单一化不利于托幼机构质量评价的科学化与合理化,对幼儿园教育质量的评价应由单一的行政评价转向学前教育专家、家长、儿童等都参与的多元评价。同理,对保育员的评价也应采用多元化的评价机制,通过多元主体评价方式,为保育员工作能力与素质的提升提供一个参考的方向。

提升保育员职业认同感的探索应该是特点鲜明且多元化的,面对不同地区的发展状况需要提出有针对性的解决路径。如何更好、更有效地提升保育员的职业认同感需要广大研究者在理论和实践上予以保育员更多关心。

参考文献

[1] 张宁俊,朱伏平,张斌.高校教师职业认同与组织认同关系及影响因素研究[J].教育发展研究,2013,33(21).

[2] MOORE M,HOFMAN J E. Professional identity in institutions of higher learning in Israel[J]. Higher Education,1988,17(1).

[3] 陈琳琳.上海市保育员职业认同的调查与研究[D].上海:华东师范大学,2010.

[4] 王新兵,杜学元.社会转型时期我国教师职业声望的现状、成因及对策[J].教师教育研究,2006(1).

本论文已发表于《教育观察》,2017年第8期。

◎独立学院转型发展过程中的教学转型

叶 臣[①]

摘 要:基于独立学院应用技术型高校转型发展方向和应用技术型人才培养目标,从理论教学的教学内容、教学方式、教学要求、教学案例、课程考核五方面和实践教学的校内实践及校外实践两环节提出教学转型思路,并对教学转型过程中需注意的应用型师资建设、实践教学资源建设等问题进行了探讨。

关键词:独立学院;转型发展;教学转型

作为调整高等教育结构,构建现代教育体系,推进高校分类管理的重要抓手,国家出台了一系列政策引导本科院校转型发展。2014 年 5 月,《国务院关于加快发展现代职业教育的决定》公布,提出探索发展本科层次职业教育,引导一批普通本科高等院校向应用技术类型高等学校转型。2014 年,教育部等六部门联合印发《现代职业教育体系建设规划(2014—2020 年)》中明确指出鼓励独立学院转设为独立设置的学校时定位为应用技术类型高校,明确独立学院培养具有实践能力和创新精神的应用型人才,为独立学院向应用技术型高校转型发展指明了方向。为贯彻落实国家相关决策部署,2015 年,浙江省教育厅、发改委和财政厅联合印发《关于积极促进更多本科高校加强应用型建设的指导意见》。同年,浙江省确定了 41 所高校为加强应用型建设试点本科院校,包括 22 所独立学院,独立学院应用技术型转型进入实质性发展阶段。

---

① 作者简介:叶臣,宁波大学科学技术学院教务部部长,研究方向为随机过程与随机分析。

独立学院作为我国高等教育改革与发展过程中应运而生的新型大学,在办学之初都提出了"地方性、应用型"的办学定位,但受办学母体高校以学科为主导的传统精英教育模式的影响,独立学院的应用型人才培养模式不够清晰,应用型人才培养质量还不尽如人意。独立学院如何抓住这次应用技术型高校转型发展的契机,摆脱传统办学理念的束缚,实现真正的转型发展,走出一条"创造差异、错位发展、彰显特色、成就品牌"的应用型大学办学之路,不但要从转变办学理念,明确办学类型,科学合理定位,明确培养目标,创新办学机制,改革培养方式,加强师资建设等方面做好转型发展的顶层设计,更要把转型发展落实和体现在具体的教学过程中。本文从理论教学和实践教学两方面探讨独立学院在转型过程中教学如何转型,并分析了教学转型中需注意的问题。

一、理论教学转型

理论教学作为学校整体教学体系的有机组成部分,一直以来在大学教学中备受关注,拥有很高的地位,独立学院应用技术型本科人才的培养定位对理论教学提出了特定要求,在独立学院转型过程中理论教学应做好以下转型:

(一)遵循能力导向,整合教学内容

应用型人才培养是以能力培养为导向,而能力导向本质上是知识应用导向,因此对于独立学院的理论教学要深化课程教学内容改革,使教学从知识本身为逻辑中心向能力体系为逻辑中心转变,以解决实际问题需要哪些知识和能力为出发点,用打破常规的大智慧,重构课程内容体系,对传统课程内容进行删、减、增、融,做到基础知识适用,专业基础知识管用,专业核心知识会用,除了必备的工具性知识和相关基础知识之外,不过分追求知识结构的完整性,而更看重知识应用的针对性,关键是掌握专业核心知识和能力,并用于解决实际问题。同时,根据经济社会发展和科技进步的需要,及时更新教学内容,将新知识、新理论和新技术充实到教学内容中,为学生提供符合时代需要的课程教学内容。

(二)针对培养目标,改变教学要求

在教学上,我们常常要求学生做到知其然,更知其所以然。针对应用型人才与学术型人才不同的培养目标,教学应有不同的要求。对于知其然,学术型人才和应用型人才的要求是一致的,即首先要知道所学理论知识是什么,但对于知其所以然,学术型人才和应用型人才应有完全不同的内涵:对于学术型人才,要知道所学理论知识的来源背景,发现过程,存在的理论依据,等等;对于应用型人才,则要知道所学理论知识有哪些应用前景,可用于解决什么问题。

(三)结合多种方式,提高教学质量

对于理论课程的教学方式,一般不能完全采用传统的单一讲授式教学,而应根据课程特点和知识点属性,积极运用现代教育技术和手段,充分利用线上和线下教学资源,灵活采用案例教学,翻转课堂,混合式、启发式、讨论式、项目驱动式等多种教学方式与传统的讲授式教学有机融合,目的是充分调动学生的学习主动性和积极性,挖掘学生自主学习的内驱力,让学生真正动起来,参与到教学过程中来,努力提高学生自主学习和实践创新能力,提升教学效果,优化教学质量。

(四)恰当选取案例,强调知识应用

课程教学中的教学案例分为知识引入案例和知识应用案例。知识引入案例通过问题提出的背景、问题解决的办法等归纳出知识点,让学生能真正理解所学知识点的思想和方法,体会到所学知识的有用性;知识应用案例则是把所学知识应用于解决实际问题的示范,学生通过学习增加对知识应用的感性和理性认识,做到举一反三,进而学会解决新的类似问题。

教学案例的选取要遵循尽量贴近现实生活且有时代感,尽量结合学生所学专业,与学生的知识水平相适应的原则。教学中恰当案例的选取,可增强课程的趣味性,提高学生的学习兴趣,让学生加深对知识的理解,尽快接受和运用新知识,体会到知识的有用性,进而提高学生的知识应用能力。

(五)改革课程考核,突出应用能力

应用技术型高校的理论课程考核要突出应用性,以考核学生应用知识解决实际问题的能力为目标,建立知识与能力并重的考核观。

考核突出应用性,首先要体现在考核内容上,对于一个知识点能考应用不考理论,哪怕应用考查比较简单,也比考查纯粹的理论记忆对于提高应用能力

要有用得多;其次要体现在考核形式上,考核不局限于传统的理论考试形式,而应把理论知识的考核融入实践类型考核中,可通过案例、项目、平时作业、作品展示等多种形式承载考核内容;再次要体现在课程学习成效的评价上,课程平时成绩比例一般不低于百分之五十,以发展性、过程性、表现性评价为主,弥补期末笔试形式的终结性评价的不足,形成对学习成效的科学评价。

二、实践教学转型

实践教学是应用型人才培养模式中最重要的组成部分,但实践教学一直以来是各类高校学生最不满意的教学环节,当然也包括独立学院。目前,实践教学对于独立学院应用型人才培养的重要性体现得还不明显,教学质量还不尽如人意。独立学院要积极建设、引进校内外资源,改革校内实践环节,构建校内实验实训与校外实践、校内模拟训练和校外实地实习相结合的立体化实践教学体系,做好以下实践教学的转型。

(一)校内实践,加细分组,人人落实,保证质量

对于校内的实验、实训等实践教学环节,要充分利用实践地点在校内,相对于校外实践教学环节容易管理的优势,让每个学生保质保量地完成实践教学学习任务。首先,校内实践教学真正落实小班化,一个大的教学班级在实践教学环节可分为两个班级开展教学;其次,加细实践项目分组,凡是学生可独立完成的实验、实训项目,均安排每个学生独立完成,不再分组,避免过去多人分组时一人实践其他人旁观,报告雷同的现象发生,对于确需分组合作的项目,明确每个人的实践内容和要求,在实验、实训报告中要区分体现各自的工作,让每个学生真正经过实践教学的锻炼学习,掌握大纲要求的实践能力。

(二)校外实践,集中安排,平台管理,过程监控

针对目前校外实习、实训环节管理监督机制不全,学校统一联系安排比例不高,大多采取学生自主实习方式,学生缺少实习专业指导,导致校外实践教学过程流于形式的问题。学校要加大校外实践教学基地建设力度,校外实习实训尽量由学校统一联系安排,实践单位一次接收不了全部学生,可分批次进行,只

要达到实践能力要求,实践内容也可不尽相同。同时加强过程管理,采用基于互联网的校友邦大学生实践实习管理平台,做到对学生、校内指导教师、实习单位指导教师的三方过程管理,落实学校、企业双元培养责任主体,实现运行有效、互动有序的全程化管理,达到校外实践教学的培养目标,同时可通过挖掘实习实践过程数据和评价数据,保障和提升实习实践质量。

三、教学转型中需注意的几个问题

(一)去母体"烙印",因材施教

独立学院绝大多数由母体高校举办,受益于母体高校优质教育资源支持而取得高起点的同时,独立学院身上带有很深的母体高校的烙印。这种烙印首先体现在专业设置、培养方案在独立学院办校之初均来源于母体高校,其次体现在独立学院相当一部分教学工作也是由母体高校教师承担,在教学过程中存在和母体高校学生同教材、同内容、同要求的现象。

独立学院的人才培养目标、生源质量、学生基础知识结构和水平均与母体高校有明显差异,独立学院通过转型将相对更加独立,应有学校自己的特色,实现与母体错位发展,才能彰显自己的特色。因此,除了在专业设置、培养方案方面要随着独立学院的发展不断修订外,在教学过程中应要求教师特别是母体高校的教师,针对独立学院的应用型人才培养目标和教学要求实施教学,真正做到因材施教。

(二)加强应用型师资建设

师资队伍建设是人才培养质量保障的根本。大学师资的质量等同于其教育质量,有竞争力老师才能培养出有竞争力的学生,有实践能力的老师才能培养出实践能力强的学生,培养高素质的应用型人才必须具备高水平的应用型师资队伍。独立学院在向应用技术型高校转型过程中,如果没有适应应用型人才培养的教师队伍,课堂教学、实践教学、教学改革等方面将成为无源之水、无本之木。独立学院的师资队伍要做到:

1.专业教师专业化

独立学院要立足应用型人才培养和专业建设,努力提高专业教师培养应用型人才的能力和水平,做到专业教师下企业轮训、外出学习交流、挂职工作等多形式实践锻炼制度化,丰富专业教师的专业实践经验,提高解决现场实际问题的能力,提升专业教师的教学能力,尤其是实践教学能力。同时聘用优秀企业技术人员和管理人员,担任专业课专职或兼职教师,解决独立学院师资特别是双师型应用师资匮乏的问题,真正做到专业教师专业化。

2.教师评价多元化

针对独立学院应用技术型高校转型及应用型人才的培养,学校要改革教师聘任制度和评价办法,政策应该明确鼓励开展应用研究,在教师绩效考核、职务(职称)评聘等方面,向双师型教师倾斜,特别注重给应用研究特长的教师以职称晋升特殊的通道。

(三)发挥优势,体现与高职高专院校差异

美国教育学研究者帕特里夏·冈伯特曾指出,高等教育领域各类院校的地位平等但不同。独立学院在应用技术型高校转型时很容易让人和高职高专院校的应用型人才培养产生联想,因此独立学院的应用技术型转型要与高职高专院校的应用创新泾渭分明。应用型人才从内部可细分为工程、技术和技能型三类人才,结合高等院校的层次与结构、经济建设对人才的需求以及院校内涵建设三个维度分析,高职高专院校以培养技能型人才为主,独立学院应定位于以培养技术型人才为主。独立学院的教学要发挥本科学历优势、产教合作层级优势、师资优势,真正实施符合现代职业本科教育的教学,体现出与高职高专的差异。

(四)加强实践教学资源建设

独立学院在应用技术型转型过程中,已意识到实践教学对于应用型人才培养的重要性,在培养方案修订时对实践环节(实验、实训、实习等)予以了特别的重视,通过实践学分比例的增加在实践教学的时间安排上已给予充分的保证。但应用型人才培养不只体现在实践课程的数量,更要突出实践教学的质量,而实践教学的数量和质量保证都离不开实践教学资源的支撑,目前无论独立学院自有的实践教学资源还是在母体学校共享的实践教学资源大都相对匮乏,制约了独立学院实践教学的开展和质量提升,进而影响到应用型人才培养质量。

因此独立学院在校内要加大实验室、实训中心、实践类师资等实践教学资源的建设投入，保障校内实践教学环节的教学需求；在校外要走出去跟企业合作，根据产教融合的原则，广泛建立教学实践实训基地，搭建产学研合作教育平台，为校外实践积累丰富的实践教学资源。

四、结　语

学校因实施教学而建，教学决定学校生存，"育人为本，教学优先"是高等教育及其实施机构高等学校的准确定位。独立学院应用技术型高校转型不会一蹴而就，教学转型也不是一朝一夕之事，但要尽量加快转型进程，注重理论教学，加强实践教学，做到理论教学与实践教学相互渗透，把培养学生应用能力渗透到教学的全过程，最终培养出理论基础够用、专业知识会用、自主学习能力强、实践能力强的应用型本科人才，真正体现应用技术型本科教育与普通本科教育的不同。

参考文献

[1] 教育部,国家发展改革委,财政部,等.现代职业教育体系建设规划（2014—2020）[EB/OL].（2014-06-23）[2019-10-20]. http://www.moe.gov.cn/srcsite/A03/moe_1892/moe_630/201406/t20140623_170737.html.

[2] 陈啸.突破学科定势：高等学校转型发展的一个新视角——兼论重构能力导向的应用型人才培养体系[J].中国大学教学,2015(2).

[3] 周建松.基于本科转型视阈的高职教育创新发展研究[J].中国高教研究,2017(2).

[4] 林雪明.后大众化时期独立学院人才培养目标定位及教学模式探究[J].教育理论与实践,2016,36(9).

本论文已发表于《宁波大学学报（教育科学版）》,2017年第4期。

◎基于SPOC的"制药通用设备与维修"课程改革初探

王　博[①]

摘　要:基于高职院校学生对工科课程的兴趣不浓,课堂沉闷现象,基于MOOC和SPOC的全球发展趋势,本文展开以"制药通用设备与维修"课程为例的教学改革研究,通过探索及实践研究发现,使得学生对枯燥的工科课程的学习兴趣和主动性有所提升。

关键词:SPOC;制药通用设备与维修;MOOC;教学改革

一、引言

2010年7月29日备受关注的《国家中长期教育改革和发展规划纲要(2010—2020年)》正式全文发布。这是中国进入21世纪之后的第一个教育规划。纲要提到,要加强网络教学资源体系建设,引进国际优质数字化教学资源,开发网络学习课程,创新网络教学模式。更新教学观念,改进教学方法,提高教学效果。

2008年,"大规模开放在线课程"(Massive Open Online Courses),简称MOOC或"慕课",是基于课程与教育论及网络和移动智能技术发展起来的新兴在线课程

---

① 作者简介:王博(1984—　),女,汉族,河南西峡人,硕士,讲师,研究方向为制药设备、膜技术、安全评价。

形式。对于很多大学生而言,师生无法面对面交流,易因诚信问题导致"替考""替学"等作弊现象。而自 2013 年开始,小规模私有在线课程,即 SPOC(Small Private Online Course)利用 MOOC 的规模效应,分摊高质量教学内容的人均成本,获取通过大数据来进行教学研究的机会,弥补了 MOOC 较之传统教学的局限。因此它既不是 MOOC 的对立竞争模式,也不是传统的在线课程。

"制药通用设备与维修"是高职院校化工设备维修技术(制药设备方向)专业必修的一门职业核心能力课程。它不仅与本专业的各门专业课、专业基础课和其他专业课,如工程制图、零件加工基础、制药过程原理等课程密切相关,而且由于本课程的实践性很强,故与生产实际也有密切联系。但由于其工程特性,且有一定的学习难度,所以较为枯燥,传统的教学方式难以提升学生的学习兴趣。

综上,开展"制药通用设备与维修"SPOC 课程教学改革与实践,进行新型教学方式的探索和研究,对提高教学质量具有重要创新价值和实践指导意义。

二、SPOC 课程国内外实践研究的现状

SPOC 是为了让 MOOC 资源可以应用于单一学校甚至是班级这样的小规模用户群。也就是说,SPOC 是 MOOC 与传统校园教学的有机融合,是针对小规模、特定人群的通过 MOOC 资源来改变传统高等教育现状的一种解决方案。

目前,SPOC 教学案例主要有:(1)2013 年,哈佛大学的三门课程,如版权法进行了 SPOC 实验;(2)加州大学伯克利分校的"软件工程"课程以 SPOC 模式提供给在校学生,因成效显著,2013 年春,福克斯团队将其 SPOC 推广至其他四所大学,一学期之后,SPOC 课程均取得明显成效;(3)科罗拉多州立大学——全球校园 2010 年以来一直在实践微型 SPOC;(4)杜克大学和范德堡大学,采用了不同形式的混合学习;(5)2013 年 4 月,斯坦福大学启动的 NovoEd 平台,提供 MOOC 课程,也提供斯坦福高管教育课程等 SPOC;(6)清华大学的"电路原理"课程在 edX 平台和清华的学堂在线平台向国际和国内同步上线,在校内课堂中开展了基于混合式学习和翻转课堂的 SPOC 实践;在加州大学伯克利分校的授权下开展"云计算与软件工程"课程 SPOC 教学改革试验。

三、"制药通用设备与维修"微型SPOC的实施

(一)学情分析

化工设备维修技术(制药设备方向)专业学生对"制药通用设备与维修"课程的兴趣很不浓厚,比较淡然,传统的课堂只有个别人积极回答问题,学习效果很一般。由于课时紧,内容多,所以组团讨论的机会也不多。因此迫切需要进行课堂教学改革。

"制药通用设备与维修"旨在使化工设备维修技术(制药设备方向)专业的学生获得我国制药行业在工业化大生产中常用的制药通用设备结构、工作原理、主要技术参数、性能、操作、维护保养与维修方面的技能和知识,具有运用标准、规范的手册查阅有关技术资料的能力,为今后从事制药设备管理、维护与维修等工作打下扎实的基础。查阅各类文献及国内外名校的慕课网站,均无"制药通用设备与维修"课程的MOOC,也鲜有该课程的SPOC教学研究,仅在全国高校微课教学比赛网站[6]上找到少量有关该课程的微课作品。

因此,基于《国家中长期教育改革和发展规划纲要(2010－2020年)》教育改革理念,本课题将以"制药通用设备与维修"课程为例,在MOOC大环境下引进国际先进的SPOC教学方法进行课程改革探索和研究,制作信息含量丰富、密集的课程讲座视频以利于高效的信息传递,创新网络教学模式,更新教学观念,改进教学方法,从而提高教学效果和教学质量。

(二)"制药通用设备与维修"课程的视频探索、搜集与创建

(1)选择主要章节,准备相关素材。

(2)通过录屏软件或白板书写制作部分教学视频讲座,为SPOC提供网络学习支持。结合化工设备维修技术(制药设备方向)专业学生培养体系现状及"制药通用设备与维修"课程特性,采用微课翻转课堂方式在课堂教学上改革试点。

(三)SPOC的实施

"制药通用设备与维修"主要单元有压力容器、分离设备、换热器、塔设备、蒸发设备、干燥设备等,每个单元有关键知识点的微视频,提前3—7天把讲座视频(同时

采用其在线评价等功能)及思考题,当作业布置给学生,然后,在实体课堂(线下)教学中回答学生们的问题,了解学生吸收了哪些知识,哪些还没理解,在课上与学生一起处理作业或其他任务,从而实施翻转课堂教学,也就是 SPOC 教学。

(四)教学改革效果

SPOC 教学方法在"制药通用设备与维修"课程的教学改革初探,能提前把握部分学生的问题,加上课堂的讨论,增加了学生思考的机会,使得学生对枯燥的工科课程的学习兴趣和主动性有所提升。

四、结 论

SPOC 不仅促进了大学内"制药通用设备与维修"课程的教学改革,提高了校内教学质量。而且重新定义了教师的作用,创新了教学模式。MOOC 使教师有机会服务全球,而 SPOC 让教师更多地回归校园,回归小型在线课堂,成为真正的课程掌控者。SPOC 更加强调赋予学生完整、深入的学习体验,使学生的学习动机增强,有利于提高课程的完成率。

因此,SPOC 模式值得在"制药通用设备与维修"课程中继续深入探索和研究。

参考文献

[1] 约翰·巴格利.反思 MOOC 热潮[J].陈丽,译.开放教育研究,2014,20(1).

[2] 徐葳.从 MOOC 到 SPOC——基于加州大学伯克利分校和清华大学 MOOC 实践的学术对话[J].现代远程教育研究,2014(4).

本论文经修改以"MOOC 环境下高职院校'制药通用设备与维修'课程的教学改革研究"为题发表于《中国高新区》,2019 年第 5 期。

◎社区教育中的慕课应用研究

——以宁波社区大学课程"说好普通话"为例

袁源洁[①]

摘 要:在当今网络时代和我国社区教育高度发展的背景下,慕课已开始探索性应用于社区大学的教学当中。以宁波社区大学的公共基础课"说好普通话"为例,课程教师制作慕课在学员中试点推广,发现慕课应用于社区教育的巨大潜力,同时总结试点中出现的一些问题。如何解决这些问题,发挥慕课的优势,需在资源建设、教学设计、教学评价等几方面创新突破。

关键词:慕课;社区教育;教学改革

以慕课为关键词进行搜索,不同时代其代表的含义不完全相同,且不同国家对此的研究取向也不尽相同。1960年,美国阿依华大学附属学校首先开创"微型课程"这一术语,并在20世纪70年代正式引入美国的课程改革。这时的微型课程是指一种短期课程或课程单元,实质是由一些半独立的单元所组成。2008年秋,美国新墨西哥州圣胡安学院高级教学设计师、学院在线服务经理戴维·彭罗斯提出了"微课程"(Micro-lecture)这个概念。他认为只要有相应的作业与讨论的支持,微课程能够与传统的长时间授课取得相同的效果。彭罗斯把微课程看作知识挖掘的平台,告诉学生如何根据学习所需搜索相应的资源,允许学生对自己的学习有更多的主动权,自主挖掘所需要的知识点,而且能节约学习时间。这个以网络课程形式存在的微课程概念,给现实课堂的教学模式提

---

① 作者简介:袁源洁(1983—),女,宁波广播电视大学副教授。

供了一种新思路。

"社区教育"最早由美国实用主义教育学家杜威提出,他的思想是"学校即社会"。当时他的设想就是把学校作为改造社会、实现民主的重要力量,而教育必须走出校门,让学生呼吸社区里的新鲜空气,在社区的环境里成长。由于发展的历程不一样,各个国家对社区教育的界定也有所不同,一是把社区教育界定为"民众教育",如北欧各国;二是把社区教育界定为"社会教育",如日本;三是把社区教育界定为向社会提供教育服务的非学历教育,如美国、英国等。

在国外,社区教育的实体设置研究很多,诸如美国的社区学院、北欧的民众学校、日本的公民馆、新加坡的社区中心等,其中以美国的介绍最为详尽。而国外的社区教育形式,概括起来说有两种:一是欧美社区教育模式;二是东南亚国家和地区社区教育基本模式。

在国内,2001年中国社会出版社出版的《社区工作指南》中认为社区教育是"以社区为依托,以全体社区成员为教育对象,以社会主义教育、政治思想教育和科学文化教育为主要内容的一种教育形式,是社区文化建设的基础工程"。同时,国内关于社区教育通常的类型研究有两种:一是城市社区教育的发展研究;二是农村社区教育的发展研究。

对于社区教育来说,教学的模式或者说手段一直在发展变化,而在大力倡导终身教育的今天,面授课程的教学形式已经越来越不能满足更多人的需求,而网络信息化的延伸使很多人的学习视野变得更加宽泛,学习更加主动,并且有所选择。教学模式怎么样才能适应当前非学历教育的发展态势,已经成为一个不容回避的问题。这类课程形式以自身"短小精悍"的特点和适应于网络传播的特色,十分契合社区教育课程开发中"非正规、零散"的具体情况。这一教学手段的运用对于社区教育教学模式和教学资源建设的意义就不言而喻了,并且它对社区教育的影响和作用也值得深入探究。

一、选择"说好普通话"做社区大学慕课试点的意义

"说好普通话"这门课程在宁波广播电视大学开设已久,不但是全日制专业学生的必修基础课程,而且也在社区大学和市老年大学开放,供有需求的不同

年龄层次的学生选修。在浙江省,每年有春秋两季的普通话水平等级考试,只要是对于就业可能需要普通话证书的(比如教师、公务员等)职业,都要提前拿到相应等级的证书。而对于社区大学来说,许多五六十年代出生的中老年人,由于时代的局限,在他们中小学阶段没有经过正规普通话教育的洗礼,而现在又由于诸多客观因素,需要校正或改善自己的发音。所以,很多社会上的成年人,都有接受正规普通话语音培训的需求。调查显示,现在每年报名社区大学的 3000 人次学员里,就有 10％左右提出需要进修公共基础课"说好普通话"的。

和学习英语等口语一样,普通话语音的教学在于个别正音。每个人其实多多少少都会说普通话,但是又都有自己的问题,这样一来,小班化的教学显得尤其重要。而实际面授教学的时候,往往由于场地的限制,或者学生人数过多而师资过少,导致一个课堂挤满了四五十人的学生,使得最终的教学效果不尽如人意。老师教学很累,学生也难以真正清晰地明白自己的问题。

因此,"说好普通话"课程教学改革项目的主要意义在于:

利用慕课的形式,将基本的系统知识和发音方法,用生动的视频一次性展示,节约教师重复上课的时间;

方便学生利用电脑和手机等移动端随时随地"上课",从而缩减面授课时间,增加单对单的答疑环节,培养学生自主学习的兴趣和能力;

学生根据自身特点和需求(主要是根据自己的语音薄弱环节)针对性地选择对应的课程章节,教师也改革原有评价方式,建立以授课对象为中心的课程评价方式。

通过这个公共基础课在社区教育中的应用,试探社区教育对象对"网上慕课教学"的兴趣与喜好,从而开拓其他门类适合慕课教学的社区教学课程。而且,撇开面授课的时间和地点限制,慕课教学在增加生源的同时,还可以减轻教学机构和专业教师的负担。

二、慕课进入社区公共基础课改革的创新与利弊

作为一门公共基础课程,"说好普通话"有着与之前类似课程不同的特点。课题组在制作慕课和让不同年龄段学员试点运用的过程中,也发现和面授课相

对的一些优缺点。

从创新来说,在我校,社区大学的学员主要以老年人为主,老年人以往接受的都是面授类课程,例如:歌咏、舞蹈、烹饪、书法和一些保健或文学欣赏类课程等。利用慕课作为上课的一种新形式,对社区大学来说是一种崭新的尝试。因为刚刚起步,所以现在采用的上课形式是"面授为主+慕课为辅"的结合,但通过一段时间的试点和学员们的接受程度的提高,可以变为"慕课为主+面授为辅"的结合模式。而且在社区大学这样一个开放式学习为主的空间里,课题组认为它的优势至少有以下几种:

"说好普通话"课程立足于最基础的公共知识,突破了面授课的地理限制。基于社区大学所处地域,而方言区的语言有不同的地域特殊性,所以慕课课程教学对象目前以浙江省宁波地区学员为主,在这个基础上更加强调学员的参与意识,更加强调学习的过程。

该课程突破了面授课的时间限制,课程内容的开放性适合不同年龄的学生。它做到了"随时随地"按照学员的空余时间上课。授课对象不管是什么年龄,只要有基本的电脑和手机上网能力,就可以利用自己的业余时间学习自己需要的对应章节。课题组甚至在超星的慕课网站之外,另外制作了每小节课程的二维码手册,就是为了方便不大熟悉电脑的老年学员,可以直接用手机扫描观看。

"说好普通话"教学模式的创新在于,课堂上的面授基于每个学生学习完相应的慕课视频后的单独指点,不再大篇幅地重复讲授理论知识。学习本课程的学生,不管是否参加普通话等级考试,都可以通过模拟和体验进行自我判定,教师综合评定成绩的时候也更加客观。

但在慕课制作和试点过程中,课题组也发现了不少问题:

目前该课程所用的主要教材《浙江省普通话水平测试教程》是浙江省语委组织编写的,共4章内容,主要是按照普通话考证的四个章节来讲述的。但除了基础的声韵调的知识理论外,没有涵盖不同学生的具体不同问题。而且课程教材的内容大部分是针对考级水平的考题范围,不考级的学员如果照书练习,会感觉比较枯燥,而且难以理解,原来就存在的个体语音问题没办法得到有效的启示和纠正。

由于目前该课程授课对象学生年龄跨度非常大,学习主体呈现复杂性,且由于学员们的文化程度不同、需求不同,如何在教学过程中处理这种开放状态,对教学后期的师资充实分布和答疑环节设计提出了全新的要求。

现有课程评价设计不足。该课程的课程评价在本校全日制学生中主要是依托最后的普通话水平测试,而大部分社区学员并没有考证的需求(尤其是老年学员)。因此,如果把改革后的教学评价设计和原来的搭建桥梁,完善有效的学生学习模式也将是课题组继续研究和突破的重点之一。

三、社区大学试点慕课的具体实施情况和拓展规划

"说好普通话"这门课程之前在宁波广播电视大学的全日制学生当中开展多年,其目的主要是为了满足大部分学生考取普通话等级证书的要求,适应毕业后就业市场某些专业资格证的需要(例如教师资格证、记者证、播音员主持人资格等)。而慕课在社区大学试点的初衷,是为了适应教学点社区学员逐步增多,专业教师配比却暂时无法增加的困境。但是项目投入制作后,课题组认为,这门课程完全可以在普适性的基础上,分块、分区域做大、做深、做强。

本项目从2016年初开始设计并组建团队,目前已经建设有近一年。从2016年5月和12月在校教改项目以及省社区教育规划课题上立项以来,到2017年5月,已经逐步完成了"演示+正音+训练"网上课堂教学模式,制作视频课件33个,累计时长超过360分钟,并在宁波市高校慕课平台指定的超星系统上线,供宁波社区大学学员和宁波教育学院全日制高职生观看使用。

2016年9月至2017年5月,课题组对所完成的视频类课件进行技术提升,借助手机等新媒体,以二维码手册的形式作为慕课辅助教材发放给社区大学学员,方便学生们利用手机即扫即学,更便捷地选择自己需要的课程章节进行复习和巩固。这一技术提高手段在假期里受到了多数学员的欢迎,提高了学生们主动学习的积极性。

2017年1月到5月,在对试点使用慕课的学员进行调查后得出以下主要问题反馈:56%以上的学生希望在使用慕课之前先对这一新型课程手段做全面的技术了解;47%的学员(主要是老年学员)担心由于自己不大会使用电子产品,从而耽误上课;另有42%的学员希望在系统学习之余,有教师面对面矫正自己

个别的发音问题。针对这些问题,课题组进一步对课程安排做出改进。首先,在正式开课前安排"慕课导学"的面授讲课,让学员了解什么是慕课、如何上好慕课。其次,在每一大章节的慕课后,安排小班化的正音面授课,面授课根据教师的时间和学员的需要,又分为课堂教学和网上在线教学,其目的是更为灵活地安排单独交流时间,让学员们针对自己的问题向教师提出疑问并得到有效的解决。再次,指导利用网络录音或视频录制的形式,完成相关的章节作业和重点难点训练,方便学员在作业完成期限之内随时随地做作业,也方便教师下载、批改作业。

截至 2017 年 5 月,课题组的教学资源(文字、视频),已有进一步扩展,并完成研究报告和论文。下一步,我们将全面开展线上教学,逐步检验教学成果,从而进一步修改、完善资源。并且,当宁波社区大学试点成功后,本课程课题组将联合宁波地区普通话测试员队伍,在县、区征集优秀资源,结合方言特点和问题,逐年收录补充课程中"普通话与地方方言"章节的内容(文字、音频、视频资料不限)。从语言文字工作上来讲,这也是推广我国通用语言和保护地方非物质文化遗产的一种结合性的工作方式。

四、网络时代背景下社区教育在慕课上的应用与推进

对社区教育来说,结合社区学员需求的课程门类比普通全日制大学多,其师资的配备要求其实也相应更高、更广。与全日制本专科教学的要求不同,社区大学的师资可以只是某一个门类学科或者某个微小领域的专家或资深人员。如果要推进慕课在社区教育领域的运用,资源的整合非常重要。

首先要建立一支慕课资源制作的团队,不但要有专门与某一课程教师沟通的"剧本文案作家",也要有拍摄和后期剪辑的影视团队。宁波市教育局依托的超星慕课平台,是一种很好的尝试,但落实到各所学校的具体慕课的建设时,其实还有很多实际拍摄的困难有待解决,比如课程拍摄的经费、人员、时间等等。

其次,一人之力、一校之力都是有限的,课题组认为可以让宁波社区大学作为宁波慕课教育开拓的中心点,以"中介"的形式,整合并推广其他高校已有的社区慕课资源。

以"说好普通话"为例,课题组将从资源建设、课程设计、教学评价三个方面入手,继续进行课程教学改革研究,在原有的基础上,调整课程整体设计方案,有利于该课程教学在宁波地区甚至浙江省的扩大化和提高其实际应用性。

在课程资源建设上,采取"开门建资源"的思路。改变原来仅由校内相关教师录制课件的方式,多途径、多方式征集校外可用资源。方法一,鼓励县、区教学点有相关知识背景和建设能力的教师,就当地学生的语音缺陷和问题,做1-2个建设相关文字和视频资源;方法二,通过对现有各个层次学生的调研,了解他们可以接受的最佳视频授课方式,鼓励学生通过电脑和移动端完成课程作业,可在全市社区大学系统举办"诗歌朗诵"或者"演讲比赛",不仅丰富校园文化建设,还可考查学生学习普通话的情况。

在课程教学设计上,突出该课程教学的"面对面",让每个学生在学习过程中都感到"这门课为我而讲"。该模式先从基础的声韵调做示范,然后设计多种形式的教学情境,通过演示,启发学生自主参与,从而获得个体语音的纠正,设计小组学习环节,引导学生参与交流,共同完成语音作业。

在课程教学评价上,改变统一的成绩考核办法,针对不同的学生划分不同的考核细则,比如准备参加考级的全日制学生和为兴趣而学的老年学员的评分就必须不一样。关注学生最终的学习效果,关注学生在掌握知识的同时,实际运用能力的提高。

公共基础课"说好普通话"目前已经基本完成了课程章节的建立,试点使用的学生年龄从18岁到80岁不等。对300人次使用慕课的学员调查显示,有86%的学生表示可以接受慕课形式来上这门课,12%表示更喜欢面授课程,2%表示无所谓。

五、结　语

"说好普通话"这门慕课,在接下来的开发中,将进一步扩展教学资源(文字、视频),提升课件质量,另外还将借助电脑、手机等大众媒体,形成一定的学员反馈机制和互动频道。

课题组认为,尽管目前看来,慕课对社区教育只是一种资源建设的形式,但随着网络时代的发展和人们学习形式的增加,慕课必将成为社区教育的主流模式之一。而随之到来的硬件要求和师资整合水平,也肯定要提到一个新的高度。

参考文献

[1] 秦钠.论社区教育与社会现代化[J].上海大学学报(社会科学版),2006(6).

[2] 年四宝.公共服务视角下的城市社区教育之探讨——以上海市浦东新区为个案[D].上海:复旦大学,2010.

[3] 叶南客.中外社区教育比较研究的三个向度[J].学海,2002(5).

本论文已发表于《宁波广播电视大学学报》,2017 年第 2 期。

◎基于二维码技术开发新媒体教材的研究

——以观海卫太极拳教材开发为例

王少华[①]

摘　要:本文论述了基于二维码技术开发新媒体教材的可行性,介绍了观海卫太极拳新媒体教材的开发思路和实现过程,为我国新媒体教材的发展提供参考。

关键词:二维码;新媒体教材;太极拳

新媒体教材是以纸质教材为基础,在互联网尤其是移动互联网环境下,利用二维码等新媒体技术,将数字化教学资源与纸质教材相融合的一种新的教材形态,其目的是使教材内容更加丰富,更有利于学习者的使用。

一、基于二维码技术开发观海卫太极拳新媒体教材的可行性分析

当前,纸质教材还是教育资源最普遍的载体,学习者普遍喜欢利用纸质教材进行学习,这与学习者一直使用纸质教材的习惯有关,因为纸质教材能够让学习者做笔记、勾画,视觉舒适度也远高于电子教材。但是纸质教材在交互、呈

---

① 作者简介:王少华,男,江西上饶人,宁波广播电视大学软件工程师,硕士,研究方向为数字化学习资源设计与开发、混合式学习、计算思维。

现多媒体资源方面有着先天的不足。在纸质教材中植入二维码这种新媒体技术,正好弥补了纸质教材在这方面的不足。学生通过手机扫描纸质教材中的二维码,快速获取相应的教学资源,从而达到立体阅读的效果。二维码教材大幅提高了阅读体验,极大地丰富了教材内容,这种教材开发方式已经引起了教材开发者的注意和应用。

下面笔者从三个方面论开发观海卫太极拳新媒体教材的可行性:

(一)技术可行性分析

二维码是用某种特定的几何图形按一定规律在平面(二维方向上)分布的黑白相间的图形记录数据符号信息的。它具有信息容量大,编码范围广泛,容错能力强,译码可靠性高,形状尺寸可变,内容可加密以及成本低,应用灵活等特点。被广泛应用于图书馆、资产管理、电子票务、图书出版等领域。

二维码的使用非常方便,用户只需要在手机、平板电脑等智能设备上安装微信、支付宝等能扫描识别二维码的 APP 即可,在有网络的情况下,通过扫一扫就可以识别出二维码中的相关信息。

同时,二维码的获取也非常方便,互联网多个平台都提供了免费的二维码生成服务,其操作也非常方便。比如优酷平台会为平台上的每个视频自动生成一个二维码,还有草料二维码生成器,可以将文本、网址、图片等多种类型的资源生成二维码。

(二)教材内容可行性分析

随着信息技术的发展,教材的形式经历了由单一的纸质教材过渡到"教材＋光盘",再到现在流行的"教材＋数字资源"的新媒体教材的过程。从教材的演变可以看出,新媒体教材不是纸质教材简单的数字化,它是对教材的重新教学设计,针对纸质教材无法直观呈现,而利用视频等多媒体技术又方便展示的知识点,可以拍摄成微课,既方便了教师的教学,又利于学生的理解。

现在市面上的纸质太极拳教材中普遍配有动作示范的图片,但由于太极拳的动作和路线比较复杂,学生无法从纸质教材中获得完整的动作信息。

针对动作示范类的教学内容,可以制作成视频微课的形式,通过采用多机位和特写的拍摄手法,可以为学习者全方位展示教师的示范动作。

(三)教练资质的可行性分析

目前市面上虽然有一部分太极拳教材是采用了多媒体教学示范法,但教练的水平参差不齐,对学生的学习不能形成正确的导向作用。

本研究的案例观海卫太极拳的动作演示教练是观海卫太极拳的创始人,其权威性和规范性有了足够的保证。

二、基于二维码技术开发《观海卫太极拳》
新媒体教材的思路

(一)教学内容、教学资源一体化设计

原先《观海卫太极拳》是为社区居民练习观海卫太极拳而设计的纸质教材,着眼于人们学习观海卫太极拳的方便性和有效性,将观海卫太极拳的教学内容和教学资源进行一体化设计:首先需要对教材内容进行重新梳理、设计,即需要了解哪些内容适合用纸质材料呈现,哪些内容适合数字化呈现;其次,在教材内容确定以后,把教材内容中涉及的知识点、动作技能尽可能地进行细粒度的划分;最后,对适合数字化呈现的知识点或动作技能,选用合适的方式和技术呈现,以达到呈现效果最大化。

新媒体教材除了对数字化资源进行合理的设计,还应该对其纸质教材的版式进行重新设计,通过新颖的版式设计、教材边白设计,做好资源标注,以及设计二维码在教材中的位置,帮助学习者将纸质教材的内容与对应的数字资源联系起来。

(二)微视频资源建设

在太极拳的教学中,无论是教师领做,还是学生自己做,教师的示范尤为重要。教师的示范可以使学生直观地了解动作的形象、结构。为了达到更好的学习效果,教师可以采用多种方式示范动作。比如慢动作示范,教师把比较难以掌握的动作通过慢动作把它分解示范,然后再完整示范,使学生对动作的局部和整体有一个正确的理解;比如多面示范,教师站在不同的位置,不同的示范面,这样可以使学生看得更清,学得更像。

因课堂教学时间有限,教师动作示范无法延伸到课后,影响了学生课下训练的效果。课下学生练习动作时由于没有教师的指导很容易造成对动作的误解,严重影响练习的效果。

因此,借助视频拍摄技术,将教师的示范动作拍摄成视频,更有利于学生课前的预习和课后的练习。同时,视频的长度不宜过长,应控制在3—5分钟。

在建设新媒体教材的时候,必须充分利用以往的素材资源。一是因为一些素材的实景可能现在已不存在,历史素材就显得弥足珍贵;二是节约时间和金钱,拍摄课程视频是一个系统的工程,有时候由于经济成本和时间成本的限制,很难对一些课程内容重新进行视频拍摄。当然,如果在时间和经济情况允许的条件下,利用先进技术,拍摄更加优质的视频素材,会让新媒体教材对于学习者来说更具有吸引力。

(三)利用二维码关联纸质内容与数字资源

在我看来,纸质教材和数字资源的融合方式有两种,第一种方式是在纸质教材的相关内容后面加上数字资源存储的网址,学习者在电脑或智能移动端手动输入网址就可以访问对应的数字资源;第二种方式是在纸质教材的相关内容旁边上二维码,学习者利用手机等移动设备扫描二维码,就能瞬时获得对应的数字资源。显然第二种方式比第一种方式更加便捷,更受学习者欢迎。

需要注意的是,在添加二维码的时候要谨慎,不能盲目地添加,需要选择电子终端方便展示的内容。例如提供需要下载的文件,使用起来会不方便,用户体验就会大打折扣。

三、基于二维码技术开发《观海卫太极拳》 新媒体教材的实现

(一)教材整体分析

在进行新媒体教材编写之前,必须对教材进行整体规划,以《观海卫太极拳》社区教材为例,该课程是活动技能型的课程,非常适合编写成纸质教材和数

字资源相融合的新媒体教材。

文字教材编写必须始终站在学习者的角度思考,即如何让学习者高效地完成学习任务。2012年出版的《观海卫太极拳》文字教材,以文字和图片相结合的方式呈现每一个动作,在平面媒体这个维度,可很直观地给学习者呈现每个动作。再考虑到教材使用的连续性,对原先文字教材不作过多的修改。

《观海卫太极拳》每一式的动作内容的讲解大致可以分为四部分,动作展示、动作步骤、动作要点和攻防提示。如图1所示。

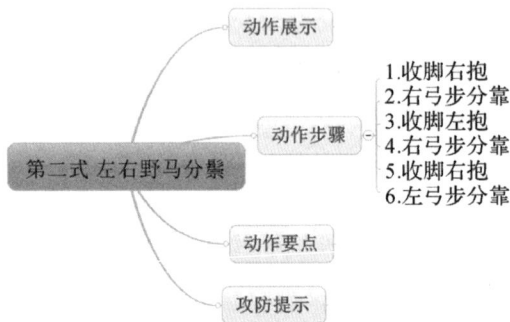

图 1   视频内容分解图

根据太极拳的教学特点,每一式的动作中的不同部分采用不同的拍摄手法:动作展示部分采用中景拍摄和多机位的拍摄手法,多机位用于呈现不同方位的动作形态;为了向学习者展示每一个动作的细节,动作步骤可以采用特写的拍摄手法;动作要点是向学习者展示此动作中需要注意的事项,可以采用中景加特写的拍摄手法;攻防提示是演示观海卫太极拳在实战中的运用,可以采用双人或多人对练的方式进行拍摄。

2016年拍摄的动作示范视频,一讲视频有十几分钟,每讲视频大概讲解太极拳一至三式。因此,为了使视频素材与文字教材更匹配,需要对视频素材进行再次编辑。如图2所示。

图 2   视频剪辑图

(二)二维码教材的支撑平台

开发基于二维码的新媒体教材的第一步是素材的网络化,即素材必须存储到互联网平台上。此平台要实现数字资源的存储与维护，二维码的编码、解码等功能。2016年上线运行的宁波广播电视大学全媒体资源平台（http://erc.nbtvu.net.cn）为本研究提供了平台基础。一线教师只需要将资源上传到平台，平台就会为每一个资源自动生成对应的二维码；再将生成的二维码图像保存至本地，利用文档处理软件或设计软件进行二维码教材的排版设计；学生利用手机扫描二维码即可获得平台上的资源。

（三）二维码的生成

将编辑好的视频上传到宁波广播电视大学全媒体资源平台上，就能为每一个视频自动生成对应的二维码。如图3所示。

图3　视频二维码生成

当然，你也可以上传到其他互联网视频平台，比如优酷、腾讯视频。这些平台也会为上传的视频生成二维码。

（四）新媒体教材排版

二维码不同于其他普通图片，它与文字内容混合排版时，除了兼顾美观性以外，还应该遵循学习者的阅读规律编排，否则其服务于学习者的作用会大打折扣。

为了避免教材的文字内容和图片与二维码图片的混排带来视觉上的混乱效果，可以考虑两栏布局，一栏为内容，另一栏为二维码，同时二维码应该紧挨着文字内容的一侧。二维码的下方应该设置简要的文字说明，以方便学习者了解二维码的内容。如图4所示。

图4　新媒体教材排版

（五）二维码的目录

由于新媒体教材中二维码图片比较多，所以在教材中应该设置二维码的目录，以方便学习者快速检索二维码内容。如图5所示。

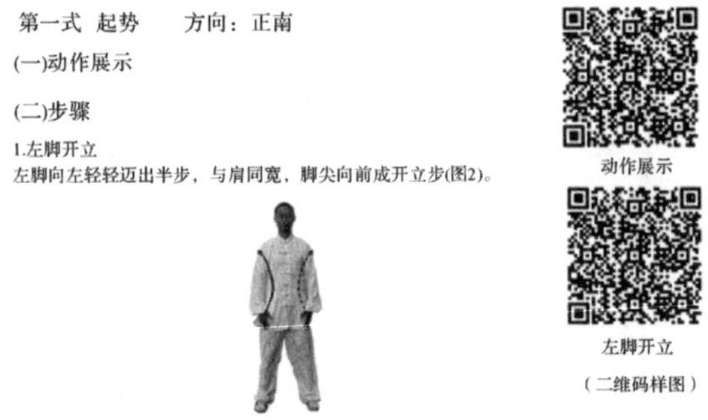

第一式 起势　　　方向：正南

（一）动作展示

（二）步骤

1.左脚开立

左脚向左轻轻迈出半步，与肩同宽，脚尖向前成开立步(图2)。

动作展示

左脚开立

（二维码样图）

图5　二维码目录

四、展望

目前，通过开发观海卫太极拳新媒体教材，至少会在以下几个方面对观海卫太极拳的教学、推广起到作用。

（一）利用新媒体教材，尝试不同的教学方法

基于二维码的新媒体教材很大程度地满足了教师和学习者实现"课上课下"相融合的教与学的需求。由于教材有丰富的多媒体数字资源，为教师开设

翻转课堂提供了较好的材料支撑;学生可以在课外把手机作为学习工具,扫描教材中的二维码就可以在手机屏幕上看到教师的讲解。

(二)满足了不同学习者的学习需求,实现了随时随地学习

新媒体教材不仅可以使教学形式多样化,教学内容更生动、更形象,最为重要的是更有助于教学效果的达成。观海卫太极拳的学习群体具有多样性,不同学习群体的学习者的学习需求不一样。观海卫太极拳新媒体教材凭借其丰富的数字化资源,有利于使用者进行随时随地的学习。

参考文献

[1] MANGEN A, WALGERMO B R, BRNNICK K. Reading linear texts on paper versus computer screen: effects on reading comprehension [J]. International Journal of Educational Research,2013(58).

[2] 武君红.高职纸质教材与数字化资源一体化研发初探——以高等教育出版社为例[J].出版发行研究,2015(10).

[3] 徐辉.QR code 二维条码编解码系统的应用研究[D].南京:南京邮电大学通信与信息工程学院,2011.

[4] 曾天山.教材论[M].南昌:江西教育出版社,1997.

[5] 况姗芸,韩薇.回顾与展望:移动学习的内涵演变、技术发展与社区教育应用[J].教育信息技术,2015(Z1).

本论文已发表于《宁波广播电视大学学报》,2017 年第 4 期。

第二篇

高校课堂教学改革研究

◎混合式课堂教学改革

——以"织物组织设计"课程为例

马旭红[①]

摘　要：根据课程项目化教学设计，结合微媒体环境，开发"织物组织设计"课程颗粒化教学资源。基于 Blending Learning（混合式教学）要求，改革课堂教学内容，依托国家资源库课程教学平台，开展学生的自主学习和在线协作学习，将传统教学与在线教学有效融合，提高学生个性化学习方式的有效性。

关键词：课程改革；织物组织；混合式教学

"织物组织设计"课程是现代纺织技术专业的核心课程，对学生职业能力培养和职业素养养成起主要支撑作用，本课程的工作任务主要包含织物组织分析、织物设计与试织两大职业技能模块，为后续课程"纹织设计与 CAD 应用""机织产品设计""毕业设计"等做了必需的理论知识铺垫。因此该课程教学内容的改革，教学方法的尝试，教学组织形式的变化也就成了必然。通过教学改革，增强教学效果和提高教学质量，最终提升学生织物组织分析能力、组织设计能力。

同时，信息化教学手段的运用和迅速发展，传统的课堂教学方式曾一度认为被 e-learning 学习方式所颠覆。无可否认，e-learning 丰富的资源、强大的工

① 作者简介：马旭红，副教授，硕士学位，主要研究方向为织物设计、织物组织和纺织 CAD 等课程的教学和研究。

基金项目：浙江省高等教育课堂教学改革项目（项目编号：kg20160799），全国纺织服装信息化教学研究课题项目（项目编号：ZWH-17048）。

具,跨时空的学习方式,在教学上具有独特的优势,但实践证明不能完全替代教师的传统课堂教学。这是因为 e-learning 这种方式,学习活动缺乏教师的主导、监控和教师的深度参与,难以营造体验式的师生互动氛围,因此并没有达到预期的理想效果。在信息技术大环境下,学生如何体现在线学习的主动性,教师如何发挥引导作用,已经成为人们共同关注的问题。在此大背景下,传统课堂教学与网络在线教学有效融合的混合式教学(Blending Learning)应运而生。以"织物组织设计"课程为例,"线上＋线下"混合式课堂教学改革,也因此提上了日程。

一、改革思路

在"织物组织设计"国家资源库课程平台的基础上,以织物四大类组织为标签,以颗粒化、结构化和一体化为形式,开发微课程,重新构建教学内容、课堂教学程序和评价方式,并结合微媒体环境(如微博、微信),实施混合式教学模式,使信息技术环境与织物组织设计的课堂教学内容实现有机整合,通过在线协作学习和自主学习,充分发挥和调动学生探究问题的积极性和创新性,促进学生主体意识、创新精神、协作能力的培养,并通过从单一到综合的项目的教学、单项训练和综合面料设计技能训练,提高学生纺织品设计能力。

二、课程改革与实施

(一)根据项目化教学开发颗粒化教学资源

以满足"线上＋线下"混合式课堂教学为出发点,按照"一体化设计、结构化课程、颗粒化资源"的逻辑,在原有的网络课程平台基础上,根据纺织面料设计师职业资格标准对知识和能力的要求,结合课程项目教学设计要求,如图 1 所示,开发颗粒化教学资源。颗粒化教学资源主要包括:课程标准、教学设计方案、课件(包括织物组织三维仿真动画)、微视频、微课、学习手册、在线测试、织物组织设计案例、课程试题库、课程评价、项目实训、习题集、自我评价、项目设计任务书、指导书和参考资料等。

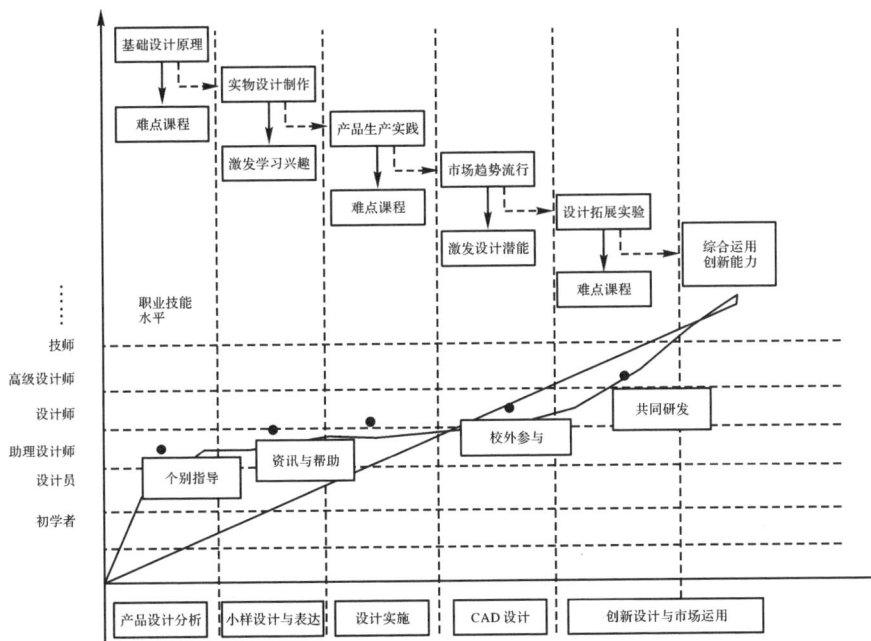

图 1　"织物组织设计"课程项目化教学设计

通过图片、动画等展示组织的空间结构，利用课件讲解组织的应用和特点，学生比较容易接受。如图 2 所示，三维模拟动态演示织物结构，如双层织物中表里换层织物、接结织物、管状织物等，提高了学生对织物的空间组织结构的认识。

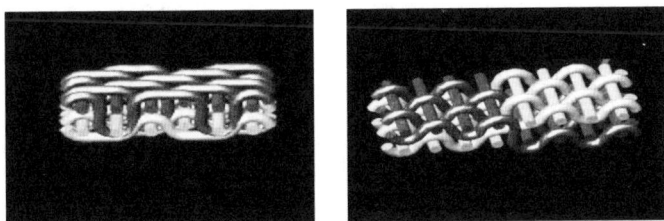

图 2　多层组织三维模拟动态演示织物结构图

针对比较抽象复杂的知识点，设计并录制了微视频或微课，如图 3 所示。微视频或微课时间短，颗粒完整，围绕一个知识点或任务展开，非常适合学生自主学习。比如"双层织物组织结构特点"这一章节比较难懂，面料立体，组织抽象，可以通过录像、动画、录屏等手段制作微课，并且传放在网络平台，供学生多次学习。

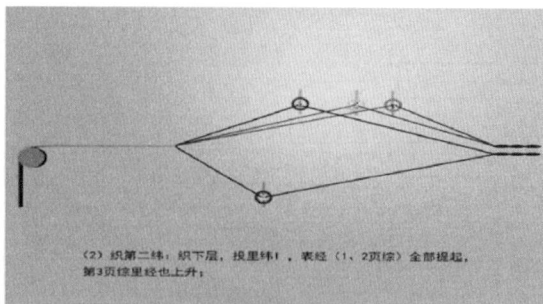

图3　教学微视频

(二)基于Blending Learning(混合式教学)要求,改革课堂教学内容

由于织物组织与结构涉及的内容多,知识相对抽象,实践性强,学生掌握相对较难。为了有效地实施线上＋线下的混合式课堂教学模式,以适应不同学习环境、不同学习资源、学生个性化学习的要求和项目教学的需要,首先要对课程教学内容进行进一步改革。

课程内容根据项目教学的需要,大量增加实践环节(实践课时增加50％以上),使学生能够更好地完成设定的教学目标和要求:第一,使学生能够掌握各类组织结构的基本知识,理解各个组织特点;第二,使学生掌握各类织物的分析方法,重点培养织物分析的能力,按照检测岗位和面料设计师岗位的要求来进行教学内容设计;第三,使学生创新能力得到培养和提升,根据服装的色彩、面料等流行趋势,增加了新的设计内容,强调组织变化和创新,突出色彩搭配,通过织物的设计与试织,提高学生对面料的认知和设计能力。

同时,根据目前生产中运用CAD进行织物设计的发展方向和目前纺织品市场需求的特点,加入了较多的织物组织CAD部分的内容和小样试织环节。通过CAD操作实践,学生掌握织物CAD软件的使用方法,以及纱线设计、织物面料设计和织物上机图设计的方法,设计效果能够通过软件自动模拟出来,学生根据模拟演示的织物,选择较好的作品进行试织。所设计的织物品种以变化、联合及复杂组织为主,要求产品结合流行趋势,具有一定的市场性和时尚性。每人上交25cm×25cm以上布面匀整的织样,并写出试样报告。

(三)采用线上＋线下的组合方式,设计混合式教学评价模式

"织物组织设计"课程混合式教学模式设计围绕教学项目,采用线上＋线下

的组合方式,创设特定的教学环境,实现混合式教学与评价,如图4所示。

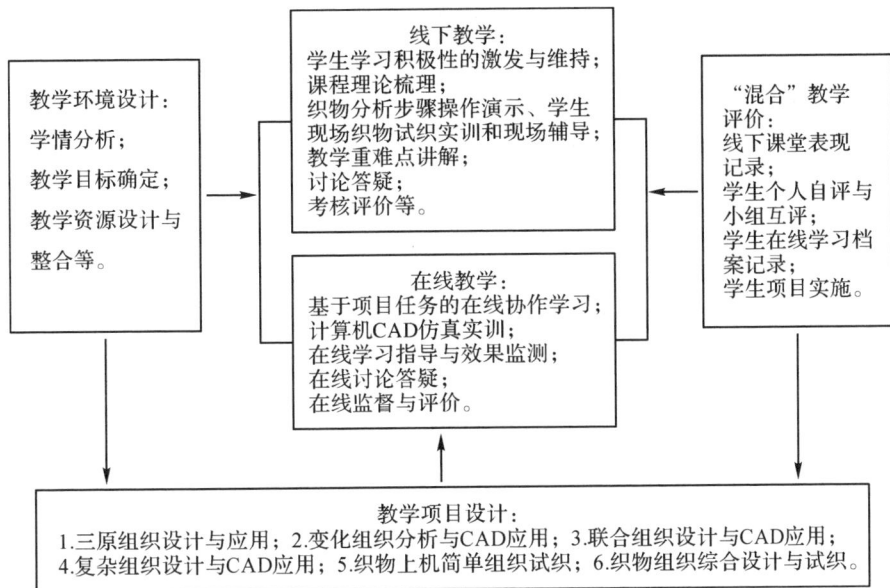

图4　"织物组织设计"课程混合式教学模式设计

(四)通过项目任务驱动,实施混合式课堂教学

以"三原组织设计与应用""变化组织分析与 CAD 应用""联合组织设计与 CAD 应用""复杂组织设计与 CAD 应用""织物上机简单组织试织""织物组织综合设计与试织"等教学项目为载体,设计任务为驱动,组建学生项目小组,项目组成员要明确分工,并在每个环节要求学生设计小组提供项目过程报告。

项目教学和实施过程中,在课前、课中和课后都要充分、有效地发挥信息技术资源(如网络课程、课程微博、织物组织 3D 动画、织物 CAD 软件等)及其他教学资源和环境的作用,激发学生学习积极性和自主性。

设计"混合"教学评价,注重学生的过程考核和终结性考核。其中过程考核涵盖了课前在线学习、织物分析和织物小样试织操作、合作交流、课后拓展(面料设计比赛、作品展示)等过程记录,通过"混合"教学评价,挖掘学生的闪光点,激励学生的专业技能、学习能力、情感态度的全面发展。

(五)依托国家资源库课程教学平台,开展学生自主学习和在线协作学习

为了建设和完善纺织品设计国家资源库课程教学平台,在平台上设置了学

习内容、授课计划、学习资源、学习小组、学情调研、作业与测试、讨论区等模块。"授课计划"使学生明确学习内容,把握学习方向;"学习内容"中丰富的信息化资源,使学生课下可以进行自主学习;在"作业与测试"环节学生可以进行自我检测。例如讲到破斜纹织物组织时,先让同学在课下线上自学组织特点和分析方法,课上再发放实物面料,检验学生的学习结果,这种方式促使学生课下线上主动学习,课上线下交互学习,最终增强学习效果。

学生如有疑问,可以在平台的讨论区内发表提问,学生可以相互解答,也可以由教师作答。针对疑问较多的知识点,教师还可以进行线上统计,在线下课堂上作重点交流和指导。

依托国家资源库课程教学平台,基于项目任务,实施在线协作学习。教师根据教学目的要求设计教学项目,以项目为载体,任务为驱动,组建学生项目小组。项目小组以学生自由组合为基础,教师对小组进行适当调整,每个小组的人数为5人左右。项目成员担任虚拟助理设计师,组长担任虚拟设计总监,采用"帮带"的方法,实现项目化教学。在小组内成员可进行分工协作,学习探究,教师通过安排一系列的项目任务,引导学生在实践中探索与运用知识,并检测学生对所学知识的理解与运用情况,从而有效调控教学活动。

三、结语

"织物组织设计"混合式课堂教学改革,首先基于课程项目化教学设计要求,开发课程颗粒化教学资源,并根据Blending Learning(混合式教学)要求,改革课堂教学内容,再在国家资源库课程教学平台支持下,开展学生的自主学习和在线协作学习。

如何提高开展混合教学的有效性和可实施性,需解决以下三方面问题。

首先是资源问题,如何开发支持学生自主学习的颗粒化教学资源。"织物组织设计"课程有自己的网络课程平台。但在课堂教学实践过程中,可以发现网络课程平台使用率不高、使用效果不好。有充分的理论证明,根据一般学生的认知特点和高职学生的学情特点,颗粒化的教学资源如微课、微视频,具有较强的学习有效性。但现阶段,本课程优质的颗粒化教学资源仍然非常匮乏。因此需要按照"一体化设计、结构化课程、颗粒化资源"的逻辑,开发和整合信息化教学资源,包括文本、图片、动画、视频等。

其次是教师如何呈现课堂教学。基于课程资源库,教师如何选择教学资源和教学内容在 45 分钟的课堂内呈现,这一过程对教师的工作能力要求较高,也需付出更大的工作量。在选择过程中,教师需要在资源库后台先掌握学生课下线上所学知识点和所完成的作业和测试的情况,通过问题反馈和总结,对学生已掌握内容和未掌握的知识点做分析,课上对难点和易错点做重点突破,不再是平铺直叙地讲解。

最后是如何促进学生自我学习管理,提高学生学习兴趣。高职学生学习主动性普遍不高。而混合式的教学,需要学生课外安排时间进行大量的自主学习。这就需要提高学生的学习兴趣和积极性,因此如何整合信息资源和课程内容,引导学生主动进行线上学习,也将迎来诸多挑战。

参考文献

[1] 刘海燕.混合式教学设计模式研究综述[J].时代教育,2016(15).

[2] 陈燕,王慧玲,刘玲.微课教学法在纺织专业教学中的运用[J].纺织服装教育,2014,29(6).

[3] 荆妙蕾.织物结构与设计[M].北京:中国纺织出版社,2014.

[4] 刘湘玲,刘孟祥.基于毕博网络平台的汽车构造课程混合式教学模式改革研究[J].轻工科技,2017(7).

本论文经修改以"'织物组织设计'课程教学改革探讨"为题发表于《浙江纺织服装职业技术学院学报》,2018 年第 2 期。

◎高职计算机应用基础课程的翻转课堂设计与实施

刘铁柱[①]

摘　要:本研究在翻转课堂教学理念的指导下,针对宁波某学校的一门"计算机应用基础"课程开展翻转课堂教学,设计符合高职类学生需求特点的教学方案,并通过教学实施与对比实验,分析翻转课堂模式下的教学效果。研究表明,翻转课堂教学模式对"计算机应用基础"课程的教学有促进作用,提高了学生学习积极性,提升了学习效果,可以在高职课堂中推广应用。最后对存在问题进行反思。

关键词:翻转课堂;教学模式改革;计算机应用基础

一、背景与意义

课程改革十余年,收效并不显著。主要原因在于国内数次改革多为自上而下推行,而在下层的一线教师并没有主动开展,往往是依令行事,缺少具体可行的措施。翻转课堂作为新型的教学模式从国外引入,为我国的教育信息化发展带来新的契机和挑战。

① 作者简介:刘铁柱(1988—　),男,浙江余姚人,硕士,宁波广播电视大学助理工程师,主要研究方向为视频资源建设、数字化学习。

基金项目:2016年宁波广播电视大学课题"'翻转课堂'应用于高职计算机基础课程的实证研究"成果(课题编号:JG15-008)。

翻转课堂提高了教师和学生的参与性,为新课程改革开辟一条自下而上的新的课堂教学模式发展之路。近年来,不少专家、学者关注翻转课堂教学模式的研究,"翻转课堂"已经成为当下的研究热点。2014年,北京大学汪琼教授和她的团队在中国大学 MOOC 平台上讲授"翻转课堂教学法"。至今,该课程已连续8次开课,受到一线教师的追捧。

高职课程改革的核心理念是以学生为主体,教师引导学生"做中学"。而翻转课堂作为一种新型的教学模式正符合了高职课程改革理念,它增加了学生和教师之间的交流。教师由讲桌上的圣人,变为了学生身边的陪练,转变了师生之间的角色。同时,翻转课堂依据建构主义学习理论,融合了课堂讲解与自主学习,调动了学生学习主动性。另一方面,教师实现了个别化学习指导与评价,因材施教。

因此,在信息技术教育与教学过程深度融合的大环境中,翻转课堂应用于高职课程的研究显得尤其迫切。

二、"翻转课堂"研究基本情况

"翻转课堂"是一个外来词,它翻译自"Flipped Classroom"或"Inverted Classroom",是指重新调整课堂内外的时间,将学习的主动权从教师转移给学生。这个词最早出现在2000年,为比较形象地阐释它的含义,我们选取学者杰姬·格斯丁(Jackie Gerstein)的四阶段模型(见图1),从图形中可以看出,翻转课堂被分为体验参与(Experiential Engagement)、概念探索(concept Exploration)、意义建构(Meaning Making)和展示应用(Demonstration & Application)四个阶段。

翻转课堂最早在国外实践,我国本土化的翻转课堂仍在探索与发展中。张金磊等人在2012年对国外教学实践案例进行大量的研究,分析了翻转课堂面临的问题和困难。钟晓流等人在2013年通过剖析最具典型性的翻转课堂的教学模式,结合我国传统的儒家思想,构建了比较有名的太极环式的翻转课堂模式(见图2)。王彩霞等人将翻转课堂的教学模式应用于中职院校的教学过程中。李娟等人则提出了类似游戏化学习理念的教学模式——基于播客的翻转课堂教学模式。

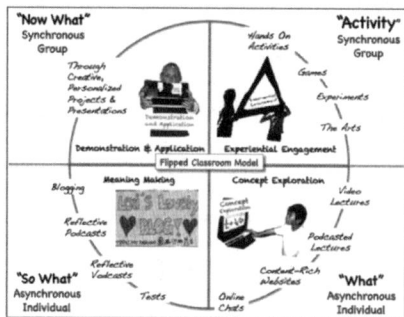

图1　格斯丁四阶段模式　　　　图2　太极环式的翻转课堂模式

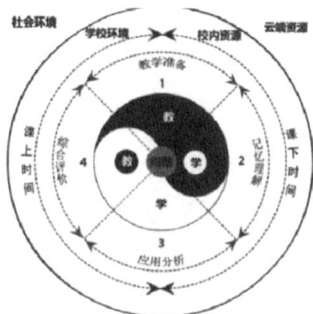

　　笔者阅读大量关于翻转课堂的中英文文献,同时有幸参加了2015年4月份在宁波广播电视大学举办的"翻转课堂教学法专题讲座",来自北京大学的教学团队细致、生动的讲授令笔者感触很深。经过一段时间的吸收、领会,笔者有信心在高职院校开展翻转课堂模式改革,并把研究过程和成果分享给大家。

三、翻转课堂教学过程设计

　　笔者于2015年10月,选定宁波某校2015级国际贸易班作为实验班,开展了为期两个月的"计算机应用基础"公共课翻转课堂教学实践。教材是由倪应华主编的《计算机基础实用教程》,2013年版。学习平台选取国外的教学分享平台Edmodo(https://www.edmodo.com/)。该课程的考核方式为期末考试(60％)＋课堂表现(20％)＋电子档案袋评价(20％)。

(一)创建学习社区

　　Edmodo平台提供教师和学习者一些必要的教学功能。教师可以上传学习资料,创建学习任务,发布课堂测试,以及组织学生、同事、家长的交流活动。教师完成注册后,创建一个"大学信息技术基础(高职)"合作学习小组,设定级别为"高等教育",学科领域"计算机技术"。小组创建成功后,系统会自动生成一串6位字符的密钥,教师可以直接让学生通过密钥加入小组。当然,教师也可以通过邮件邀请学生。(见图3)

图 3　学习小组创建与邀请

下一步,教师上传教学资源。进入资源库,教师可以上传任何不大于100M的电子文档、Word、PPT、Flash、视频、音频、界面链接等。(见图4)

教师设置活动。教师在不同学习小组中发布消息、作业、投票、测验。课前的预习作业可以有多种呈现形式,如网页链接。教师设定作业的发布时间和完成的截止日期,便于把控教学进度。学生需要带着问题去点击观看教学视频。(见图5)

图 4　资源上传

图 5　编辑帖子

当然,教师与学生可以轻松进行交流。这个平台的界面很像Facebook(脸书),方便用户分享见解,发表意见。在交流互动中不仅可以进行文字性的评述,而且还可以给予相应的表情反应,例如"我喜欢""超级棒""我需要帮助"等表情。(见图6)

之所以采用Edmodo平台,一个重要因素就是它能对学生学习进度进行监控。教师可以查看学生的学习成绩,还可以了解学生的学习任务的完成情况。

图 6　徽章

在搭建完网络课程之后,教师有必要向学生介绍本课程的培养目标和教学目标。然后,结合课程中学习理念的有关内容,教授翻转课堂的教学理念与教学方式。据调查,班上学生属于初次接触Edmodo的情况,需进行学习指导。

(二)课程实施案例

在前面工作的基础上,开展翻转课堂教学,整个过程分为:课前知识传授、课堂知识内化、课后知识升华三个阶段。本研究以"网上书城"一课为实施案例进行讲解,下面是教学案例的具体实施过程。

1.课前自主学习

课前自主学习的流程为:首先阅读学习任务单,了解相关学习目标、学习内容。然后观看教学视频,阅读PPT课件。进而自行开展专题测试,并查看结果,查漏补缺。学生可以带着疑难问题重新观看视频或者与教师、同学进行交流。具体流程如下:

(1)登录Edmodo网站,阅读本节课的学习任务单(见表1),了解本节课的教学目标、学习内容、教学资源、专题测试等。

表1 学习任务单

"网上书城"学习任务单

一、教学目标
1.学生能自行在"网上书城"购书系统中完成注册和登录;
2.学生能按照要求选书以及付款。

二、教学内容
1.用户注册并登录购物
·用户注册
·登录网上书城
2.检索指定用书
3.在线购书
·查看商品详情
·购买指定图书
·商品结算
·支付
4.在线留言
·客户评价

三、教学视频
网上书城(视频).mp4(说明:本视频采用笔记本电脑录屏,以浙江省一级考试真题为主要讲解内容。整个视频短小精悍,浅显易懂,适合高职学生课前自习)

四、学习资源
网上书城.ppt
网上书城.mp4

BC 10 评测软件(说明:这款软件为教材配套软件,以浙江省高校计算机等级考试新大纲为指导,类似等级考试的划分模块,自动评阅试卷,适合学生巩固练习)

五、专题测试

(2)在课程主页的时间线上,单击在线观看"网上书城"教学视频,在观看视频的同时,对视频讲授的疑点做好记录。(见图7)

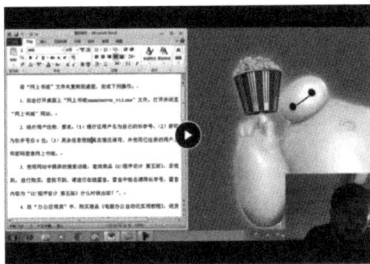

图7　在线视频

图8　专题测试截图

(3)观看教学视频后,进入"资料库"在线阅读 PPT 课件,巩固学习内容,完善知识体系。最后进入专题测试,查找不足的地方。(见图8)

(4)在完成专题测试之后,系统自动评分。教师端可以看到学生的答题表现,以便掌握学生的学习程度。(见图9)

图9　系统评分

2.课堂教学活动

根据课程的培养目标以及教材组织形式,"网上书城"主要采用任务驱动式教学活动,以一个个具体任务来提升学生分析问题和解决问题的能力。任务驱动活动流程包括合理分组,创设情景,提出任务,小组协作与讨论,成果展示与评价五个环节。具体教学活动环节如下(见图10):

(1)知识回顾与问题解答。在课堂前十分钟,教师总结学生在课前完成的学习活动。通过检查发现,大部分的学生能够按时在平台中提交作业。通过此

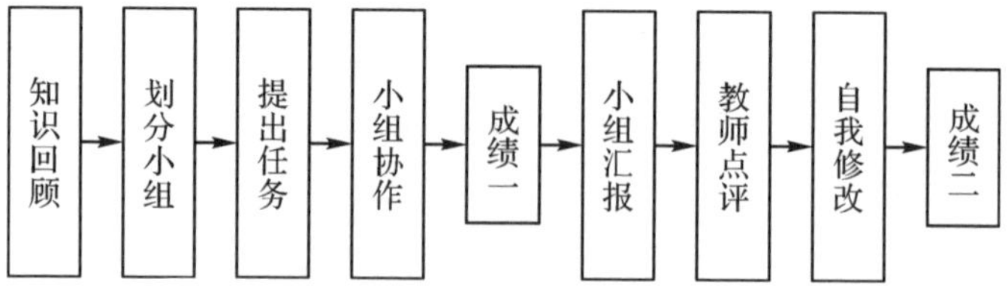

图 10　课堂教学活动

环节,发现学生对网上购物的知识有比较深入的了解。然后,教师汇总学生在课前预习时遇到的问题(见表 2),并挑选具有代表性的问题进行集中回答,在问题解答的过程中引导学生进行知识点的回顾。

表 2　问题汇总

1.网上书城注册不成功怎么办?
2.网上书城登录时忘记密码怎么找回?
3.有几种方法可以找到要购买的图书?
4.结算的时候应该选择哪种支付手段? 各自有什么区别?
5.对商品的评价在哪里? 跟在线留言有什么区别?

(2)学习小组划分。在教师指导下,学生按照座位号划分小组,每组 8 人,共 5 组。每个小组选出一名组长,由组长做最后的汇报发言。

(3)创设情景与提出任务。情景的创设除了要结合当前学习的知识内容,还要以实际生活需求为导向,通过学习网上购书,体验网络购物的便捷。教师提出本课的任务。

(4)小组协作。每个小组的组员原则上都应完成上述任务,但由于时间限制,小组中有一人完成即算小组完成,然后所有组员设计本小组的汇报内容。汇报内容事先由教师安排好(见表 3),这与下一步汇报活动挂钩。

表 3　小组汇报项目

第一小组	网上书城注册
第二小组	网上书城登录与找回密码
第三小组	多种方法检索图书
第四小组	结算与支付
第五小组	商品评价与留言

（5）小组汇报。各个小组的组长按照之前布置的任务进行汇报（演示），如有问题，小组组员可以帮助解决，也可以求助其他小组的组员。

（6）教师点评。在各小组完成任务并汇报后，教师根据小组完成情况和个人表现情况对小组表现进行评定，对优秀的小组进行口头表扬。

（7）自我修改与自测。完成上述活动以后，每个学生将本节课的任务补充完整，系统评分在 90 分以上（满分 100 分）即为合格。

四、翻转课堂教学实验效果

本实验所选的对象是 2015 级国际贸易专业学生，由于条件限制，本研究未选择平行班级作为对照班进行研究，而是选择采用传统教学法的 2014 级的国贸班作为对照组。实验历时 2 个月，其间一共讲授 8 次课程。对照两个班 2015 年秋季上半学期"计算机应用基础"的平均成绩，可以看到翻转课堂教学法效果显著。

实验组：

考核人数 42，最高分 97，最低分 55，平均分 74.5，及格率约 88.1%，实验组考核成绩分布呈正态分布，考试成绩较为正常，如表 4 所示：

表 4　实验组成绩

成绩分布	分数段	60 以下	60—69	70—79	80—89	90—100
	人数	5	10	10	9	8
	百分比（%）	约 11.9	约 23.8	约 23.8	约 21.4	约 19

对照组：

考核人数 45，最高分 95，最低分 50，平均分 71.4，及格率约 84.5%，实验组考核成绩分布呈正态分布，考试成绩较为正常，如表 5 所示：

表 5　对照组成绩

成绩分布	分数段	60 以下	60—69	70—79	80—89	90—100
	人数	7	13	16	7	2
	百分比（%）	约 15.5	约 28.9	约 35.6	约 15.6	约 4

表6　成绩对照

样本	人数	平均分	标准差	Z值	差异水平	
					P值	显著性
实验组	42	74.5	8.24	2.334	<0.05	显著
参照组	45	71.4	8.13			

学习成绩是反映学校教学效果的重要指标,本研究通过比较学习成绩的差异,来检验翻转课堂的实践效果。通过两组学生的成绩的对比,发现平均分和及格率之间存在差异,实验组的表现较好。根据表6得出,实验班测试成绩(平均分＝74.5,标准差＝8.24),对照班期末考试成绩(平均分＝71.4,标准差＝8.13),两者的差异在 $a＝0.05$ 水平上有显著性差异,说明实验组成绩明显好于对照组,进而证明翻转课堂教学效果明显。

五、问题与反思

高职学生学习内驱力不足,在参与课前教学活动时积极性不高,有少部分学生没有完成课前活动。建议高职课程采用翻转课堂教学模式时,预先试验课内翻转,等时机成熟再把网上自学活动放置课前。此外,学生进行线上学习时,技术上的困扰会降低他们的学习积极性,因此,任课教师要给予在线学习支持,及时回答学生的问题,并给以情感上的帮助。

对于高职教师而言,翻转课堂模式会增加教师的工作量,教师不仅仅要准备教案,还要设计开发网络课程:录制教学视频,安排网上学习任务,评价学生网上学习表现,等。因此,在选择翻转课堂模式之前,教师要在自己投入的时间和精力与教学效果之间进行衡量,要有充分的心理准备。

● 参考文献

[1] 游录超.高职实用写作课程的翻转课堂设计与实施[D].金华:浙江师范大学,2014.

[2] 张云.翻转课堂教学模式应用研究[D].兰州:西北师范大学,2014.

[3] 张金磊,王颖,张宝辉.翻转课堂教学模式研究[J].远程教育杂志,2012,30(4).

[4] 钟晓流,宋述强,焦丽珍.信息化环境中基于翻转课堂理念的教学设计研究[J].开放教育研究,2013,19(1).

本论文已发表于《软件导刊(教育技术)》,2017 年第 4 期。

◎高职专业课"课程思政"实践路径的探讨

——以"公共关系"课程为例

邢　伟　郭晓彤[①]

摘　要:课堂教学改革是教育改革的核心。结合在"公共关系"课程中实施"课程思政"的改革实践,分析了高职专业课实施"课程思政"的现状和现实意义。提出了高职专业课实施"课程思政"教学改革的具体路径和方法:改革理念上要从高职教育"育人"本质出发,树立"课程思政"核心理念;改革思路上要进行科学的制度设计和机制激励;教学行为上要求教师提高个人修为和综合素养;路径方法上要以"润物细无声"的形式,将正确的价值追求和理想信念有效传导给学生;内容模式上遵循资源知识碎片化与课程结构化的原则,进行"课程思政"的顶层设计;考核评价上要采取混合式考核方式,兼顾"课程思政"知识点的内容;在手段方法上,基于移动终端和信息化教学平台,提升教师教学能力,通过富媒体植入"课程思政"的教育内容。

关键词:高职;专业课;课程思政;实践应用;教改路径

习近平总书记在全国高校思想政治工作会议上强调:开创我国高等教育事业发展新局面必须把思想政治工作贯穿教育教学全过程。教育部部长陈宝生

---

①　作者简介:邢伟,男,教授,主要研究方向为高等职业教育;郭晓彤,女,馆员,主要研究方向为高职院校图书资料管理。

基金项目:浙江省高等教育"十三五"第一批教学改革研究项目"高职专业课实践'课程思政'的路径研究——以'公共关系'课程为例"(项目编号:jg20180625)。

在《人民日报》撰文"课堂是教育的主战场,课堂不变,教育就不变,教育不变,学生就不变。课堂是教育发展的核心地带,只有抓住课堂这个核心地带,教育才能真正发展"。当前课程改革势在必行,课堂教学改革更是课程改革的核心,传统的课堂教学方式急需换挡提速,而探索和实施"课程思政"更是课堂教学改革的热点和重点。为此,本文紧紧围绕着"课程思政"在我校"公共关系"课程中的改革实践,通过课堂的探索和实施,总结了基于"课程思政"的高职专业课的实践路径,以此求教于同行。

一、"课程思政"概述

"课程思政"不是一门或一类特定的课程,而是一种教育教学理念,也是一种思维方式。其基本含义是大学所有课程都具有传授知识培养能力及思想政治教育双重功能,承载着培养大学生世界观、人生观、价值观的使命。教师在教学过程中要有意、有机、有效地对学生进行思想政治教育,体现在教学的顶层设计上要把人的思想政治培养作为课程教学的目标放在首位,并与专业发展教育相结合。"课程思政"不是要改变专业课程的本来属性,更不是要把专业课改成思政课模式或者将所有课程都当作思政课程,而是要充分发挥课程的德育功能,运用德育的学科思维,提炼专业课程中蕴含的文化基因和价值范式,将其转化为社会主义核心价值观具体化、生动化的有效教学载体,在"润物细无声"的知识学习中融入理想信念层面的精神指引。

"课程思政"的目标以习近平新时代中国特色社会主义思想为指导,坚持知识传授与价值引领相结合,运用可以培养大学生理想信念、政治信仰、价值取向、社会责任的题材与内容,全面提高大学生缘事析理、明辨是非的能力,让学生成为德才兼备、全面发展的复合型人才。

二、"课程思政"改革的现实意义

首先是调整高校思想政治工作的聚焦点、着力点,增强做好工作的信心、决心、责任感和紧迫感是高校教师的历史使命。2016 年 12 月,习近平在全国高校思想政治工作会议上强调："要用好课程教学这个主渠道,思想政治理论课要坚持在改进中加强,提升思想政治教育亲和力和针对性,满足学生成长发展需求和期待,其他各门课都要守好一段渠、种好责任田,使各类课程与思想政治理论课同向同行,形成协同效应。"这要求我们在加强高校思政教育工作中,不能就"思政课"谈"思政课"建设,而要抓住课改的核心环节,充分发挥课程教学在育人中的主阵地、主渠道地位,将思政教育着力贯穿于学校教育教学的全过程,将教书育人内涵着力落实于课程教学,特别是高职专业课程的课程教学的主渠道之中。

其次是在社会多元价值渗透和交织的复杂背景下,对大学生进行价值引导,单纯或过度依赖思政课的局限性日益凸显,急需发挥多学科优势,全课程、全方位育人。在中国高等教育发展进程中,必须旗帜鲜明地提出,坚持"立德树人"是所有教育工作者的神圣使命,更是成为专业课教师与学生密切联系的神圣职责,为此,"立德树人"应纳入高校各级党组织的主体责任,成为广大教师和干部职工责无旁贷的岗位。

最后是思政教育是高校综合素质教育的核心,高职院校的思政理论课是对大学生进行思想政治教育的主渠道。树立"课程思政"理念,强调教育应具备360°德育"大熔炉"的合力作用。"课程思政"不是简单的文字调换游戏,也不是要将所有课程都变成思政课,它其实是一种教育理念,表明任何学科教学都应该具备价值观塑造、知识传授、技能掌握、能力培养等多维度的教学目标。"课程思政"充分体现每一位教师的育人责任和每一门课程的育人功能,提高全体教师育德意识和育德能力,有助于改变高职专业教师"只教书不育德"、思政教师单兵作战的现象,从而使思政教育从专人转向人人。

三、专业课"课程思政"现状分析

(一)"全课程与全员育人理念"没有完全树立起来

长期以来,思政教育与专业教学"两张皮"现象未能根本改变,高校思政教育存在"孤岛"困境。专业教师对"课程思政"的认识还不清晰。很多教师仍然认为思政教育主要还是思政课教师、辅导员、班主任的责任,同时对在专业课教学中开展思想政治教育的内容、方法和手段感到困惑。教育理念上不能正确认识知识传授与价值引领之间的关系,人才培养上各门学科思想政治教育资源没有得到充分挖掘,队伍建设上教师育德能力和意识有待提升,管理机制上多部门合力推进思想政治教育的机制体制有待进一步完善。归根结底是"全员、全课程育人理念"没有完全树立起来。

(二)"课程思政"方法和实践在高职专业课程实施处于起步阶段

目前国内高校尤其是高职院校,基于高职专业课程实施"课程思政"的理念思路与路径方法研究很少,在百度上进行信息检索,有关专业课程实施"课程思政"的文章也是很少,成功经验也不是很多。过去十多年来,只有上海基础教育得出的一条最有效经验,就是坚持探索实施"两纲教育",始终坚持"学科德育"的核心理念,即把德育的核心内容有机分解到每一门课程,充分体现每一位教师的育人责任,每一门课程的育人功能。近两年,上海以习近平总书记提出的"办好中国特色社会主义大学,把培育和践行社会主义核心价值观融入教书育人全过程"为指引,坚持立德树人,抓住深化教育综合改革的契机,以构建大中小学德育一体化体系为抓手,借鉴上海基础教育学科德育的成功经验,结合高校和大学生的特点,以社会主义核心价值观为核心内容,着眼"德才兼备、又红又专、全面发展"的根本要求,构建全员育人,全方位、全过程的高校大学生思政教育体系。

(三)大学生非常愿意接受"课程思政"知识点融入专业课

在教与学矛盾体中,教师是主导,学生是主体,早已成为课堂教学中教师们的共识。但这落实在现实课堂教学实施过程中并不理想,填鸭式的满堂灌现象仍然延续,教师一味地把教学内容讲给学生,不管学生喜欢不喜欢、愿意不愿意、接受不接受,都乐此不疲。满堂灌之所以与素质教育背道而驰,就在于它取消了学生自主与能动的思考、探索与参与的资格,更是取消了学生作为学习主体的资格。面对"课程思政"融入专业课课题,笔者对"公共关系"课堂上的197名高职生进行了"基于高校教学改革中开展课程思政"的问卷调查,结果反馈是有89%的学生认为非常必要,9.8%的学生认为没必要,1.2%的学生觉得无所谓,说明只要教师方法得当,有的放矢,学生是愿意接受高职专业课实施"课程思政"改革的。

(四)全国职业院校技能大赛教学能力比赛倡导"课程思政"的教学能力创新

2018年,举办多年的"全国职业院校信息化大赛"正式更名为"全国职业院校技能大赛教学能力比赛",作为教育部主办的大赛,在以信息化提升教学水平等方面发挥了重要作用。然而,名称的改变意味着大赛的目的、目标以及引导未来发展的趋势也发生了变化,从单纯的信息化手段的应用,演变成对教师教学能力的全面考核,赛点、重点、展示形式等都发生了变化。教师教学能力体现在教学设计能力、实施能力、反思能力和研究能力,尤其是在信息化教学设计的理念与策略中,如何选取合适的课程进行信息化教学设计,基于课程内容的信息化教学设计思路等方面合理有效融入"课程思政"的创新创意,必将是参赛作品脱颖而出的关键得分点。

四、高职专业课"课程思政"实施路径

笔者结合在"公共关系"课程中实施"课程思政"的改革实践,提出了高职专业课实施"课程思政"教学改革的具体路径和方法,如图1所示。

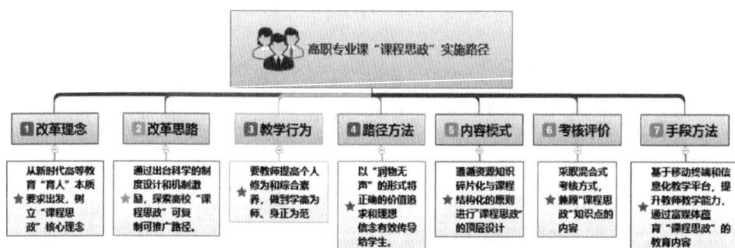

图1 高职专业课"课程思政"实施路径

(一)改革理念上要从高职教育"育人"本质出发,树立"课程思政"核心理念

以立德树人为根本任务,以深入推进习近平新时代中国特色社会主义思想进头脑,进教材,进课堂为主线,以提高教师队伍思想政治素质和育人能力为基础,以加强阵地建设为重点,强调学校教育应具备德育"大熔炉"360°教育合力作用,育人最主要的过程和教书育人最重要的途径体现在课程教学过程本身。

育人基本实现形式和学校最具效能实现形式,鲜明地体现在知识传授与价值引领上。为此,在教育教学中,既要注重在知识传播中强调价值引领,又要注重在价值传播中凝聚知识底蕴,突出显性教育与隐性教育的相互融通,实现从"思政课程"向"课程思政"的创造性转化。

(二)改革思路上要探索高职"课程思政"推广路径,出台激励机制和合理制度

高校教师要转变观念,与时俱进,换位思考,给学生想要的知识点。为此,要做好顶层设计,一是切实强调高校党委主体责任,举全校之力对"课程思政"工作进行总体部署,形成党委挂帅,其他二级学院和职能部门齐抓共管的组织架构,将"课程思政"工作纳入学校重点工作大力推进,人事部门要拟订相应的师资培养、人才引进、职称晋升等方面的激励机制,为全员育人提供有力的保障。确保各门课程都具有育人功能,所有教师都负有育人职责。二是逐步修订各专业人才培养方案,教师要修改每学期的授课计划,充分发掘和运用各学科各专业蕴含的思想政治教育资源和元素,积极推进"思政课程"向"课程思政"的转变。三是健全课堂教学管理办法,强化教学纪律约束机制,坚持课堂讲授守纪律,公开言论守规矩,坚决杜绝在课堂上出现唱衰党和国家政府的不当言论。

(三)教学行为上要教师提高个人修为和综合素养,做到身正为范和学高为师

高职院校"课程思政"改革之路能否顺利推进,能否取得理想的效果,关键取决于教师的育人意识、素养和能力。要重申"课堂有纪律"的规定,不允许在社会主义高校的课堂、媒体空间搞意识形态的自由主义、个人主义。政治合格是教师资格合格的前提,教师决不能只看业务水平不看政治素质,学生决不能只看学业成绩不重视政治表现。我们培养的人决不能是次品、废品甚至是危险品。学生的思想素质、综合能力和知识,缺什么补什么,不能让学生带着缺陷走向社会,要注意面向每个学生,使我们的学生个个合格。高校教师要不忘初心,德才兼备,做到学高为师、身正为范。

(四)路径方法上要以"润物细无声"的形式将正确的价值追求和理想信念有效传导给学生

从国家意识形态战略高度出发,深刻领悟全国高校思想政治工作会议精

神,大胆推进教学模式改革与实践,既要牢牢把握思政理论课在思政教育中的核心课程地位,又要充分发挥其他所有课程尤其是专业课的主渠道育人价值,构建思想政治理论课、专业课程、综合素养课程三位一体的高校思想政治教育课程体系。将"课程思政"教学与专业建设、校企合作、工学结合、学生工作、毕业实习、社会实践、教科研等有机结合,努力实现从"以教为主"向"以学为主"转变,"以课堂教学为主"向"课内外结合"转变,"以学期内为主"向"学期内外结合"转变。

(五)内容模式上遵循资源知识碎片化与课程结构化的原则进行"课程思政"的顶层设计

"公共关系"是营销专业的必修课,一门实践性非常强的应用型学科,也是一门非常适合进行"课程思政"改革的课程,为此,本着灌输与渗透相结合的原则,将思政教育知识点与专业课的知识点、技能点进行潜移默化、有的放矢的无缝对接,尤其是将党的十九大确立的习近平新时代中国特色社会主义思想与专业课的知识点和技能点相契合,运用思维导图呈现全方位、多层次、立体化的"课程思政"教学框架,完成每个单元的"课程思政"的顶层教学设计。收集"思政教育"的图片、视频、音频、动画,录制和制作微课,基于蓝墨云班课、超星学习通、智慧职教等信息化教学平台,采用混合式教学模式,引导学生线上线下借助手机,进行专业课"课程思政"的课前、课中、课后的自主学习。

(六)考核评价上采取混合式考核方式,兼顾"课程思政"知识点的内容

要调整和完善课程评价体系。过去单一地从专业维度进行的教学与学习评价体系已经不适用于新的"课程思政"式教学改革,应该向着职业道德、人文素养、社会责任感等多维度的方向延展,并且以立德树人为着力点,从教学、学用、师生、知行等多环节着手完善科学的教学评估体系。总成绩=过程性考核70%+终结性考核30%,其中,过程性考核=课前线上自主学习30%+课程思政知识点10%+课内师生互动、分组协作学习表现20%+课后学生线上反馈、作业分享与讨论40%,每项成绩按百分制的方式进行计分,终结性考核=期末试题考核。

（七）在手段方法上，基于移动终端和信息化教学平台，提升教师教学能力，通过富媒体植入"课程思政"的教育内容

要改变原有的课堂讲解方式，通过手机 APP、微课、视频、动画、思维导图、图片等方式，将"课程思政"在课堂的课前、课中或课后，采用灵活多样的教学方法加以融合呈现，大大提高了学生的学习兴趣。如"会议那些事儿"微课，基于 OBE 原则（成效的教育 outcome-based education），以"课程思政"为出发点，将习近平总书记在十三届全国人大一次会议闭幕会上，24 字点赞了中国人民四种"伟大精神"导入会议，借助快闪、思维导图、动画和视频等信息化手段呈现了什么是会议、为什么要开会、如何开好一个会议的教学内容，在较短的教学时段内以鲜艳的画面、贴切的音乐和丰富的讲解刺激学生的感官，突破了教学重点和难点，使学生不仅熟知了中国人民四种"伟大精神"知识点，同时也掌握了会议那些事儿。

总之，高职专业课"课程思政"实践是一项复杂的系统工程，改革永远在路上，在理论层面仍需进一步的探索和论证，在实践层面还需更多的协同、尝试和完善。在明确目标的同时，更要因时而进，因势而新，一定要站在立德树人的高度去看待专业课"课程思政"改革，教师的每一堂课、每一次答疑，每一个动作、每一个表情、每一个眼神，都在言传身教、耳濡目染地熏陶影响着学生，因此，要不断提升高职课程"思政教育"的新活力，只有认识到这一点，才能将"课程思政"融入每次课中，才能收到实效。

参考文献

［1］陈宝生.努力办好人民满意的教育［N］.人民日报，2017-09-08（7）.

［2］习近平在全国高校思想政治工作会议上的强调：把思想政治工作贯穿教育教学全过程，开创我国高等教育事业发展新局面［N］.人民日报，2016-12-09（1）.

［3］高德毅，宗爱东.从思政课程到课程思政：从战略高度构建高校思想政治教育课程体系［J］.中国高等教育，2017（1）.

［4］邢伟.基于网络资源的高职翻转课堂教学改革的探索与思考——以浙江工商职业技术学院"公共关系"课程为例［J］.职业技术教育，2015，36（5）.

本论文已发表于《职教通讯》，2018 年第 24 期。

◎翻转课堂在学前师范生教法类课程的实践研究

吴　凡^①

摘　要：翻转课堂在学前师范生教法类课程的实践，通过"知识预习、知识传授、知识反馈"三大模块，"问题前置、尝试解疑、专家引领、共同提升、成果转换、成果评价"六步骤，贴近学前师范生学习特点，解决了学前师范生教法类课程实施过程中的主要矛盾，在后续的研究中可进一步推广至其他实践类课程中，真正实现教学与信息技术的深度融合。

关键词：翻转课堂；学前；教法类课程

随着教师教育的蓬勃发展，师范生的培养也逐步走上了信息化、科学化和系统化之路。教法课程是作为学前师范生的专业必修课程，对学生了解幼儿园各领域教育目标和内容，掌握幼儿园教育教学基本规律，形成基本的教育教学能力，具有重要的作用。但是当前高校对于教法类课程的组织与实施普遍采用"教师课上理论讲授—课下学生练习—课上点评—观摩优质课"的传统教学模式，学生上课积极性不高，互动性弱，教师难以及时把握学生动态，对于学生的课上点评也不够全面深入，教学效果不佳。随着信息技术与教育的不断融合，翻转课堂，一种注重课堂师生互动，教学内容深度内化的课堂教学模式应运

① 作者简介：吴凡（1985—　），女，宁波教育学院讲师，主要研究方向为学前教育。

基金项目：2018年宁波市教育规划重点课题"'全面二孩'政策下宁波学前教育师资供给的困境与对策研究"（项目编号：2018YZD017）；2017年浙江省教师发展规划课题"基于核心素养的幼儿园新教师专业素养提升路径研究——以宁波市江北区为例"（项目编号：ZJSKTSB2017－139）。

而生。将翻转课堂运用至学前师范生教法类课程能够实现课上课下的有效对接和深度交互，切实提升学前师范生教学设计与实施能力，促进师范生专业成长。

一、学前师范生教法类课程面临的问题与挑战

教法类课程关系到师范生入职后教学能力的高低，具有较强的实践性，但是当前学前教法类课程在实施中还存在以下诸多问题。

（一）课程目标定位偏差

课程目标定位偏差体现在两点。一是课程目标不适合对应层次的学生。如针对专科生的课程目标中提出：要求学生掌握各领域教育的理论，掌握各领域教育理论流派，掌握与领域相关的学科知识。其中掌握各领域教育理论流派目标难度大，适合本科学生。二是核心教育能力目标不突出。如能力目标方面：要求学生具有创设各领域教育环境的能力，观察评价幼儿的能力，设计与组织各类教育活动的能力等。对学生各种教育能力的培养都试图通过教法课程来解决，从而削弱了课程应承载的主要教育教学能力的培养的任务。

（二）课程内容重复

课程在幼儿园教育活动目标体系、组织形式、教学方法、活动设计程序、活动评价这几方面有内容重复的问题。上述内容在各领域教法中都列有专门章节。例如，幼儿园教育活动组织形式包括专门的教育活动和渗透的教育活动两种形式。各领域教法教师都安排一定课时讲授，造成学生重复学习。课程前后学习三个学期，学程长而效益低。

（三）课程实践性较弱

学前教法类课程虽然普遍采用了案例教学、多媒体教学等方法和手段。但很大程度上只起到帮助学生理解抽象理论的作用。学生学习方式未有质的改变。另外，扩招带来学生人数激增，如某专科学校学前教育专业一届学生就有一千余人，实训场地缺乏及师生比悬殊，使模拟教学等实践活动难以开展。

(四)课程评价单一

课程评价的单一性表现如下：在评价内容方面，重视学生理论知识评价，对学生教育能力评价不足；在评价方式上，重视结果性评价，忽视过程性评价；在评价主体方面，重视教师的评价，缺乏学生评价与幼儿园导师评价。

二、翻转课堂应用于学前师范生教法类课程的优势

(一)翻转课堂的内涵

翻转课堂(flipped classroom)，也称翻转学习、易位学习、颠倒课堂、翻转教室等，是 20 世纪末兴起于美国，21 世纪初取得实质性进展的一种教学模式。它强调课前进行学习实现"知识传递"，在课堂做作业实现"知识内化"。同时，"翻转课堂"是一种全新的混合式学习，是通过"课外自主在线学习＋课堂的探究式学习"的有序混合以实现学生有效学习的教学手段。但是，"翻转课堂"不是简单的线上观看视频，线下讲评作业，它强调学习者的主动性和教学的互动性。

(二)翻转课堂模式应用于学前师范生教法类课程的优势

1. 甄选了课程内容

翻转课堂模式可以依托网络平台发布教师前期精心筛选的教学精华内容，让学生在有限的时间内吸取最重要的理论知识，同时通过视频播放等方式学生随时随地就能观摩优质的教学案例。

2. 拓宽了实践场域

传统的教法类课程实践大多数局限在校内实训室，缺乏校外尤其是幼儿园园内的实践。翻转课堂模式，能够让学生实现与幼儿园教师的同步教学，如让学生设计教学活动，然后学生观看一线幼儿园教师在园内实施教案的视频，找出自身设计的不足，结合一线幼儿园教师给予的反馈再进行自身的实训活动，拓宽了实践场域。

3. 重视过程性评价

翻转课堂模式依托了一定的网络平台，而大多数网络平台都设置了学生自

评、同伴互评等模式,能够随时随地让学生互相进行评价反思。

三、翻转课堂在学前师范生教法类课程的实践

(一)基于翻转课堂学前师范生教法类课程模型构建

以学习者为中心,围绕问题的发现与解决,开展激活、演示、应用与整合四个阶段的教学活动能够促进有效教学。翻转课堂模式在学前教法类课程的实施是在信息技术的支持下,以学生为中心,通过课前、课中与课后的有效连接,开展自主学习、课堂评价剖析、课后实践与反思等教学活动,促进深度交互的实践性培训。具体设计如图 1 所示:

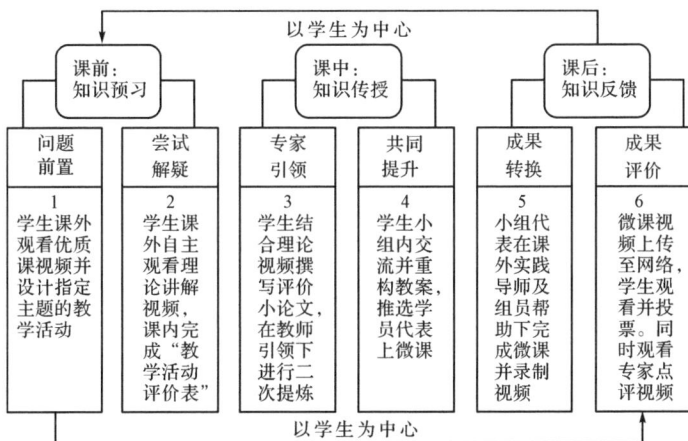

图1 基于翻转课堂的学前师范生教法类课程实施模型构建

(二)翻转课堂在学前师范生教法类课程的实施

在构建了模型后,通过知识预习、知识传授、知识反馈三大模块,问题前置、尝试解疑、专家引领、共同提升、成果转换、成果评价六步骤实施培训,具体如表 1 所示。

表 1　翻转课堂在学前师范生教法类课程的实施

课程模块		课时分配		具体措施	主要培训方式	考核点	评价方式
		课内	课外				
课前知识预习	①问题前置——观看优质教学活动	3	3	学生在课外自主观看优质教学活动并设计指定主题的教学活动；在课堂中通过参与式培训完成"教学活动评价表"	滚雪球	观察、质疑	
	②尝试解疑——观看专家理论讲解视频		4	学生在课外自主观看理论视频	自主学习	掌握集体教学活动组织与实施的基本方法	交流研讨，专家学生评价
课中知识传授	③专家引领答疑——完成论文并交流	4		学生结合理论视频撰写评价小论文，在教师的引领下交流研讨提炼教学活动设计的相关注意事项	六顶思考帽	二次提炼和反思能力	小论文
	④共同提升——设计教案并交流重构	2		学生在课堂中交流并重构教案，推选优质课代表	集体备课同课异构	结合自身特点设计集体教学活动的能力	小论文
课后知识反馈	⑤成果转换——录制微课		4	学生代表在课外实践导师和组员帮助下完成微课	集体备课	团队合作能力	教学设计，专家学生评价
	⑥成果评价——网上投票并点评		4	微课上传至网络，所有学生自主观课并投票。同时观看专家给予的评课视频，完成教学反思报告	观摩研讨	反思能力	微课
总计	24	9	15				

1.课前模块——知识预习

课前学生阅读任务单——"教学活动评价表"上的相关内容，带着问题自主观看网络平台上指定的优质教学视频，并根据指定主题设计教学活动；回到课堂中通过"滚雪球"式的参与式培训方法完成"教学活动评价表"，初步了解教学活动设计的相关要素以及设计注意事项；再进一步观看理论讲解视频，系统领会教学活动设计的基本方法。

2.课中模块——知识传授

学生完成了知识预习模块后，已经对"教学活动设计与实施"有了全面深入的了解，在此基础上要求每个学生在课内以闭卷形式完成一篇不少于2000字的教学反思小论文，在二次反思交流后，进入实操环节：由教师带领学生通过"六项思考帽"对已有知识进行梳理，提炼交流"教学活动设计与实施"方法与注意事项，重构优化教案。

3.课后模块——知识反馈

每组代表在课外通过实践导师的指导以及组员的帮助，完成微课视频录制并上传至网络平台，全体学生自主观看并进行评价以及投票，同时聘请专家点评并录制视频上传，要求学生观看专家点评与自己思考的差异，以小组形式完成教学反思报告并上传至网上作为培训成绩评价的重要参照指标。

(三)注意事项

1.课程内容实施的适宜性

翻转课堂运用于学前师范生教法类课程能够有效提高课程教学效果，但并不是所有章节内容都适宜使用翻转课堂模式，需要教师进行内容甄选。例如对于部分理论章节的学习可以通过学生课前自主学习，课堂讲解分享的方式进行。图1的模型更加适用于实操环节，例如"学前儿童健康教育"当中如何教会学生组织与实施体育活动，可以通过三模块六步骤进行。

2.学习时间安排的灵活性

翻转课堂依托网络平台能够实现师生随时随地的交互学习，能够充分满足学习的灵活性，但是这个灵活性需要适时适度，例如不能在半夜或者黎明以及节假日时间给学生发布作业等。

3.课堂形式运用的多样性

翻转课堂更加注重学生的自主学习与发展，在培训形式上更应该采取多种形式来调动学生的参与性与积极性，保证学生的疑惑能在有限的线下学习中得到解决。在此推荐2种集中培训时可以采取的方法。

第一，"六项思考帽"。"六项思考帽"(Six thinking hats)是由英国爱德华·

德·波诺(Edward de Bond)博士提出的一种全新的激发组织成员智力潜能的思维管理工具,它主张思考问题应该从六个不同的维度来进行,其中白色代表客观和中性,红色代表直观和感性,黄色代表积极因素,黑色代表消极因素,绿色代表创新,蓝色负责控制整体思维过程并做出结论。在培训时,我们可以先要求每个学生根据"六顶思考帽"来优化自己的教案,然后进行组内交流,重构一篇最优教案。

第二,同课异构。同课异构严格来说不能算是一种培训方法,而是一种研修方法,也不仅仅局限于集中培训时运用,它贯穿于整个培训活动中:课前设计教案,课中交流优化重构,课后展示评价。同课异构可以是单个教师对同一教学内容设计出不同的教学方案,也可以是多个教师对同一教学内容设计不同的教学方案,还可以由教师集体共同设计不同的教学方案。在本次主题培训中,主要采取后面两种理解。即课前每个学生根据同一主题设计不同的教案,在集中培训重构教案的时候,每组汇集集体智慧共同设计不同的教案。

4.课程评价的多元性

翻转课堂由于其特殊性,在评价方法上应注重多样性,综合运用专家评价、学生互评和自评等多种形式。在此推荐一款软件"蓝墨云班课",可以提前组建班课,学生也能在该平台上传作业,教师可根据需要设置多元评价方式,促进学生的相互交流成长。需要注意的是在第六步中需要学生以小组形式完成教学反思报告并上传至"蓝墨云班课",督促学生进一步地反思培训所得。

四、翻转课堂在学前师范生教法类课程的实践反思

(一)翻转课堂在学前师范生教法类课程实施的意义

1.符合成人学习特点

美国著名成人教育学家诺尔斯提出成人和儿童学习有质的区别,主要体现在四个方面:成人学习心理倾向于自主学习,成人认知过程以经验学习为主,成人学习任务体现为完善社会角色,成人的学习目的主要为解决问题。学前师范生刚刚成年,他们的学习也充分具有成人学习的特点,而翻转课堂最大的优势

就在于通过前期的自主学习以及集中培训的参与式培训,调动学生已有的经验,激发其学习主动性。

2.解决了学前教法类课程实施的主要矛盾

翻转课堂在学前师范生教法类课程中的运用能够帮助学生更好地获取新知,因其最终指向均是要求提升教师自身的课堂教学能力,能够设计优质的教案,与学生进行良好的沟通互动,有目的地进行课后反思等。在课程内容聚焦、课堂形式多样的同时,通过网络平台的持续沟通交流也能有效解决质量监控薄弱的问题。

(二)翻转课堂学前师范生教法类课程实施的建议

翻转课堂在学前师范生教法类课程中实施,能够帮助学生真正获得专业上的成长,但其前期准备工作以及后续的跟进需要花费大量的人力、物力和财力,为了确保其实施的有效性,需要注意以下两点。

1.运用"工作坊"式研修模式

"工作坊"式研修模式是成人培训中经常运用的形式,我们可以将其引进到师范生的培养过程中,即将一个班级作为一个研修工作坊,在课程开始进行团队组建活动,打造班级学习共同体,为后续翻转课堂的实施营造良好的学习氛围。

2.构建完善网络研修平台

本研究中主要采用的网络研修平台为"蓝墨云班课",虽然目前为免费使用平台,但也存在一些缺陷,例如视频上传的大小、格式等受限,也有可能后续会收费等。因此为了保证课程能够不断优化改进,应该自行构建开发相关的网络研修平台。

参考文献

[1] 梅纳新.高专学前教育教法课程存在的问题与解决策略[J].课程·教材·教法,2015(6).

[2] 王坦,吉标."翻转课堂"模式的理性审视[J].课程·教材·教法,2016(6).

[3] 张金磊.游戏化学习理念在翻转课堂教学中的应用研究[J].远程教育杂志,2013(1).

[4] 何克抗.从"翻转课堂"的本质看"翻转课堂"在我国的发展[J].电化教育研究,2013(7).

〔5〕 MERRILL M D. First principles of instruction〔J〕. Educational Technology Research & Development,2002,50(3).

〔6〕 王姣姣,王慧玲."六项思考帽"在教师培训中的应用探索〔J〕.中小学教师培训,2017(11).

〔7〕 吴孝钱.基于同课异构的校本教研〔J〕.教育教学论坛,2011(36).

〔8〕 余新.教师培训师专业修炼〔M〕.北京:教育科学出版社,2014.

〔9〕 吴凡,张赛园.二元五次课例研究在教师培训中的运用〔J〕.中小学教师培训,2016(4).

◎"管理会计"课程教学改革探讨

——基于"四步一体"教学模式的探索实践

姚丽琼[①]

摘　要:在对管理会计课程的特点、教学目的进行分析的基础上,提出了管理会计课程"四步一体"的教学改革模式,并通过管理会计课程教学的多轮探索实践,发现应用该模式进行课堂教学改革后,授课教师教学思路更加清晰,学生学习目的更加明确,对管理会计知识的应用更加熟练,实现了学生认知方式从被动接受向主动发现的转变。

关键词:"四步一体";学习手册;过程考核评价表

一、引言

随着我国经济结构和经济体制改革的不断深化,我国经济的增长方式也发生了重大转变,企业作为市场主体必须适应我国经济转型的变化。面对激烈的市场竞争环境,企业必须积极推进精细化管理,严格控制成本,建立科学决策体系,防止重大决策失误,避免重大经济损失。2016 年 6 月 22 日,财政部发布了《管理会计基本指引》,该指引的发布一方面标志着我国管理会计体系建设取得了新的重大突破,另一方面也表明我国将大力推动管理会计在企业的应用以提高企业经济效益,提升我国企业在国际市场上的竞争力。时任财政部部长楼继

---

①　作者简介:姚丽琼(1968—　　),女,陕西西安人,博士,副教授,研究方向为财务管理、管理会计。

伟2014年2月28日在《中国会计报》发表的署名文章提到,将用3—5年时间在全国培养一批管理会计师,力争通过5至10年左右的努力,使我国管理会计接近或达到世界先进水平。目前,美国从事会计工作岗位的管理会计与财务会计的比例是9∶1,而在中国这个比例是1∶9。未来5年,财政部希望通过管理会计体系建设将这个比例变成7∶3,要达到这个比例,我国管理会计人才需求将近600万。以上数据表明,我国需要培养大量高素质的管理会计人才。

2014年4月9日,对外经济贸易大学与美国管理会计师协会(IMA)共同举办"IMA美国管理会计师协会中国教育指导委员会成立大会暨首届中国管理会计教育研讨会",60余位来自对外经济贸易大学、北京大学、中国人民大学的会计教育专家出席了会议。来自国内外的专家们对我国管理会计教育的现状与未来进行了深入探讨,并就我国高校如何培养满足企业转型升级、提高经济效益急需的大量高素质管理会计人才提出了对策建议。

显然,随着财政部的积极推动,高校及国外管理会计师协会的共同努力,在推进管理会计教育方面,我国各高校、各类会计培训机构都在积极探索推进,这也表明我国高等院校管理会计教学工作需要进行改革。

二、我国高校管理会计教学现状分析

通过与相关高校从事管理会计教学教师的深入交流,教师们普遍反映多数高校"管理会计"课程的教学方式,仍是采用"教师讲、学生听"为主的传统的较为单一的授课方式,这种教学方式缺乏教师和学生的互动、讨论,学生难以深刻理解公式模型的内涵,只是被动地死记硬背教材的理论知识,生搬硬套公式模型,根本谈不上将所学管理会计方法灵活地应用于工作实践。这种传统的授课方式无法充分挖掘学生的学习潜力,调动学生学习积极性,也就难于培养出理论联系实际的应用型财经人才。在课程考核方式上,各高校也普遍采用的是包括单选、多选、判断、计算、论述等主要题型的标准化闭卷考试。通过闭卷考试可以了解学生对管理会计课程基本理论、基本公式、基本方法的掌握情况,由于考试题目主要是以能给出标准答案的客观题、计算分析题为主,虽然这种考核方式较为客观,也能在一定程度上评价任课教师的教学效果。但是,这种评价方式忽略了管理会计需要基于社会学、经济学、组织行为学、心理学等多种学科的基本原理,借助大量的计算数据对实际企业相关案例进行全面分析,才能充分发挥管理会计在企业预测决策、预算规划、控制评价等方面的作用。从这方面看,这种考核方式会强化学生的应试心态,不仅不能充分评价学生对该课程"核心知识和核心能力"的掌握程度和应用能力,而且忽视了对学生职业综合素质及创新能力的培养。

学习"管理会计"课程的目的在于灵活掌握各种管理会计原理、方法,利用会计信息对企业前景进行预测,对企业短期经营和长期投资做出决策,控制现在和规划未来,充分发挥会计在经济管理中的能动作用。而传统的教学方式是很难达到上述目的的。

近年来,高校对课堂教学改革相关研究尤为关注。通过主题词和篇名在中国学术期刊全文数据库(CNKI)中进行模糊检索,相关的教学改革文献很多,但以"核心知识、核心能力"为导向,重新分解整合教学内容,并将"任务驱动—互动教学—合作学习—过程考核"四种不同教学模式分别对应于课程设计"任务布置—点拨精讲—合作学习—探讨评价"四个教学步骤的教学改革研究的文献几乎没有。

三、"四步一体"教学模式在管理会计教学中的探索与应用

"管理会计"课程是为高年级会计学专业学生开设的专业课程,旨在塑造学生会计管理意识和会计管理能力。如何培养学生的这些能力则是该课程建设的重点和难点。为了改善教学效果,提高教学质量,目前,国内外高校均积极探索创新教学模式,通过采用多种形式的教学活动,强调发挥学生主观能动性,使其积极参与、体验教学过程,如开展团队合作学习活动,使学生在互补互助的探讨和实践合作中完成学习任务,从以教师为中心向以学生为中心转变,从而达到事半功倍的学习效果。

"四步一体"教学模式是基于多年的教学实践基础,改变传统以"章"为顺序的授课方式,根据整个管理会计课程体系,以"核心知识、核心能力"为导向,进

行全方位教学改革研究,改革内容涵盖课堂教学的各个方面,核心是学生管理会计"核心知识"的掌握及"核心能力"的培养,教师教案和学生学习指导手册按"讲"重新编写,事先设计好每一讲的重点和难点问题,学生根据设计好的问题预习教材相关知识点,在预习中思考问题,通过课前查阅资料了解相关背景知识帮助解决教学难点和重点,达到事半功倍的效果。学生学习指导手册的每一讲都设有课后思考、课后积累。要求学生通过课外学习完成指导手册的课后思考、课后积累,引导学生从原来的只是单方面被动接受的认知方式向多方面主动发现的认知方式转变。教师教学思路清晰,学生学习目的明确,更有利于学生对教学内容的掌握。"四步一体"教学模式实际授课过程,包括一个完整、流畅、由浅入深的操作流程,这个流程由四个主要部分构成,"管理会计"课程"四步一体"教学模式如图1所示:

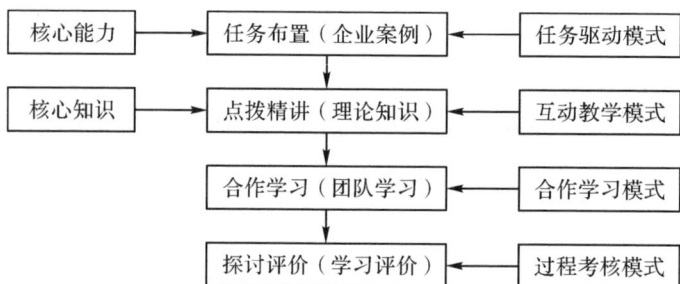

图1 管理会计"四步一体"教学模式

(一)依据管理会计在企业应用的实际调研数据资料,优化教学内容,形成模块化课程教学体系

将"管理会计"课程的教学内容分为预测决策会计、规划控制会计、业绩评价会计、战略管理会计四大模块并以简洁明了的纵向树形结构图予以展示,有利于学习者对学习内容框架的清晰掌握。

(二)每讲以"核心知识,核心能力"为导向,设计规范化的课堂流程

"四步一体"教学模式由"任务布置—点拨精讲—合作学习—探讨评价"四个部分构成,是一个完整、流畅、循序渐进的操作流程。

1.运用"任务驱动教学模式"进行"任务布置"（每讲所要求培养的核心能力）

"任务布置"是指教师把根据"核心能力"设计的一个或几个来自企业实践的"任务"布置给学生，并对完成"任务"的具体要求、管理会计方法等予以简单的提示和说明。通过"任务布置"环节，在刚开始上课时就可以吸引学生注意力，激发学生学习兴趣，从而调动学生完成学习任务的积极性。"任务布置"形式可多样化，可通过学校网络课程平台参与任务布置的过程，充分发挥网络平台互动优势，学生通过课程网络平台提前详细了解任务，也可通过课堂上 PPT 演示、学生学习指导手册等方式完成"任务布置"。

2.运用"互动教学模式"开展"点拨精讲"（每讲所要求掌握的核心知识）

"点拨精讲"是指教师必要的集中讲解和指导，为提高教学效果可采用"互动式教学模式"，以学生的探索活动为主体，以教师的点拨为主导，以培养学生能力、发展学生智力为中心。教学步骤如下：

(1)简要讲解"核心知识"；

(2)难点、重点的释疑解惑；

(3)讨论评价学生对所学知识的运用能力；

(4)总结课堂内容；

(5)学生课后思考、课后积累的进一步指导等。

点拨的关键是启发学生的思路，解答学习的疑难。对于"任务布置"环节呈现的难于独立完成的任务，教师需要针对相关的"核心知识"进行较为详细的讲解，这就是所谓"点拨精讲"。精讲要特别强调"精"。应帮助学生理清思路，讲清讲透重点难点。精讲点拨时机的选择特别重要，它直接关系到精讲的效率和效果。另外，需要注意精讲和点拨的方式。既然是精讲就需要针对"核心知识"讲透彻，使学生心领神会；而需要点拨的地方点到为止，给学生留出思考、发挥、进一步拓展的空间。部分内容可以通过教师启发引领充分发挥学生主动性，学生通过课堂讨论互相启发，积极探讨并得出结论；有些内容教师可向学生提供参考资料来源，学生课后通过查阅相关资料寻找答案。

3.运用"合作性学习模式"开展"合作学习"

"合作学习"是"四步一体"教学模式成功的关键环节，是一个完全开放性的教学环节,在这一环节中,学生们事先成立"合作学习"小组,小组成员在小组负责人(每次不同任务都会更换小组负责人,分别由每一位小组成员轮流担任)的组织和带领下,共同讨论,相互指点,在小组成员的相互启发下完成教师布置的任务,使知识得到丰富,能力得到提高。这种探索不是盲目的,需紧紧围绕老师布置的任务目标,在合作学习过程中,学习小组成员的学习能力、认识水平不一,大家可以充分沟通交流,相互学习,参与讨论。学习能力一般的同学可向本组学习能力较强的同学请教,而学习能力强的同学在组里通常会发挥积极主动的作用,对于小组需合作完成的任务,会主动发起讨论,及时予以指点,遇到疑难问题,会积极寻找解决办法。由于合作学习小组在完成任务时积极协作,教师会有更多时间组织课堂、引导交流和监控过程,从而提高课堂效率。"合作性学习模式"在"合作学习"环节显示出了个人学习无法达到的效果。

4.运用"过程化考核模式"进行"探讨评价"

"探讨评价"是在教师组织下与同学一起对各合作学习小组完成的每一讲"任务布置"环节要求的教学任务包括完成任务的方法、过程、结果进行讨论、比较和评价。管理会计每一讲的每项任务都可以通过多种方法和途径来完成,有些烦琐有些简捷,教师将根据管理会计课程特点设计好的"过程考核评价表"发放给各组同学,在组与组之间进行探讨评议。在教师引导下的探讨交流中,许多新的、好的分析问题、解决问题的方法得到所有同学的认知和了解,全体同学将共同享有这些学习资源。在这一教学过程中,教师对各学习小组每讲任务完成情况进行点评,这对于"核心知识"的学习和巩固有很大帮助。在引导、组织观摩各学习小组学生的学习成果时充分鼓励具有创新思维的同学,通过各学习小组互相介绍合作学习情况,肯定和推广大家都认同的好的学习思路和方法。最后,组织全班同学对各小组任务完成情况评议评价,进一步让同学们对典型学习思路和方法进行总结并达成共识。总之,运用"过程化考核模式"进行"探讨评价",既有利于加强学生之间的合作,又能起到鼓励先进、引导创新的作用。

四、结语

管理会计"四步一体"整体化教学改革方案,目的在于改革以教师主导、控制为主的课堂教学模式,改变"知识点驱动"的传统教学模式,强调学生的参与体验,使学生在"做"中学,在"评"中学,在"帮"中学,从而在互帮互学的探讨和实践合作中完成学习任务,达到学习目的。

参考文献

[1] 张妍.基于创新能力培养的管理会计教学探索[J].财会通讯,2012(10).

[2] 胡海波,胡玉明.国际化与价值创造:管理会计及其在中国的运用——中国会计学会管理会计与应用专业委员会 2012 年度学术研讨会综述[J].会计研究,2013(1).

[3] 李引花.基于当前会计毕业生就业形势的管理会计教学改革探讨[J].商业会计,2013(12).

[4] 刘辉.管理会计课程实践化教学改革探讨[J].中国乡镇企业会计,2013(11).

[5] 张德红,李春艳,蔡岩松.提高管理会计教学质量的目标转换与教学系统改革[J].黑龙江教育,2014(4).

[6] 范晓娥.应用型本科高校"管理会计"课程教学改革探析[J].当代经济,2015(8).

本论文已发表于《宁波工程学院学报》,2017 年第 1 期。

◎"超整理术"在建筑学专业实践课程教学中的应用研究

韩建华　代　锋[①]

摘　要:结合当下建筑学专业教育发展的时代背景,对建筑学专业教学中存在的问题进行分析。知识更新能力和研究能力对于建筑设计的创新具有不可忽视的作用,在实践教学中引入"超整理术"的工作理念和方法,从时间整理、空间整理和信息整理三个方面培养学生的工作能力。通过多层次、全方位的课程教学改革,在案例教学中逐步达到提高学生解决问题的能力,实现培养建筑设计人才的目的。

关键词:超整理术;教学改革;方法;能力

建筑学专业教育是一种实践性很强的教育形式,其教学内容、培养手段需要根据市场需求变化进行调整和不断创新。在市场竞争中,一方面教师要注重学生专业基础知识的掌握程度,另一方面又要使学生具有终身学习、创新的能力和素养。在国际化的背景下,培养方案、教学内容、教学方法要做到开放与融合,逐渐形成自己的教学特色与优势。

因此,为学生提供高质量、行之有效的实践课程教学方法和平台,是创新性

---

①　作者简介:韩建华(1978—　),男,吉林舒兰人,宁波工程学院建筑学系,讲师,研究方向为建筑设计及其理论;代锋(1977—　),男,吉林大安人,江苏科技大学土木工程与建筑学院,副教授,研究方向为环境艺术设计及其理论。

基金项目:2016年浙江省教育科学规划课题"基于超整理模式下建筑学专业学生创新能力构建与培养策略研究"(课题编号:2016SCG098)。

人才培养的关键点。

一、建筑学专业实践教学改革的迫切性

建筑学专业实践教学经常是安排在学期的连续几周时间内,根据科目、单元、阶段性的组织形式选择训练任务,其间学生要完成熟悉任务书、调研汇报、设计草图的修改、绘制图纸和答辩等工作,由于时间有限、信息量大,往往效果不理想。

在课程设置方面,前导课不能在时间上与之完全配套。课程群中内容不能安排在同一学期进行,或者理论授课与实践环节虽在同一学期,但时间跨度较大,其间经常与课程考试冲突,学生精力无法集中于设计工作。

通过针对性较强的实践课程训练后,学生对前阶段的学习内容有了一定程度的掌握,但是由于实践环节之间缺少衔接和联系,势必造成学生的专业知识体系无法系统化,在面临实际项目时出现不知从何入手的情况,诸多状况表明,现有的实践教学方法已经不适应新形势对建筑教学理念的要求。

二、"超整理术"践行于教学环节的可行性

《国家中长期教育改革和发展规划纲要(2010—2020 年)》中指出"为每个学生提供适合的教育"发展目标,是对人与人之间的差异性和独特性的尊重,强调注重学生个人潜能的挖掘和培养好的工作习惯。要求教师在教学内容的组织、选择和教学方法的运用上,在日常的教学中,注意培养学生掌握多种分析问题的方法,提高解决设计问题的能力。

当代日本设计师佐藤可士和提出的"超整理术"是一种高效率的工作方法,运用分类、归纳与总结等逻辑性很强的管理手段,建立起对事物从感性到抽象的思维体系。其目的在于借助整理的方法来提升工作效率。由于教育事业面向的是未来,所以教育思想与对学科发展的认知紧密相连,尤其是对于专业教育而言,没有纯粹的"教"与"学",因此要在现有的教学内容中凸显出实践教学的重要性,并同时结合学校本身的教学现状制订一套完善的实践教学模式。鉴

于建筑设计实践课程是高度模拟和接近真实项目的教学活动,为了让学生较快地进入工作状态,在日常教学中我们运用"超整理术"的方法改变松散的教学状态,让学生主动参与到教与学的工作中来。建筑学专业培养出的学生应具备的核心竞争能力是管理能力、学习能力、创新能力、协作能力等。本着训练学生各项能力目标为出发点,从新的角度对课程体系中的实践环节进行设计,学生在经过"超整理术"的训练后,从"时间整理""空间整理"和"信息整理"三个方面形成自己的工作方法,提升个人的综合实力。

三、"超整理术"践行于建筑学专业实践课程的过程分析

(一)以"超整理术"为导向的实践课程教学方法

实践课程开始前,授课团队按照"时间整理""工作环境整理"和"信息整理"三个模块制订教学计划,保持冷静的头脑,清除过程中不必要的内容,对教学过程中每阶段的"时间""内容"与"成果"进行预先"整理",围绕培养目标制订周密的教学过程信息系统。在授课过程中采用"掌握状况"—"导入信息"—"设定课题"的顺序,按部就班地引导学生进入设定的教学情境中。"掌握状况"就是结合大的行业背景进行此次实践课程研究的必要性分析,以及课题研究现状介绍。"导入信息"通过案例的分析,扩展学生解决课题的手段途径,调动学生的创作情绪。"设定课题"这一阶段开始导入本次课程的任务和目标,对课程过程中的阶段性目标的管理提出相应的要求。

一边整理事物,一边设定优先顺序,这条原则贯穿实践教学全过程。对于教师来讲,要排除干扰因素,对个人思绪进行整理,不能因忙碌而疏于整理,降低工作效率。对于学生来讲,学会"超整理"的思考方法,对复杂信息进行充分整理,按照"设定课题"目标制订适合自己的工作计划,找出解决问题的正确路径,进入设计创作的工作状态。

(二)学生在设计中运用"超整理"方法的实践过程

"超整理术"在运用过程中要求小组成员在分清主次任务完成顺序的同时,不要延长阶段任务的完成时间,只有这样才能高效配置时间,量化出阶段成果。

"时间整理"如同一张网格,监控阶段目标完成的进程。"时间整理"是体现学生个人管理能力的关键环节,时间的划分和目标的达成度的监控对学生的日常行为可以起到有效的约束。

创造良好舒适的学习和工作环境是"空间整理"的目标,要求学生能够身体力行地坚持,最理想的状态是不但收拾整齐,而且完全掌握物品的摆放位置。如果乍看很杂乱,可是当事人晓得每件物品的摆放位置,倒也还能接受;最要不得的则是不知道东西摆在哪里,工作空间又显得拥挤不堪。学生身体力行经营自己的学习空间,只要整理得当,就能够保持物品处于一览无余、可控的摆放状态。如此一来,其工作效率自然得到提高,避免出现空间杂乱无章并最终影响工作效率的情况。每个学生掌握项目的信息后,将信息进行排序,根据时间、地点、性质等综合考虑信息的重要性,决定储存信息的空间位置,只有亲身体会了这种辨别、分类和储存过程后,才能为信息的加工奠定基础。

建筑设计过程中学生通过各种手段、途径触及大量的数据信息,运用"信息整理"对信息进行整理、分类,并且建立数字档案,为后续工作指出设计方向,作为指导教师要帮助学生建立信息整理的意识。例如,在调研过程中有些学生面对场地空间之大,不知从何做起。教师会指导他对得到的访谈内容、现场图片、交通信息、历史演变等信息进行横向与纵向维度的梳理,其间找到感兴趣的点进行重点研究,对相关的信息进行再补充。这一过程的重点是引导和帮助学生树立有效的信息整理方法。

(三)以"超整理术"为导向的实践教学过程案例

实践教学环节对于师生来讲是共同面对的高强度思维风暴,只有掌握一定行之有效的行动准则,才会取得事半功倍的效果。以"居住区规划设计"为例,首先是时间整理,每组从开题之初即制订阶段任务时间计划表,对照时间节点的目标开展工作,例如前期访谈、测绘、图像采集与资料收集,返回后马上进行资料整理。这样杜绝了拖延和消极的学习情绪的产生,每个小组成员都在为信息分类、建档和分析进行有序准备。其次是空间整理阶段,在原有专业教室内对各自所需的器具及电脑资料的梳理,对在前期调研过程中搜集的图书、影像等数据资料进行小组内的整理,明确组内各自的任务。对照时间节点进行任务成果讨论,并且按照原定的讨论地点和形式进行工作,避免小组间的干扰,看似凌乱的专业教室其中隐藏着设计组有序的工作关系。最后是信息整理,此次任务定位为高端居住产品,如何获得市场认同,是规划设计中需要重点考虑的问题。处理好远期规划道路和项目的关系,使得城市与项目实现双赢。在建筑风格和环境设计方面,应从规划的角度,有较为完整的思路,以利于实现项目规划的各个重要目的。对住区公共环境进行创新式设计:突出本项目的优势,超额配套的优质公共环境。建立靠近用地与公共环境的便捷联系空间,可以主要通过"巷""带"等"线"式的处理来实现,以及人工草坪,局部环境场景及环境小品设计等"点式"的处理来构成环境节点。教师运用"超整理术"的教学方法,使学生在对任务书的认知深度上得到深化,在纷繁复杂的信息中整理出设计的线索和依据,不再盲从于事物的表面现象,在有序地完成任务的同时,形成适合自己的工作习惯。

四、结　语

建筑学专业学生要善于思考、分析和整合,只有这样才能不断创新。基于设计过程的复杂性和学生个性化培养的重要性,将"超整理术"作为建筑学专业实践课堂教学改革的新方法,构建以时间整理、空间整理和信息整理为依托,以学生主动参与为核心的建筑学专业教学方法的新途径,为探索更高水平的教学方法积累经验。

参考文献

[1] 丁沃沃.过渡与转换——对转型期建筑教育知识体系的思考[J].建筑学报,2015(5).

[2] 韩建华.开展"课题式"设计培养学生的创新能力[J].宁波工程学院学报,2010(3).

[3] 魏勇军,吴中军.基于应用型创新性人才培养目标的实践教学改革探索——以园林建筑设计课程为例[J].西南师范大学学报(自然科学版),2012(2).

[4] 佐藤可士和.佐藤可士和的超整理术[M].常纯敏,译.南京:江苏美术出版社,2009.

[5] 郝亮.绿色工程管理的工程价值观与创新的意义和必要性[J].价值工程,2012(5).

本论文已发表于《吉林省教育学院学报》,2017年第3期。

◎基于"翻转课堂"的新型混合式教学模式构建与实施

熊素娟[①]

摘　要：从当前混合式教学模式存在的不足入手，以高职"基础英语综合"课程为例，构建基于"翻转课堂"的新型的"网络在线学习＋传统面对面课堂教学"高职英语混合式教学模式，提出由课程导入、在线自主学习、混合式学习支持、课堂讲授、课后任务布置、学习评价组成的混合式教学模式实施步骤。结合教学实践，对混合式教学模式存在的问题进行反思及成因分析。

关键词：翻转课堂；混合式教学模式；高职英语；反思

一、引言

随着信息技术和互联网技术的快速发展，教育信息化程度不断加强。20 世纪 90 年代，E-learning 的出现，使得信息技术和各学科课程不断整合，以其灵活的学习方式、丰富的学习资源、宽松的学习环境在一定程度上改变传统教学中教师的作用及师生之间的关系，但由于其缺乏面对面的师生交流，学生自主学

①　作者简介：熊素娟，女，宁波城市职业技术学院国际学院讲师，硕士，主要研究方向为英语课程与教学论、职教师资发展。

基金项目：浙江省 2015 年度高等教育课堂教学改革项目"多模态视角下的高职英语听力课堂教学改革"（项目编号：kg2015883）；宁波城市职业技术学院 2015 年教育教学改革重点项目"基于柯氏模型的混合式教学效果评估体系构建与应用研究"（项目编号：xjzd1504）。

习的效果难以保证,教学监控难以有效实施,没有达到预期的"彻底改革传统的教学结构和教育本质"的目标。正如美国教育专家和教育技术专家在 2000 年起草的《美国教育技术白皮书》中所指出的:"E-learning 能很好地实现某些教育目标,但是不能代替传统的课堂教学。"针对传统教学和 E-learning 的不足,广大教育学者经过不断的反思和实践后,形成了融合传统课堂教学和 E-Learning 优点的混合式学习理念,并得到高度关注。

混合式学习是指将传统学习方式(面对面的课堂授课形式)和远程教育手段(数字化或网络化学习)相融合的一种学习方式。在我国,何克抗教授首先在 2003 年引入该理念,并阐述了混合式学习即"把传统学习方式的优势和 E-Learning 的优势结合起来"。他指出,基于混合式学习理念的教学实践既强调教师的主导作用(引导、启发、监督学生的学习过程),又充分体现学生的主体作用(主动、积极、创造性地学习)。近十几年来,国内学者对混合式学习、混合式教学模式的研究呈现出明显的增长态势,分别从混合式学习理论、资源建设、学习系统设计以及实证性的研究多维度探讨和应用混合式学习理论。混合式教学将传统教学手段和信息技术手段有效结合,教学资源得到整合,在很大程度上发挥了教师的主导作用,为教育教学改革提供了新的思路和方向。但是教学实践中,很多研究者都发现混合式教学中依然存在一些问题,教师只是通过网络平台上传 PPT 授课材料,在线的交流互动较少,师生对于网络平台的使用率较低。很多课程网站访问量多为学生上传教师规定的作业,而教师对学生作业的反馈也较少。课堂教学中教师的"满堂灌"现象仍然存在,尤其是在高职院校,学生自主学习意识不强,教师为了能更好地完成教学任务,只能采用多媒体课件授课灌输知识。

基于此,本文基于"翻转课堂"设计多元化的课前自主学习材料,利用多种模态(视频、音频、图片、实物等)提高学生学习的参与度,构建新型的混合式教学模式,以期实现真正的"教师为主导,学生为主体"的教学模式,有效提高混合式教学的教学质量。

二、基于"翻转课堂"的混合式教学模式

"翻转课堂",一种全新的"混合式学习方式",自 2007 年被两名美国化学教师提出后,逐渐在全球范围内得到推广。这种全新的教学模式使传统的"课堂上听教师讲解知识,课后完成作业"的教学模式发生了颠倒,变成"课前学生自学教师录制的课程讲解视频,课堂上在教师的指导下完成学习项目或任务"。随着近年来"翻转课堂"在教育领域内广泛应用,国内外学者纷纷对这种教学模式进行探讨。最具代表性的为 2011 年美国富兰克林学院的 Robert Talbert 经过其多年对翻转课堂教学模式的实践,归纳了翻转课堂结构图,如图 1 所示。

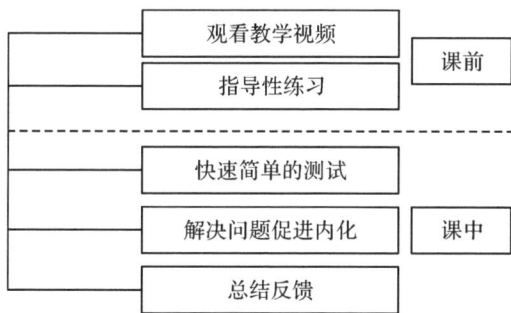

图 1　Robert Talbert 翻转课堂结构图

笔者在 Robert Talbert 的翻转课堂结构图基础之上,结合我院基础英语教学改革实践和高职学生英语学习的特点,构建适合我院英语教学的基于"翻转课堂"的混合式教学模式,分为课前、课中、课后三大模块,如图 2 所示。

这一模式充分体现了翻转课堂和混合学习的内涵,一方面,学生可以在教师的指导下,根据自己的学习特点、学习水平、时间等,选择合适的学习内容,借助计算机、网络平台提前进行基础知识的学习。另一方面,教师通过传统的课堂教学对学生学习的效果进行检测,并对学生学习中遇到的难点及授课重点进行情景设计,在有限的课堂教学时间内通过生生互动、师生互动的方式解决难点重点,大大提高课堂教学的有效性。该模式基于"翻转课堂"将传统的学习方式的优势和 E-learning 的优势结合起来,既发挥了教师引导、启发、监控教学过程的主导作用,又体现了学生作为学习过程主体的主动性、积极性与创造性。

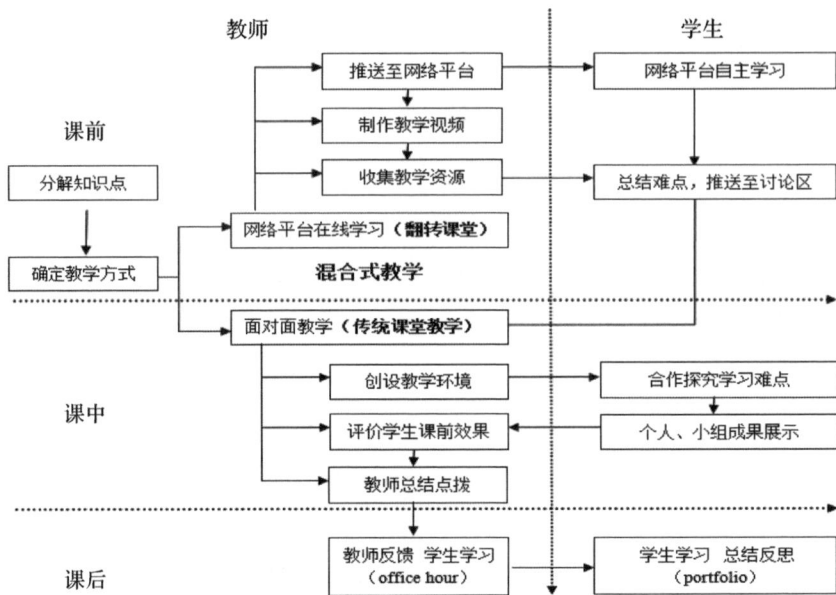

图2 基于"翻转课堂"的混合式教学模式

学生通过混合式学习可以充分利用面对面授课的好处,同时也可以借助技术在课堂上或者在家里接受个性化的指导。混合式教学让教师对教学法重新思考,让学生的学习不仅发生在课内,也发生在课外;教师对学生的辅导从课堂延伸到课外,真正做到"因材施教"。

三、基于"翻转课堂"的混合式教学模式实施过程

"基础英语综合"是高职应用英语专业的专业基础平台课程,是融合英语听、说、读、写、译单项技能培养于一体的综合性课程。作为专业基础课程,语言知识点较多,学生不仅需要掌握语言基本知识,更要注意语言技能的培养。该门课程授课方式大多以传统讲授为主,学生书写技能尚可,但是英语听说能力较差,实践性的语言情景应用能力不强,语言输入明显大于语言输出。针对这一问题,利用翻转课堂、网络教学平台,对该课程进行教学模式的改革。

基于"翻转课堂"的混合式"基础英语综合"课程教学步骤划分为:课程导入、在线自主学习、混合式学习支持、课堂讲授、课后任务布置、学习评价。每类基本学习活动又包含多个具体的学习活动,如图3所示。基于网络的学习

主要利用数字化网络平台来完成,课程的学习资料都呈现在数字化网络平台相应的板块,教师引导学生进行各个阶段和各种内容的自主学习和课堂学习。

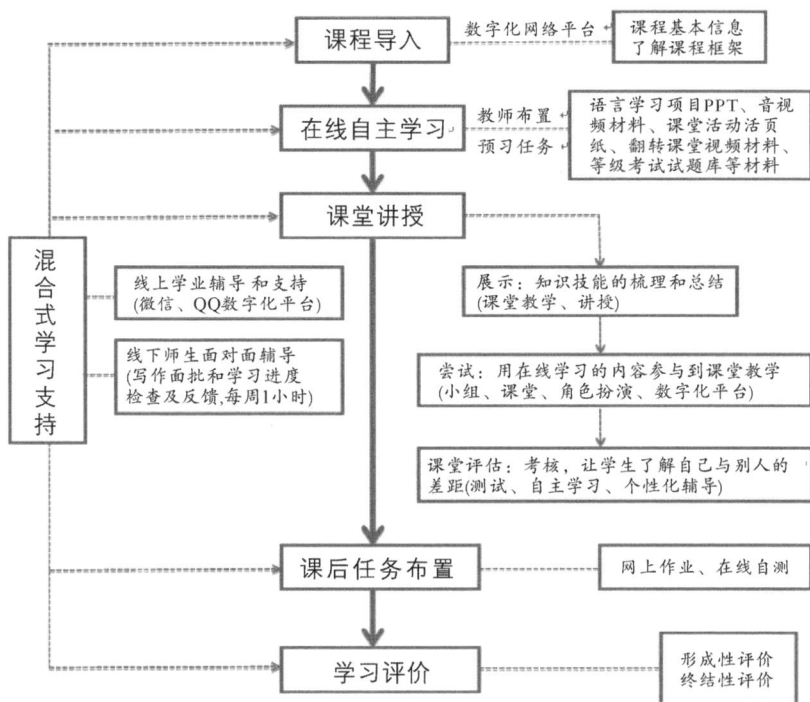

图3　基于"翻转课堂"的"基础英语综合"混合式教学步骤

(一)课程导入

教师通过数字化平台上传准备好的课程包。课程包主要包含课程基本信息、教师个人信息、课程简介、课程教材资料信息、课程作业组成分析、学习方法的指导、多媒体和网络技术的知识、课堂教学规范、课程评价标准、教学日历、课程预期目标。该阶段的目的是让学生了解课程和学习项目的大体的框架,以帮助学生明白并且能按照自己的学习步调顺利进入在线自主学习阶段。

(二)在线自主学习

教师在开始课堂教学活动前的一个星期,在数字化网络平台上预先上传语言学习项目PPT、学习内容的音视频材料、课堂活动的活页纸、翻转课堂的授课视频材料、语言等级考试试题库等相关材料,根据课时安排,教师布置学生的预习任务,学生通过数字化网络学习平台上提供的资源进行自主学习。学生通过网络平台学习教师录制的语言学习视频材料或 PPT 材料(主要为语言学习项目的知识点学习,语法项目的学习),完成教师在网络平台布置的预习检测作业,并将自学过程中的学习难点上传至网络平台的讨论区,与教师、同学进行讨论。

(三)混合式学习支持

支持和指导贯穿于整个混合式教学过程,学习支持主要包括两部分:

(1)线上学业辅导和支持:通过讨论组、微信群、QQ 群等方式和学生互动,进行答疑和辅导,利用网络教学资源让学生扩展知识。学生可以将疑问或观点发布在数字化平台的"讨论区"中分享,同时教师可以将答案分享在数字化平台中,这样可以积累更多的问题,弥补课堂教学中时间不充裕的缺陷。教师还可以将全班学生分为几个讨论组,每组在数字化平台课程上建立讨论群,同时与其他组分享,从而培养学生的团队合作能力。

(2)线下的师生面对面辅导:混合式课程设计中每周会在多媒体教室或者语言学习中心进行 1 小时的教师面对面个体辅导,主要进行写作面批和学习进度检查及反馈,指导学生根据自己的学习程度和进度使用网络课程自学。教师给学生提供各种关于语言学习的疑难问题的网络学习技术方法和资源服务,包含如何使用数字化平台,包括如何上传课程材料、如何使用图书馆资源。

(四)课堂讲授

新型的混合式课程的特色之处在于教师课堂教学的内容要与学生在网络学习平台讨论区中提出的学习难点相结合,教师在设计教学情景时,要利用网络平台收集学生学习的难点,结合语言学习项目的重点难点,对面对面的授课内容和授课方式进行调整,分解教学任务和学习任务,设计灵活多样的教学活动,常规课堂教学活动设计步骤主要包含以下内容:

展示:语言知识技能的梳理和总结,旨在帮助学生了解是否掌握必须掌握的知识点。

尝试:教师设计课堂教学活动,让学生使用在线学习的内容参与到课堂教学活动中,进行情景模拟,情景模拟多以小组协作的方式开展,旨在帮助学生在安全环境中体验新技巧,以强化对所教授内容的理解,并达到长久保持的效果。组织活动是混合式教学中很重要的一个环节,同时也能发挥数字化教学平台的作用。教师需要明确哪些活动在课上涉及,哪些活动在课后涉及,哪些活动在数字化平台上涉及。同时教师可以在课堂上对于某个部分展开讨论,在未完成或要延续讨论的情况下在数字化平台中设定"讨论区"进行进一步深入的讨论。

课堂评估:在学生自主学习和教师对知识点的提炼归纳总结基础之上,教师可以提供合理的评价手段对学生所学的知识技能进行考核。语言学习过程中,学习者对于测试容易产生焦虑和不安全感,对语言基础相对薄弱的高职学生提供安全舒适的环境进行语言输入活动的检测是非常重要的。通过考核,学生了解自己与别人的差距,及时通过课下的自主学习和教师所提供的个性化辅导来弥补。教师还可以在数字化平台上设置测试来检测学生对于知识的理解程度。

(五)课后任务布置

本课程按学习进度在作业中心布置网上作业,设置作业截止日期,作业题形式为主观题。学生在系统里提交作业,教师在系统里批改作业,作业成绩也在系统里公布。本课程按知识模块设置在线自测,自测题形式为客观题,系统从题库中随机出题,学生答题后公布答案。学生可通过自测及时了解知识掌握情况,并可通过多次自测巩固所学内容。

(六)学习评价

混合式教学的学习的监督和评价是保证该种教学模式有效顺利开展的重要环节之一。可以在数字化平台上创建学生电子档案进行过程性评价,本课程采用形成性评价与终结性评价相结合的方式,记录在线学习过程,将主要学习活动纳入形成性评价,系统评价与教师评价相结合,在课程学习的各个阶段对学生的学习效果做出评价。主要包括系统平时参与度以及课程任务作业、在线测验期末考试完成情况等。具体实施方法如表1所示:

表 1　学习评价表

评价方式	评价内容	评价手段	评价记录
网络平台学习	形成性评价在线学习过程	网上学习或 QQ 群、微信群学习中的点播、上传学习情况、下载资源、在线学习时间和效果	系统自动生成学生学习数据
网上作业	形成性评价作业完成情况	在线完成主客观题目	教师、系统批改
在线自测	自我评价阶段性学习效果	在线完成自测	系统自动批改
期末考试	终结性评价课程学习效果	期末闭卷考试	教师批改

　　课程总评成绩中,形成性评价占50%(在线学习15%,网上作业10%,课堂教学25%),终结性评价(期末考试)占50%。以上所有学习评价形式和手段均在系统内记录,形式多样,反馈及时。系统自动记录学习、交互的完整过程与结果,并且学生也能及时看到自己的学习反馈,有利于后期学习。

四、基于"翻转课堂"的新型混合式教学实施的反思

　　与传统的教学模式相比,混合式教学模式的建构对参与教学活动的主体、客体提出了更高的要求。笔者通过实施教学改革实践,发现基于"翻转课堂"的混合式教学能让教师重新思考教学,采用有效的教学手段开展教学活动。而作为学习主体的学生,在多模态的教学手段的吸引下,积极地开展课前自主学习,教学有效性在一定程度上有所提高。但是也有一些亟待我们进行反思的问题,下文主要从客观因素和主观因素两方面来分析。

(一)客观因素

1.混合式教学模式支持体系

　　混合式教学模式的实施过程,需要构建支持混合式学习的学习体系。支持体系包含网络学习平台、教学资源、学习评估及学习质量管理体系。

　　网络学习平台是混合式教学模式的主体组成部分,学生通过网络学习平台

进行异步学习和同步学习,实现自主学习和团队合作学习;教师通过网络学习平台上传各种学习任务,进行在线网络答疑和互动。课程的所有资源都需要网络在线平台进行推送和发布。

教学资源体系是学生自主学习的重要部分,包括所有学生自主学习和翻转课程的教学资源以及在线测试题库,视频及音频材料等,供学生在线自助学习。

学习评估及学习质量管理体系是保证基于翻转课堂的混合式教学模式有效实施的保障体系。学生在线学习时间可以通过系统自动记录下来,在线学习的效果可以通过事先设计的自测体系进行考核,并进行自动评估和反馈。教师也可以通过系统统计数据来了解学生自主学习情况,并对学生的学习情况进行在线反馈,同时也可以通过此系统收集学生学习过程中的难点,以便在面对面的课堂教学中进行难点解析,有效融合课堂教学和网络教学的内容,提升混合式教学有效性。

2. 课程内容适应性问题

"翻转课堂""混合式教学"这些全新的教学改革模式都有其优劣之处,不是所有的课程内容都适合"翻转",基于"翻转课堂"的混合式教学模式给教师以更多的选择,教师可以根据教学内容和授课对象学习特征,设计更为有效的教学方法,而不是一味地照抄"翻转"的模式。

(二)主观因素

1. 教师

基于"翻转课堂"的混合式教学模式对教师的素质和能力提出了较高的要求。正如陈坚林教授所指出的"教师的角色必须在计算机网络教学环节下进行解构和重建"。首先,教师的教学态度要改变。新型的混合式教学模式实施过程中,课前,要求教师对授课内容进行知识分解和重组,收集各种与授课内容相关的资源,所以课前的准备工作会较传统教学模式下的"备课"更加复杂和烦琐;课中,要求教师能够积极地组织学生进行课堂讨论,对学生的自主学习进行检测,关注每个学生的学习动态,对学生的自主学习情况做出反馈,查漏补缺;课后,要加强与学生的沟通交流,给学生反馈学习效果,为学生学习提供"私人指导"。其次,教师的教学能力要加强。采用翻转课堂,教师要在课前录制各种学习视频,课后进行网络平台的资源上传、学生网上学习的指导和监督,这些教学任务都要求教师掌握一定的信息技术,有效地开展教学活动。同时,新型的混合式教学模式,要求教师能够采用灵活、多变、有趣的教学方法设计教学活动,协调课堂教学和网络在线课堂的教学内容,与学生进行多元互动,培养学生的创造性和批判性思维。最后,教师需要具备一定的社会能力。社会能力指沟通能力。以"翻转课堂"为依托的新型混合式教学模式是全新的教学模式,教师会受到来自同行、学生的挑战,教师需要具备一定的良好的沟通交际能力,将新型教学模式的优势之处解析出来,保证教学改革的顺利实施。

2.学生

学生是学习的主体。基于"翻转课堂"的混合式教学模式和传统教学模式,截然不同,学生不再是知识的被动接受者,反之,通过翻转课堂的方法,大量的知识通过视频、音频、文件推送至网络学习平台,要求学生在课前通过网络平台自学教师规定的学习内容并完成相关的任务。学习中遇到问题或困难,可以通过网络平台的"在线讨论区"向教师和同学寻求帮助,实现网络互动交流,提高自主学习的有效性,增强学生学习的自我效能感。因此,基于"翻转课堂"的混合式教学模式不仅需要学生掌握网络学习策略,进行网络在线学习,同时也需要学生从传统教学模式的"要我学"转变成"我要学",保持积极的学习态度,达到最佳学习效果。

五、结　语

基于"翻转课堂"的新型的混合式教学模式集多种信息化手段和教学方法于一体,采用基于翻转课堂的混合式教学模式,提高学生自主学习能力;通过"课外自主学习,课内师导"的教学方式,主体-主导二者相结合,教学并重,大大提高了本课程的教学有效性。在教学模式、教师角色和学生角色三个方面发生了很大的改变。首先在教学模式上,从传统的"教师课堂信息传递、课后学生知识内化"到现在的"学生课前信息加工、课堂师生互动探究应用";教师的角色也从传统教学的"课程讲授者"到"课程的创设者",通过采用翻转课堂的教学模式,不断优化自主学习环境,为学生提供课前自学音视频材料;而学生也从传统教学中的"知识被动吸收者"转变成"知识的主动建构者",通过基于任务的学习方式,借助网络、视频等多种信息化手段促进语言综合技能的提升。但如何正确应用信息化技术提高教学效果,应该引发教师的思考。就正如秦秀白教授所指出的"英语教师要警惕和防止课堂教学的娱乐化倾向"。任何"滥用、乱用多媒体,追求'眼球效应'"的做法都是不值得提倡的。教师应该合理使用现代信息技术,设计教学活动,避免"教师利用信息化手段作秀"的教学模式。

参考文献

[1] 何克抗. e-Learning 的本质——信息技术与学科课程的整合[J]. 电化教育研究,2002(1).

[2] 何克抗. 从 Blending Learning 看教育技术理论的新发展[J]. 国家教育行政学院学报,2005(9).

[3] 黄荣怀,周跃良,王迎. 混合式学习的理论与实践[M]. 北京:高等教育出版社,2006.

[4] 王国华,俞树煜,等. 国内混合式学习研究现状分析[J]. 中国远程教育,2015(2).

[5] TALBERT R. Inverting the Linear Algebra Classroom[EB/OL]. (2015-08-17)[2015-08-17]. http://prezi.com/dz0rbkpy6tam/inverting-the-linear-algebra-classroom/.

[6] 秦秀白. 警惕课堂教学娱乐化[J]. 当代外语研究,2012(7).

本论文已发表于《职教通讯》,2016 年第 6 期。

◎基于移动互联网的混合式课堂教学改革研究

李银燕　徐　莹[①]

摘　要:基于移动互联网络的移动学习能够使学习者在任何时间、任何地点获取自己想要的知识信息,实现真正意义上的自主学习,最终实现学习的社会化、终身化。本文主要研究在移动互联背景下如何将移动学习融入教学过程来激发学生的自主学习兴趣,并且针对实际情况进行尝试性探索以期设计出一个基于移动互联背景的混合式课堂教学模式。

关键词:移动互联;自主学习;混合式教学

一、研究背景

随着信息技术的发展,网络教学参与的教学方式结合传统式教学方式形成的混合式教学应运而生。混合式教学主张把传统教学的优势和数字化教学的优势结合起来,二者优势互补,从而获得更好的教学效果。混合式教学带来了学习的变革,在培养学生自主学习之余,为个性化教学、泛在学习提供了良好的土壤,使学习成为无处不在的、感知用户情境的、适应性的、正式学习与非正式

---

①　作者简介:李银燕(1978—　),女,宁波财经学院国际经济贸易学院电子商务系专业方向负责人,主要研究方向为跨境电子商务、互联网营销;徐莹,(1976—　),女,宁波财经学院金融与信息学院副院长,博士,教授,主要研究方向为电子商务、物流。

学习融合的、人际交往与互动的、认知网络连接的行为方式。

近年来移动互联网技术、云计算技术等信息技术不断兴起与发展,对课堂产生了极大的冲击,融入网络技术与信息技术的混合式课堂教学又面临着移动网络带来的学生课堂专注力下降等问题。与此同时,各种新的基于移动互联技术的云课堂、云班课等教学形式不断涌现,为学生提供了全新的课堂学习体验与学习定位。如何更好地将新兴信息技术融入教学,如何在新的移动互联背景下开展有效的教学,如何完成"以学习者为中心"的教育教学模式转变,等等,教育教学领域的思维方式、教学模式、教学方法等都面临急需变革的挑战。

国内外的研究学者对如何将信息技术应用于教学开展了较多的研究,并提出了许多基于信息技术应用的新的教学模式与教学方法。2003 年 12 月何克抗教授在第七届全球华人计算机教育应用大会上提出混合式教学。他认为:"混合式教学既要发挥教师引导、启发、监控教学过程的主导作用,又要充分体现学生作为学习过程主体的主动性、积极性与创造性。只有将两者结合起来,使两者优势互补,才能获得最佳的学习效果。"2011 年美国斯坦福大学通过互联网创建 MOOC 在线课程,此后国内外学者专家纷纷对依托 MOOC 开展的教学模式进行研究,如胡杰辉(2014)"基于 MOOC 的大学英语翻转课堂教学模式研究",曾明星等(2015)"基于 MOOC 的翻转课堂教学模式研究"等;而 2013 年美国哈佛大学开设 SPOC 实验课程获得明显成效后,又出现 SPOC 教学模式,国内 2014 年浙江大学翁恺率先采用获得良好成效,随后国内又开始了 SPOC 教学模式的研究,如王朋娇等(2015)"基于 SPOC 的翻转课堂教学设计模式在开放大学中的应用研究",胡静等(2017)"基于 MOOC+SPOC 混合教学的翻转课堂教学实践";2014 年左右,随着学生配备智能手机等终端设备的普及,教育学者专家开始研究基于移动学习的教学模式,如郜伟、何静等(2015)提出"智能手机在大学生中的普及使移动学习成为可能,并给出了一个基于移动互联网的教学平台模型,克服了传统课堂教学的诸多弊端",冯兴保(2017)在"基于移动互联网环境下的多维课堂教学模式研究"提出"从信息资源的整合角度多维度提升课堂教学质量的研究路径"等。

综上所述,如何更好地利用先进信息技术改进教学质量,优化教学过程,提升教学效果,是每一个教育工作者都孜孜以求的研究目标。本文针对以下内容进行研究:如何在移动互联背景下,通过充分融合发挥移动互联技术有效开展移动教学,使曾经被传统课堂视为大敌的移动终端——智能手机、IPAD 等不仅不再成为实施教学的障碍,而且能够成为有效促进、提升教学效果的好途径好工具;并且通过"电子商务概论"课程的实践研究实施,最终获取可供借鉴和推广实施的混合式教学模式。

二、"电子商务概论"课程基于移动互联背景下的混合式教学模式研究设计

(一)总体研究思路

首先,从整体思路设计上,通过广泛挖掘和科学吸收、利用已有理论资源和实践经验成果,作为研究的基础,选取具有代表性的"电子商务概论"课程作为试点,采取两轮螺旋上升式的模式设计、教学实践过程开展混合教学改革研究。在第一轮学期初设计初步实施的教学模式并开展教学实践,在教学实践中收集数据、分析实施效果,实施过程中模式设计的部分可迭代改进的内容及时改进。学期结束课题小组阶段总结分析实施效果,优化教学模式,在第二轮学期执行优化模式的教学实践,同时收集数据、分析实施效果,迭代改进模式实施中出现的问题。研究后期,以经验总结分析为主,通过分析处理数据、总结模式实施经验等,最终获得相对优越、实施效果有明显成效的混合式课堂教学模式,如图1所示。

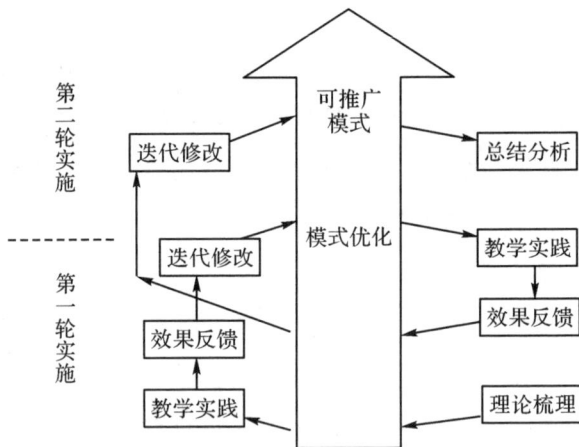

图 1　整体研究思路及技术路线图

其次,在具体每一轮的实施过程中也采取多次迭代改进的方式开展研究。由于"电子商务概论"课程的内容非常庞杂,首先需要将课程内容进行重新梳理,并将根据每部分的知识特点,设计课程混合式教学实施的模式,然后通过开展教学实践,获得相应的效果反馈,进而优化设计下一模块的教学模式,再次开展实践,最终分析总结出较好的混合式教学模式,如图2所示。

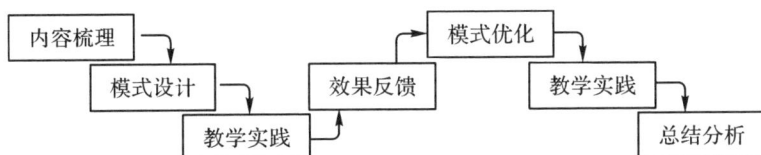

图 2　教学实施路线图

(二)基于移动互联的混合式教学实践与研究

开展采用多种教学方法的混合式教学。本课程组教师在教学中积极尝试项目教学法、任务驱动教学法、案例教学法、研讨互动教学法、模拟实验教学法,并开展丰富多彩的教学活动,如图3所示。

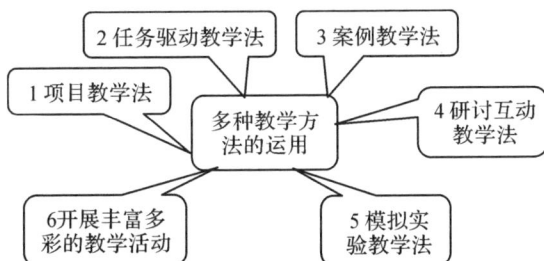

图 3　教学过程中采用的教学方法

课前对内容进行梳理并做充分的教学准备。"电子商务概论"课程的内容非常庞杂,要在有限的时间内将庞杂的电子商务知识全部理清、提高学习效率,需对知识体系进行重新梳理。按照课程的教学计划安排,共32课时,课题组将整个教学内容系统化分为四个模块,遵循课程的目标要求,基于学生的认知规律,由浅入深,由易到难,每个模块都有对应的教学目标要求。模块一为电子商务导论。该模块教学着重要求学生掌握有关电子商务的基本知识,概括介绍电子商务的概念、特点、功能、发展等。模块二为电子商务模型。介绍 B2B、B2C、C2C 等常见交易模式、移动电子商务模式、新型电子商务交易模式等内容。模块三为电子商务支持服务。主要包括电子商务网站规划与维护、电子商务安全技术、电子货币与支付技术、电子商务物流配送与管理等内容。模块四为电子商务应用。主要包括网络营销、企业电子商务运营策划和大学生电子商务创业策划等内容。详细教学内容实施规划如表1所示。

表1 "电子商务概论"教学内容及实施规划

模块	项目	内容学习形式	主要知识类型及理由
电子商务导论	电子商务基本概论、架构介绍	理论讲授	(偏理论知识)学生初次接触电子商务,需要把课程的纵览和学习方法对学生讲解清楚,而且这一部分知识比较碎片化,不太适合学生自学。建议教师主要基于案例教学法开展教学
	电子商务发展及趋势分析		
电子商务模型	B2B电子商务模式及实践	自我学习小组研讨	(偏应用知识)常见的电商模式,知识点容易理解,学生接触较多,适合课下研讨,通过移动平台开展学习交流活动
	B2C电子商务模式及实践		
	C2C电子商务模式及实践		
	移动电子商务模式	小组研讨	(偏应用知识)学生走在最新应用的前沿,用指定案例和自选案例相结合的方式开展主题研讨,通过头脑风暴,进一步启发互联网思维
	新型电子商务模式		
电子商务支持服务	电子商务网站规划与维护	自我学习课堂测评	(偏理论知识)多为基础性知识,较为枯燥且有一定难度,建议通过课前布置任务,课中测评答疑,课后深化理解等方式开展教学
	电子商务安全与电子支付		
	电子商务物流配送	理论讲授	(偏理论知识)内容较多,且条理性要求高,学生自学有难度,教师理论讲授为主
电子商务应用	网络营销	案例讲授小组研讨	(偏应用知识)通过撰写电子商务项目策划书的形式,对前期所学知识进行具体的应用,充分发挥学生的创新创意精神,课堂进行成果汇报和答辩
	电子商务策划案例		

构建基于移动互联的资源库。目前无线移动网络、互联网技术、多媒体技术都已经比较成熟,在校学生基本都拥有智能化移动终端设备,教师可以通过使用移动设备,利用移动教学服务器实现师生互动式教学,教学过程和教学目标都可以突破时空限制获得实现。我们在开展研究前比对了大量的移动教学平台,选取蓝墨云班课作为开展教学实施的主要移动平台,并且在教学实施前

按照课程模块化对教学内容进行详细梳理,将适合于学生自我学习的内容整理归类,在教学过程中通过移动学习平台分享给学生。

构建基于移动互联的过程性学习评价。基于移动互联的过程性学习评价还具有能够记录学生学习过程、学习效果等个体性非常强的数据,所以能更好地反映学生学习过程中出现的问题,从而给教师提供更多的改进参考。同时,通过开展过程性评价,学生参与课堂活动、开展自我学习、参与平台研讨活动等的热情也会被更好地激发出来,从而提升学习绩效,如表 2 所示。

表 2　"电子商务概论"过程性学习评价项目表

评价阶段	课　前	课　中	课　后
评价目的	提升学生自主学习、发现问题的能力	解决难点问题,激发问题意识,强化协作	全面解决知识盲点,实现知识内化
评价项目	资料学习	出勤	作业
	自测题	回答问题	参与活动
	参与交流	研讨表现	
成果形式	学习进度情况、自测分数、参与度等	参与度、回答问题情况等	作业、报告、参与度等

三、案例:"电子商务安全与支付"混合式教学实施

以"电子商务安全与支付"章节内容为例,开展混合式课堂教学实施。该章节内容主要采用理论分析、案例教学等方法,力求使学生掌握基本的电商安全和支付原理,启发学生创新思维。

(一)教学设计

"电子商务安全与支付"章节教学流程具体实现的教学模式设计如图 4 所示。

(二)教学实施

1.课前

课前"线上"学习使学生对电子商务安全技术以及支付技术相关知识有宏

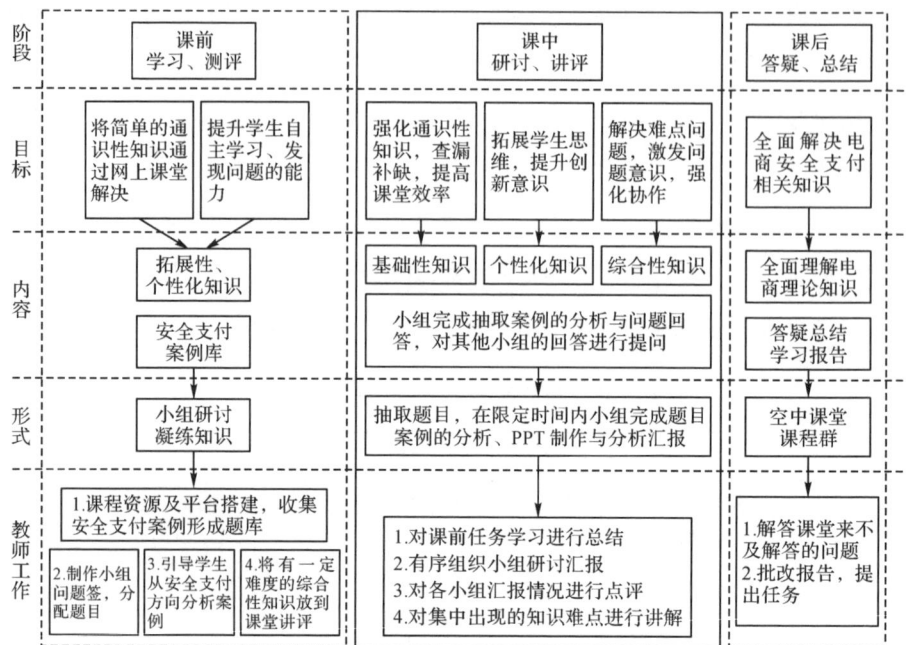

图4 "电子商务安全与支付"教学设计

观的了解和认识,并要求学生能够根据相关知识分析案例,形成具有个性化和创新性的观点。教师的主要任务是搭建网络教学课程平台,整合课程资源(包括微课、文本、案例资源),并选取适合课前自学的通识性知识做成题库,让学生在线学习并完成自我测试。题库设计需要涵盖本章节的所有知识环节,重点让学生了解相关知识点的基本概念,包括电商安全环节(加解密协议、数字签名、CA认证、防火墙等),电商支付环节(数字现金、电子支票、SET和SSL协议、电子钱包等)。同时,要求学生开展小组研讨,通过对案例库中的案例分析,从身边的现象和体会引发思考,形成具有个性化和创新性的观点。

教师通过"线上"网络课堂自测结果,将错误率较高的题目进行总结,形成新题库,放入小组研讨交流区域,在课堂上开展进一步研讨。课前学生学习任务要求如表3所示。

表3 "电子商务安全与支付"学生课前学习任务表

学习任务	学习目标	学习资源	学习建议
电商安全相关知识	掌握电子商务网络安全知识	网络课程视频及文字资料	在理论课开始前完成自我预习

学习任务	学习目标	学习资源	学习建议
电商安全案例分析练习	运用电商安全知识分析案例中存在的问题，并找出解决方法	网络、书籍	可以多查阅一些资料，小组研讨，在学习平台留言
电商支付相关知识	掌握常用网络支付形式，掌握网络支付安全机制	微课、网络课程、互联网	在理论课开始前完成自我预习
电商支付案例分析练习	运用电商支付知识找出案例中问题的解决方案	微课、网络课程、互联网	可以多查阅一些资料，小组研讨，在学习平台留言

2.课中

通过小组抽签的方式，每个小组对抽到的两个案例进行分析，解决案例中出现的问题，并根据小组研讨的结果，在规定的时间内做出案例分析汇报的PPT，完成小组汇报。其他小组同学根据汇报的内容进行提问。具体教学安排过程如表4所示。

表4　"电子商务安全与支付"课堂活动设计

教学环节	估计时间	教学活动		教学目的
		教师活动	学生活动	
一、课前学习总结	15分钟	1.对学生课前学习进度进行总结 2.对自测情况进行总结，对错误率较高题目进行简要讲解	1.学生认真听讲，重点关注自测题错误题目 2.简单讨论并积极回答老师提问	通过对课前学习进程总结，树立高效学习的榜样，并引起学习进度偏慢学生的重视
二、小组研讨	30分钟	1.讲解研讨要求 2.组织小组研讨	小组根据案例问题分工协作，搜集资料、制作PPT、积极开展研讨	1.让学生熟悉本次课堂流程 2.培养学生分析解决问题能力、小组协作能力
三、案例分析汇报	30分钟	1.组织小组汇报 2.穿插提问	1.每个小组完成分析汇报 2.认真听取其他小组汇报，为后续提问做好准备	1.考查学生运用知识解决问题能力、语言组织表达能力、逻辑思维能力 2.培养学生小组配合、现场回答问题能力

续　表

教学环节	估计时间	教学活动		教学目的
		教师活动	学生活动	
四、总结归纳，布置任务	15分钟	1.总结、点评，要求学生课下完成学习报告 2.评分，根据组内贡献度得分、课堂表现及竞赛得分，计算每个小组的最终分	进一步加强知识理解，学会分析总结	1.教师与学生同时总结回顾，有助于指导学生巩固所学知识 2.让学生学会总结反思

3.课后

师生通过蓝墨云班课移动教学平台，进一步交流互动，将课堂上来不及解决的问题进行解决，教师指导学生完成学习报告，通过学习报告的撰写，学生能够提高学习反思的能力。

(三)教学评价

学生总分＝学生课前平台学习×30％＋课堂表现×20％＋课堂汇报结果×50％

学生课前平台学习＝学习进度分×40％＋自测题的完成×60％

课堂表现＝小组贡献度＋现场表现（团队协作、主动性、补充回答等）

课堂汇报结果：小组在本次汇报中的课堂得分情况。

四、基于移动互联背景下的混合式教学模式研究成效分析

(一)课程的总体改革成效分析

课程组在改革课程授课结束后都对学生发放了课程教学满意度调查问卷，问卷均针对教学过程和结果从不同维度设计了关于课程满意度的问题。课程组面向参与教改的学生发放了调研问卷，最终回收883份，去除无效(全部同样选择、部分题目未答或完全无逻辑)问卷26份，留样本问卷857份进入统计分

析,统计样本覆盖率达到改革学生总人数的87%。详细数据如表5所示。

表5 "电子商务概论"课程满意度各指标描述性统计量

观测点	均值	标准偏差	总量 N
对教师和课程的总体满意度	4.5462	0.43352	857
对教学过程内容和方法的评价	4.4253	0.42573	857
对自身学习主动性和积极性的评价	4.1679	0.62032	857
对自身学习后能力提升的评价	4.3281	0.52173	857
对考核方式的评价	4.2601	0.53620	857

表5数据显示"电子商务概论"在实施基于移动学习平台的混合式教学模式改革后,学生对学习过程和结果各方面的满意度均值都在4(满意)以上,其中对教师和课程总体满意度的评价高达4.5462,对教学过程内容和方法的评价达到4.4253,属于满意度高值区间。这说明学生对教学过程和结果均呈现满意状态,其中对教学内容和方法上的改革高度认可。

(二)课堂参与度成效分析

在两轮教学改革的实施过程中,我们选择工商管理专业13、14级作为对比对象,对其讨论课题量、汇报PPT制作数量,以及学生提问次数等数据进行分析,可以发现自实施改革以来,学生主动参与课堂的频度、数量、课下自学时间等增长显著。第一轮改革中13级工商1—3班平均69人(约占总人数的51.9%)参与课堂汇报和讨论环节;而第二轮改革中14级直接参与课堂汇报和讨论的平均人次已经增至84人(约占总人数的比例为62.7%),这个数据的提升意味着学生主动参与课堂的意识和积极性显著提高,如图5所示。

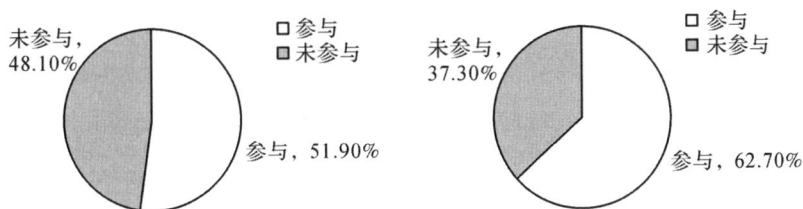

图5 13(左)、14(右)级工商管理专业学生课堂活动参与度对比图

五、总结

以"电子商务概论"课程为例,基于移动互联背景下的混合式教学模式研究已经实践了2轮,目前基本形成了较为系统的改革思路与方案,学生对该课程的反馈也日渐满意,教学成效初步显现。然而,在开展自主学习过程中,还是存在部分基础较差或者学习态度不够端正的学生搭"顺风车"现象;在课堂开展基于移动教学平台的教学活动过程中,小组发言积极性如何充分调动;如何通过移动互联平台更好地激发学生自我学习动力,增强学生自我创新力创造力的培养,进一步提升学生电商应用和实战能力等问题,仍有待在今后的课堂教学改革中进一步完善解决方案。

参考文献

[1] 陈丽,郑勤华."互联网+"时代中国远程教育的机遇和挑战[J].现代远程教育研究,2016(1).

[2] 陈兵.传统课堂教学与网络教学整合模式的探讨[J].教育与职业,2006(29).

[3] 杨根福.混合式学习模式下网络教学平台持续使用与绩效影响因素研究[J].电化教育研究,2015(7).

[4] 秦楠."互联网+"背景下混合式教学模式研究[D].济南:山东师范大学学报,2017.

[5] 王国华,俞树煜,黄慧芳,等.国内混合式学习研究现状分析[J].中国远程教育(综合版),2015(2).

◎将"思政"元素融入免疫学教学的探索

夏佳音[①]

摘　要: 为了提高药学专业免疫学教学效果,提升未来药学服务人员的人文素养,本文对免疫学中隐含的"思政"元素进行了挖掘,并将这些"思政"元素融入免疫学教学,有助于学生更好地掌握免疫学专业知识,有助于人文素养的提高,为将来能够提供优质药学服务奠定基础。

关键词: 思政;药学;免疫学;教学

药学专业学生主要面向医院、社会药房就业,是以药学服务能力为特色的高素质技能型人才。近年来,随着人们法律意识和维权意识的增强,药学服务纠纷的发生率呈明显上升趋势,药学服务纠纷中不排除患者自身因素,但也有药学服务人员方面的原因。在目前药学高等教育大背景下,药学专业的学生普遍存在人文素养薄弱的问题,这主要是因为药学教育精于自然科学,疏于人文科学,没有真正树立以人为本的理念。须知,药学服务的对象是人,应以人为本,药学服务者应将人文关怀落实到药学服务中,才能融洽药患关系。这就要求我们在传授专业知识的同时,也要注重培育学生的人文素养。

近年来,免疫学在药学专业教学中的重要性日益凸显。靶向药物、疫苗、细胞因子、免疫血清等以免疫学为知识背景的生物类药物在肿瘤、传染病等重大疾病的治疗中发挥了重要作用,逐渐成为临床用药的重要组成部分,此外,许多化学药物、中药制剂的药理学作用、药效学机制、毒副作用的发生发展也与免疫

---

① 作者简介:夏佳音(1982—　),女,硕士,讲师,主要从事免疫学教学与研究工作。

学有关。作为未来的药学服务者，要想提供优质的药学服务，掌握扎实的免疫学专业知识尤为重要，而免疫学本身是一门难度较大的课程，要达到好的教学效果并不容易。在免疫学教学中融入"思政"元素，有助于药学专业学生理解免疫学专业知识，有助于提高学习主动性，有助于提高免疫学教学效果，有助于提升专业能力和人文素养。下面就谈谈免疫学这门课程中"思政"元素的挖掘和应用，总结如下。

一、科学故事增加趣味性，培养爱国和敬业精神

科学故事增加了免疫学教学的趣味性，能够激发学习兴趣，还能够培养学生爱国和敬业精神。比如在介绍疫苗的时候，可以讲述我国古代医生种痘预防天花，由此开创人类天花预防之先河的故事，激发学生强烈的民族自豪感和爱国热情。在介绍巨噬细胞的时候，讲述一位差点自杀的现代免疫细胞学开拓者梅契尼科夫在科研道路上如何越挫越勇，最后发现巨噬细胞的故事，一起学习科学家兢兢业业、至死方休的攻坚精神，让学生了解每一项科学发现，每一次技术进步，都闪耀着敬业精神的光辉，润物细无声地让学生明白什么是敬业精神，今后要兢兢业业工作，刻苦钻研业务和技能，努力提高服务质量，承担起社会责任并实现自己的人生价值。在介绍抗体形成机制的时候，讲述诺贝尔生理学奖获得者杰尼提出的抗体形成"天然"选择学说开创免疫学新纪元的故事，告诉学生什么叫"浪子回头金不换"。

讲述科学故事能够引起学生的兴趣，学生听完这些励志故事以后，由于在情感和心理上已经接受了这些有故事背景的学习内容，变被动学习为主动学习，即便有些知识很难理解，也能化困难为动力，由此教学效果自然会提升，同时学生的爱国和敬业精神等人文素养也得到了培养。

二、新药促发学习动力，树立终身学习理念

在讲解免疫学预防和治疗的时候，通过介绍不断涌现的免疫新药物，使学生认识到自身知识的匮乏，同时让学生知道，作为未来的药学服务者，只有准

确、及时地获取药物相互作用、并发症、特殊人群用药等各方面药学信息，才能提供优质的药学服务，以此促发学习动力，提升教学效果，并帮助学生树立终身学习的理念。

三、辩证法促进知识理解，培养辩证思维

辩证思维简单来讲就是要看清事物的两面性。免疫有"两面性"，对机体既有"有利"的一面，可以防御病原微生物的侵害，消除损伤或衰老细胞，消除突变细胞，又有"不利"的一面，会导致自身免疫性疾病和超敏反应的发生，即免疫是一把"双刃剑"。而免疫分子抗体、补体的功能同样涉及了"有利"和"不利"两方面。在讲解上述内容的时候，可以引入辩证法，促进学生对知识的理解。

另外，免疫中的"自我"和"非我"是相对的概念，也体现了辩证法。对于眼晶状体球蛋白、精子等自身抗原，虽然是自身成分，但是由于某些屏障的阻隔，从未和自身免疫细胞见过面，当某一天有幸和自身免疫细胞相遇，然而不幸便在此时发生了，免疫细胞会把眼晶状体球蛋白、精子等自身抗原当作"非我"的成分，即外来物质而进行攻击。

通过知识的讲解，培养学生的辩证思维，让学生意识到，凡事都有对立的两个方面，凡事都是相对而言，要用辩证的眼光去看待问题，当成长过程中遇到不利因素，应敢于向命运挑战，敢于向不利因素挑战，变不利为有利。

在教学过程中，引入这方面的"思政"元素，学生从辩证法的"两面性"过渡到免疫学的"两面性"，实现了新旧知识的融通，有利于提高学习效果；反过来，对免疫学"两面性"的学习又进一步加深了学生对辩证法"两面性"的理解。如果药学服务人员能够运用理论知识、实践经验和辩证思维进行推理判断，不仅可以增强工作能力，还可以避免药患纠纷的发生。

四、新闻报道鲜活免疫学知识，培养爱心和奉献精神

在讲授免疫细胞的发源地"骨髓"和集落刺激因子时，导入了中央电视台《共同关注》栏目报道的"任爽身患绝症，千里寻亲"的故事，湖北女大学生路敏

给任爽捐献骨髓造血干细胞的过程中,就用到了粒细胞集落刺激因子,引入这个故事能让学生很快理解骨髓和该细胞因子的作用,使枯燥的知识变得鲜活生动,而且在教书的同时也达到育人的目的,培养爱心和奉献精神,为提供优质药学服务提供了支持,因为药学服务不仅要有全心全意为顾客排忧解难的奉献精神,还要有爱心,能够理解和包容顾客的误解。

五、日常行为切入免疫学教学,培养健康理念

学生日常行为贴近学生生活,以学生日常不良习惯切入免疫学教学,更接地气,还可以培养健康理念。在介绍"免疫系统"的时候,以学生带着早餐进教室、睡眠不足、缺少运动等为例,讲述早餐、睡眠、运动对免疫系统维持正常免疫功能的重要性,让学生意识到,要让免疫系统正常工作,就要养成健康的生活习惯。在介绍"免疫调节"过程中神经内分泌网络对免疫系统的调节作用时,给学生讲讲为什么不良情绪会导致免疫力降低,容易生病,如此不仅增强了学生对免疫系统及其调节方式的理解,还能够使学生意识到心理健康的重要性,有好心情,才能有好身体,才能成为合格的社会主义现代化建设的接班人。

六、艾滋病激发求知欲,培养道德观和人文关怀精神

艾滋病是大家熟悉的疾病,以熟悉的疾病导入免疫学教学,讲授免疫学知识,学生更容易接受,也更容易理解。比如,在介绍抗原决定簇之前先给学生讲讲艾滋病防治现状,因为艾滋病病毒变异极其迅速,所以难以研制特异性疫苗,至今无有效预防方法,对人类健康构成极大威胁,然后提出问题"变异发生在何处?"引发学生思考,教师随后引入抗原决定簇教学内容。这种启发式教学能够大大激发学生的求知欲,提升学习效率。

讲艾滋病可以培养人文关怀精神。艾滋病已经和"道德败坏、伤风败俗"等同起来,人们像躲瘟疫一样躲避艾滋病病人,然而许多艾滋病病人和感染者其实是无辜的,是受害者。作为未来的药学服务人员,应该学会换位思考,设身处地为他人着想,理解他人,宽容待人,减少歧视,尊重患者的隐私,慎言守密,有

仁爱之心。

讲艾滋病还可以培养道德观。艾滋病的传播不可避免地涉及道德问题,在仍未取得治愈艾滋病有效方法的当下,道德力量在艾滋病防治中就显得尤为重要,倡导忠诚、责任、亲情等理念,筑牢艾滋病防治的首道防线。

七、团队协作融入免疫学教学,培养团队观念

工作中需要团队协作,而我们身体里的免疫细胞也需要团队协作。在讲解免疫应答的时候,从细菌或病毒进入人体直至被人体免疫系统消灭,当中涉及了多种免疫细胞,每种细胞都有其独特的功能,这些细胞的团队协作是机体抵御疾病的关键,任何一种免疫细胞的功能出现异常,都会使整个系统陷入混乱。学生在理解团队协作的基础上,再去学习免疫应答过程中免疫细胞合作御敌的内容,让学生意识到团队协作的重要性。这样的教育不仅能够让学生对理论知识的理解变得更加深刻,还有助于培养学生的团队观念。

作为专任教师,应该积极思考,不断挖掘免疫学专业知识中隐含的"思政"元素,并将这些元素融入免疫学专业课程中,以思政元素作为引入,进行免疫学专业知识的教学,在专业知识的教学过程中强化思政元素,潜移默化地影响学生、培养学生、塑造学生。专业知识学习和"思政"相互促进,最终提升他们的专业能力和人文素养。

参考文献

[1] 郭君.浅谈药师如何在药学服务中实践人文关怀[J].中国医学创新,2012,9(15).

[2] 卓彩静.福建医科大学药学专业本科人才培养状况调查与对策研究[D].福州:福建师范大学,2015.

[3] 赵梅,周淑琴.现代药学背景下药学专业免疫学教学方法探讨[J].安徽医药,2013,17(10).

[4] 张赟,陈丽华,谢鑫,等.在"医学免疫学"教学中提高学生素质教育水平的几点体会[J].中国免疫学杂志,2007(2).

[5] 王琼玉.培养大学生的健康新观念[J].考试周刊,2017(38).

［6］杨婧.《人民日报》艾滋病报道中的道德教育研究［D］.安徽:安徽医科大学,2017.

本论文已发表于《中国免疫学杂志》,2019 年第 3 期。

◎信号与系统课程中语音信号应用的教学案例研究

诸葛霞　邓　菲　王敬蕊[①]

摘　要:采样定理是信号与系统课程中信号的频域分析部分非常重要的内容。本文将语音信号处理引入到信号与系统的课堂教学中,使学生对采样定理有一个形象化的认识,并能够引申到日常生活的相关现象上。教学效果表明,通过语音信号的形象化演示,学生对采样定理有了非常真切的理解。

关键词:语音信号处理;信号与系统;课堂教学改革

一、引言

(一)信号与系统课程的相关内容

信号与系统课程是电子信息类本科生的专业基础课,前承数学、物理、电路等基础课程,后启数字信号处理、数字图像处理、自动控制等专业课程。内容覆盖连续信号处理、离散信号处理及系统的时域分析、频域分析、s 域分析和 z 域

①　作者简介:诸葛霞(1979—　　),女,江苏常州人,博士,宁波工程学院电子与信息工程学院讲师,主要从事信息、数字图像处理,以及目标检查方面的研究;邓菲(1977—　　),女,江西吉安人,宁波工程学院副教授,博士,研究方向为无损检测及信号处理技术;王敬蕊(1979—　　),女,汉族,河南邓州人,宁波工程学院讲师,博士,研究方向为半导体器件。

基金项目:宁波市教育科学规划题(项目编号:2015YGH024)、浙江省高等教育课堂教学改革项目(项目编号:kg2015450)

分析。信号与系统课程是一门理论性和实践性强的课程，为了使学生更好地掌握这门课程，教育工作者提出了一系列有关该课程的教学改革，其中最重要的是将 MATLAB 软件应用于信号与系统的课堂教学，实现了理论和实践教学的结合。

采样定理是连接连续时间信号和离散时间信号的桥梁，在日常生活中有很多应用。例如，打印图像是由一系列的点组成的，当这些点挨得足够近的时候，打印图像看上去就像连续图像一样。又比如视频图像，它是由一帧一帧的静止图像组成的，当这些图像以适当的速度接连播放的时候，就可以看到连续变化的场景。

采样定理表明，在一定条件下，连续时间信号可以用它的采样序列完全恢复出来。相对于连续信号而言，离散信号的处理更加灵活，随着数字信号处理技术的快速发展，造价低廉、体积轻巧、内部可编程的离散系统应用到了工作生活的方方面面。采样定理允许我们使用离散系统实现对连续信号的处理：连续信号首先经过模/数转换器采样量化为数字信号，然后经过离散系统处理，由数/模转换器转换成连续信号。

采样定理的重要性和实用性决定了它在信号与系统课程中不可或缺的位置。采样定理的内容横跨了时域和频域两大部分，课堂讲解时，我们先在离散时间信号部分讲解采样过程，将离散时间信号和连续时间信号衔接起来，然后在频域部分解释采样定理的原理，将频域和时域的相关内容一一对照。

(二)采样定理的相关内容

采样定理表述如下：连续时间信号 $x(t)$，它在频域中是一个带限信号(具有最大频率 B)，用周期对该信号进行采样得到离散时间信号 $x(nTs)$，如果采样频率满足如下条件：

$$Fs \geqslant 2B$$

则可以从 $x(nTs)$ 中完全恢复出 $x(t)$。信号采样和复原过程如图 1 所示。

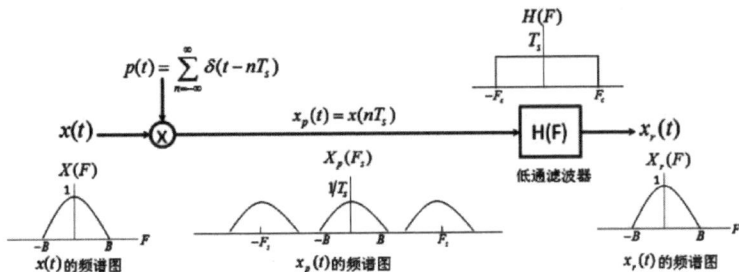

图1　连续时间信号的采样和复原过程示意图

当信号不是带限信号或者采样频率不满足如上条件时,采样后信号的频谱会产生如图2所示的重叠部分,这时用低通滤波器无法提取出完整信号频谱,连续信号无法精确复原。

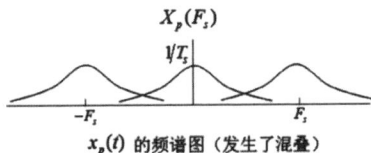

图2　发生混叠的采样信号的频谱

二、语音信号在信号与系统课程中的应用

声音信号是人们闭上眼睛以后能够从外界感知到的最多的信号,语音信号是其中最有意义的一种。本文介绍两例将语音信号应用到信号与系统课程教学中的案例。

前文介绍采样定理时明确表明当采样频率不满足要求时,采样信号的频谱会发生混叠,这个现象用图2表示得很清晰。但是,它只是一个频谱示意图,学生只能想象,无法真切地感知到这是怎样的一个现象。使用语音信号演示频谱混叠现象的案例如下:

例1:首先使用计算机录制一段语音信号,后缀为.wav,频率为$8kHz$,保存为 YuYin.wav。然后在 MATLAB 的命令窗口运行如下代码:

```
x = wavread('YuYin');
Fs = 8000;N = length(x);xr = x(1:2:N);
```

```
soundsc(x,Fs);pause;soundsc(xr,Fs/2);
```

以上代码运行以后,我们首先听到录制的语音信号,然后在命令窗口按回车,则可以听到间隔采样后以 4000Hz 的采样频率复原的语音信号,其中夹杂着"嘶嘶"的声音,这个"嘶嘶"的声音就是频谱混叠的现象。

例2:这次使用的并不是一段真实的语音信号,而是用频率随时间变化的余弦信号模拟语音信号。

设具有瞬时频率 $F_t(t) = \frac{1}{2\pi}\frac{d\theta(t)}{dt}$ 的连续时间信号,假设 $Fi(t)$ 随着时间线性变化,即 $Fi(t) = F0 + \lambda t, \theta(t) = 2\pi F0t + \pi\lambda t2$。在 MATLAB 命令窗口运行以下代码:

```
Lambda = 2000;
Fs = 8000;%采样频率
F0 = 1000;%初始化频率
T = 2;%时域观察范围
it = (0:Fs * T - 1)/Fs;%时间轴坐标
theta = 2 * pi * F0 * it + pi * lambda * (it.^2);
x = cos(theta);
soundsc(x,Fs)
```

我们可以听到一段从低沉渐变到尖锐又回到低沉的声音。这个声音的变化过程并不是我们期望的,它是由频谱混叠引起的,因为采样频率是 8000Hz,当信号的频率大于 4000Hz 后,采样频率不满足采样定理的要求,这时声音又从尖锐部分返回低沉部分。

上述第二个例子同时演示了频谱的歧义现象。如果余弦信号 $x(t) = \cos(2\pi F0t)$ 和 $y(t) = \cos(2\pi F1t)$ 的频率满足关系 $F1 = F0 + kFs, k \in \mathbf{Z}$,在用采样频率 Fs 对两个信号进行采样复原后得到的信号都是频率为 $F0$ 的信号,由于频谱混叠的原因,频率为 $F1$ 的信号也被复原成为频率 $F0$ 的信号。所以上述案例中,当信号频率在 4000~5000Hz 范围时,它们被复原成了 3000~4000Hz 的信号,于是我们听到了从尖锐变回低沉的声音,而不是预期的那种越来越尖锐的声音。

三、课堂教学效果

借助频域分析可以将很多时域中复杂的难以解释的现象分析得一清二楚。采样定理描述的是连续信号的采样复原条件,在时域中对它进行讲解时比较艰涩,而用几幅简单的频域示意图就可以形象生动地将它分析得明明白白,如上文所示。

频域是一个非常抽象的领域,除了想象,我们没有办法切切实实地感知到它。讲解采样定理时,虽然在原理上分析得很清晰,学生依然没有真切的感觉,致使他们的理解仅仅停留在理论阶段。

通过语音信号的直观演示,学生的第一个反应是很直观、有意思,第二个反应是原来这个就是频谱混叠现象,第三个反应就是以后遇到类似现象就知道那是因为采样条件没有满足要求引起的。语音信号在信号与系统课堂中的应用很受学生欢迎,他们希望更多的教学内容能有类似的演示,从而加深对理论知识的理解。

参考文献

[1] 诸葛霞,袁红星,孔中华,等.信号与系统课程教学改革的思考与实践[J].网友世界,2013(20,21).

[2] 诸葛霞,袁红星,孔中华,等.信号系统课程中数字图像处理教学案例研究[J].宁波工程学院学报,2014,26(4).

[3] 诸葛霞,袁红星,李俊.信号与系统课程教学过程中若干问题的探讨[J].亚太教育,2015(7上).

[4] 诸葛霞,袁红星,李俊,等.信号与系统课程中有关离散傅叶级数的相关问题研究[J].新校园,2015(12).

[5] 邹凌等.MATLAB 和信号与系统课程整合的教学实践研究[J].中国教育技术装备,2010,5(15).

[6] 刘翠响等.信号与系统精品课程建设的探索与实践[J].河北工业大学成人教育学院学报,2006,22(3).

[7] 金波."信号与系统"课程教学改革初探[J].电气电子教学学报,2007,29(4).

［8］郝晓莉."信号与系统"和"数字信号处理"课程改革的思路和实践[J].电气电子教学学报,2002,24(6).

［9］陈后金,等.我校"信号与系统"课程的改革与建设[J].电气电子教学学报,2004,26(6).

本论文已发表于《宁波工程学院学报》,2016 年第 4 期。

◎"智慧体育"新型课堂样态实施路径研究

徐　洁[①]

摘　要：以新学习理念为指导、移动学习终端为载体、新兴移动学习技术为支持，探索"传统课堂＋智慧体育课堂"的组合运用，再造课堂学习流程，重组、优化传统课堂。探索新的学习方式及其课堂形态，促进课堂的结构性变革。

关键词：智慧体育；课堂形态；结构生变革

一、什么是"智慧体育"课堂

"智慧体育"课堂是指利用移动学习终端获取各种数字化教学资源，使学生获取体育知识的途径更加广泛，使学生的学习更倾向于自主化、个性化和多元化。"智慧体育"课堂不再以教师授课为主，而是学生按照各自的进度，利用移动终端使用适应他们优缺点的教学资源进行自主学习，学生自主学习的空间变大，在学习过程中能够发散思维，激发创造力，教师在学生学习过程中起指导和监督作用。"智慧体育"课堂能够满足学生的个性化需求、丰富学生的体验方式、提高运动质量，促进体育课堂教学改革，成为为学生提供智能化服务的新型课堂样态。"智慧体育"课堂是一种完全尊重学生个性发展，适应社会和时代发

---

①　作者简介：徐洁（1981—　），女，江苏响水人，硕士，研究方向为运动员机能评定、体育教育与训练学。

展的教学模式。

二、"智慧体育"课堂的意义

随着信息技术的发展,移动互联网作为信息传播的新媒体发展迅速。《国家中长期教育改革和发展规划纲要(2010—2020年)》表明国家对利用信息化带动教育现代化的战略部署和决心。互联网是当今世界最大的知识库和资源库,几乎包括人类所需要的任何信息,这种信息不仅包括文字,还包括声音、图片、影像,是一个开放的多媒体世界。高等院校作为互联网普及程度最高的机构,在探索传统课堂+智慧互联网的组合过程中,势必改变学生的学习方式、思维方式、生活方式,而体育作为一门重要学科,也必将受到影响。

《浙江省高等教育"十三五"发展规划(2016—2020年)》中指出:全面推进智慧教育适应"互联网+"时代的发展趋势,推进高等教育信息化建设。信息时代知识爆炸的特点促使终身学习理念迅速发展,所涌现的丰富技术及工具也使终身学习实现时间、地点、权限的无障碍通路,其中基于移动互联网的学习使得泛在学习成为终身学习的常态:无处不在的学习、无时不能的学习、生活即学习、学习即生活的移动学习理念将对传统意义的学习产生震荡与变革。对于学生而言,书本知识和课堂教育不再能够满足他们对更广泛知识的渴望。以移动学习终端作为学生在课堂教育有益的补充,提供的知识能够使学生涉猎的范围更加广泛,内容更加丰富,从而满足他们终身化学习的需求。

(一)"智慧体育"新型课堂样态是顺应学习型社会和终身教育的新趋势

党的十九大进一步强调把学习型社会作为全面建设小康社会的一个重要目标,学习型社会是未来社会文化、教育的特征。高等院校"智慧体育"课堂将传统的体育学习与移动学习终端相结合,学习的多样性有利于学生获取更多相关的体育知识,它的交互性有利于发挥学生的主体作用,改变学生的学习方式,使学生涉猎的范围更加广泛,内容更加丰富,使学习无处不能、无处不在,符合十九大所提倡的构建学习型社会,满足了学生终身化学习的需求,为构建学习型社会奠定基础。

(二)发展高校"智慧体育"课堂新形态具有战略意义

当前,智慧教育已成为国际社会教育信息化推进过程中的重要发展战略和长期任务。高校"智慧体育"着力构建体育课堂的新形态,充分发挥教育信息化的育人作用,将传统的体育学习与移动学习相结合,使学生通过移动终端进行网络学习。全面配合浙江省教育科学研究院"浙江省移动学习终端试点项目"的实施,发挥高校在教育改革中的先导性作用,助推浙江省探索移动互联时代教育的新形态,发挥高校对智慧教育的智力支撑作用,占领教育改革先机。

(三)"智慧体育"课堂推进信息化与教育教学的深度融合

"智慧体育"课堂以移动学习终端为载体探索课堂新形态,深入推进信息技术与教育教学的深度融合,使教育信息化带动教育现代化,积极推动教育改革与创新,实现我国教育跨越式发展。教育信息化的着力点是智慧教育,智慧教育的着力点是课堂,课堂是教育的核心,没有课堂的信息化,就不会有学校的信息化,更不会有整个教育的信息化。"智慧体育"课堂为教育创新、教学创新提供了新环境,推进了教育教学和信息化的融合。

三、"智慧体育"课堂的顶层设计与理念

"智慧体育"课堂的顶层设计是越来越少的讲授,越来越多的自主学习;越来越多的虚拟现实技术,越来越少的固定技术;越来越多的联结,越来越少的限制。整个"智慧体育"课堂分为三部分。第一部分:学生通过移动学习终端查找学习资料,学会知识点。第二部分:线上就学习中的问题进行反馈、讨论。第三部分:组建线上学习社群,进行同伴共享、互动。智慧体育课堂不再仅存于几十平方米的场馆中,而是各个场所都将成为课堂。电子书包、教育 APP、云课堂都将成为学生的主要学习方式。与传统课堂相比,"智慧体育"课堂通过浸入式教学,更符合学生认知的自然规律。未来"智慧体育"课堂"处处能学、时时可学"。

(一)穿越边界随处都是课堂

相比于过去传统的教师授课,"智慧体育"课堂构建了一个无处不在的学习场。只要有网络,所有学生都可以通过移动终端设备和教育产生连接。移动学

习终端为各种创新的教学模式和方法提供了可能,把开放内容深入到具体的教学环节中,让学生处在一个"无边界的学习场",进行随时随地的学习。

(二)课堂活动游戏化

在"智慧体育"课堂的活动设计中,会出现越来越多的"乐考"。"乐考"是指以游戏的形式进行考试,在游戏中学习知识、掌握技能、提高能力。解决问题、创新应用、乐学好玩、看见改变,学生将在游戏中完成学习。比如,学生通过上传运动数据,取得名次来获取成绩,下载健身APP每天进行打卡训练。不仅如此,学生还可以分享自己的运动记录、运动经验,使学生之间能够相互比较,激发学生之间的比拼心理,提高体育学习积极性。

(三)私人订制的个性化课堂

在"智慧体育"课堂中,通过教育APP、可穿戴设备等多种载体的介入,依据每一位学生不同的问题,教师进行系统性规划、设计。实现"为每一位学生的学习而设计",重点在于通过学生的学习、运动指标等大数据,对学生的学习进程、缺陷进行诊断,通过全方位的数据分析得到认知规律,根据认知规律建立每一位学生的体育学习档案或模型,线上线下相结合,让学生在学习过程中能得到最及时的反馈,及时改正错误。通过个性化的学习模型指导学生,为学生提供私人订制的个性化课堂。

四、智慧体育课堂教学设计

课前教师首先建立线上学习社群,上传学习资料,进行班级共享、互动。督促学生下载课程规定的运动APP,以便课后每天进行打卡训练。课上进行准备部分时,通过移动学习终端首先让学生复习上节课热身操内容,使学生回忆动作内容,迅速进入上课状态,结合传统课堂的教师领做示范,学生跟做达到复习、热身的目的,运动量达到小高峰。基本部分时,学生观看本节课完整内容视频,对动作有了直观的和总体的了解,在学习过程中播放分解动作视频,使学生掌握动作的每一个技术细节,从理论到实践都一览无余,加上分组练习强化技术动作,使技术动作动力定型。接下来播放全国健美操比赛集锦,使学生对我国健美操发展有一定了解,激发学生学习兴趣,最后进行编排表演,运动量达到第二个高峰。结束部分上传放松练习视频,学生跟做,其中穿插体育知识介绍。播放体育明星励志故事视频,使学生感受体育文化,感受体育精神,传递积极向上的人生态度,建立正确的人生观、价值观。最后布置课后作业,课后作业分为上传上课学习动作视频和课后体育活动打卡训练两部分,作业算作平时成绩,学生下课时对本节课做出评价。具体教学设计图如图1所示。

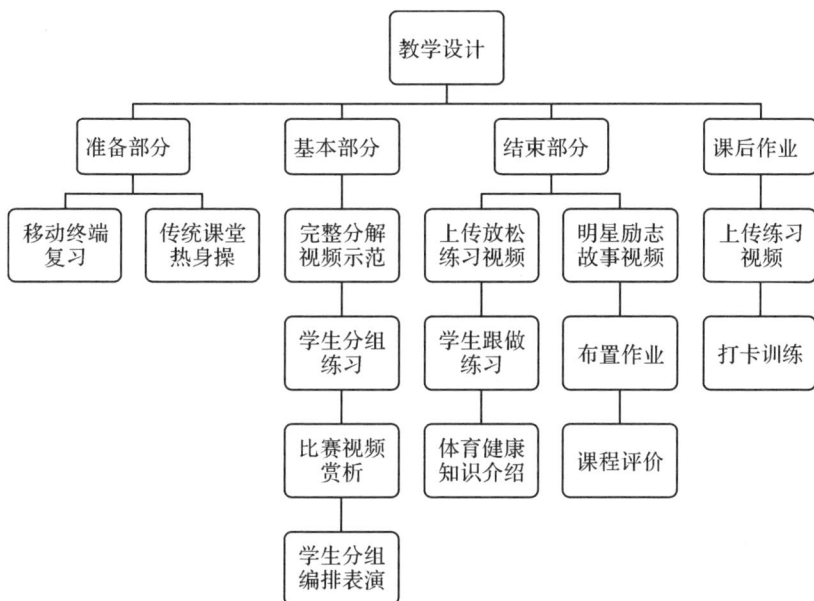

图1　教学设计图

五、"智慧体育"课堂实施对体育学科学习的影响

(一)对体育课堂技术动作的影响

在"智慧体育"课堂中,学生在学习技术动作时利用移动学习终端学习标准技术动作。在视频中,技术动作的每个技术环节都被分解,使技术动作得以规范化。教师以专业知识、技能指标更好地支撑详细讲解、分析技术动作,明确完成技术动作时哪块肌肉需要动员,哪块肌肉需要抑制,通过调节视频播放速度,把技术动作放慢以便能够透彻地分析复杂技术动作,提高对重点、难点的把握,

化繁为简,便于学生直观理解,使学生更好地完成技术动作,很好地将传统课堂＋智慧体育课堂组合运用,再造课堂学习流程,重组、优化传统课堂。

(二)对教师与学生间的交流影响

"智慧体育"课堂突破了课堂交流的限制,拓宽了学生间和师生间的交流范围,打破了交流阻碍。教师和学生之间能够进行有效的沟通,提高学生学习的效率,无效的沟通会导致学生不知道哪里出了问题,而教师不知道做什么。教师在整节"智慧体育"课堂中把握课堂整体节奏,使课堂紧张、有序,没有良好的组织能力、执行力会使课堂沦为移动终端的天下,教师难以将学生在移动终端上的注意力拉回到现实课堂。

(三)课堂资源结构的影响

"智慧体育"课堂引入开放的、丰富的学习资源,对学习资源进行筛选、整理,探索"学生"与"学材"互动的课堂形态。组建线上线下学习社群,探索基于同伴共享、互动、激发伙伴学习模式。

六、结　语

当前,智慧教育已成为国际社会教育信息化推进过程中的重要发展战略和长期任务。高校"智慧体育"着力构建体育课堂的新形态,以新学习理念为指导、移动学习终端为载体、新兴移动学习技术为支持,探索课堂新形态,突破传统课堂教学的时空限制,发挥技术优势,利用移动学习终端再造课堂学习流程,根据学习目标的需要重组、优化教学过程,将传统体育课堂与"智慧体育"课堂有机结合,优势互补。发挥高校在教育改革中的先导性作用,助推浙江省探索移动互联时代教育的新形态,发挥高校对智慧教育的智力支撑作用,占得教育改革的先机。"智慧体育"课堂教学改革能够满足学生终身化学习的需求,顺应学习型社会的需求。

参考文献

[1] 张亚珍.国内外智慧教室研究评论及展望[J].开放教育研究,2014(1).

［2］韩松.基于移动互联网构建我国智慧体育的思考［J］.体育科学研究,2016(3).

［3］陈福运,布特.互联网体育健身 APP 平台的研究［J］.文体用品与科技,2016(4).

［4］徐柏杨,杨小帆.移动互联网对学生体育学习影响的研究［J］.浙江体育科学,2015(1).

本论文已发表于《体育世界》,2018 年第 12 期。

◎流体力学泵与风机的类游戏模式教学方法探讨

郭秀娟　巩学梅　张丽娜[①]

摘　要：流体力学泵与风机的课程体系完整、内容抽象且知识点多，注重理论知识的透彻理解及其在实践中的应用。本文结合专业培养目标与当今课堂教学现状开展了基于情景设计的类游戏教学模式的探讨，构建了一套吸引力较强的课堂教学方法。

关键词：流体力学；泵与风机；类游戏模式教学

在当今"互联网＋"和移动学习的社会背景下，传统教学过程中的三个重点环节（教师、学生与教学条件）以及三者之间的关系都发生了显著的变化，教师的作用因网络教育教学资源的开放共享而弱化，学生获取知识的渠道越来越多样化，课堂对学生的吸引力正在变弱，而手机和游戏则具有了绝对的吸引力。教师必须与时俱进地对课堂教学方式进行革新，不仅体现在多样化教学手段的运用，更应该是教学理念上的创新。游戏对故事情节的充分设计和给玩家的浸润式场景体验，使玩家的心理满足感达到最大。既然如此，我们也可以尝试将情景设计和角色代入引入到课堂教学中，让学生置身于由系统知识点组成的学习情境中，增加学生的自主性和参与度，从而提高课堂教学对学生的吸引力。

---

①　作者简介：郭秀娟（1982—　），女，内蒙古通辽市人，博士，副教授，研究方向为流体力学及输配管网；巩学梅（1974—　），女，山东德州人，宁波工程学院教授，研究方向为建筑节能；张丽娜（1977—　），女，辽宁盘锦人，宁波工程学院副教授，研究方向为低温用制冷技术的开发和应用。

流体力学泵与风机是公认的几门"难学"课程之一。以激发学生积极性和强化知识点的系统应用性学习为目标,推进课堂教学方式改革是提高教学质量的关键。流体力学泵与风机的类游戏教学模式是以教师角色自由切换为先导,以基于知识点精梳的情景设计为主线,以浸润式教学为辅助的创新性课堂教学方法,实现了教师、学生与教学手段的和谐发展,从而全面激发学生的学习热情。

一、知识点梳理

梳理好知识点是讲好一门课的基础和关键。本课程系统性极强,为了便于学生学习和理解,需要绘制涵盖课程重点内容的网格图,确定某重点内容的经纬度坐标,并在对应的二维空间上细化此重点内容的相关知识点和应用拓展典型案例,采用最有效的方法将涉及的知识点按层次展开。

二、情景设计

情景设计是以重点内容为核心来开展的群簇教学,包括实践(工程)背景、问题引入点、学习主线/副线和节点设置等几个主要环节。针对某重点内容开展的情景设计需要教师以案例或可视化资源作为切入点,引起学生们的讨论和共鸣;通过简单的背景介绍抛出问题的症结,与学生讨论和解决问题,制定以问题引入点至重点内容的学习主线和副线操作;为了增加学生的学习成就感和实现阶段性自检这一功能,需要在学习主线上合理设置几个节点,开展闯关问答环节,添加可行的激励/奖励操作;最后还需做好不同情景之间的衔接。

三、浸润式教学

实现浸润式教学包括课堂教学和课后网上互动两个环节,通过多情景模式的开展,给学生较好的学习体验。实施过程可以采用视频、现场考察图片、报道采访或多媒体资源等形式的耦合带来最有震撼的思想冲击,且需将这种激励的情绪贯穿整个情景展开的始终,提高学生发现问题、分析问题和解决问题的能力。

四、案例讨论分析

按照类游戏模式教学方法的要求,本课程知识点涵盖了能量方程、流动阻力损失、管路串并联和泵与风机在管路中的应用4个经度上的重点内容,每个内容又涉及2—3个纬度上的重点内容,从而形成了课程网格。以能量方程的情景设计为例,首先通过伯努利实验(虚拟仿真技术与水力学实验结合)的实操和现象观察让学生发现能量守恒规律的存在,并通过数据的整理得出能量方程的个性化表达式,随后让学生调节参数去验证此规律的准确性,当出现不符合案例时要详细分析原因;在先导案例的充分铺垫下,教师和学生一起在课堂教学时讨论问题,通过流线、一元流动模型和过流断面3个纬度上重点内容的引入引导学生去解决问题;课后还需要布置网络闯关作业以巩固前期教学成果,增强学生的自主学习意识。

在类游戏模式的课堂教学中,教师不是传统意义上的"教师",教室也不再是唯一的教学阵地,它可以利用多样的可视化教育资源将教学变得极其有趣,使学生学得酣畅淋漓。但开展的前提是教师及其教学团队投入大量的时间开展角色切换,由"教书匠"变成项目策划师、数据分析师、心理咨询师和游戏开发工程师等,其中一部分工作可以由专业人员完成,但教师仍然且必须是主角,这也是时代发展的必然。

参考文献

[1] 詹水清.新形势下流体力学课程教学改革的探索与实践[J].课程教学,2017(32).

[2] 戎瑞,吴正人,张磊,等."流体力学及泵与风机"创新性实验研究[J].实验室科学,2017,20(1).

[3] 王发辉,桑俊勇,张丹."流体力学"立体化教学体系的构建[J].中国电力教育,2009(151).

[4] 王贞涛,徐荣进,王晓英.流体力学精品课程教学改革与实践[J].高等建筑教育,2014,23(2).

[5] 尹雪梅,张文慧.制冷与低温工程专业"流体力学"教学改革探索[J].中国电力教育,
　　2012(10).

本论文已发表于《课程教育研究》,2019 年第 7 期。

◎基于 MOOC 的职业院校混合式教学改革实践调查研究

陈　波[①]

摘　要:以高职院校开展基于 MOOC 资源的混合式教学改革为切入点,通过对 23 门 MOOC 课程一学期的运行数据和 352 名参与教学改革实践的学习者的问卷调查的结果分析,基于 MOOC 的混合式教学改革给职业院校的课堂教学带来了变革,这种新型的学习方式受到了大部分学习者的肯定与欢迎,MOOC 课程教学视频资源的质量、辅助教学资料的数量、学习者参与线上作业的互评、师生之间的交流与讨论、线下面授课堂的教学流程重组及模式创新等环节直接影响着学习者的学习体验。

关键词:混合式;教学流程;MOOC;职业院校

一、引言

2013 年是中国慕课元年。近年来,MOOC 主动适合职业院校教学改革需要,打破传统"满堂灌"的教学模式,利用 MOOC 优质课程资源和先进教育手段,构建了基于 MOOC 课程的线上自主学习与线下面授教育相结合的混合式

①　作者简介:陈波(1982—　)男,教育技术学硕士,讲师,研究方向为职业院校教学形态信息化创新应用。

基金项目:宁波市教育科学规划 2018 年研究课题(重点课题)"基于 MOOC 的高职课堂教学创新实践与研究"(项目编号:2018YZD033)。

教学模式,这种新型的教学模式充分发挥了 MOOC 课程的"在线""开放"等优势,同时又积极发挥传统课堂教学的优势,并由此形成了具有中国特色的 MOOC 发展之路,MOOC 为创新传统课堂教学模式提供了很好的借鉴。

为顺应当前教育信息化的改革与发展,探索互联网信息技术支持下的线上与线下相结合的混合式教学模式改革,我校于 2014 年 12 月开始推行教学形态信息化创新应用工作,运用项目引领和示范作用,实施以校本慕课、精品慕课和以翻转课堂为主的混合式教学模式改革。截至 2017 年 12 月,三年共立项 50 门校本慕课项目,其中 30 门 MOOC 课程在爱课程中国职教 MOOC 频道、学堂在线等知名平台上线,并面向社会学习者提供课程服务,累计至 2018 年 7 月,选课人数突破 22 万人次。学校要求这些优质的 MOOC 课程在为社会学习者提供优质课程服务的同时,也要求积极将优质的 MOOC 课程与传统课堂教学相融合,创新课堂教学模式,使学校的教学形态信息化创新应用工作真正落到实处,实现可持续发展。

二、教学流程简介

2003 年 12 月,何克抗教授在第七届全球华人计算机教育应用大会上,首次正式倡导"混合式学习",并拉开了国内研究"混合式学习"的序幕。十几年以来,混合式学习在中国的知名度不断增加。而 MOOC 的兴起为混合式学习的开展提供了新的思路与方法。混合式教学的一种普遍定义是传统面授教学和在线教学的混合。因此,本文中提出的基于 MOOC 的混合式教学模式是指 MOOC 课程的线上自主学习与线下面授教育相结合的模式。即学生在教师的统一指导下,利用 MOOC 平台及其他先进的教育工具(如手机 APP 等)完成 MOOC 课程的线上学习任务,并最终在课堂面授教育中完成知识与技能的掌握,实现学习目标。具体要求包含如下:(1)MOOC 已经具有较完整的课程资源和至少一轮的课程运管实践。要求教师必须完成 MOOC 课程资源的建设工作,包括课程教学内容、教学辅助资源、讨论、测试及作业、考试等,同时该 MOOC 课程已经通过知名 MOOC 平台的质量核审,有至少一轮的面向社会学习者的开放管理的实践经验,教师已经具备较好的在线教学的管理运行能力。

(2)混合式教学模式分为线上线下两个方面,一个是学生在教师的引导下,独立自由地在 MOOC 平台上参与线上课程学习,包括课前学习任务的完成,或者课后拓展实践作品的递交等;另一个是包含了传统的课堂面授教学活动,是线上学习与课堂学习的结合体。具体的教学流程如图 1 基于 MOOC 的混合式教学流程所示,其核心理念就是"课前在线学习+课中交流研讨+课后拓展进阶"。学习过程中体现线上线下相结合的理念,同时利用 MOOC 平台的学习过程支持系统对学习者的学习进展和成效进行及时反馈,方便教师根据学习者的学习情况及时调整教学策略,提高教学的精准性。这种混合式教学模式成为目前我校教学形态信息化创新应用的最常用模式。

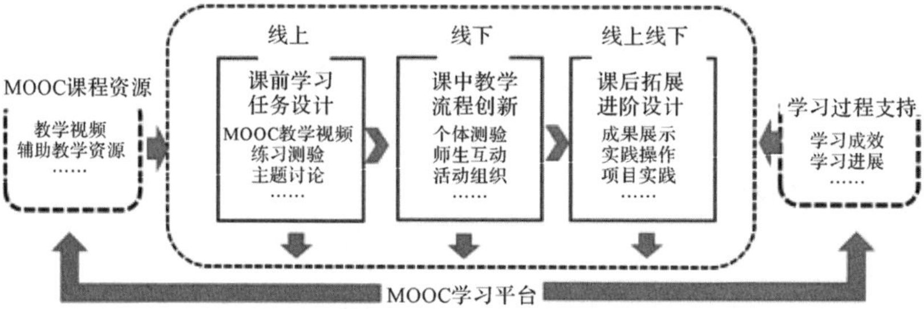

图 1　基于 MOOC 的混合式教学流程

三、调查与分析

(一)数据获取说明

2018 年 2 月至 2018 年 7 月期间,共计有 23 门 MOOC 课程按要求开展混合式教学改革实践。我们首先对这 23 门课程建设与运行数据进行了分析,涉及的平台包括爱课程 SPOC 平台(6 门课)、职教云平台(4 门课)、浙江省精品在线开放课程平台(4 门课)、宁波市高校慕课联盟平台(9 门课)。数据运行时间范围是 2018 年 2 月 1 日开始至 7 月 10 日,即完整的一学期的运行周期。其次,在本学期 23 门课程教学改革实践中,学校组织相关专家现场听课 1 次,组织教师座谈会和学生座谈会各 1 次,并于 2018 年 7 月 2 日到 10 日面向这 23 门课程的全体学生发放了关于混合式教学改革实践的调查问卷。调查问卷共设置了 14 个问题,其中单选 9 题、多选 5 题,包括三个方面的内容:一是对混合式教学模式的认可情况(3题);二是混合式教学中线上教学活动的参与及认可情况(6题);三是学习者对于混合式教学模式的建议(5题)。问卷通过问卷星发布,截至2018年7月10日,累计收到问卷352份。

(二)课程运行数据分析

教学资源的建设情况。为了进一步了解混合式教学改革的开展情况,我们对平台提供的数据也进行了分析。首先是教学视频数量。从23门课程发布的教学视频数来看,每门课程的平均视频个数为28.5个,时长平均为300分钟。根据每门课程开展混合式教学改革平均8.7次来看,学生每周平均要观看的视频个数为3.27个,每周观看教学视频的时长平均是34.4分钟。其次是辅助性教学资料,主要包括教学过程中为学习者提供的各种文档、课件资料、客观题、主观题等。从发布的各种文档资料来看,平均每周学习者能获取到的文档为2.29个,这个数量是低于平均每周观看的教学视频的平均数的,也就是说一个教学视频配备一个教学PPT还达不到。最后,我们对每门课程发布的客观题和主观题数量进行了分析汇总,从发布的试题性质来看,主要以客观题为主,平均每次为学习者提供的数量是10.03题,而主观题的数量是每次0.75题。

综上所述,在开展混合式教学改革实践中,教师能较好地为学习者提供优质的教学视频资源,但是在辅助类的学习资源提供上,课程之间的差距明显,个别课程还未达到教学视频资源与PPT课件资源1∶1的配比,这在一定程度上影响着学习者的学习体验。因此需要加强督促辅助教学资源的建设与完善工作。

教学过程的管理情况。教师除了完成课前学习任务的发布之外,更需要投入到课堂运行管理中,为学习者提供必要的策略支持和交流交互任务,而交流交互的数据主要观测点是学习平台的论坛管理,主要指标包括"论坛总主题数"和"教师回帖数",论坛总主题数一般由两部分组成,一部分是教师发布的讨论主题数,一般根据教学需要一周会安排1-2个讨论主题,另一部分是由学生在学习过程中主动在论坛发起的讨论主题。从23门课程教师参与论坛管理的情况来看,其中"论坛总主题数"的平均值是45,教师回帖数平均值是56。论坛总主题数的每次个数平均为5.17,教师每周的回帖数平均值是6.43。

总体而言,教师都比较重视在线上学习过程中的与学习者的交流作用,积极发布讨论主题并参与各类讨论,做好线上学习的有效指导工作。

(三)问卷调查分析

认可度调查。一种新型的学习模式能够受到学习者的认可,是进一步开展教学改革的前提。在关于对线上自主学习和线下课堂面授的总体评价中,64.78%的学生对这种新的教学模式表示肯定和欢迎,31.25%的学生认为一般,3.97%的学生不喜欢或者非常不喜欢这种新的学习模式。从学习者喜欢这种学习模式的原因来看,具体如图2所示,位列第一的是"学习自由",比例为79.55%;第二是"学习便利",比例为67.61%;第三是"资源丰富",比例为63.64%。从调查的结果来看,MOOC这种新型学习方式所倡导的"自由、开放、在线"等特质受到学习者的欢迎。学习者可以根据自身的个性化需求完成学习任务。而从不喜欢的原因来看,位列第一的是"线上学习方式单一,仍以讲授为主",比例为41.48%;位列第二的是"线上缺少互动或互动延迟",比例为39.77%;位列第三的是"线上、线下内容结合度不高",比例为38.63%;第四是"教学视频质量一般,学习体验不好",比例为33.52%。如何进一步丰富线上学习的方式,提高互动的即时性、加强线上线下教学内容的融合度,进一步提高MOOC课程教学视频的制作质量,特别是教学内容呈现方式的多样性等问题需要我们进行进一步的研究,寻求破解之道。

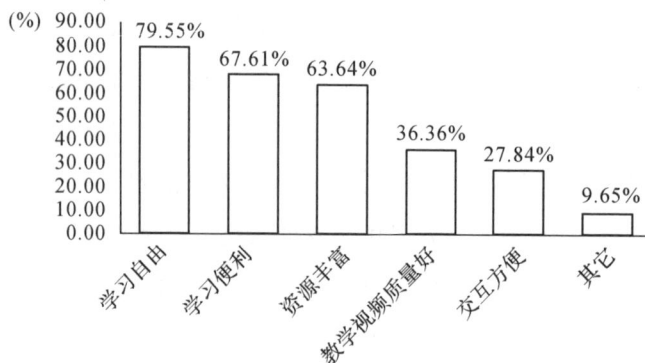

图2 混合式学习的优势

适应情况调查。为满足不同课程的混合式教学改革需要,我们积极与国内知名平台加强联系与合作,部署了适用于混合式教学改革的线上教学活动平台,如爱课程中国职教MOOC频道SPOC平台、智慧职教的职教云平台、浙江省精品在线开放课程共享平台、宁波市高校慕课联盟平台等,同时学校也鼓励教师积极使用移动学习终端设备,如蓝墨云班课、雨课堂、职教云、学习通等,为混合式学习提供必要的技术支持。教师利用国内知名 MOOC 平台开展混合式教学改革成为常态,而学习者是否能较好适应这种学习方式的变革也直接影响教学改革的成效。从学习者的反馈情况来看,总体情况较为乐观:85.79%的学习者平时能按照教师的教学进度及安排访问 MOOC 平台,完成课前学习任务;97.15%的学习者认为课前学习任务布置清晰,目标明确。在课前学习作业递交的问题上,53.98%的学习者能高质量地完成作业并提交,42.61%的学习者能基本完成作业并提交。总体上来看,学生完成课前作业的比例和质量较好。但在涉及作业互评问题时,只有 35.80%的学生会经常参与同学间的互评,有53.41%比例的学习者很少参与作业互评,10.80%的学习者从不参与同学间的互评。从总体适应度来说,17.61%的学习者认为很适应,42.61%的学习者认为适应,35.23%的学习者认为一般,不适应和很不适应的比例相对较小。

总体而言,学习者能较好地根据教师的安排完成线上学习任务,并完成指定的课前学习任务及测试练习工作,比较适应这种新型的教学模式的变革,但在具体实践过程中,特别是线上学习过程中的交流互动还有待进一步的提升。在这种新的教学模式中,特别是开展线上学习活动时,教师需要进一步加强对学习者学习进度的指导与管理,提供更多的学习策略支持,以提升学习者的学习体验,最终养成较好的学习习惯。

提升学习体验的建议调查。随着混合式教学改革的进一步推进,传统的课堂教学模式转变为课前、课中、课后的教学流程,课堂教学实现了"翻转"。原先在课堂教学中讲解的内容现在由学习者在课前完成,课中的教学内容和模式均发生了变革,重组课程的教学内容及流程、组织课堂教学活动成了每个教师面临的最大困境。从调查结果来看,学习者对目前混合式学习的课程内容安排、活动组织中的评价如下:"很不错"占 25.00%,"整体还可以"占 47.73%,"一般"占 20.45%,"不好,有待提升"占 5.68%,"很不好"占 1.14%。

关于在混合式学习时最需变革的内容的调查中,60.23%的学习者认为要多开展教学活动,丰富学习方式。从目前来看,线上学习的基本形式就是观看教学视频、学习资料,完成问卷或测试等教学活动,课堂教学过程中的交流讨论也并未有效开展。48.30%的学习者认为要加强师生互动,交流学习心得。教师不能只发布课前学习任务清单,更需要及时关注学习者在完成课前学习任务时的状况,给予必要的学习指导和交流,以提高学习者的学习效率。在关于课前线上自主学习任务的调查中,我们设置了两个问题,第一个问题是"你希望老师发布哪些资源",第二个问题是"哪些资源对你的学习帮助最大",具体获取的数据如图3所示。从图3中可以看出学习者对于学习资源的需求情况,78.41%的学习者是希望老师发布教学课件、教学视频资源的73.30%的学习者认为教学视频资源对学习帮助最大,67.05%的学习者认为教学课件(PPT)等辅助类资源对学习帮助较大。从学习者希望老师发布资源的需求来看,除了教学视频、以PPT为代表的辅助性教学课件外,练习或测验题、学习任务单、主题讨论等分别占比67.05%、54.55%、46.59%。这些资源也基本包括了课前学习所需的各类资源。这也从一定程度印证了基于MOOC的课前学习方式以"观看教学视频+交流讨论+作业测试"为主的观点。从关于在课前学习过程中教师发挥的作用调查来看,22.16%的学生认为作用明显,教师能在线下进行及时的答疑;46.02%的学生认为比较明显,得到过老师或者其他学习者的答疑帮助;29.55%的学习者认为一般,有进修可以得到响应,有时候不反馈;2.27%的学习者认为不明显,没有得过到教师的回复和帮助。而关于如何提升混合式教学的实际效果,位列前三的策略分别是:55.68%的学生认为提高自身学习的主动性和自觉性最重要,42.05%的学生认为教师要加强混合式学习的指导与管理,32.95%的学生认为线上学习与线下教学的关联度需加强。

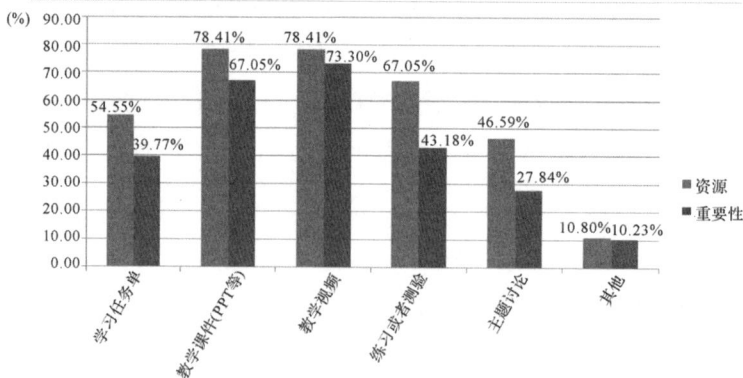

图3 学习资源的需求及重要性

总体而言,随着教学内容和模式发生了变革,教师除了要为学习者提供丰富的教学资源支持以外,更需要进一步提升重组课程的教学内容及流程、组织课堂教学活动的能力。

四、对策分析

通过分析 23 门课程的运行基本数据和学生的问卷情况,我们认为混合式教学改革给传统课堂教学带来了变革的希望,创新了教学模式,总体上受到学生的欢迎与肯定。在实际应用过程中,课程教学视频资源、辅助教学资料的数量和质量影响着学习者的直观体验。而课程的运行管理,特别是课前学习任务布置、作业互评、教师参与论坛管理运行、课堂中的教学过程重组等具体工作则需要教师进一步的探索与变革,以期基于 MOOC 资源的混合式教学改革推动课堂教学改革的深入发展。

(一)MOOC 课程资源的优选与更新

优质的 MOOC 课程资源是实施混合式教学的基本保证和前提。黄璐等学者通过对 MOOCs 课程质量影响因素进行实证研究后提出,MOOCs 课程质量与学习效果的确存在相关性,其质量是关乎学习效果和效率的关键性问题,并明确提出 MOOCs 建设应回到检视课程质量的原点。我们建议在课程运行过程中,课程团队应重点做好以下工作:第一是要丰富教学视频资源的类型。从目前课程运行提供的教学视频内容来看,"讲授型"MOOC 教学视频占了绝大部分,从学习者的需求来看,简短的"提点型"或者"讨论型"课程教学视频等对于提升学习效果有着不可忽视的作用。第二要重视辅助教学资料的配套与建设,特别是跟学习紧密相关的文档、富文本、随堂测验、讨论等资源的上传及完善。MOOC 课程建设是一个动态的发展过程,除了不断地对教学资料和 MOOC 教学视频进行更新之外,还可以适当考虑对课程本身内容从深度、广度和国际化维度进行拓展,作为本门课程的拔高内容,供学有余力的学生线上学习和研究。

(二)加强线上线下教学的管理工作

规范有序的课程运行是取得良好教学效果的必要保障。混合式教学改革必须重视线上线下教学活动的管理工作。论坛作为线上学习活动的场所,是联系授课教师与学生的主要媒介,教师要重点关注论坛的各类信息,及时发现并汇总学生在学习过程中出现的各种问题,并给予必要的指导与交流。良好的论坛运行和管理有助于授课教师更深入了解学习者的学习情况,依托平台提供的学习数据从而因地制宜地进行授课内容的调整。同时要加强线下面授活动的组织与管理工作。教师不能将线上学习内容在面授环节中简单地重复,需要根据课前的学习情况制定形式多样的面授活动,提高学习者的学习体验。

参考文献

[1] 牟占生,董博杰.基于MOOC的混合式学习模式探究——以Coursera平台为例[J].现代教育技术,2014(5).

[2] 李炜.MOOC背景下三种常见的混合式教学模式的比较[J].现代教育技术,2018(28).

[3] 黄璐,裴新宁,朱莹希.MOOCs课程质量影响因素的实证研究[J].现代远程教育研究,2017(5).

本论文部分内容以"基于MOOC的混合式教学实施效果研究——来自某高职院校的实证数据分析"为题发表于《中国教育信息化》,2019年第1期。

◎基于课程思政的"免疫学"教学设计

陈永富 钱国英 张 捷 汪财生[①]

摘 要:免疫学课程坚持"立德树人,树立全员、全课程育人格局"的理念,把德育元素融入教学全过程,通过对教学内容的设计与讲授、教学方法的改革,构建具备"知识传授与价值引领相结合"特质的教学内容体系,形成具备"知识传授与价值观教育同频共振"特质的教学模式。

关键词:课程思政;免疫学;教学设计

中共中央、国务院《关于加强和改进新形势下高校思想政治工作的意见》指出,要强化思想理论教育和价值引领,充分挖掘和运用各学科蕴含的思想政治教学资源。浙江万里学院坚持立德树人,启动首批课程思政"六个一"建设项目,推进"思政课程"到"课程思政"的转变,逐步实现全方位育人,"免疫学"课程被选定为试点课程。

"免疫学"课程围绕"知识传授与岗位职责相结合"的课程目标,构建全新育人格局,深入挖掘提炼本课程所蕴含的德育元素和承载的德育功能,把德育元素融入教学全过程,优化教案设计,改进教学方法,以"隐形嵌入"的方式将思想引导融入教学,教书与育人相统一,专业知识与立德树人相贯通,让学生学习并掌握"大国工匠"精神的实质,既传递知识,又担负起立德树人的重要使命。

---

① 作者简介:陈永富(1965—),男,副教授,主要从事免疫学教学工作;钱国英,女,浙江宁波人,浙江万里学院教授,博士,研究方向为生物化学与免疫学及其教学研究;张捷,女,湖北武汉人,浙江万里学院副教授,硕士,研究方向为微生物、生物制品及其教学研究;汪财生,男,浙江淳安人,浙江万里学院教授级高级实验师,学士,研究方向为动物生物化学、免疫学及其教学研究。

一、课程教学目标

知识目标:学生能掌握免疫的基本概念和功能,掌握免疫器官的结构和功用;了解抗原的构成及对机体的作用;掌握机体免疫应答的过程及作用、免疫制剂制备与应用。

素质目标:通过学习免疫系统的结构和功能两者的关系,树立生物体的结构和功能、局部和整体相统一的观点。培养学生的学生自主学习能力和素质:"大局意识""合作意识""纪律观念""社会责任性""职业素养"。

能力目标:

(1)宏观构建能力,构建免疫系统的结构图,从宏观层面理解机体抵御外界病原微生物的入侵有三道防卫系统。

(2)概括分析能力,掌握各种免疫细胞的作用,为免疫检测与免疫制剂的制备技术打下基础。

(3)学习综合能力,通过研究性学习与合作讨论,培养学生自主学习能力、团队合作、分析交流、探索判断等综合能力。

二、课程思政教学设计

通过对免疫学教学内容的设计与讲授、教学方法的改革,促使知识传授与价值观教育同频共振,充分发挥课程的育人价值,教书育人的内涵在课堂教学主渠道得到真正的落实,育人德育元素融入专业课教学,尝试"将盐溶在汤里",课程教学都上出"思政味道",突出育人价值,让立德树人"润物无声",做到"守好一段渠、种好责任田"。

(一)从免疫系统的讲授,引导学生成为爱国奉献、忠心敬业、协同抵御的好公民

将看不见、摸不透的体内免疫系统比喻为一个国家的国防系统,国防系统的构成有军营、士兵、武器,将免疫系统的构成——免疫器官、免疫细胞、免疫分子分别比喻为军营、士兵、武器,把骨髓比喻为新兵营,新兵营集训后分别将士

兵(造血干细胞)输送到不同作战部队成为不同的军人(T、B 淋巴细胞、NK等),军人的武器分别有枪械(颗粒酶、穿孔素)、束缚器(抗体)、攻击或宣传语言(细胞因子)等。当入侵者或自身变节者(抗原)出现时,免疫系统要奋起反击、协同作战:通过免疫防疫(对外来入侵者)、免疫监视(自身变节者)、自身稳定(对衰老者)清除外敌(抗原)。教学内容中蕴含协同、奉献、牺牲、爱岗敬业元素。

(二)从细胞因子的相互影响,引导学生建立健全的人格

在讲到细胞因子的自分泌、旁分泌与内分泌作用,并且互相作用、互相影响时,把细胞因子比喻为人的语言,既可以自我激励(自分泌),又可以影响周围人群(旁分泌),也可以影响远方的人(内分泌),引导学生要有健全的人格,优良的品行。

(三)通过免疫细胞吞噬抗原后凋亡,培养学生"为了大家牺牲小家"的精神

免疫细胞吞噬抗原后,引导别的杀伤性 T 淋巴细胞来与自己结合,免疫细胞的细胞膜通透性发生改变,引起肿胀、溶解以致死亡,整个过程是免疫细胞为了全身的健康,勇于牺牲自己(向我开炮),培养学生"为了大家牺牲小家"的精神。

(四)从艾滋病的传播途径,培养自尊、自重、关爱艾滋病人意识

艾滋病(获得性免疫缺陷综合征)有三条传播途径:母婴、性、血液,由此教育学生要洁身自爱,守住身体,不涉足色情场所,不要轻率地进出某些娱乐场所,远离淫乱;要远离、抵御毒品,提高自我保护与防范意识。同时要理解包容艾滋病患者,不能"谈艾色变"。

(五)通过"疫苗之殇"案例,培养学生遵纪守法、诚实守信、爱岗敬业的职业素养

通过因疫苗质量问题而导致注射过疫苗的孩子残疾或死亡的案例,分析导致疫苗质量不合格的生产环节。从疫苗质量控制和评价等关键环节,引导学生严格实施疫苗生产的质量控制要点,培养学生在校时就遵守校纪校规,具备法律意识;认识到相关从业岗位职责直接关系生命安危,在学习和社会实践中要

遵守职业规范,具备职业道德操守,成为只有遵纪守法、诚实守信、爱岗敬业职业素养的新时代员工。

(六)通过研究性教学模式,切实提高学生自主学习能力和职业素养

继续实施研究性教学模式,采用启发讨论、问题探究、案例分析、任务驱动、课堂主讲、现场回答、网上互动、课堂反馈等教学方法和教学组织方式,提高学生的参与度,切实提高学生自主学习能力和素质,培养学生的"大局意识""合作意识""纪律观念"。充分利用省精品在线开放课程平台与宁波市 MOOC 平台,进一步完善线上、线下混合式教学模式,实施优质资源的展示与共享。

(七)每堂课上讲授一位免疫学家的事迹,培养学生科研素养与探求真理的科学精神

请学生以小组为单位,查阅一位免疫学家的事迹,在课堂中花 5—10 分钟进行讲述,谈个人的体会与心得,也请全班同学谈感受、感想,培养学生健康身心、守法诚信、自由平等、自强合作的公民人格,引导学生把远大抱负落实到实际行动中,使学生成为德才兼备、全面发展、具备科研素养与探求真理的人才。

(八)通过课程实践教学活动,引导奉献社会、关爱健康意识的树立

实施课程相关的免疫学相关社会调查、健康知识科普、验血、动物疾病防疫等大学生社会实践活动,学生能进一步了解社会需求,培养服务企业、服务社会、关爱民众健康的意愿和行为能力,培养社会责任感与助人为乐精神。通过整理实验场所,培养学生的"环境观""文明观"。

(九)改进教学评价指标,引导学生注重人文素养与职业修养的培养

过程性评价指标中,增加对德育因素的考核;在期末试卷中,增加对学生价值判断、知识理解和运用能力的考察内容,引导学生具备正确的世界观、价值观、人生观。

三、结束语

"立德树人在实践中就是要着眼人才培养这一中心环节和根本任务,把思

想政治工作贯穿教育教学全过程,自觉地和青年学生的业务能力、科学知识、身心健康、人生发展的需要有机结合,融为一体。""免疫学"课程将课程教学目标融入职业岗位与德育价值观,将职业综合素质能力的培养融入课程,初步构建具备"知识传授与价值引领相结合"特质的教学内容体系,形成具备"知识传授与价值观教育同频共振"特质的教学模式,建立了考察学生的"价值判断、知识理解和运用能力"教学评价体系,实现"知识传授"和"价值引领"有机统一,推动"思政课程"向"课程思政"的立体化育人转型,从全方位合力培养全面发展的符合社会需求的、高素质应用型人才。

参考文献

[1] 中共中央　国务院印发《关于加强和改进新形势下高校思想政治工作的意见》[EB/OL].(2017-02-25)[2020-02-25]. http://www.gov.cn/xinwen/2017-02/27/content_5182502.htm.

[2] 冯刚.增强高校思想政治工作的文化力量[J].思想理论教育,2017(7).

◎基于微视频本体特征的实训课程教学行为设计与应用研究

——以"美容护肤技术"课程为例

薛久娇[①]

摘　要:美容护肤技术是一门重技能,以实训为主的课程。本文首先对微视频的定义及其本体特征进行简要概述,其次阐述了在护肤技术教学中应用微视频的目的,最后探讨了基于微视频本体特征,微视频在实训课程中的设计与应用。

关键词:微视频;本体特征;设计;美容护肤技术;教学应用

一、微视频的定义及本体特征

(一)微视频的定义

微视频是指短则 30 秒、长则不超过 20 分钟,内容题材广泛,涵盖小电影、短片、DV 短片、影视剪辑等多种视频形态,可通过网络、手机、DV、摄像头或者 iPod、MP4 等多种视频终端摄录或播放的视频短片的统称。

本文中论述的微视频是根据实践教学要求,以技能教学为主要内容,反映教师在实训课堂教学过程中,针对某个技能知识点或技术教学环节而开展教学

[①]　作者简介:薛久娇,吉林人,宁波卫生职业技术学院医学美容技术教研室讲师。

活动的教学资源的有机组合,即以训练某个项目为目标,以学习或教学应用为目的的教学视频。

(二)微视频的本体特征

随着科学技术水平的不断提高,微视频教学已经渗透到教育的各个方面。以美容专业的学生为研究对象,在分析现行美容护肤技术课堂教学中存在的问题的基础上,开发在美容护肤技术实训课堂中利用微视频进行课堂教学的应用。

这定义指向了微视频的本体特征:主题突出、短小精悍、重复播放与结构独立。微视频的本体特征中:主题突出、结构独立便于学生接受;短小精悍便于传输和下载,学生可利用碎片化时间随时学习,培养自主学习能力;重复播放将一次性学习变革为终身学习,最终提高学生技能。

二、在护肤技术教学中应用微视频的目的

目前国内外学者对微视频的研究,认为微视频资源虽然丰富,在教育教学中的应用具有积极的影响和效果,然而将微视频应用于实训技能课中的研究却比较少,依托微视频实践于重技能的美容护肤技术课程的更为鲜见。因此,在美容护肤技术实训课堂中融入微视频资源,开展基于微视频的美容护肤技术教学,无论从形式上还是内容上都是一个创新。

聚焦于微视频的本体特征来设计技能类实训教学,强调将教学内容和目标紧密结合,以产生"更加聚焦式的学习体验"。基于微视频本体特征的实训课程教学行为设计与应用的目的有以下几点:

(一)创新实训课堂教学方法与模式

"美容护肤技术"是一门专业核心课程,实训比重大,强调技能。在传统教学模式中,教师先示范学生再实践,造成操作时间有限,无法熟练技能,也无法很好地满足学生的个体性培养。实施微视频在实训课程的应用,充分利用微视频四大本体特征帮助学生熟练技能,将学习一次性变革为学习终身性。掌握重点,突破难点,提高教学成效,实现"以学习者为中心"的教学模式的改革,营造"时时、处处、人人"的学习环境。

(二)增强技能自主与个性化学习能力

微视频的特征决定其占用的终端空间小,便于传输和下载,可以存放在手机或其他的移动设备中,也便于携带。当前的大学生中拥有极高的移动设备普及率,学生可通过手机等移动终端,利用闲暇时间在任何地方自主学习,这为随时学习提供了方便。在碎片化时间中高效获取所需知识,根据个人的学习进度、操作水平,自我调控。学习更加简捷个性化,提高学生自主学习能力。

(三)提升教师对新媒体技术应用意识与信息化教学设计能力

基于微视频本体特征,设计开发微视频,在实训教学中整合新媒体技术。教师通过钻研教材梳理教学重难点,对信息化教学设计有完整清晰的把握。通过微视频的选取及其在教学中的应用设计,提升教师的信息化教学设计能力。

其主要目的就是促进"美容护肤技术"的有效教学,探讨微视频教学与实训课程的深度融合,强化信息技术在实训教学中的深度应用,为实训类课程微视频教学资源的开发及应用提供模式参考。

三、实训课程微视频的设计与应用

(一)微视频实训课程的教学设计与开发

根据学情,结合"美容护肤技术"实训课程的特点和教学需求,梳理已有的技能素材、视频资料、操作项目等资源。依据微视频的制作原则,利用相关企业与课题团队在微视频制作上的技术优势,结合科学有效的教学设计,开发制作了眼部按摩、面部刮痧等10个微视频。在制作中突出微视频的本体特征:主题突出、结构独立便于学生接受;短小精悍便于传输和下载,学生可利用碎片化时间随时学习,培养自主学习能力;重复播放将一次性学习变革为终身学习,最终提高学生技能。

(二)微视频实训课程的教学模式应用与实践

在美容护肤技术实训教学中应用如图1所示的基于微视频本体特征的实训课程的教学模式,整个模式应用贯穿于"课前学习先行,课堂内化,课后强化"

三个模块,发挥微视频教学资源的最大化作用。借助微视频发挥学生的主观能动性,培养学生的自主学习能力。该教学模式始终将教师活动和学生活动两部分相结合,教师以引导与指导为主,学生以自主学习为主,实现双主体教学模式。教师在教学后及时反思,从教学设计、实际教学流程和学生反馈出发,不断调整与适应,提高微视频用于实训课的合理性、科学性、有效性。

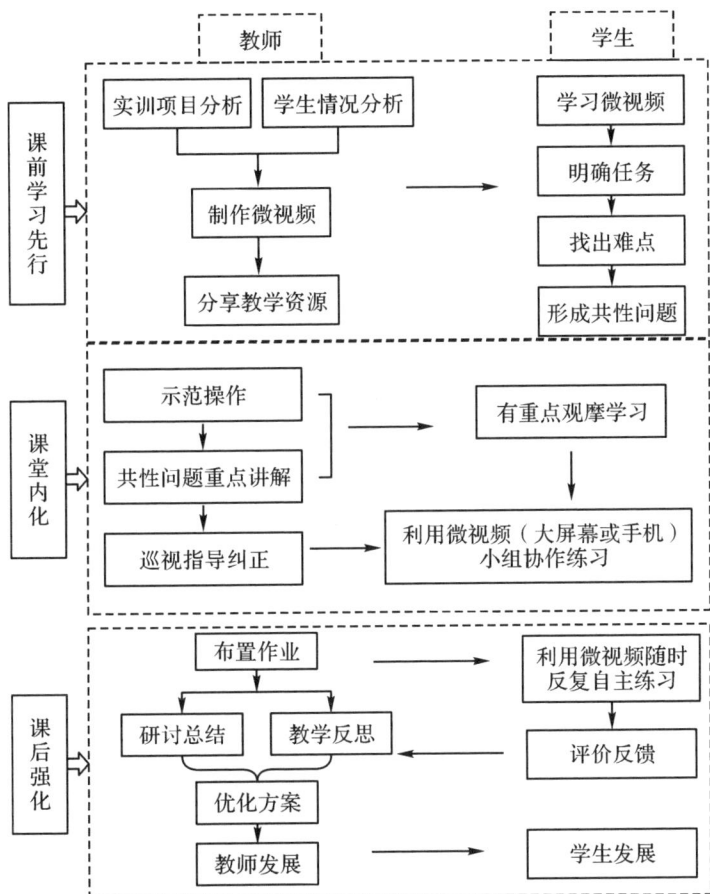

图1 微视频实训课程的教学模式

四、结语

基于微视频的本体特征,在实训教学中引入微视频,探索改善"美容护肤技术"实训教学新途径,促进专业实训课程教学模式的推广。通过创造性地使用微视频微教学环境所建构的个性化学习,进一步促进并强化了专业实训课程的有效学习,实现了微视频的个性化特征。学习型微环境以微视频内容为基础,整合了信息化资源与服务,经过微视频学习内容组织与知识建构过程,将专业课程的实训教学由统一编制的资源性集合转变为以个性化知识、普惠化知识学习共同体知识为基础的微型知识空间,从而建构微视频下的实训学习模型,完善实训课堂模式,为教师在实训课程教学中的实践运用提供指导。

参考文献

[1] 杨纯,古永锵.微视频市场机会激动人心[J].中国电子商务,2006,7(11).

本论文已发表于《现代职业教育》,2018 年第 19 期。

◎基于微平台会计专业课程思政实现途径探讨

——以"出纳实务"为例

吴慧萍[①]

摘 要: 大学生除了思政课以外,在专业课中,如何来实现思想政治教育? 思政教育如何贯穿在专业课程的整个教学过程中? 本文以微平台——蓝墨云班课为媒介,以会计专业核心课程"出纳实务"为例,探讨会计专业课程思政实现途径。

关键词: 课程思政;微平台;出纳实务

一、引言

全国高校思想政治工作会议的召开,以及《关于加强和改进新形势下高校思想政治工作的意见》的出台,对新形势下提升高校思政课实效性具有重要的导向作用。要解决高校"培养什么人,如何培养人,以及为谁培养人"这个根本性问题,其本质就是要实现思想政治教育与专业课程教学深度融合,从而提升价值引领和意识形态教育效果,让课程的"思政"作用更加明显。

会计专业课程与思想政治课程有很大的区别,如何在其中融入思想政治教

---

① 作者简介:吴慧萍(1972—),女,汉族,浙江宁波人,硕士,宁波城市职业技术学院副教授,研究方向为会计、财务管理、经济学等。

育,这个问题一直没有很好地解决,在专业课程教学中,往往着重强调专业技能的教学和实践,忽视思想政治教育,有的老师在课程设计时,也设计了一些课程的素质目标,但是在实际教学过程中,又出现了"两张皮"现象,专业课程思想政治教育的实际效果不尽如人意。

笔者通过实践探索,利用微平台——蓝墨云班课来实现会计专业课程的思政融合,效果显著。蓝墨云班课以手机或者其他的移动设备为载体,利用移动互联网的环境,学生可以"利用碎片化的时间,在碎片化的地点,学习碎片化的课程内容及思政内容",实现随时随地分享资源,开展活动并记录教学中的每一步。

二、基于微平台的课程思政实现途径
——以"出纳实务"为例

(一)"出纳实务"课程思政设计思路

"出纳实务"课程思政设计目的是在向学生传授专业课程知识、技能的同时帮助学生树立正确的价值观、法治观、道德观。本课程设计思政目标一定要融合财经法规、会计职业道德、社会公德,让学生知法、守法、敬法,慎独、慎欲、慎省、慎微,诚实、守信,体现核心价值观。教学手段主要采用显性和隐性相结合,专业知识点和技能点与思政育人元素不经意间融合起来,润物无声、潜移默化,于无声处画龙点睛。

(二)"出纳实务"课程思政设计依据

"出纳实务"课程思政设计依据是出纳岗位的任职要求:(1)熟悉会计操作、会计核算流程管理,银行业务流程,国家会计法规及相关处理方法;(2)熟练使用各类办公软件;(3)具有财务软件使用经验;(4)诚实、忠诚度高、细致严谨、责任心强、原则性强。

从出纳岗位任职要求出发提炼本课程的教学目标,教学目标包含知识目标、能力目标、素质目标。从素质目标:(1)具有良好的职业道德;(2)具有较高的政策水平;(3)要有严谨细致的工作作风;(4)要具有热情开朗、乐观向上的工作态度和精神面貌中提炼出本课程的思政目标如下:

(1)遵守国家法律,倡导民主、文明、和谐的法治社会,培养自觉遵守国家法纪法规的意识;

(2)树立正确的人生观、价值观,不贪欲,诚信做事,不做假账;

(3)具有社会责任感,清正廉洁,坚持原则,客观公正;

(4)具有较强的团队合作意识和沟通交流意识。

(三)"出纳实务"课程思政设计内容

出纳实务本课程共设计三个教学项目,思政设计如何融入教学项目中,如表1所示。

表1　"出纳实务"课程思政设计表

教学项目	教学任务	思政目标设计
现金业务的日清月结	1.识别人民币的真伪 2.从银行提取现金备用业务处理 3.取得现金业务处理 4.支付现金业务处理 5.盘点现金 6.把现金送存银行业务处理 其他:出纳工作技能练习,如点钞、小键盘的输入等	1.遵守国家法律(现金管理暂行条例),倡导民主、文明、和谐的法治社会(使用和制造假币是违法行为) 2.树立正确的人生观、价值观,不贪欲,诚信做事,不做假账(出纳的工作涉及现金) 3.防范职业(出纳)风险意识
银行存款业务	1.办理银行开户 2.银行支票结算业务处理 3.银行本票结算业务处理 4.委托收款结算业务处理 5.汇兑结算业务处理 6.银行汇票结算业务处理 7.商业汇票结算业务处理 8.托收承付结算业务处理	1.遵守国家法律(银行存款管理制度),具有较高的政策水平 2.具有社会责任感,清正廉洁,坚持原则,客观公正(出纳的工作涉及银行存款,往往涉及的金额较大) 3.严谨细致的工作作风和职业习惯(试算平衡) 4.具有良好的职业道德,维护企业财产的安全(出纳直接保管银行存款账户)
出纳资料整理、归档和交接	1.整理出纳工作资料 2.归档出纳资料 3.交接出纳工作	1.遵守国家财经法规《会计档案管理办法》与职业道德 2.具有较强的团队合作意识和沟通交流意识(交接工作) 3.具有现场的协调能力(交接工作)

教学主要包含三个方面,即"课前、课中、课后"。课前主要是推送教学资

源,结合课程思政的改革,把本单元的教学内容"碎片化",并提前摄制一些"微视频",把这些视频推送出去,要求学生在课前去观看学习,并回答相应的问题或者完成老师预留的作业,包括预习自测等。课中,主要是设计一些课堂活动和任务,包括作业/小组任务、活动库、投票问卷、头脑风暴、答疑讨论、小测试。课后,主要是教学效果的反馈,包括作业、作业的评价、在线测试等,每个环节必须融入课程思政,让课程思政贯穿于教学的全过程。

(四)"出纳实务"课程思政教育实践途径,以任务"识别人民币的真伪"为例

1. 设计本任务的教学目标

教学目标不仅要设计知识目标和能力目标,还要有明确的思政目标,本任务的思政目标如下:

(1)通过认识人民币上有代表性的寓有民族特色的图案,充分感受到我们伟大祖国悠久的历史和壮丽的山河,弘扬伟大的民族文化;

(2)人民币是国际第五大货币,经济实力和综合国力的不断增强使人民币的国际地位不断提高(为祖国自豪);

(3)树立正确的价值观,不贪欲,培养自觉抵制收受、持有、使用假币的意识;

(4)持有和使用假币违反国家法律,要倡导建设民主、文明、和谐的法治社会,培养自觉遵守国家法纪法规的意识;

(5)遇到身边的假币事件,能勇敢地有效制止,积极培育和践行爱国、敬业、诚信、友善的社会主义核心价值观。

2. 课前

首先引入社会上的假币事件,把网络链接上传到蓝墨云班课上,引出假币对社会的危害性,引导学生讨论,如图1。然后拍摄微视频"高仿假币,路人不识",上传到蓝墨云班课中,让学生观看视频,由视频引出假币给人们生活带来种种麻烦,引导学生参与讨论。最后把鉴别假币的知识点拍摄成微视频,要求学生课前去观看视频,学习识别假币的方法。在这个环节,老师有意识地融入思政元素:假币给社会造成危害(不和谐、不法制、不文明),从而引出社会主义核心价值观,如法制、文明、和谐等。

图1　教学资源图

在推送教学预习资源时,最好按照教学进度,提前一周来发布,太早发布,会让学生无所适从,不利于学习。推送完资源后,可以给学生再发一条通知,提醒学生按照要求去完成资源学习。所有学生的手机会收到即时消息通知,如果学生已经观看过或下载过该资源,资源后面的数字会更新,可以即时统计,老师可以非常直观地看到学生的预习完成情况,如已看过的学生有多少人,未完成教学资源学习的学生有哪些。对完成教学资源的学习的学生,给予经验值,进行鼓励;对没有预习的学生,及时地提醒。老师可以按照经验值的分值高低,进行排序,大大提高了学生的学习参与度。

3.课中

课中引导学生认识并记住第五、六套人民币 100 元券防伪特征,学会辨别真假人民币。在完成教学知识目标后,开展实际操作,在 5 张真 100 元人民币中,放入 2 张假币,让学生逐一认出假币,教师督查学生实施过程。在此教学过程中,融入思政元素:认真、仔细、负责的学习态度,防范风险的职业意识。根据学生识别假币的结果,简单介绍识别假人民币的简便方法,此时教学中融入思政元素:认识到制造假币是违法行为,持有和使用假币同样是违法行为,要坚决抵制制造假币或者持有和使用假币的行为。

课中讨论:如果你身边碰到假币事件,你该如何正确处理?在引导学生回答问题时要融入思政元素,渗透诚实、正直的道德精神,鼓励学生如果身边有假币事件正在发生,要勇敢地有效制止,只有人人有这种正直勇敢的精神,才能有效地打击犯罪,才能实现和谐的法制社会。

知识拓展环节:了解假币的处理方法。设计情景教育,发现假币后应将伪造变造的人民币及时上交有关部门;发现他人有伪造、变造的人民币,应立即向公安机关报告。

4.课后

布置作业:(1)认识人民币上有代表性的寓有民族特色的图案;(2)收集一个体现人民币国际地位的案例;(3)回答问题,商场有无权力收缴假币?此时融入德育元素:感受我们伟大祖国悠久的历史和壮丽的山河,弘扬伟大的民族文化,为祖国不断强大而自豪,同时树立正确的价值观、人生观。

5.课后体会

可能在很多人看来,识别人民币非常简单,但是因为学生没有防范假币的意识,一些很简单的事情在我们眼里都是问题,课堂中一定要融入思政,在不经意间教育学生要树立正确的人生观、世界观,培养诚实、正直、勇敢的良好品质。只要树立防范假币的职业意识,并能正确认识真币的防伪特征并熟练掌握这些特征的辨别方法。学生们能正确快速地识别人民币纸币应该是没有问题的。

三、思考

价值引导之下的专业课程思政改革,是时代的需要,符合大学生成长的特点,会计专业课程教授过程中,教师要提高改革意识,不断推进课程思政的教学改革,丰富教学内容,把课程思政与经济生活和专业技能结合起来,吸引学生的兴趣,切实提升会计专业课程思政工作的亲和力和针对性,努力解决"最后一公里"问题。把课程思政教学内容贯穿于整个教学过程,并不断地改进,不断加强,提升专业课程思政的教学效果,切实将"培养什么人"和"如何培养人"进行深度对接,这是专业课程思政发展的必然趋势,也是高校人才培养应有的态度。

参考文献

[1] 刘淑慧."互联网＋课程思政"模式建构的理论[J].中国高等教育,2017.

［2］习近平在全国高校思想政治工作会议上的强调：把思想政治工作贯穿教育教学全过程，开创我国高等教育事业发展新局面［N］.人民日报，2016-12-09(1).

［3］虞丽娟.从"思政课程"走向"课程思政"［N］.光明日报，2017-7-20(14).

◎面向数字文化创意产业的"动画视听语言"课程改革与实践

陈 实[①]

摘 要:井喷式繁盛的"泛动画"和新一代学生的日漫审美深刻影响数字文化创意产业未来的发展方向,迫切要求及时更新动画理论,改革视听语言教学方式,以联系产业实际。借助语言学的本体论范式,重整了动画视听语言知识图谱,设计了研讨课题,给出了探究范例,提出了一种趣缘教学组织方法,设计了摹片训练主题和联合创作组织流程,量化的教学评价分析表明改革实践的有效性。

关键词:数字文化;创意;动画视听;课程改革

任何视听产品都通过调动、编排与组合视觉和听觉符号,来实现叙事、表意、审美等功能。数字文化创意产业蓬勃发展,为数字媒体类人才拓展了新的就业方向。手机应用、新媒体会展、综艺节目后期包装使用大量动漫元素——比如表情包、小动画和音效——丰富了媒体的产品形态。井喷式繁盛的"泛动画"在情感色彩、符号象征上,与传统影像的视听表达有诸多差异。新型数字媒介突破了以往基于影视媒介视听语言的狭小观念,促使视听思维与视听语言的内核被不断解构与重构,带来与视听传播密切相关的视听表达元素与表达技巧的新问题。

新一代学生普遍受到日漫和日本商业动画的长期熏染,对日式动漫的感知

[①] 作者简介:陈实,男,浙江万里学院数字媒体系副教授,研究方向为数字媒体、动画。

和接受造就了他们的普遍审美。数字文化创意产业中的相当一部分国产动画、游戏往往以日本商业动画为创作借鉴的重心,高校数字媒体类动画教学承袭了以迪士尼为代表的美式动漫理论范式,两者之间的视觉语汇组织、表意方式有显著的差异,造成教学与实践的脱节。更新知识内容,培育学生的审美感知力、审美理解力和艺术想象力,培育学生多元的视听文化视野,是"动画视听语言"课程教学所要面临的挑战。

一、教学内容的语言学分类

早期的"动画视听语言"基本理论脱胎于"影视视听语言",教材的体例一般是以电影电视专业的"视听语言"为蓝本,按图 1 所示的知识节点以层状贯穿的知识流线分步推进的。

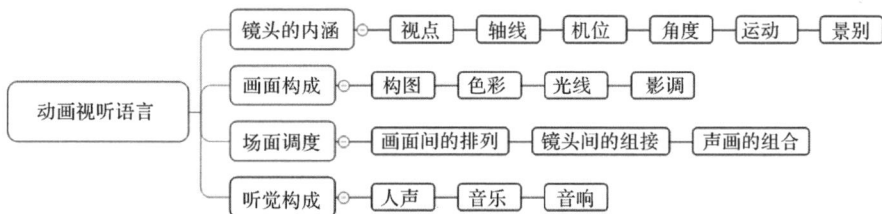

图 1　视听语言教材的层状知识结构

教材多着重于解释视听语言的内涵,对其形成原因、内在规律的探讨浮于表面。动画的视听问题往往借用影视拍摄技法来说明,电影电视本质上的客观性追求是最大限度地还原真实,动画中的环境或者角色大多是现实生活中不存在的。在制作技巧和观赏心理上具有高度的假定性,光影、造型不受灯光照明技术的限制,可以自由地设计光线来完成造型的工作。在行为方面,可以更多地在实际运动规律之上有选择地夸张表现。比如,影视拍摄的跑步一定是按照匀速进行的。但在动画片里的角色跑步时,脚在着地的区间速度会缓慢一些,脚在悬空的区间则会快速一些,跑步的一个循环动作里形成了变速的过程。

即便是针对动画,不同的技术手段、不同国家的动画审美观念都形成了视听语言特性的差异。我们借用语言学的分类体系,将动画的组成按语素、语义、语法、语种和语用归类为表 1。对照图 1 和表 1 可以看出,原有的教材内容局限在语义和语法层面,因为引入语素、语种和语用环境,相应的语义和语法都有了切实的描述对象和应用环境。这样就打破了原有的课程逻辑结构,以影视视听语言为蓝本的层状线性知识节点模块化内容体系转化为网状知识图谱。

表1 动画视听语言的网状知识图谱

语素	语义	语法	语种	语用
材料动画 数码二维动画 数码三维动画 数码2.5维动画	镜头内涵 镜头形式	画面构成 场面调度 声画关系	好莱坞动画 日本动画 欧洲动画 中国动画	传统影视动画 网络表情动画 MV动画 综艺动画后期包装 会展动画

二、教学内容的专题设计

比较语言学理论指出,理解语言特征的最佳路径是发现相关语言之间结构上的差异,找出它们的共同母语,明晰各语言自身的特点和优劣。显然,网状知识图谱更适宜采取比较语言学范式,我们按语素、语种以及语用三个专题引入课堂教学,每一专题均涵盖动画视听语言所涉及的语义运用范围和语法规律。

(一)语素比较

课题1:通过案例短片——水彩和铅笔的《回忆积木小屋》、铅笔和木炭的《苍蝇》、版画的《悲伤故事的美好结局》、铅笔淡彩的《我的邻居山田君》、水彩的《口香糖小子》、油画的《老人与海》、丙烯的《没有影子的人》和水墨的《山水情》等——比较材料动画的异同,理解不同的绘画材料刻画出不同的画面风格和画面质感,影响动画视觉语言的重要因素甚至左右着动画的艺术语言。

课题2:比较数码二、三维动画的视听语言异同——从视觉效果、色彩与线条、机位等语义、语法诸方面来分析,例如,数码二维动画的平涂、厚涂技法直接促成了素材的体块化,角色结构简约,装饰性线条少,确保人物动作实现简化,画面体现的是逻辑机位,由于透视表现相对比较困难,动态视觉着重于角色本身的运动,平面场面调度使用较多;三维动画的造型语言以立体结构、光影和纹理为基础,通过创建虚拟摄像机拟真机位,着重于场景与角色之间光影互动。

课题3:2.5维动画的视听语言特性及融合难点——2.5维动画是非真实渲

染技术应用的三维形体块状填充的卡通式效果。由于融合了二维动画和三维动画的优点,具备了独特的艺术吸引力和视觉风格。比如,继承了二维以平涂写意的方式描述对象和简洁明快的风格,动作更流畅,画面切换更加自如,光影变化更为生动,场景搭建更为宏大。与此同时,二维素材与三维素材在合成镜头时,也会有先天难以克服的问题,比如视点的匹配、时间单位的匹配等,由于两者摄影机视点的不同,画面关注的中心不同,会导致视觉错乱;三维画面的时间靠自动计算,二维画面不可能是"一拍一"的动作,其中会有缺帧,这种差别会导致跳跃感。这些都需要学生仔细揣摩,思考解决路径。

(二)语种比较

课题1:日式动漫与美式卡通的视听审美特性比较——日本动画很大部分是以漫画改编的动画剧,决定了它的若干视听语言特性,比如固定镜头为主,大量运用近景、中景,多对话和静态亮相,角色表情和动作相对简化,动作的不流畅借助复杂细腻的场景制作来弥补,借助大幅度的透视变化来展示出不同感觉的动势,以快动作、冲击力度大的视觉效果来调节动画节奏;漫画角色的主要特点是比例接近实际人物,形体结构细腻,不便于夸张式的表演。美式卡通对动画节奏和时间的控制相对突出,国内动画专业的主干课程均沿袭了迪士尼的压缩和变形动作表演体系,角色及动作幅度夸张,表演丰富细腻。

课题2:欧洲动画与中国20世纪动画的视听审美特性比较——欧洲动画和中国20世纪动画都与纯艺术结合紧密,诞生了独特的动画艺术风格,着重分析荷兰、法国以及东欧的动画短片,比如南斯拉夫萨格勒布(Zagreb)学派动画的极简主义风格、富有韵律的拼贴感。

(三)语用比较

课题:任选娱乐综艺的动画包装,MV动画、多媒体会展动画,分析视听审美特性——在上述分析训练基础上的开放性课题,学生依兴趣自选多个同类型案例,从语言的功能角度分析动画元素的视听审美特性,包括表意和视觉修辞两个方面,具体而言,判断其(1)表现性与象征性;(2)传达思想情绪和叙事;(3)对观众造成强烈的视觉冲击和情感震撼。

三、趣缘化的教学组织

前期的教学改革中,我们借助体验学习理论、生成学习理论、参与式学习理论等以任务驱动教学,积极推进由学生主动建构知识的启发式、探究式、讨论式、案例式等参与性、互动性强的教学方法,尝试了翻转课堂、合作性学习的多项教学改革举措,具体以"问题—分析—分组口头报告(演讲)—讨论—解决"为教学流程。但是,由于任务驱动的案例由教师统一分发,没有充分考虑学生的兴趣,学生探究的欲望没能得到及时激发,在关键的报告与讨论阶段,学生的主动参与度不高;并且,汇入新的教学内容后,在课时量不变的前提下,众多媒介形式、艺术风格、应用情境的视听语言探究很难由教师主导着全面展开。

我们在课题分析的教学组织上,将学生按各类别学习资源的兴趣分配研究任务,按 Jigsaw 教学法组织实施,主要步骤是,(1)分割案例主题:依照课题对应的学习资源、提出学习任务,并根据人数分割出若干视听语言语义和语法的子任务。(2)分任务组:学生依兴趣选取学习资源,分成若干小组,每个小组成员负责一个子任务。(3)组建专家组:把分在不同小组中探究同一子任务的学生集中组成专家组,共同研讨。(4)归队交流:全部学生都回到自己原来的小组,将自己子任务的认知成果传授给同组同学。(5)任务完成:小组综合认知成果,以视频形式作为成果验收。

Jigsaw 教学法的分组不受总人数的限制,小组成员由对学习资源的兴趣聚集构成。这种趣缘圈层关系强而有力,增强了学生主体意识,提高了学生课堂参与率;各组实行并行活动,在保留研究性教学优点的同时,也显著提高了课堂教学效率。活动过程中给学生提供了大量表达机会,同学之间又相互启发、借鉴、点拨、相互监督、相互促进。

学生完成任务有一个知识内化与迁移的过程。教学组织中,教师加入专家组讨论,适时引导学生解读相对枯燥的理论,深刻理解抽象的概念,专家研讨过程中成员始终处于积极的思维与学习状态,否则任务就不可能完成。这培养了学生的责任感和自信心,提高交际技能。在提高学生的理解能力、分析能力、总结能力、表达能力等的同时,进一步理顺了教师课堂讲授与学生自学的关系。

四、特殊叙事的摹片训练

运动镜头是影视艺术区别于其他造型艺术的独特表现手段,是影视语言的独特表达方式。课程训练首要的是注重视听流畅性,重视镜头连贯性技巧的训练。我们经过梳理历年来的国内外学生获奖动画作品,选择对抗场景、追逐场景作为摹片训练的主题,采用全班同学联合作业的形式,接力完成一个对抗叙事或者追逐叙事。这类镜头要保证视听的节奏感,必须使角色运动的方向等在画面中产生一定的空间节奏。为了让动画的整个画面空间的构成和运动能够更加完整的实现,首先从宏观上规划角色和贯穿逻辑,然后选择背景音乐,根据背景音乐设计动态构成线,确定节奏变化点;中观上先确定叙事的开头和结尾。按照学生顺序,分别从首尾两端开始,正向和逆向接续确定各自镜头段落的叙事内容,到中间相遇时做微调;微观上,学生构思富有想象的情节,运用所学的视听表达技巧,以游戏化的快乐心态完成训练。

五、教学质量评价与分析

对教师设计与实施活动能力的诊断性评价,是教学改革的有效性评估必不可少的一环。以往大多采用质性评价,通过后续创作实践成果来论证其价值,说服力不强。我们借助 Keller 的 ARCS 动机模型来评估教学质量:从课内外的引导力、知识关联性、自信心、满足度、对创作的影响度五个方面,设置了学习形式、学习过程、学习内容及应用等不同指标的多个问题以及开放式问题,收集学生反馈的统计数据。

我们以动画专业 2015 级的两个班和 2016 级的两个班学生为样本,对比两届学生对改革前后两种课堂组织法的评价,A/B 测试的量化评估雷达图如图 2。

通过自主学习及其激励因素的量化评估对比研究,发现在课程的引导力、自信心、满足度、对创作的影响度上,改革后的评价均高于改革前,在知识关联度上,改革后则低于改革前,具体分析来看,由于改革后课程知识点呈碎片化分

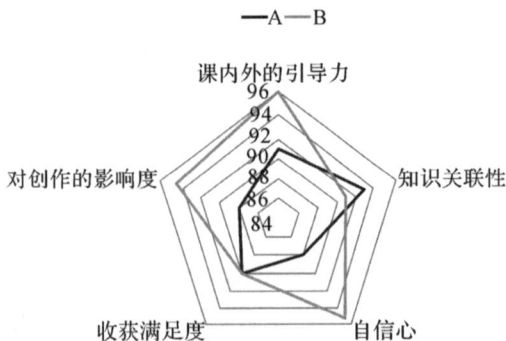

图 2　课程量化评估雷达图

布在各类型媒体中,系统性不强。在后续的改革中,应该加强各类型媒体视听语言的对比。总体看来,课题教学的有效性得到了客观综合评价。

参考文献

[1] 史春霞. 论手机动漫中的视听语言特征[J]. 艺术教育,2016(7).

[2] 史光辉. 视听语言研究性教学改革思路与实践[J]. 包装世界,2016(1).

[3] ARONSON E,PATNOE S. The jigsaw classroom:Building cooperation in the classroom (2nd ed.)[M]. New York:Addison-Wesley Longman. 1997.

[4] KELLER J M. Development and use of the ARCS Model of instructional design[J]. Journal of instructional development,1987.

第三篇

高校开展产教融合、协同育人研究

◎基于 ERG 理论的企业家参与高校创业教育的可行性分析及实现路径

张　洋　徐　莹[①]

摘　要:当前我国高校创业教育普遍存在着师资质量不高、课程体系不完善、资源不足等问题,高校若能建立企业家参与的长效机制,可以有效解决这些问题。企业家的个体需要和动机是建立企业家参与高校创业教育长效机制至关重要的因素。通过 ERG 理论,既论证了企业家参与高校创业教育的可行性,又为设计建立长效机制的路径提供了启示。高校赋予企业家创业导师的身份,将企业家进高校活动课程化,并通过契约的形式稳固、保障双方的合作是建立企业家参与高校创业教育长效机制的有效路径。

关键词:ERG 理论;企业家;创业教育

近年来,在"大众创业　万众创新"成为国家战略后,国家层面出台了一系列的文件推动创新创业,我国高校的创业教育也因此越来越受到重视。《国务院办公厅关于深化产教融合的若干意见》(国办[2017]95 号)中强调"全面推行校企协同育人",并提出了"支持企业技术和管理人才到学校任教,鼓励有条件的地方探索产业教师(导师)特设岗位计划"的具体举措。因此,建立企业家参与的长效机制,既是高校创业教育的现实需求,又符合国家的大政方针。国外

---

①　作者简介:张洋(1983—　),男,安徽庐江人,宁波大学科学技术学院办公室主任、发展规划部部长,主要研究方向为大学生就业管理、创业教育、思政教育等;徐莹(1989—　),女,江西九江人,就职于宁波大学科学技术学院学院办公室,主要研究方向为高等教育。

直接以"企业家参与高校创业教育"为研究内容的文献较少,但是研究者、实践者对于企业家参与高校创业教育这种做法在实践或相关研究中表现出了高度认同。相关的研究主要聚焦在三个方面:一是总结、介绍企业家参与高校创业教育的做法;二是建议由企业家担任创业教育师资;三是建议建立由企业家参与的创业教学方法、课程体系。国内关于企业家参与高校创业教育的相关研究目前还不多,主要包括以下几个方面:对企业家参与高校创业教育的可行性分析,企业家参与高校创业教育国内外经验借鉴,校企合作的创业教育模式等。现有的研究虽然已经关注到企业家参与高校创业教育的必要性和重要性,但是往往是从高校的视角出发,忽视了企业家的内在需求。从企业家内在需求的角度入手,探索企业家参与高校创业教育的实现路径,更加有利于建立企业家参与高校创业教育的长效机制。

一、企业家参与高校创业教育是高校的现实需求

(一)提升创业教育师资质量的需要

高水平的师资队伍是创业教育取得成功的重要保证,但目前我国高校普遍存在着创业教育师资"量"和"质"的双重不足。近年来,国家提出了创业教育"面向全体"的基本原则,高校为了弥补师资数量上的不足,通常采取创业教育教师兼职化的办法,辅导员、"两课"教师成为创业教育师资的主体,但由于既缺乏创业实战经验,又没有充足的时间和精力开展创业理论的研究,导致其教学质量难以保证。而在发达国家,主讲大学生创业教育课程的教师,大多具有创业或投资的经历,熟悉企业运营,能够理论联系实际进行指导。为了加强创业教育的实践性和针对性,我国大多数高校虽然也聘请了一批企业家担任客座教授,但多以讲座形式进行,并没有形成体系。因此,建立一支稳定的、高质量的企业家师资队伍是当前高校创业教育突破发展瓶颈的重要举措。

(二)完善创业教育课程体系的需要

总的来说,目前我国高校还没有建立起较为完善的创业教育课程体系。各高校的创业教育课程实际情况参差不齐,有的高校已经初步建立了分层分类的

创业教育课程体系,或已经基本能做到面向全体学生开设创业教育基础课程,但也有高校未能将创业教育"面向全体",依然将创业教育视为面向少数人的教育。已开设相关创业教育课程的高校也存在着随意性较大、缺乏依据等问题。并且由于资源有限,大部分高校的创业基础课程都是以选修课的形式进行,通常以理论教学为主,缺乏实践课程的支撑。而优秀企业家参与高校创业教育的课程体系建设,将有效优化创业教育的课程体系,增强创业教育课程的实践性。

(三)拓展创业教育的财力、物力和文化资源的需要

企业家参与高校创业教育,能够带动创业教育的校企深度合作,从而拓展创业教育的资源。一是解决资金不足的问题。高校可以向企业争取资金用于创业教育,通过引入企业资金设立创业奖学金和各类创业基金奖励和扶持创业团队、创业项目。二是拓展物力资源。企业可以成为高校的创业实践基地,通过提供场地、设备、技术、项目等,让大学生全真模拟创业实践,在实践中学习企业的经营管理经验,培养提升学生的创新创业能力。三是提供文化资源支持。优秀的企业文化本身就是创业教育的生动教材,企业家进高校可以将优秀的企业文化、企业的成长史、企业家的奋斗史引入创业教育的课堂,影响学生对创业的理解和认知。

二、基于 ERG 理论的企业家参与高校创业教育的可行性分析

(一)ERG 理论及其主要观点

1969 年美国耶鲁大学的克雷顿·奥尔德弗(Clayton Adherer)在大量实证研究的基础上,修正和发展了马斯洛需要层次理论,提出了"生存、关系、成长论",即 ERG 理论。该理论认为人有三种基本需要,即生存需要、关系需要和成长需要。生存需要是指一个人基本物质生存条件的需要,基本可对应于马斯洛需求层次理论的生理需要和安全需要;关系需要是指人与人之间交往的需要,大体可以对应需求层次理论的社交需要和部分尊重需要;成长需要是指个人要求发展及自我价值实现的需要,一般可以对应于需求层次理论的部分尊重需要

和自我实现需要。该理论的主要观点有：三种需要并不是严格地按照由低到高的次序发展,可以越级发展;各层次的需要得到满足的越少则越渴望得到;当低层次的需要得到满足,人们就渴望向高层次发展,但是当高层次的需要不能满足时,人们会转而追求低层次的需要;个体在某个时间点有侧重的需要,但其他需求同样具有激励效果,也就是说多种需求可以刺激达到激励的效果。

(二)企业家参与高校创业教育影响因素模型分析

运用 ERG 理论,可以有效论证企业家参与高校创业教育的可行性,同时又可以深入分析企业家参与高校创业教育这种行为的影响和激励因素,从而为建立长效机制提供参考,详见图 1。

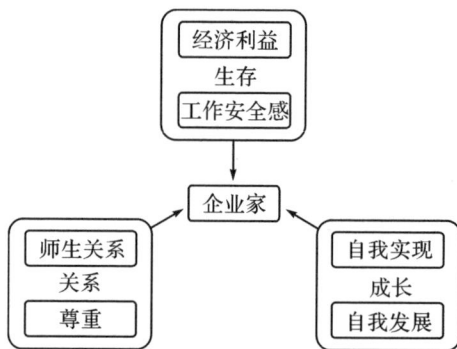

图 1　企业家参与高校创业教育影响因素模型

1.基于生存需要的企业家参与高校创业教育的影响因素

生存需要是指人们对基本物质生存条件的需要。当外界因素满足了生存和安全时就会强化企业家参与高校创业教育的行为,反之,当外界因素威胁到生存和安全时,企业家就会停止这种行为。

(1)经济收益。

企业家参与高校创业教育可以为其带来的经济收益包括两个方面。一是直接收益,企业家参与高校创业教育往往可以获得一定的经济报酬,虽然这不是企业家参与高校创业教育的主要目的,却也可以成为一个激励因素。二是间接收益,企业家参与高校创业教育往往也可以为企业带来一定的利益。第一,有利于企业选才用才。企业家参与高校创业教育,在传授企业家精神和创业经验的同时,也是在培养和发现企业所需要的人才。第二,有利于企业的品牌推广。企业家参与高校创业教育,是企业家个人社会责任感的体现,也是企业良好社会形象的标志,可在毕业生之间树立良好口碑与形象,同时企业品牌获得了更好的推广和宣传。第三,有利于解决企业其他难题。企业家参与高校创业教育实际上也为校企合作建立了一种机制,这种机制有利于解决企业的一些难题:当企业遇到技术难题时,可以借助高校的学术、科研优势;当企业自身的培训满足不了企业发展需要时,可通过引入高校专业力量对员工进行培训;当企业需要短期用人时,让高校大学生参与实习实践便是一种很好的形式。

(2)工作安全感。

企业家进高校为大学生传授创业的经验、管理的理念,有别于在企业内部以及企业家圈子中进行类似活动。师徒间存在的某些竞争会导致导师对学生竖起心理防线,降低其工作安全感。同行间的竞争更会降低老师的安全感。而在高校,企业家面对的是大学生,既不是真正意义上的师徒关系,也不是同行关系,企业家和大学生之间是一种更加纯粹的教与学的关系,这种关系会给企业家带来一种更加轻松、安全的体验。较高的安全感,也是影响企业家参与高校创业教育的另一因素。

2.基于关系需要的企业家参与高校创业教育的影响因素

关系需要是指人与人之间交往的需要,是人们为了与他人保持良好人际关系而产生的需求。参与高校创业教育能否为企业家带来良好人际关系,是影响企业家参与与否的一个重要因素。

(1)师生关系。

企业家和大学生本身是两个差异性较大的群体,通常情况下,难以建立交往关系。但是通过企业家进高校活动,便搭建了企业家与学生交流的平台。若是能够建立企业家参与的长效机制,增加其授课的频率,指导学生的创业实践,则更容易与学生形成密切的师生关系,这种关系有别于企业家在其商业活动和日常生活中形成的其他关系。企业家在高校这样一种环境中还会获得构建新关系网络的机会,获得新的人际支持。

(2)尊重。

企业家在指导大学生创业教育时所获得的新身份——教师,会带来一定的尊重体验。企业家凭借其丰富的创业实践经验,会获得学生喜爱和欢迎,得到学生的尊重,这种尊重比企业家在企业中获得的员工给予的尊重更加真实和纯粹。企业家积极参与高校创业教育并取得一定成效时,也可以获得学校、社会的尊重和认可。

3.基于成长发展需要的企业家参与高校创业教育行为的影响因素

成长需要是指个人要求发展及自我价值实现的需要,是一种高级的需要,对于企业家而言这种需要的驱动力往往更加强烈。

(1)自我实现。

企业家参与高校创业教育,分享自己的实战经验和创业感悟,指导学生创业实践,培养学生的企业家精神,促进学生的成长成才,这是企业家创造经济价值以外的更高层次的一种社会贡献,这种贡献正是企业家自我价值的有效体现,会为企业家带来一种"高峰体验"的愉悦情感。

(2)自我发展。

企业家教育指导大学生的过程,也是一个教学相长、自我提升的过程,在这一过程中企业家也会在年轻人的身上接收到新的思想、信息,思维眼界会更加开阔,综合能力(特别是沟通表达能力)也会获得一定的提升。企业家参与高校创业教育若能够取得较好效果,其社会美誉度和影响力也会有所提升。

4.企业家参与创业教育三种需要之间的关系

正如ERG理论所述,各个需求层次是可以同时存在的,不一定是依次满足的,在考虑企业家参与高校创业教育的激励因素时,既需要根据个体情况,考虑最主要的需求,又要综合考虑生存、关系、发展三种需要。在制定政策、策划路径时,要充分考虑这三种需要,若能一种做法满足多种需要则会带来事半功倍的效果。

三、企业家参与高校创业教育长效机制的实现路径

根据ERG理论,充分考虑企业家的内在需要,结合高校当前创业教育的实际情况,赋予企业家创业导师的身份,将企业家进高校活动课程化,并通过契约的形式稳固、保障双方的合作是建立企业家参与高校创业教育长效机制的实现路径。

(一)参与身份师资化

建立一支稳定的企业家师资队伍是建立企业家参与高校创业教育长效机制的前提,而企业家身份从传统的嘉宾型向师资型转变,也可以使得企业家参与高校创业教育更加积极主动,授课也更加系统科学。从企业家自身角度,根据 ERG 理论,赋予企业家以导师的身份,可以为之带来关系和成长的满足。

从创业指导和学生接受的角度,成为创业教育导师的企业家应当具有如下某一个方面或多个方面的特质:丰富的创业实践经历、较高的管理水平、独到的眼光、深刻的见解、较强的人格魅力、一定的学科背景和必要的学历水平。高校应当根据自身创业教育的需求,坚持"优中选优"的原则建立一支稳定的创业教育企业家导师师资库,建立与校内创业教师相融合的机制,优化创业教育师资队伍。如杭州师范大学通过开展"百名高管进课堂",组建了以 150 余位知名校友为代表的内外结合的"双创"教育智库。

(二)参与方式课程化

为了搭建学生与企业家沟通交流的平台,不少学校已经开展了企业家进高校活动。现有的企业家进高校活动多被定位为校园文化活动,以论坛、讲座等形式不定期开展。从创业教育的角度来看,缺乏系统设计和科学规划,难以达到理想的教育效果。而课程化是将零散的、随意性较大的企业家进高校活动系统化、长效化的一种有效形式。所谓企业家进高校活动课程化,就是指根据高校创业教育的目标和总体设计,聘请优秀企业家担任创业导师,将企业家导师主导开展的讲座、论坛、课程、竞赛指导、实践指导等纳入学校创业教育的课程体系,并与高校自有的创业教育课程相融合的模式。如福州外语外贸学院与当地商会合作,采取企业专家团进高校授课的形式联合培养跨境电商人才,企业家授课的课程为必修课,且有学分。

企业家参与的课程体系总体而言可以分为理论课程和实践课程。创业教育的理论课程既包括创业基础、创业管理、创业机会评价、创业财务管理以及战略管理等管理学科的知识,也包括创业心理学、创业法律法规以及美学等其他学科的知识。企业家参与高校创业教育的理论课程应当包括通识性和专业性两个方面,通识性的理论课程以企业家的经验分享、管理心得为主,专业性的理论课程则是根据企业家的学科背景、个人专长等选取具体的理论模块进行教学。创业教育的理论课程可以采取校内教师和企业家导师联合开课的方式,建立"融合式"课程,这种"融合"体现在两方面,一是课程间融合,比如学校教师的某门创业课程更加偏向于理论阐述,而与之配套的企业家导师的某门课程则更偏向于案例解析;二是课程内融合,即校内教师和企业家导师共同承担某门课程,根据各自专长分别讲述相应内容。

创业教育的实践课程是指从创业环境、创业知识、创业技能及创业风险等方面对大学生进行基本创业素养和技能的培训。企业家参与创业教育的实践课程有着更加得天独厚的优势。高校可以充分利用企业家背后的资源,建立创业教育的校企合作机制,将创业教育的实践课程开到企业,也可以将企业分公司或项目组引入校园,由企业家导师在实战中对学生进行指导。企业家导师指导学生创业团队或创业竞赛也可以列入创业教育的实践课程。这些实践课程都需要设立较为清晰的课程目标和评价标准,进行过程和结果的双重监控,才能保证教学的效果。

(三)参与形式契约化

以往的企业家进高校活动多是建立在人情关系的基础上,企业家不定期地受邀到高校开展讲座、沙龙等活动。这种人情关系式的参与形式受影响因素较多,显然缺乏稳定性。将企业家进高校活动契约化,建立校企合作的契约机制,一方面有利于调动企业家的积极性与主动性;另一方面可以规避一些合作中存在的风险,是企业家参与高校创业教育建立长效机制的重要保障。学校与企业家之间通过签订聘用协议,明确学校和企业家双方的权责边界,并尽可能地明确企业家参与高校创业教育的时间、形式、要求以及报酬。若是涉及学校与企业双方的合作,校企之间也应当签订合作协议,通过契约来约束双方的行为,或保证双方的利益,并形成一个利益共同群体或组织,共同推进高校创业教育。

师资化、课程化和契约化的企业家参与高校创业教育的路径既充分贴合了企业家的内在需要,又可以有效地解决当前我国高校创业教育普遍存在的问题。高校在创业教育实践中,应充分利用优秀企业家资源,通过师资化的方式充实创业教育师资力量,通过课程化的方式完善创业教育课程体系,通过契约化的方式稳固双方合作关系,探索完善创业教育机制,不断提升创业教育水平。

参考文献

［1］王曼文.论大学生创业教育有效机制的构建［J］.中州学刊,2009(3).

［2］沈云慈.校企深度融合高校创业人才培养模式研究［J］.长江大学学报(社会科学版),2014(1).

［3］黄兆信,赵国靖.中美高校创业教育课程体系比较研究［J］.中国高教研究,2015(1).

［4］黄文光,俞金波.校企合作中优质企业创业教育资源的引进与利用［J］.当代教育科学,2010(17).

［5］ALDERFER C P. An empirical test of a new theory of human needs［J］. Organizational Behavior and Human Performance,1969(4).

［6］SCANDURA T A. Dysfunctional mentoring relationships and outcomes［J］. Journal of Management,1998,24(3).

［7］杭州师范大学"四位一体"加强应用型专业建设［EB/OL］.(2016-10-17)［2019-10-30］. http://www. zjedu. gov. cn/news/147668696008248129. html.

［8］张洋.企业家进高校活动课程化初探［J］.宁波大学学报(教育科学版),2013(2).

［9］企业专家团进高校授必修课［EB/OL］.(2015-11-11)［2019-10-30］. http://www. xinhuanet. com/local/2015-11/11/c_128416441. html.

［10］余达淮,路云.校创业教育课程内容体系建设研究［J］.教育探索,2013(3).

本论文已发表于《宁波大学学报(教育科学版)》,2018 年第 5 期。

◎美国高校创新创业教育生态体系构建及其协作机制的借鉴研究

——基于系统论的视角

单正义　吕慈仙①

摘　要:美国高校重视创新创业教育,形成了政府顶层设计下的高校、企业、投资界协同创新模式,呈现出主体要素结成利益共同体、协创模式体现高度的生态性、强调学生体验式应用学习以及注重社会核心价值理念的塑造等特征,对我国高校创新创业型人才培养具有一定的借鉴意义。本文以系统论为理论支点,运用完整性、等级结构等概念,对美国高校、企业、投资界各自"独立"的双创介入方式以及三者发生联动协创的"合力"发生机制进行剖析,从中勾勒出美国高校创新创业教育的生态系统及其运作机制,为我国高校创新创业教育的改革与实践提出借鉴。

关键词:政府顶层设计;美国高校;创新创业教育;生态体系;借鉴

美国是当今世界第一科技大国,迄今为止共有300多名诺贝尔奖获得者,世界上约7成的专利出自美国。而美国的大学汇集了全球70％以上的诺贝尔奖获得者,50％以上的菲尔兹奖获得者,居世界各国之首。在全球最顶尖的20

---

①　作者简介:单正义(1978—　　),男,汉族,浙江奉化人,宁波幼儿师范高等专科学校副研究员,研究方向为教育管理;吕慈仙(1978—　　),男,浙江宁波人,浙江工商职业技术学院研究员,研究方向为教育社会学。

基金项目:浙江省教育科学规划2018年度研究课题"美国高校创新创业教育体系及其协作机制的借鉴研究——基于系统论的视角"(项目编号:2018SCG112)。

所大学中,按科学贡献度计算,美国占了17所(自然科学领域),从麻省理工到加州理工,培养了全世界最好的工程师和最顶尖的科学家。美国大学的快速发展,特别是美国大学与社会的紧密关系被认为是20世纪美国快速发展的主要原因之一。高校尤其是研究型大学的创新成就已成为美国经济持续增长的引擎和动力,而这些辉煌成就的取得,与美国完备的创新创业教育体系是密不可分的。美国高校崇尚学术自由,开展跨学科创新创业教育,构建立体式协同创新机制以及科学的引才用才评才机制,其成功的经验与做法,对推进我国高校创新创业教育改革与转型具有积极的意义。

一、美国高校创新创业教育体系构建及其运作情况

创新创业教育的前提是创新,实现载体是创业,创业是创新的一个具体实践形式。"二战"后,从太平洋军区服役归来的哈佛教授梅尔斯(Myles Mace)发现,政府为刺激经济急需建立大量新企业,于是率先开设了"新企业管理"的选修课,开启了美国高校创新创业教育的序幕。20世纪60年代末百森商学院开设"创业学"本科专业,20世纪80年代哈佛商学院将创业教育纳入主流课程,标志着美国高校创新创业教育发展进入新阶段。随着20世纪90年代美国各高校创新创业中心的设立,创业学学位的授予,创业俱乐部的集聚以及各类创新创业大赛、数学建模大赛的大规模举办,掀起了高校创新创业教育发展的新高潮,尤其是进入21世纪后,逐步发展形成了一套各主体要素运作协调、协同发展的创新教育体系。

(一)"鼓励质疑"教育理念的先导与践行

美国高校创新创业的辉煌成就很大程度上归功于其"尊重个性、鼓励质疑"的教育理念及其践行。通过实际问题激发学生的学习兴趣,运用问题研讨引导学生独立思考,培养学生的思维模式,是美国高校创新创业教育的重要特点。文艺复兴以来,自由教育得到发展与盛行的主要原因在于反对外在的强制,提倡给学校和学生更大的自由。它正视人的多样性与差异性,反对标准化与同一性,尊重、发展人的个性。以耶鲁大学为例,自由教育是该校几百年来沉淀形成的一种思想文化。从18世纪中叶托马斯克拉普校长坚持耶鲁是私立学校,强

调大学的自由以及极力抵制地方政府的干涉开始,耶鲁大学一直把"自由"作为办学理念,强调学术自由,鼓励学生独自思考、大胆质疑。美国大学一般具有较充分的自主权,联邦政府、州政府不直接干预高校内部事务,也不设定有关办学水平的专项考核。在此氛围的长期熏陶影响下,师生关系逐渐演变成一种平等、民主、协作的和谐关系,使得师生间的直接交流成为一种常态。在日常教育教学活动中,教师鼓励学生大胆发表意见、表达思想,一般采用"苏格拉底式问题研讨"等教学方法引导学生挑战权威,质疑现状,激发学生求知欲,启发学生的思维方式与创新意识。由于处于体制之外,美国大学轻松自由的学术氛围,使得研究人员和学生有充分的行动和言论自由,可以不受限制地充分交换不同意见,更容易迸发出创意和想象,从而潜移默化地激励、逼迫学生去探索、冒险、创新,这也成为美国大学科技创新能力独树一帜的动力源泉。

(二)构建跨学科创新创业课程体系

跨学科教育是利用学科之间的相关性、交叉性、互补性,实现不同学科知识的相互融合与渗透,形成某一新兴学科的知识体系,是培养创新创业人才的重要途径。它克服了原有学科的单一性、狭隘性,重塑了交叉性、综合性的知识结构。美国大学普遍注重将创新创业教育融入专业课程体系,设立了跨学科结构或课程体系,实施了跨学科和交叉学科教育的创新。例如,科罗拉多大学斯普林斯校区的创新学士学位项目采用多学科团队进行教学。该校计算机科学专业除了要求学生完成计算机科学课程外,还要求他们发展团队,学习创新,投入创业,练习写作计划案,学习商业和知识产权相关法律。斯坦福大学商学院、工学院的教师开发了20多门创业教育课程,注重将创业教育渗透到专业课程设置当中,拓宽基础性课程,适量减少专业课程,打破了专业壁垒,充分体现文、理、工相互渗透。麻省理工学院当前最受欢迎的创业课"创业101:你的客户是谁?"和"创业102:你能为客户做什么?"融合了中小企业市场营销、城市设计、语言教育、医疗以及企业支持服务等多学科领域。再如从2011年秋季起,哈佛大学MBA的1年级在常规课程外引入了Field的社会实践课,课程要求学生以团队的形式投入到成型企业中或为自己的创业项目工作,课程分为"领导力""全球化""综合训练"3个学科领域,也实现了多学科的融合教育。

(三)建立政府顶层设计下的高校、企业、投资界协同创新模式

美国政府先后制定了诸如"美国创新战略""创业美国计划"等国家制度,出台了《专利和商标法修正案》(Bayh—Dole 法案)等系列保护与支持小企业法案,从法律、政策与资金层面加大了对高校创新创业的支持与投入,为大学生积极投身创新创业实践提供政策土壤。在此框架和大环境下,美国高校、企业、投资界逐渐形成了互惠共利、深度融合、广泛合作的协同发展模式。

高校主导创新创业教育的发展方向。在美国创新创业咨询委员会(NACIE)的推动下,美国商务部创新创业办公室直接与美国各大学进行对话,并在 2013 年正式发布了《创新与创业型大学:聚焦高等教育创新和创业》的报告,明确大学创新创业应涵盖"支持科技成果转换,鼓励教师创新和创业,促进校企合作,参与地方经济发展"等四大核心活动领域。高校通过建立科技(创业)园区、组建企业孵化器、拓展创客空间、健全学生实习实践项目等措施为大学生创新创业提供工作空间、加工设备、技术指导以及服务支持。一是美国的大学和学院支持聚焦创业教育和科技创新的实习项目,以创新(创业)实习必修课程及其学分顶替专业课程的方式,为学生毕业后进入科技转换办公室、风险投资公司或各类企业做好准备。二是自美国威斯康星大学于 20 世纪初率先提出大学应当具备"服务社会"的职责后,研究型大学、州立本科高校通过建立科技创业园区、共享实验室等方式,有效拓展了其人才培养和科学研究的功能。自 20 世纪 50 年代斯坦福大学工程系主任特曼(Terman)首先提出学术界和产业界应当结成伙伴关系,并将"硅谷概念"付诸行动后,大学科技园区如雨后春笋般在美国蓬勃发展。以先驱者斯坦福大学为例,该校在校园创办科技园,支持本校师生开展创新创业的同时,还积极吸收高科技公司进园创办新企业,并引导企业开展技术创新活动。依靠斯坦福大学为科技园输送科研成果及其转让专利的极大优势,园区得到跨越式发展,吸引了一大批新创公司落户园区,已成为斯坦福大学开展科学研究、实习实训的社会基地,斯坦福大学因此成为世界科技创新发展方向的引领者与培养硅谷创业人才的摇篮。三是各高校热衷组建项目实验室,鼓励研发,并开展创业培训。如哈佛创业中心于 2010 年开设"洛克加速器空间"(Rock Accelerator Award,RAA),该空间提供场地、设备、材料、资金等服务帮助学生制造最低可行性产品(Minimum Viable Product,

MVP),指导训练学生花最少的资源做出"半成品",并搭建起学生创业项目与企业沟通的平台。又如哥伦比亚大学创投中心旗下的哥伦比亚创业实验室涉及范围广泛,并不局限在金融行业,他们的创业项目还涉足消费品、网络、教育和医疗行业,为学生提供了广泛的实践岗位和实习机会。

企业、社会机构提供资金支持及附加服务。企业、社会机构、政府机关除接受高校输送的各类人才以及为高校提供实践平台外,还通过以下方式提供支持:一是资金支持。各级企业、公益性组织、投资机构通过在大学设立捐赠项目,对实践基地或潜力创业项目提供经费支持与融资服务。如天使乐团投资基金每年会审核700个项目,初审遴选出约30个项目进行尽职调查,最终投资8家高校新创企业。又如麻省理工学院建筑与设计学院下设的麻省理工学院媒体实验室,其每年高达4500万美元的运行经费,主要来自70多个联盟会员,会员包括谷歌、英特尔、微软等知名企业。联盟会员虽不指定、限定实验室具体研究内容,但有权分享实验室当年的研究成果以及发明专利,同时也具有指派工作人员进驻媒体实验室的权利。二是建立社会创客空间和创业培训机构。大量的社会非营利机构建立社会化的创客空间,为青年学生提供办公场地、设施设备、实验材料以及启动资金。如波士顿Artisan's Asylum是一家非营利性的社区众创空间,拥有多个配备了专业加工设备的实验工作室,包括原型制造实验室、木工车间、机械加工车间、创意电子产品实验室等,其运行经费主要来自社会捐赠以及包月会员,为创客提供一整套廉价的手工制作培训课程以及空间、设备租赁服务,避免了新创企业初创过程中高昂的制造设备投资以及场地租赁费用。又如位于奥克兰的Crucible创客空间,每年向全社会提供的艺术类与手工制作课程就超过500门,每年逾5500人参加了培训课程。其向大学生创客群体提供的实验室超过20个,用于支持学生创业者产品的研发与创新。

(四)实施学生创新创业融合计划

很多美国高校都出台了鼓励学生创新创业实践的管理制度,以唤醒、培育学生创业意识和创新习惯,支持鼓励学生全程创业。除成立创新创业中心、创业俱乐部、创业者校友协会等常规举措外,各高校还纷纷设立创新创业种子基金、举办大学生创新创业大赛等耳熟能详的创新举措。一是设立创新创业基金项目。美国很多高校利用非营利组织、创业家协会或者校友协会的赠款项目设立创新创业基金。例如考夫曼创业流动基金中心、国家独立企业联合会等公益性组织每年都会以设立商业计划大赛奖金、论文奖学金等形式向高校提供大量的创业教育基金。二是举办商业计划和投资竞赛。美国的创业教育不仅限于正规的学校课程以及提供创业咨询服务,还开展各类丰富的创业活动,其中最著名的当数创业计划大赛。诸多大学竞相开展校级层面的创新创业竞赛,并逐渐形成每年举办一次的惯例,取得了卓越的成就。像雅虎、网景等公司就是在斯坦福校园的创业氛围中产生的。美国最负盛名的50强高新技术企业,近一半产生于麻省理工学院的创新创业计划大赛。美国高校的创新创业计划大赛吸引了一大批来自风投、基金、产业精英以及自由投资人的关注及行动,已成为学生科技成果转化以及联系创业项目与产业界沟通协作的重要平台。三是广泛实施大学生科研创新培育计划。根据美国博耶(Boyer)研究型大学本科教育委员会《重构本科教育政策——美国研究型大学的蓝图》(Reconstructing Undergraduate Education Policy—A Blueprint for American Research Universities)报告,研究型大学的学生还应拥有额外的权力:"有进入科研实验室、图书馆、研究室、计算机系统和音乐厅的机会,有机会与各种知识层次的学者接触并与高级研究人员一起工作,以便在心智成长与创新能力方面得到指导和帮助。"此后全美研究型大学和本科大学相继将本科生科研训练纳入正常教育教学计划,逐渐使本科生科研制度化,同时将"指导学生参与科研项目或创新团队的工作内容"首次写入教师职责义务。高校通过设立学生科研创新专项基金、制定创新学分代替课程(学位论文)规则等方式,鼓励学生参与科研实践。如麻省理工学院的媒体实验室(MIT Media Lab)每年划拨一定的指标吸收近200余名本科学生来实验室协助高级研究人员、客座科学家、博士后等人员从事研发工作。由此大学生科研创新培育计划在美国高校得到了快速的推广和发展,从而使学生在具体实践中掌握了科学研究的方法,培养了学生发散性思维,为未来创新创业实践做好准备。

(五)优化配置创新创业师资队伍

曾任哈佛大学校长的柯南特(Conat)认为:"大学的荣耀不在它的校舍与人数,而在于它的一代一代教师的质量,一所学校要站得住脚,教师一定要有特色与水准。"由此可见,高质量师资队伍建设是高素质人才培养的关键要素。而创新创业教育能取得显著成效,也同样离不开一支高质量的创新创业师资队伍。一是美国研究型大学以及州立本科大学十分重视创新创业师资队伍的选拔、培训、聘用、评价工作,并将创新创业教育业绩作为指标直接纳入教师年度绩效考核,并作为岗位聘用、专业技术职务晋升的重要依据,极大调动了专任教师从事创新创业教育的自觉性。如弗吉尼亚大学率先将创新创业成绩纳入教师职称晋升标准之中,要求参评候选人提供在创新创业领域取得重大成绩的科研成果及技术转让证明。二是选派在专业领域内具有发明创造或者重大科研成果的教师给本科学生上课,从而使学生能够分享该专业前沿研究成果和学科最新动态,帮助学生学会发现问题、收集资料、质疑权威以及探究真理的科研方法。三是注重实践训练,鼓励教师积极从事创业实践活动。不少研究型大学明确规定专任教师必须具备创新创业实践经历或相关服务经验,无"双创"经历者不能走上讲台,以此鼓励教师深入一线开发新技术,甚至创办公司,体验创新创业过程,积攒创业案例,丰富创业教学。例如麻省理工学院率先推行教授"五选一准则",允许教授们每周安排一天时间专门从事创业实践相关的工作,鼓励为高科技企业、客户提供专利技术和投融资方面的咨询服务。此外,一些社会非营利组织也参与高校创新创业师资的培训工作,如以美国考夫曼基金会、科尔曼基金会为代表的社会组织为"创新创业教育终身学习计划"提供资金与智力支持。四是实施"领雁计划"策略,美国高校除聘请具有一定创业经历的专家学者来校任教外,还注重聘请全球创业名家、企业家、企业高管、风险投资家、杰出校友担任课程专业教师,以开展系列讲座、实施课堂讲学、参加创业论坛、评审创业竞赛、投资校园学生项目等方式参与高校双创教育,为学生提供了当前涉足创新创业的最新动态和发展展望。如《百森商学院创业学讲席教授席位规程》明确规定教师席位中必须包括企业家、创业名人、风险家、投资家以及初创企业高管。

二、美国高校创新创业教育体系的基本特征

美国高校创新创业教育体系呈现出主体要素形成紧密的利益共同体、协创模式体现高度的生态性、强调学生体验式应用学习、注重社会核心价值理念的

塑造等特征。

（一）主体要素结成契约式的利益共同体

经过70多年的发展与演变,美国逐渐自发形成了以高校教育实施为主导,政府鼓励支持为基础,社会深入参与为依靠的高校创新创业教育运作模式。一是高校带动研发,通过建立创业中心、成立科技成果转化办公室、实施创新创业课程教育、开设创业学学位、推行学生科研培育计划、举办创业设计大赛、建立创业孵化器及创客空间、组建学生创业俱乐部等途径,启发大学生创新创业意识,引导他们积极从事创新创业实践,把握高校创新创业教育方向,发挥着"双创"教育主导作用。二是美国联邦政府、州政府尊重高校办学自主权及其治理模式。美国各级政府基本上不直接管理学校,只是从立法和政策上规范学校,通过项目拨款、立法、提供各种分析报告以及相关数据等方式引导、调控高等教育的发展。尤其在环境健康、空间技术、基因工程、纳米科技、新能源开发等领域在高校设立或划拨专项研究基金,持续影响高校创新能力,推动着科研快速健康地发展。三是企业、投资界深度参与高校创新人才培养,一方面为大学提供赠款项目,广泛设立创新创业基金,资助大学生优秀创新创业项目。如哥伦比亚大学崛起的企业家组织(CORE)每年都会举办数十场活动,包括讲座、会议和创业大赛,截至2017年,CORE已经给研究生和本科生提供了超过40万美元的种子资本。另一方面企业界为高校学生提供实习实践的基地,接收高校培养的大量专业人才。如美国的企业孵化器种类众多,早在1985年美国就成立了全美商业孵化器协会,为大学生创业者提供了办公空间和设备,搭建了实习、培训、模拟及实战的平台,降低了初创企业的运营风险,提高了大学科研成果的商业转化率。

（二）高校创新创业教育模式呈现高度的协创性和生态性

系统论的核心思想是系统的整体观念,即所有的系统具有开放性、关联性、动态平衡性、整体结构性、自组织性等共同特征,认为系统中各要素不是孤立地存在着,每个要素在系统中都处在一定的位置上,起着特定的作用。美国高校创新创业教育体系是基于"高校""政府""企业""投资界""创业中介"等多个主体要素构建的,强调整体与局部、局部与局部、整体与外部环境之间的有机联系,符合"系统论"的整体性、动态性和开放性三大特征。高校通过设立科技(创业)园、建立创新实验室等主渠道,在吸引高科技企业入驻的同时,选派教师进入园区企业挂职锻炼,组织学生开展专业实习实践,帮助师生接触并了解学科领域的前沿技术和研究进程,有助于教师反思课堂教学内容与教学方式,提高了课堂教学的实效性。高校还通过举办学生创新创业设计大赛或学生创意项目推介会等重要方式,搭建学生项目与投资界的联系沟通,促进优秀项目社会化进程以及提高成果转化速度。企业、投资界则通过提供研发经费、选派工作人员入驻科技园或实验室等方式,充分接受高校提供的咨询、法律与技术服务,并共享高校研发的原创科技成果,直接用于企业的技术革新。而对新兴行业"创新中介"来说,此类中介机构介于企业和学术界之间,一方面从企业获得资金,并了解企业的需求,另一方面利用学术界的研发人力资源帮助企业完成研发目标。对于企业来说,"创业中介"能让研发变得更有针对性,并从高校获得专业人士的帮助。对于学术界来说,创业中介的介入搭建了师生创新创业项目与产业界的沟通平台,缩短了研究成果的转化周期,使学生更容易就业创业。如总部位于美国芝加哥的 UI Labs"创新中介",该机构董事会成员既包括美国西北大学、芝加哥大学和伊利诺伊大学的教授,也包括卡特彼勒、宝洁、爱克斯龙电力等公司的董事。UI Labs 在运营时会同时考虑学术界和企业界的利益,一方面希望创造更多就业机会并促进学术发展,另一方面希望在芝加哥当地创造一个有利于创新的资金环境。

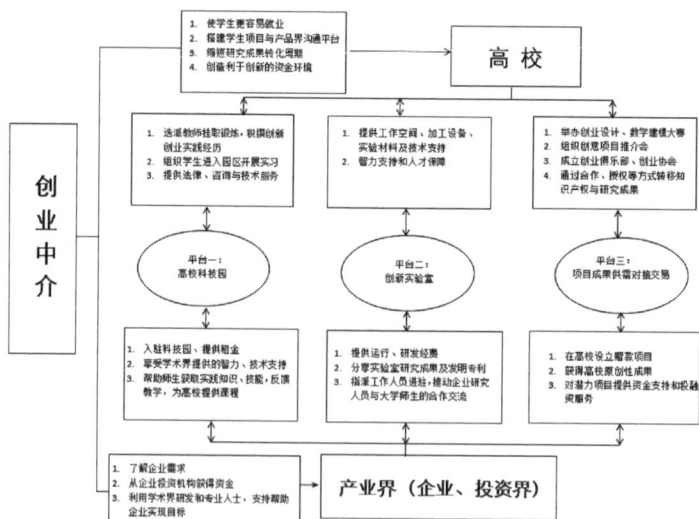

图1　美国高校创新创业教育协同创新模式

(三)跨学科创业教育模式强调学生体验式应用学习

体验应用学习以会议讨论、创客研讨、实践项目、实习经验为介质,通过学生亲身参与创新创业实践,从而帮助学生掌握科学研究步骤与方法,积累企业经营管理的经验。美国高校为本科生以上学生群体提供了宽泛的创业课程及跨学科课程,引导、支持学生通过参加跨学科创业课程、辅修专业、学位项目和注重实践应用的培训项目,帮助学生更好地理解创新创业,使学生掌握撰写商业计划、市场调研、建立网络、融资通道等广泛的应用技能。如麻省理工学院创业中心的整个创业系统包括了相关的创业课程、创业俱乐部、创业者协会、创业计划大赛、学生科研项目、会议、头脑风暴等。这些项目形成了一个有机的整体,对麻省理工学院的创新创业起到了非常重要的作用,不仅成为该校传授创业技能的主要载体,更是创业文化薪火相传的重要依托。麻省理工学院创新中心生态系统见图2。

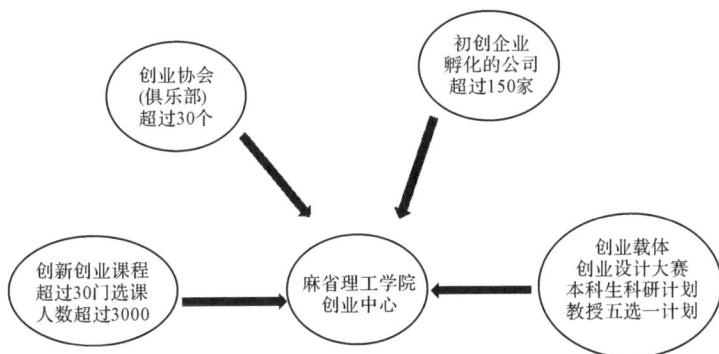

图 2　MIT 创新中心生态系统

(四)政策制度顶层设计注重社会核心价值理念的塑造

一是践行以学生为中心的教育理念。专业教师和学生保持着良好的互动关系,无论是学生的社区实践、国际交流、社团活动还是创新创业活动,专业教师都会参与其中,给予直接的指导与帮助。教师真正做到了授业解惑,不仅传授专业知识,还解答学生在职业、创业、生活、心理等方面的困惑。例如,弗吉尼亚大学商学院,教授团队定期对学生进行个性化的指导,如在学生找工作方面,提供职业服务和帮助学生建立与雇主的良好关系,构建了广覆盖、个性化、专业性的指导服务体系。二是注重培育学生的社会责任感。美国高校注重培育学生"为美国创新创业"的价值理念,鼓励倡导学生能在其"创业"城市扎根,通过从事创业实践,创造更多的工作机会,振兴当地经济,为社会创造更多财富,使城市焕发新活力。越来越多的学生把社会责任感放到第一的位置,然后是创业,最后才是就业。如杜克大学就业中心积极引导毕业生加入一个名为"为美国创业(Venture for America)"的非营利性项目,其宗旨是鼓励和资助优秀大学毕业生去美国一些老工业城市工作和创业。该项目至今已向这些城市的上百家公司输送了几万名人才。三是将创新创业教育视作开展素质教育的重要载体。美国高校普遍重视学生创新创业意识、企业家精神以及创新能力的养成,一方面通过开设创业学专业、授予创业学学位、开展创新创业训练计划,激发同学们创新创业内驱与创意,提升他们的创新素养,使其成为新技术、新产业的领袖;另一方面将创新创业指导经历纳入高校教师专业技术职务评聘标准,提高了专任教师参与学生创新创业实践的主动性,从制度层面上确保了师资队伍的专家化发展,从而使教授团队永葆创新活力。

四、美国高校创新创业生态教育体系对我国的启示

习近平总书记在治国理政的思想和实践中总结提出了"七大思维",其中一维便是"强烈的创新思维",他指出"创新的事业呼唤创新的人才,必须在创新实践中发现人才、在创新活动中培育人才、在创新事业中凝聚人才,必须大力培养造就规模宏大、结构合理、素质优良的创新型科技人才"。然而我国高校的创新创业教育因起步较晚,发展成果不显著,尚存在创新创业教育理念滞后,创新创业教育体系不健全,跨学科课程建设薄弱,与专业、科研融合度不充分,社会参与不深入、创业教育庸俗功利化等不容忽视的问题。辩证吸收、学习美国高校创新创业教育的成功经验,对深化我国高校创新创业教育改革实践具有一定的启发和借鉴意义。

(一)强化高校创新创业教育的德育功能

立德树人是大学的根本使命,是对人才培养的根本要求,也是深入推进大学生创新创业教育的动力之源。习近平总书记曾提出"德才兼备、以德为先"的用人标准,认为"既要在大事上看德,也要在小节上看德"。由此可见高度的责

任感、强烈的使命感、卓越的敬业精神和勇于担当、敢于创新、善于开拓的品格是新时代中国特色社会主义对优秀人才的基本要求。高校要紧紧依托创新创业教育这一重要载体,引导学生真正理解创新创业的内在价值和根本目的,鼓励学生不拘泥于现状、敢于质疑、勇于冒险、大胆实践的创新意识,培育学生爱国敬业、诚信友善的价值理念,树立起服务社会、实现自我的责任意识,促进学生个性化、多元化发展。

(二)创新创业教育理念的重构

将创新创业教育融入素质教育。纵观当代中国教育,实施素质教育虽然已形成共识,但至今依然步履艰难,阻力重重,尤其在义务教育阶段表现得更是一览无余。这与教育理念的老化、传统教育体制的惯性以及教育模式的固化不无关系。当今中国教育还未走出应试教育和单纯技能教育的误区,"分数"是考核学生的"指挥棒","就业率""就业质量满意率"是衡量学校办学质量的重要指标。学校过分注重传承而忽视创新,学生往往成为"标准化"教学与应试的工具,不利于学生创新思维与创新能力的培养。而创新创业教育注重学生个性发展、能力培养、德育教育以及综合素质提升,就其本质而言是一种素质教育。教育行政部门应当将创新创业教育上升到素质教育的新高度,从政策层面推动高校制定创新人才培养标准,并将"创新精神""创业意识""创业能力""社会责任"等素养融入人才培养质量标准;高校则要将创新创业教育纳入日常教育教学,把教学重心放在培养学生发散性思维、独立思考能力、发现问题能力、分析问题能力以及解决问题能力上,鼓励学生敢于质疑、不怕失败、勇于冒险,形成精益求精、不断进取的工匠精神。

完善人才培养质量标准。不局限于当前单维的创新创业课程、创新创业设计大赛以及创业实践活动的组织与实施,教育行政部门要从顶层设计的视野与高度,出台相关政策法规,鼓励有条件的高校设立创业学专业、创业学学位以及辅修专业项目,高校要制定创业学专业人才培养目标及其人才培养质量标准,优化校内外资源配置,推动创新创业教育真正走上学科发展道路。

(三)建设跨学科创新创业课程

要开展宽口径通识教育,将哲学社会科学素养、人文素养、自然科学与技术素养、美学艺术素养等通识课程纳入创新创业教育全过程。坚持"选修必修、理论实践、线上线下、校内校外"相结合,开发多学科支撑的创新创业教育课程体系,开设"平台＋专业"的课程体系。"平台"课程即是公共基础、思维类、领导力和沟通力类、创新方法类课程,通过开发"团队＋云课堂"的通识类创新创业教育共享课程,帮助学生掌握开展创业活动所需要的基础知识和基础理论,熟悉创业的基本流程和基本方法;"专业"课程则是基于专业(学科)与创新创业两类知识结构的交叉类课程,强调在专业学习的基础上挖掘提炼创新的元素。高校要鼓励学生结合自己实际跨学科、跨专业自由选课,充分发展个性,博学多识,培养发散性思维,同时推进创新创业类课程与专业课程体系深度融合。

搭建产学协同创新的平台:

夯实学生项目投融资平台。要广泛吸纳校友、企业、投资界等各方面资源,同时争取当地政府支持,设立学生创新创业基金项目。通过项目资助、课题资助、创新创业大赛奖励、无息贷款等方式,为大学生开展创新创业活动提供资金支持。同时充分发挥第三方创业服务机构"创业中介"桥梁纽带作用,充分发挥它们"发现企业需求、推介高校研究成果、促进校企合作、推动企业创新"的积极作用。

建立共享创新实验室。高校可充分利用自身在研发、创新、技术、人才等方面优势,吸引企业入校,共建协同创新实验室。高校通过与企业的合作创新,一方面可使高校获得企业的经费支持,为高校师生持续开展创新活动提供动力,充分释放校企资金、人才、技术等创新要素的活力;另一方面,企业通过选派技术人员入驻实验室、分享高校技术服务与研发成果等形式,直接推动企业技术创新与转型发展。

通过县域办大学方式争取物理空间。利用当前县域办大学的热潮,有条件的高校要积极争取县(市)政府更多的支持,可以以在县(市)设立分校、新建二级学院或合作共建地方产业链等形式,从物理空间与办学资金两方面加大对高校创新创业教育的投入与支持。有条件的高校还可建立自己的科技创业园,提升服务地方经济的能力。一方面高校通过吸引高新技术企业入驻园区,以合约的形式指派师生开展挂职或专业实习,增长师生创新创业实践经历与视野;与此同时企业则通过向高校提供租金、研发经费以及接收师生锻炼实践等方式,享受政府补贴以及高校提供的技术、法律与智力支持,全面分享高校原创性研究成果,直接用于企业产品创新、技术创新和管理创新。

（五）健全创新创业教育工作体系与运作机制

搭建学生创新创业成果及其转化的平台。成立创新成果转化办公室,依托成果转化转移平台,进一步加强师生专利申请指导、成果转化、技术转移、创业孵化、项目推介、投融资服务以及创客人才培训等服务职能。同时联系创业中介,通过开展创新创业成果评比、创投交流会、创新成果交易会等形式,吸引种子基金、天使基金、高新技术企业进校交易或资助,拓展学生创新成果项目与产业界交流交易平台,带领学生"走出去",努力促成学生创新创业项目落实落地。

建立健全创业俱乐部、创业协会。高校要发挥学生"自我管理、自我服务、自我教育、自我监督"的组织功能,建立健全面向全体学生的以创新创业为主旨的团体组织,依托创业俱乐部、创业协会等载体,在组织创新创业竞赛活动、实施创业帮扶、遴选创业团队注册成立公司、举办企业家论坛、发掘学生创业典型、营造创业文化与氛围、开展创业知识技能培训等方面发挥导向与引领作用,从而帮助和扶持大学生把"创新梦想"转变为"创新行动"、把"创业项目"付之于"创业实践"。

（六）优化师资结构性配置,改革教师评价机制

一是拓展创新创业师资供给渠道。针对当前高校创新创业师资来源单一、层次结构不合理、实践经历不足等问题,要进一步解放思想,迈开改革步伐,聘请知名企业技术专家、企业家、企业高管、杰出校友、风险投资家组成创客导师团,担任创新创业教育课程主讲教师,以专题讲座、实践指导、竞赛评审、课题评审等方式充实创新创业师资队伍,优化创新创业师资队伍结构;二是顶层设计创业教师任职资格。首先要打通专任教师职业资格"天花板",在"创业讲师"资格认定社会化运作的基础上,从政府层面设置初、中、高级"创新创业导师资格证书",并建立资格等级与职称级别的互认办法,提高教育参加创新创业教育的主动性和创造性。其次要安排具有创新创业经历的教师授课,允许教师按政策规定离岗创业,鼓励他们积极从事创业实践或进入高新技术企业挂职锻炼,通过体验创业的基本过程与实战经验,积攒创新创业工作案例,不断完善教案、改进教学,不断促进专任教师专家化发展;三是改革评价机制。高校要打通创业与科研之间的壁垒,制定创业成果转换科研成果及其工作量相关办法,并将创新创业工作量纳入二级学院考评指标,对教学业绩突出的教师在教学评价、进

修培训、课题审批、职务晋升等方面给予适当倾斜,充分激发二级学院开展创新创业活动的活力;同时将创新创业业绩纳入教师专业技术职务评聘标准之中,开辟创新创业教师职称晋升"绿色通道",对取得重大标志性业绩成果的人才,可直接申报评审高级职称,给人才"一鸣惊人"的机会,以提高教师从事创新创业教育的主动性,增进其职业幸福感。

(七)实施创新创业深度融合计划

创新与创业并不冲突,创新创业教育的前提是创新,创业是创新的一个具体实践形式,创业可以促进技术成果转化为生产力。因此在全社会轰轰烈烈开展创业教育及实践活动的同时,大学生创新与创业教育也应当齐驱并驾,互为补充,不能厚此薄彼。

顶层设计实施创新创业融合计划。建立以学科竞赛、科研培植、创新性实验、发明专利、成果转化、创业大赛、创业实践成果等子项目为载体的创新创业训练项目群,鼓励教师带动大学生参与科技创新以及创业实践,符合规定条件者可进行课时折算,以此推进创新与创业的充分融合,营造浓厚的创新创业文化。

改变学生评价标准。要打破传统学生学业评价方法,注重考量学生创新创业能力,促进知识考核向能力考核、定量考核向定性考核、单一评价向多元评价转变;实施弹性学制,放宽学生修业年限,优先支持参与创新创业的学生转专业;试行创新创业"万能学分"制,用以代替专业课程、学位论文学分;释放政策红利,打通创新创业人才成长"直升"通道,对创新创业成果显著的学生,给予推荐免试研究生或专升本,营造"不拘一格降人才"的素质教育氛围,以激发大学生创新创业活力与动能。

(八)开辟创业型人才市场

搭建人才信息共享、人才流动平台。一要开辟面向创新创业人才的专门市场,建立开放共享的特需人才供求信息云平台,准确反馈创新创业人才市场的变化情况,实现人才信息的互通互联。二要加大人才配置对接力度,适时推出线上线下系列专场招聘会,为个人择业和单位用人提供服务,促进创新创业人才合理流动,从而发挥人才市场的优化配置作用。

搭建创新创业人才服务平台,建立"双创人才"的服务基地。一要加大对高层次人才的创新资助与培养力度,选派创新创业优秀人才到国内外知名高校、科研机构、跨国公司进行轮训,优先支持他们担当重大科研项目、重点建设学科、重要科研基地以及学术交流与合作项目的主要负责人;二要构建创新创业人才"服务联盟",探索搭建人才科技成果竞价拍卖与技术供需对接、交流、展示、洽谈等多种方式结合的技术交易模式,推广"租赁券""购房券""融资券""设备券",对人才仪器设备、科技服务、创业孵化等给予补贴;三要建立优秀创新创业人才社会实践基地,选拔优秀创新创业人才到社会实践基地挂职锻炼,为企事业单位提供技术、咨询等智力服务。

创新创业教育是以培养兼具创业素养与创新能力的人才为目标,以培育在校学生创业意识、创新思维、实干精神、实战能力以及社会责任为任务的教育。我国高校创新创业教育起步较晚,创新创业教育改革将是一项长期的系统工程,需要不断地探索与实践、总结与反思。从"政府顶层设计""高校主导发展""社会深度参与"等三个层面出发,既要发挥好三个主体要素各自"独立"的介入方式,又要洞悉三者发生联动协创的"合力"发生机制,构建"三位一体、两创融合"创新创业教育协同创新体系,培育出规模宏大、结构合理、素质优良的创新创业人才,有效推动我国高校创新创业教育从 1.0 版本向 2.0 版本转型升级,主动对接国家"大众创业、万众创新"国家战略。

参考文献

[1] 李雄杰.创新教育探索[M].北京:中国水利水电出版社,2014(9).

[2] 钟小彬.美国斯坦福大学创业教育研究[D].广州:华南理工大学学位论文,2013.

[3][5]陈麦克(美).论中美教育[M].海南:海南出版社,2016(4).

[4] KEVIN B M. Exploring curricular transformation to promote innovation and entrepreneurship:an institutional case study [J]. Innovative Higher Education,2015(5).

[6] 杨建新.美国高校创新教育实验室和社会创客空间考察[J].现代教育技术,2015(51).

[7] MOUFHE N J, WILLEM F. Entrepreneurial eduation's and entrepreneurial role models influence on career choice[J]. South Africa Journal of Human Resource Management,2011(1).

[8] 包水梅.美国高校创新创业教育发展的基本特征[J].高教探索,2016(11).

[9] Martin trust center for MIT entrepreneurship. courses[EB/OL]. (2018-1-19)[2018-1-19]. http://entrepreneurship. mit. edu/courses/.

[10] 黄亚生,张世伟等.麻省理工模式对中国创新创业的启迪[M].北京:中信出版社,2015.

◎"产教融合"在应用型法学专业人才培养中的探索

——以浙江万里学院法学专业为例

余妙宏①

摘 要:产教融合是现代职业教育的重要手段,是应用型本科高校与应用型专业人才培养的关键,浙江万里学院作为应用型示范校,法学专业作为校应用型示范专业,在"政校行企联动、学研创用融合"法学人才培养模式上进行了探索。产教融合在应用型专业建设中存在动力机制缺乏、合作内容单一、经费不足、师资队伍滞后、保障体系缺失等问题,应确立高校为主体、政府为主导、企业主动的构建模式,共同推进产教融合。通过"政校行企"合作共建行业(产业)学院,是应用型专业落实产教融合的高端形态。

关键词:产教融合;应用型高校;应用型专业;行业学院

一、产教融合是应用型专业人才培养的必然要求

产教融合,是指一种由院校、企业、政府等多方参与,以满足社会对高素质技能型劳动力的需求为目的,以互信合作为基础,以多方共赢为动力,以项目合作为载体,通过对各主体优质资源的共建共享、整合优化实现多主体协同育人

---

① 作者简介:余妙宏,男,法学博士,浙江万里学院法学院副院长、副教授,主要从事教学管理及国际法教学工作,研究方向为教学管理。

的社会组织形式。2013 年 11 月,在《中共中央关于全面深化改革若干问题的决定》中首次提出"产教融合",强调"要加快现代职业教育体系建设,深化产教融合、校企合作,提高和培养高素质劳动者和技能型人才"。2015 年印发的《教育部、国家发展改革委和财政部关于引导部分地方普通本科院校向应用型转变的指导意见》指出,"以产教融合、校企合作为突破口,引导部分本科高校转型发展,把转型高校的办学思路真正转到产教融合、校企合作上来"。党的十九大报告提出,"完善职业教育和培训体系,深化产教融合、校企合作"。2017 年 1 月 5日,国务院办公厅印发了《关于深化产教融合的若干意见》(国办发〔2017〕95号),对深化产教融合进行了专门部署。可以说,产教融合已成为近年来促进职业教育、高等教育发展,加强创新型人才和技术技能人才培养的一项重要方针,是统筹推进教育综合改革的一项重要制度安排。

在过去很长时间里,一谈到产教融合,就会给其贴上职业教育的"标签",认为与普通本科教育没有关系。本科高校讲人才培养模式改革,一般只涉及产学研合作或校企合作,似乎担心走产教融合之路会脱离"高等教育轨道"或"被职业教育化"。其实这是一个误解,"应用型"是高等教育的一个类别,是与研究型或教学研究型大学为主体的传统本科办学模式相区别的一种类型,但同时它又是现代职业教育体系中的一部分,一个更高层次,它是高等教育和职业教育两大体系的交叉融合。中国教学学会会长钟秉林先生指出,应用型本科教育是现代职业教育体系中的一个层次,也是普通本科高等教育体系中的一种类型。现代职业教育人才培养体系,应当是既包括中职中专、高职高专等培养的中低端应用型实用型人才,也包括应用型高校培养的中高层次应用型人才,更包括专业学位的硕、博士研究生等高端应用型人才。与狭义职业教育不同的是,应用型高校培养的应用型人才应是一种面向基层、面向一线的高素质人才,其特征体现为具有良好的综合素质,能熟练掌握本专业领域基础知识和技术技能,能适应未来发展的需要,具有较强的解决实际问题的专业能力,能快速适应岗位工作要求。

产教融合是集教育教学、人才培养、技能历练、科技研发、教产管理和服务社会于一体的现代教育理念,已经成为我国高等教育分类发展、内涵发展、转型发展、合作发展的重要方式。法学专业作为人文社会科学专业,如何以产教融合的方式推进人才培养,提升人才培养质量,是一个值得我们思考与探索的问题。

二、产教融合在应用型法学人才培养中的实践

浙江万里学院是一所具有 68 年办学历史的省属普通本科高校,1999 年经教育部批准成为"公办高校实行新的管理模式和运行机制"的新型高校,被教育专家誉为"中国特色现代大学制度的范例性实践"。2015 年,浙江万里学院成为"浙江省应用型建设试点示范学校",学校的办学类型定位为以教学为主的多科性应用型大学,学校的人才培养目标为基础实、能力强,具有创新精神和创业意识,具有国际视野的高素质应用型人才。2017 年,学校法学专业被列为学校第二批应用型示范专业建设项目。

法学专业以校地协同为抓手,在产教融合推进人才培养方面做了以下探索:

(一)建立了"政校行企"的产教融合作模式

由于产教融合有多个主体,多个主体通过不同方式结合就形成产教融合的不同运行模式,比较常见的产教融合运行模式有"企+校"模式、"行+校"模式、"行+企+校"模式、"政+校"模式、"政+企+校"模式以及"政+行+企+校"模式等。通过多年的探索,法学专业形成了基于"政+校+行+企"深度合作,通过四方联动"共同制定培养目标,共同设计人才培养方案,共同开发课程资源,共同组建教学团队,共同建设实践基地,共同参与教学实施"等"六维协同",形成常态化、规范化的法律人才"政校行企联合培养"机制。

政府方面(包括立法、行政、司法等机构),立法、行政机关先后在学院设立了宁波市人大常委会立法工作联系点、宁波市地方立法研究基地、宁波市行政法治研究基地、宁波市律师发展研究中心等基地。行业方面,学院先后与浙江省法律服务工作者协会、浙江省法学会、宁波市法学会、宁波市律师协会等单位建立了合作关系。企业①方面,学院已与十多家律师事务所、法律服务所、公证处等法律服务机构建立了合作关系,设立了实习基地,同时浙江同舟律师事务

---

① 对法学专业而言,产教融合中的"企业"通常特指是律师事务所、法律服务所、公证处等法律服务机构,本文后面将"企"统称为法律服务机构。

所、浙江共业律师事务所等先后在学院成立了研究基地。

(二)"学研创用"融合、开拓协同人才培养路径

"政校行企"联合创建"学研创用"有机融合,立体推进法学人才培养模式的改革与创新,具体内容包括:其一,联合完善"三实一拓"的训练体系,促进课程、教学、学生逐步走向实践、走向行业、走向实务部门、走向社会。其二,将创新创业训练纳入人才培养方案。一是探索将科研活动、科研成果转化为训练项目,带动学生开展科学研究和开展学术交流;二是借助学校"创业学院"的创业教育平台,增设面向全校学生的"创业法律实务"课程;三是将大学生科技作品竞赛、创业杯竞赛、"模拟法庭"、"论文比赛"、"演讲比赛"、"辩论赛"等纳入素质拓展训练体系,为学生创新创业能力培养奠定坚实的基础。其三,将"法律援助""人民调解""消费者权益维护""妇女、儿童权益维护""法院导诉"等服务项目纳入"法律诊所"课程,让学生在诊所实践中锻炼专业实践能力、服务创新能力、社会责任感和法律职业道德。其四,拓展职业技能培训内容:在校地联合开展"公务员考试模拟面试""司法考试培训班""人民调解员技能培训""导诉员培训",联合律师协会开展"律师新业务培训"等,以提高学生法律职业能力和法律素养。其五,完善自主探究性学习能力的课程,进一步深化"认识体验实习+专业实习+毕业实习"模式改革以继续强化训练室,加强以各种社团活动、论坛等为载体的课外实践训练体系的建设和以实习基地为主的校外实践性教学体系建设。

(三)产教融合在人才培养中的举措

1. 学研融合:理论与实务相融合

其一,实务部门教师进课堂。在实践、实训类课程中,聘请了政府、行业及律师事务所的兼职教师来授课。近几年来,"律师实务训练""诉讼实务与训练""非诉实务与训练""知识产权法实务""刑事执行实务""罪犯心理矫治"等课程全部由实务兼职教师全程授课。其二,举办法律人职业导航系列讲座。近几年来,每学年都组织6场以上的讲座,聘请法官、检察官、律师、公证员、企业法务、政府法务等不同法律职业专家来院讲课。其三,"双师"共上一堂课。与合作共建的律师事务所通过合作开展律师与教师共同授课的研讨课,每个月组织一

期,由律师事务所提供真实案例,由教师与律师共同参加研讨,组织学生旁听、交流并参加研讨。

2.研创融合:科研带动人才培养

学院充分利用宁波市人大法工委、宁波市人民政府法制办在我院设立的地方立法研究基地、行政法治研究基地,依托宁波市社科院委托的宁波市法治政府评估项目,通过宁波市发改委、市科技局、市交通委等委托的立法项目,通过省法学会委托的课题研究等,以科研带动促进学生成长。教师在承担了科研项目工作的过程中,组织学生、带着学生参与立法调研、风险评估等科研与社会服务活动,锻炼了学生的研究能力。通过各种合作形式,走向社会、服务社会,为地方法治建设、社会治理提供自己力所能及的贡献,并通过社会服务带动人才培养。

3.学用融合:送学生进实务单位

学院组织了学生的认识实习活动,在暑期与法院、检察院、公证处、律师事务所等合作,组织遴选学生分批次地进行实习。业务实习,有利于同学们理论联系实践,提升法律解决实务的思维水平,更好地感受现实司法实践,熏陶法律理念和法律技能。实务部门对我们学生实习进行了肯定,认为学生做事认真负责,遵守纪律,热情主动有礼貌。

三、产教融合在法学专业人才培养中的现实困境

(一)动力机制缺乏,合作不稳定

由于政府、行业、企业与学校在性质、体制、功能和结构上的不同,每个主体的利益诉求不同。政府对产教融合的推动力不足,表现在虽然鼓励产教融合的实施,但多表现在宏观层面鼓励企业与院校开展产教融合,缺少具体的执行性文件。企业(法律服务机构)对于参与产教融合的动力严重不足,即使参与,也只是浅层次参与。其原因大概有以下两个方面:一是企业追求的目标是利润最大化。从表面上看,产教融合是法律服务机构获得人才的"捷径",但对于规模较大的律师事务所而言,入职门槛高,不缺人才,非"211""985"毕业的学生根本

不予考虑,没有必要和地方应用型院校开展产教融合。对于规模较小的法律服务所而言,怕培养了又留不住人,没有财力也没有耐心参与产教融合。二是院校能够给法律服务机构带来的价值十分有限。虽然学生可以到法律机构进行顶岗实习,但由于学生所掌握的技能与法律服务机构所要求的技能之间有差距,很少能够直接上手,且机构培养实习生要花费较大人力、物力。目前校企合作中的"壁炉现象"①成为制约校企合作的重要因素。

鉴于此,目前"政校行企"合作关系的建立与维系主要还是靠高校自身的拓展,离不开人脉关系。比如,前几年与我们学院建立了稳定合作关系的某检察院,每年暑假接收学生的轮岗实习,该单位解决实习期间的食宿,并指派实习老师全程指导,实习效果很好。但由于该院检察长的调离,合作关系就难以为继了。通过人脉关系建立起来的合作关系,大多是不稳定的、难以持久的合作,未能形成统一协调的、自觉的整体行动,合作的成效参差不齐。

(二)合作模式单一,合作内容不深入

应用型本科高校要实现人才培养、终身教育、社会服务等功能,必须与行业企业紧密结合,与地方社会经济发展实现良性互动,校企合作的深度和广度直接关系着人才培养质量的高低和职业教育社会功能的实现。然而现阶段,校政合作的模式较为单一,既有的合作主要包括高校与法律实务部门人员互聘的"双千计划",政府委托给高校横向课题或专题项目,高校聘请政府部门专家作为高校的兼职教师等;校行合作,主要体现在高校组织协办参与行业协会的活动,承担行业部门委托的课题,行业专家应聘成为高校的兼职教师等;校企合作主要局限于共建学生实习基地、聘请实务导师、顶岗实习、接收实习生等。总体来看,合作模式比较单一,合作内容不够深入、系统。出现这种局面的原因是多方面的,主要是校企双方对合作内涵和意义认识不到位,没有建立起合作的长效机制和约束机制,法院、法律服务机构等出于自身的原因对合作缺乏动力和热情,高校对校企合作准备不足,没有制定出科学合理的校企合作方案。

---

① "壁炉现象"是指在校企合作中,学校一方表现积极主动,试图与相关企业合作,希望企业为学校学生提供实践学习的场所和环境;而企业一方表现比较消极被动,不乐意接受实习生,不愿意为其提供必要的实习机会和条件等,由此而形成的"一面热,一面冷"现象。

(三)合作的经费难以保障

应用型人才的培养要比学术型人才和技术技能型人才的培养耗费更多的资源,也会增加应用型高校教师和管理人员的工作量,因而需要更多的经费支持。产教融合能够深入开展的一个重要条件是有足够的经费投入。职业教育的成本远较普通教育为高,国际上一般认为职业教育投资是普通教育的 2.48倍。校企合作是一个复杂的系统工程,校企双方联合共建科研和学生实训平台,都需要投入大量的人力、物力和财力。但现状是,国家和地方政府鼓励和推动校企合作的奖励拨款制度和财政拨付机制还不完善,国家对法律服务机构深度参与法学教育的税费、信贷优惠政策还没落实到位,社会捐助渠道也不畅通。从法院、法律服务机构来看,按照校企深度融合共育人才的要求,他们应当全程参与教育,这样就要求法律服务机构对人才培养投入一定的人力、物力资源,但是目前的校企合作关系设计多以学校为中心,无法保障法律服务机构在合作中的获益,导致法律服务机构的积极性不高。

(四)"双师"型师资队伍配套制度尚未跟上

校企合作需要校企双方共建一支具有"双师双能"素质的高水平师资队伍。虽然我们法学专业的"双师型"师资占专任教师的比例超过了 85%,但由于教学、科研任务重,自身职称晋升等压力,难以保证有太多的精力投身于指导学生第二、第三课堂的发展。高校在职称评升、岗聘、奖励机制等政策方面也未对从事实践实训指导的教师有所倾斜,导致教师投身产教融合的积极性不高。而法律服务机构实务师资虽然有理论功底和丰富的实务经验,但普遍缺乏从事高校教学的基本技能和方法训练,让他们承担一门课程往往力不从心,教学效果不佳。师资队伍的薄弱严重制约了产教融合的深度和广度,影响了应用型人才培养的质量。

(五)质量保障体系和评估体系的缺位

如何保证校企合作的质量?校企合作应达到一个什么样的水准才算合格?从目前的情况看,校企合作各环节如师资队伍建设、实验室建设、课堂教学、实习实训、毕业设计都缺乏与应用型人才培养相适应的质量标准和规范的管理制度。我们学院与专业制定了管理制度和质量标准,但在执行过程中也存在这样那样的问题。就如认识实习,虽然我们有组织地安排了实习,但由于专业人数体量太大,目前仍然以学生自主实习为主,学院集中组织的实习为辅,很难保证实习的质量;再比如毕业实习,由于学生有就业的压力或者已经在意向单位见习,很难由学院统一安排实习,实习的效果无法保证。如何规定高校和实务指导教师的职责,如何评价实习效果,等等,这些问题还没有得到很好的解决。质量保障体系和评估监督体系的缺位和不完善,导致目前校企合作处于散乱无序的状态,更谈不上保证质量。

四、优化产教融合的路径选择

政府、行业、企业和高校都是产教融合的主体,政府的功能是通过制定政策,为企业与院校之间的合作提供制度上的依据和保障,优化校企合作的外部环境。行业的功能是搭建政府、高校与企业之间的桥梁,组织协调更多的企业参与产教融合。企业的功能在于制定人才标准,参与人才培养,与院校共办专业,共建基地,共同研发。高校的功能在于搭建校企合作平台,将学校的办学、管理和人才培养环节融合于产业链、公共服务链和价值创造链。产教融合能够提升受教育者与企业岗位的契合度,并降低社会获得高素质技能型人才的成本,使政府、企业和高校在这一过程中同时受益。

(一)学校主动,提升产教融合的能力

高校对产教融合的追求是由其为社会输送高素质技能型人才的目标衍生出来的。高校要充分发挥主动作用,充分对接行业、企业的需求,把激发学生的创新活力、挖掘创新潜能、提高创新创业能力作为人才培养的主要目标。

树立应用型本科高校产教融合的观念。应用型高校与应用型专业,必须转变教育观念,坚定不移地走应用型发展,凝聚产教融合推进应用型人才培养的发展共识。一要转变将产教融合与高职教育画等号的教育理念,主动适应高等教育大众化、多样化、职业化的发展趋势,自觉树立现代职业教育体系的整体观;二要转变产教融合与工科技能教育画等号的教育理念,产教融合是人才培养的路径与手段,而非工科或技能型的"专利",法学同样需要通过产教融合的方式培养高质量的应用型人才,要在人才培养方案、理论课程体系、实践课程体

系、师资队伍建设等方面,融入产教融合的思想,使产教融合真正变成人才培养的自觉行为。

发挥"双师双能型"教师在产教融合中的重要作用。教师是培养人才的关键。培养高素质应用型人才,必须要有一支教学能力、实务解决能力兼备的"双师双能型"教师队伍。一要确立正确的政策导向,把构建"双师双能型"教师作为学校工作的重中之重,加强教师的分类管理,通过评价体系、绩效考核、专业技术职务评聘等制度改革,增强教师提高实践能力的主动性、积极性,采取有效的激励措施,引导、支持教师特别是中青年教师,在取得法律职业资格证书的基础上,取得律师执业证,获得实务经验;二要有计划地提升教师的实践教学水平,选送教师到相关政府机关、法院、律师事务所等接受培训和实践锻炼,利用科研项目等与政府、行业对接,实现科研成果进课堂,既锻炼师资队伍又能反哺教学;三要建立开放灵活的用人机制,积极从政府、法院或律师事务所聘用专业素质高、实践经验丰富、有过教学经验的优秀实务人才,构建一支适应高素质应用型人才培养需要的"双师双能型"专兼职教师队伍。

(二)政府主导,推动产教融合导向机制

政府对产教融合的追求是由其追求经济增长和社会发展的目标衍生出来的。推动产教融合离不开政府的宏观调控和制度保障。政府的主导作用主要体现在舆论引导、立法干预、政策支持、经费投入、统筹规划、宏观管理、综合协调、信息服务、约束监督九项职能上。

地方政府应积极落实完善适应地方高校产教融合的顶层设计,制定专门的运行、管理、评价政策,引导校企合作推动产教融合开展。规定企业参与人才培养的义务,建立校企合作的约束机制等。统筹当地高校和企业两种资源,发挥政府的组织优势、资源调控优势、公共管理优势,统筹规划当地的校企合作,确定培养方向和目标,研究制定校企合作的政策措施,协调解决校企合作中的实际困难,指导和协调校企合作的有序开展。政府要构建校企合作的公共网络信息平台,促进校企双方信息资源的共享,为高校与广大企业、法律服务机构的沟通提供有效的公共服务,支持校企双方在合作中互通互动、互利共赢。

地方政府要积极鼓励校企双方深度融合,出台相关激励措施。保证学生的实习是全社会的共同责任,国家机关企事业单位还有社会团体和其他的社会组

织,应当提供帮助和便利并提出一些优惠政策;对法院、律师事务所、法律服务所、企业等接收学生和毕业生实习、见习并支付实习报酬、见习补贴的,按照国家规定给予税收优惠,在年度考核的时候给予奖励。对实习基地、见习基地依法减免有关行政事业性收费。鼓励商业保险公司联合推出高校学生实习险种,以加强对高校顶岗实习、认识实习、毕业实习学生在实习期间的社会保障等;畅通社会捐款机制,吸纳社会捐助资金支持产教融合的顺利开展。

(三)企业主体,构建校企合作长效模式

为了解决人才培养供给侧与产业需求侧"两张皮"的问题,国务院《关于深化产教融合的若干意见》指出要强化企业重要主体作用。企业、法律服务机构对产教融合的向往是由其追求最大化利润的目标衍生出来的。法律服务机构要发挥主动作用,一是要转变观念主动参与学校的课程改革。法律服务机构参与人才培养不仅是其获得人才的直接利益需求,更是一种社会责任的体现。按照法律服务的岗位需求,法律服务机构和院校应共同完成人才培养方案的制订,将法律服务的标准、要求、流程、管理等系列活动融合进院校的教学内容中,提升学生的实践能力,为法律服务培养后备人才。二是法律服务机构和高校科研之间的对接,法律服务机构对服务产品的开发、价值的提升、品牌的运营都需要借助高校的平台。法律服务机构的优势在于有着海量的实务案例素材、广泛的办案资源,但往往缺乏理论的提升与凝练,更没有太多的时间去系统地梳理与应用。而高校的优势在于绝大多数教师受过良好的科研训练,有着较高的理论水准,有时间去帮助法律服务机构去进行理论的总结,帮助其提升科研水平。三是共建人才培养实践基地,共建师资队伍。以法院、法律服务机构为主建立校外实习实训基地,承担学生的专业操作训练、认识实习、顶岗实习等。建立高校与法律服务机构双方人员互动机制,组建一支由实务工作者与高校教师组成的产教融合师资队伍,实现人力共享。

五、搭建行业(产业)学院,开拓产教融合新领域

政府、高校、行业与企业的合作基础是"互利、共赢"。高校应该在产教融合过程中发扬主观能动性、主导作用,积极谋求政府的支持、指导与协调,搭建平

台,通过创建行业(产业)特色学院,吸引行业与企业参与人才培养,找准共同的利益诉求,共同提升人才培养的质量。

目前,法学院在宁波市科技局与市教育局的支持下,为了宁波市创新型城市建设和外向型经济发展,为促进宁波知识产权强市建设等工作提供智力支持和人才支撑,更好地服务于全国首批知识产权区域布局试点城市建设及全国首批知识产权运营服务体系建设重点城市建设,于2018年4月牵头成立宁波知识产权学院。该学院依托各相关学校办学,加强协调,推进产教融合,校企合作协同育人,开展知识产权专业人才培养工作,开展知识产权专项培训,提供知识产权咨询服务,开展知识产权发展研究。积极承接政府部门、企业行业委托的知识产权战略性问题研究项目,为政府、企业提供决策服务和发展建议,成为宁波市知识产权研究中心与政策咨询智库。

搭建成立这样的高端平台,实现"政+校+行+企"的深度合作。政府部门,包括市知识产权局、市教育局、市市场监督局、市文化广电新闻出版局、海关等行政机关,指导行业政策,共建实习实践基地,共建师资,提供人才需求信息等;行业部门,包括知识产权保护协会、省市律师协会知识产权法专业委员会、市法学会知识产权法研究会等,共建师资,共建研究中心,共建维权中心,共同参与人才培养;企业单位,包括八大战略新兴产业的龙头企业、知识产权中介公司、法律服务机构等,共同参与社会培训,共同进行科学研究与社会服务。行业学院成为校企的利益共同体,一方面为人才培养提供师资力量、实践平台、建设经费的支撑,另一方面也为企业人员培训、继续教育、社会服务的拓展、品牌价值的提升提供了后盾。

参考文献

[1] 王丹中.基点·形态·本质:产教融合的内涵分析[J].职教论坛,2014(12).

[2] 许正中.中国现代职业教育理论体系研究[M].北京:人民出版社,2013.

[3] 曹丹.从"校企合作"到"产教融合"——应用型本科高校推进产教深度融合的困惑与思考[J].天中学刊,2015(2).

[4] 邱晖,樊千.推进产教深度融合的动力机制及策略[J].黑龙江高教研究,2016(12).

[5] 杨善江.国际视野下职业教育校企合作中的政府角色[J].教育与职业,2013(14).

[6] 邱晖,樊千.推进产教深度融合的动力机制及策略[J].黑龙江高教研究,2016(12).

［7］王健,许秀清,詹友基.产教融合:培养高素质应用型人才的必由之路[J].中国高校科技,2016(7).

本论文经修改以"'产教融合'在应用型法学专业人才培养中的探索"为题发表于《浙江万里学院学报》,2019 年第 5 期。

◎校企合作模式下建筑生态节能设计课程的课堂教学设计

张雯洁　张丽娜　邵璟璟①

摘　要:针对课堂教学存在的问题和校企合作的现状,探索使企业直接参与应用型本科课程建设和课堂教学设计的实施途径,多方面多维度提升课堂教学效果,发挥大学生的主观能动性,提高教学质量,进而真正培养出企业需要的应用型人才。

关键词:校企合作;应用;实践能力;课堂教学

一、引言

教育部发布的《中国高等教育质量报告》显示:2015年高等教育毛入学率为40%,预计到2019年,将达到50%以上,进入了高等教育大众化阶段。目前高等教育类型可分为学术型、应用型和技能岗位型,其中,应用型本科高校是满足高等教育大众化需求的新类型大学。应用型本科高校为了实施卓越工程师培养计划,努力引进企业进高校,开展了"双师双能型"教师队伍建设和"双百工

---

①　作者简介:张雯洁(1978—　),女,浙江宁波人,高级工程师,硕士,主要从事生态城市与建筑设计教学研究;邵璟璟(1990—　)女,浙江宁波人,宁波工程学院讲师,博士,研究方向为建筑设备节能;张丽娜(1977—　),女,辽宁锦州人,宁波工程学院副教授,博士,研究方向为制冷与空调节能及其教学研究。

基金项目:2017年宁波工程学院A类高教研究立项课题"基于建筑就业形势的课程教学探究—以建筑生态节能设计为例"(项目编号:NG2017001)。

程"合作。但企业与学校之间的合作关系毕竟是两个部门之间的联系,需要将校企合作切实地运用到学生的课堂教学设计上,必须邀请企业参与专业课程建设与改革,才能使课程内容更加符合企业实际工作岗位需求,更有利于提高学生就业能力。

建筑生态节能设计是应用型本科高校建筑学专业在大三开设的一门综合性课程。它涉及建筑、施工、采暖、通风、空调、照明、电器、建材、热工、能源、环境、检测、计算机应用等许多专业内容,是实践性很强的一门课程,在该课程教学过程中与企业接洽,是提高该课程教学质量的有效途径之一。目前全国高校开设类似课程已经很多,但是开展此课程与企业合作方面的研究较少,尤其是围绕该课程课堂教学设计与企业结合方面的研究则更少了。基于此,本文将对建筑生态节能设计课程现状以及校企合作模式下该课程的课堂教学设计进行研究。

二、课堂教学现状分析

(一)知识结构陈旧

根据对目前浙江省建筑学专业的高校进行调研的结果:开设建筑生态节能课程教授实际内容有些偏重建筑设备方向,有些只是选修课程,而且大部分课程主讲老师没有企业经历,未考取浙江省建筑节能设计专项考试证书。课堂教学多采取传统授课方式,以理论知识为主,学生在课堂上被动学习,学生普遍认为教师讲授的知识没有感官认识,记忆不深刻。采用教材的知识结构陈旧,规范政策过时;学习的软件在实际工作中无法应用,导致讲授的知识点和实际应用相脱节,未能收到良好的教学效果,难以达到教学目标。

(二)校企合作流于形式

目前高校中的校企合作多为自上而下的模式,停留于企业与学校间的签约仪式、行业工程师来校讲座等,具体合作环节缺乏企业参与长效机制。关于将企业用于课堂上的合作方面更加没有制定具体计划和方式。课堂教师若无引进企业的意识,企业很难系统切入学校内部。仅靠一堂讲座或报告,很难达到校企共赢的预期效果。加之校企合作年限比较短,一味追求高效性,缺少专业监督体系与管理体系,对专业能力培养非常不利。

(三)学生实践能力弱

建筑生态节能设计课程分为理论课和实践课。虽然理论课结束后有一定学时的实践课,但由于规定课时量的有限性,专业课程实践上花费的精力有限,学生缺乏将理论知识转移到实践中的能力,而且实践课程缺少严格的评判标准体系,科班出身的教师制定的标准往往脱离实际。结课后学生对实践成绩评价不知其然,不像理论课程可以翻阅资料找到标准答案,造成实践课虎头蛇尾,草草了事。这样会将错误观点带到下一轮的实践中,从而一直延续到毕业,实践能力亦没有得到相应的提升,与培养目标和企业需求均不吻合。

三、校企合作导入模块

针对以上问题,引入企业直接参与建筑生态节能设计课程的教学建设与改革。在对学生的课程指导上注重从企业中来、到企业中去的原则,把校企合作分成不同形式导入课程教学。

(一)课程知识点选择

在可持续发展大环境下,该课程既有生态方面的知识,又有节能方面的知识,涉及面大到整个城市的规划,小到建筑构件的选取,通过走访各企业工程师总结实际工程广泛应用的知识点,比如风水学、生态规划学、太阳能建筑一体化、建筑节能构造、建筑材料选取等。在传统建筑学的教学体系讲究造型、空间以及功能等能力培养的基础上,将生态节能技术知识合理地融入教学之中,使学生不仅具备理想的生态可持续概念,同时具有扎实的生态节能技术知识。

(二)任务书设置

课程设计任务书对把握教学重点和引导教学方向至关重要,以往的任务书都是单向的:教师布置,学生完成。优点是教师对教学进度容易把控,标准统一;缺点是限制学生的自主学习能力和创新潜力。根据国内外教学调研,作为新知识的迁移,设计规模不宜过大。并且改变以往教学中教师命题的模式,学生自由组合分组并选择企业提供的真实项目进行选题,按组实地考察调研,确定设计方向,在可控范围内自行制定任务书,提高学习自主能力和团队合作能力。

(三)教学方式

根据英国和美国的教学经验,理论课与实践课相结合,最容易达到教学效果。该课程的理论课采用任课教师结合企业中的生态建筑专家讲授知识要点;实践课校企双方教师带学生到课堂外对实际工程参观考察,根据各种现象提出问题,再到实践课来寻找解决问题的方法。此课程采用小班化教学,整个教学方式更加灵活。每个设计小组制作 PPT 进行讨论,实现团队内讨论、团队间讨论,最后教师点评,并可随时在实践中引入知识点。

(四)辅助计算机软件选择

目前几乎所有建筑物只有在其施工图审查通过的情况下才能建造,而施工图的审查必须要通过建筑节能计算审查,所以只懂得生态理念是远远不够的,还需要懂得建筑材料的性能、建筑构造来实际计算整个建筑的能源消耗。因此设计企业需要计算机辅助计算的节能数据来说明设计的合理性。企业内部的资深工程师、建筑师,他们在设计中目前运用最多的是 PKPM 节能软件,而 ECOTECT 在节能评估时候也会用到,还有些软件仍处于试用阶段,计算值和实际值有所差异。校企双方教师认为建筑学学生在制定方案阶段学习 ECOTECT 软件,可使方案达到优化;方案深入后期可选用 PKPM 节能软件进行计算,为以后去设计企业实习做好充分的准备。

四、教学过程

在整个教学过程中,企业直接参与课程建设和课堂教学,和任课教师联合制定教学大纲和教学日历;组织学生走出校园参观生态建筑,邀请设计企业工程师来校为学生们讲授软件的应用,促使学生迅速把所学知识运用到实际设计中。课程结束后选派优秀学生到本地大型设计企业进行实际项目操作。具体如表 1 所示。

表 1　教学过程表

过程	课堂理论	调研实际案例	计算机软件应用	实际项目操作	课程设计
授课地点	校内教室	宁波诺丁汉大学可持续能源技术研究中心			
	建筑学教师	建筑学教师	专业教室	设计院	专业教室
授课教师	建筑设备教师企业工程师	企业工程师外校教师	建筑学教师企业工程师	企业工程师	建筑学教师企业工程师
授课方式	理论	调研	上机	实践	实践
考核成果	作业	报告	电脑建模	项目审查	设计文本

(一)理论课教学形式多样

建筑学专业学生一向重艺术构思,轻技术基础。教研室可安排有企业经验的教师讲授理论课,课上不断提出实际工程的案例或者日常生活的问题,让学生们回答思考,学生无法回答时可导入相关理论知识。这样不但使得学生印象深刻,还引起其重视并主动检查自身欠缺。对于教科书上众多的名词解释,企业导师挑选在企业实际工程中用到较多的重点词汇进行讲解,比如导热系数、传热系数、热惰性指标、窗墙面积比、建筑物体型系数等,并且结合当前热点解读最新政府政策和绿色建筑的规范,让学生们了解最新的行业动态。

(二)组织学生实地调研

理论课程结束后,带领学生参观宁波诺丁汉大学可持续能源技术研究中心。它是 2008 年 9 月正式成立的一座节能示范楼,是中国首座零碳节能建筑,楼内设有实验室、办公室和教室。此建筑方案是意大利建筑师马里奥·库西内拉教授设计的,施工图由合作企业完成。参观之前,先在课堂上让学生们收集相关资料;参观建筑时,邀请技术研究中心负责工程师给学生们讲解节能楼用到的节能设施和开窗通风原理等,如地源热泵、太阳能板、吸收式空调、风力发电和太阳能发电、地风管系统,等等,并邀请该项目负责人为学生们讲解从方案到施工图遇到的技术难题和克服困难后达到的最终效果。此建筑经过 1 年多的运行测试,年太阳能发电量可以达到甚至超过建筑总耗电量。本楼空调耗电比常规建筑物节省一半以上,采用地埋管进风可节能约 56%,采用地源热泵可降能耗约 40%,屋面绿化加保温的效果可节能约 40%。通过实地调研生态建筑,大幅度增强学生们对生态节能建筑的感性认识。

(三)学习节能软件

设计的建筑最终能否降低能耗,必须要有具体的数据支撑,学习使用节能软件计算相关数据就必不可少,可目前教材上只是一笔带过,没有详细编写。为了弥补不足,教学中给学生加入上机训练环节。上机过程由几个模块组成:建模、设置材质和计算。由于学时紧张,上机只训练建模和设置材质,最后一个模块为自学。最后考核建模计入平时成绩。学生们在学习软件,用实际案例进行计算中会遇到很多意想不到的问题,通过企业工程师来校现场讲解实际项目中解决问题的方法,提高学生软件运用能力。

(四)设计生态节能建筑

教学最后阶段学生们必须结合生态节能的理论知识进行建筑设计,学会运用生态节能知识指导设计理念,运用绘图软件制图,并运用节能设计软件来验证设计的合理性。这样整个过程学生懂得在具体项目设计的前期要对当地建筑气候做出勘察和分析,从设计理念来构建良好的微气候。对学生的考核则通过工作量、图纸设计质量、运用建筑节能技术、建筑表现四个方面来综合评判。若学生选题有创新或附有制作模型可以加 5-10 分。另外,每组需要列出设计分工,并附有不同分值,以提高学生团队合作能力。学生完成作品后,把作品制作成海报粘贴于评图走廊,先学生互评,后教师点评并指出错误,以便下一步改正。

(五)选派学生到大型设计企业实习

整个课程结束后选派几名优秀学生到大型设计企业操作实际项目,实现教学与实践无缝连接。

五、教学反馈

(一)教学比较

整个课程结束后,任课教师根据学生们的学习心得,进行教学反思,通过校企合作模式下建筑生态节能设计课程教学方式与传统教学方式相比较得出如下结论：

（1）传统教学方式存在照本宣科的问题，理论课枯燥乏味，打击了学生的学习积极性。通过校企合作导入知识点，除了教材上的知识外还增加最新生态建筑的规范等。学生感到课程知识量大，需要有较强的综合能力和迁移能力才能完成学习任务，从而产生一定的学习压力，由压力变动力，激发其主动探究学科奥秘。

（2）传统教学方式设计的案例，有可能教师自身并没参加过，因此，讲授有可能流于表面。通过校企合作导入实际工程案例，由直接参与项目的工程师将有关的技术环节深刻融入教学当中，还原项目当时情景，学生更容易意识到技术的重要性。经过这样的培训，学生不仅具备扎实、熟练的建筑设计能力，同时还具有应对相关生态节能技术方面问题的能力。

（3）传统教学方式授课教师单一，知识面有限，无法全面展示实际工程技术。通过校企合作导入企业工程师等多人授课，可拓宽学生知识面。双师型教师要求学生结课前必须学会运用设计软件和计算软件，以此提高软件在设计课程中的地位，提高学生对设计软件的操作能力。核心课程群的软件化改造为建筑学专业学生深度涉软提供了教学保障，为以后的实习打下坚实的基础。

（4）传统教学方式学生一般通过书本被动接受知识，或以学长为榜样来树立自己的就业观和择业观。通过校企合作导入实习，能彻底端正学生的学习态度，改变学生幻想中的工作模式，能有效帮助学生树立正确的就业观和择业观。

（二）教学成果

通过把企业合作融入建筑生态节能设计课堂教学后，学生们实践能力普遍提高，学习更认真。在后续开设的课程设计中，学生们已经普遍存在生态节能意识，并将此融入每个课程设计中去。在开展该课程改革试验的班级中已有两位学生在设计企业中重点参与某房产项目的节能计算，受到企业领导和总工的一致好评。企业对学校的应用型教育予以肯定，并主动要求建立长期校企合作模式。有些同学根据个人爱好组成团队，提出"定制花园生活馆"的创业项目，获得2017年国家级创业创新训练项目立项，并在学校组织的第六届金点子创业大赛项目获得二等奖、职业训练大赛获得三等奖。另外有部分同学直接参与教师的实际课题项目。目前，这批学生已经确定毕业设计方向，从他们选题方向来看,很多学生对生态节能方向表示出很大热忱,主动提出愿意继续深入学习这方面技术知识,从而让生态可持续发展理念植根于每一位学生的心中,为未来的城市建设增添一份责任感。

六、结语

通过开展校企合作模式下建筑生态节能设计课程的课堂教学研究,总结出该课堂教学模式具备以下优点。

(1)授课地点不再局限于课堂,学生可去工地参加实践,从而提高感官认知。

(2)开展特色教师组合式教学,能保证学生学到最新、最全、最实用的理论知识和提高学生知识综合能力。

(3)授课形式多样,增强授课内容的新鲜感,提高学生学习积极性,并提升学生学习迁移能力。

(4)考核评价过程化,学生能及时巩固阶段性学习内容。

另外,学校通过与企业合作可建立社会实践基地,而企业方面可解决企业的纳新和梯队人才选拔的问题,达到校企双赢的良好状态。

参考文献

[1] 汪瑞.应用型本科高校人才培养模式创新研究——基于产教融合和校企合作的视角[J].启迪与智慧,2017(5).

[2] 李雅静.以校企合作为平台构建高校应用型人才培养新模式[J].商贸人才,2018(3).

[3] 杨高伟.关于应用型本科高校校企合作模式下教学管理的探析[J].教育现代化,2017(5).

[4] 刘煜.提升绿色建筑创新设计能力的教改探索与实践[J].高等建筑教育,2013,22(6).

[5] 郭旭婷.建筑设计中的生态建筑学理论教学研究[J].门窗,2016(2).

[6] 韩颖."卓越工程师计划"创新型人才职业化能力培养的研究[J].高等建筑教育,2015,24(3).

本论文已发表在《宁波工程学院学报》,2018 年第 3 期。

◎"双创"背景下校企共建创客空间的策略研究

——以宁波大红鹰学院为例

唐　燕[①]

摘　要:在李克强总理发出"大众创业、万众创新"的号召后,我国掀起了一批新的创业浪潮,在这个"双创"的背景下,学校在学生创业中起到更加重要的作用。为了培养优秀的创新型人才,各大高校开始与企业联合创立创客空间,致力于为学生提供更多创业机会。以宁波大红鹰学院为例,通过分析在校企合作中学校及企业所采取的措施,进而探讨了"双创"背景下校企共建创客空间的策略。

关键词:校企共建创客空间;"双创"背景措施策略

一、引言

在2014年夏季达沃斯论坛的开幕会上,李克强总理明确提出我国要实现"大众创业、万众创新"的创业目标,对此,全国各地掀起创业热潮。在此背景之下,越来越多的高校开始加大创业教育力度并为学生寻找有利资源,学校与企业合作共建一个让学生可以交流沟通的创客空间势在必行。本文以宁波大红

---

①　作者简介:唐燕(1981—　　),女,汉族,浙江宁波人,硕士,讲师、信息系统项目管理师(高级),研究方向为计算机信息管理、软件工程。

鹰学院为例,通过列举该校与校外企业为推动创客空间的建立所采取的措施,进而完成与本文有关校企共建创客空间的策略研究。

二、校企共建创客空间的措施

培养创新型人才是当前各大高校的教育目的,宁波大红鹰学院一直高度重视实现这一教育目的,把为社会培养更多应用型、创新型人才作为学生的培养目标。对此,该校在制定教育目标时更加侧重于对学生创业能力的培养,为了给学生提供充足的创业机会,该校调动了校内校外各种力量和创业资源。为了给学生建立一个良好的创客空间,在“双创”的大背景下,该校积极联系各大企业,加强与企业之间的合作,已经形成了一条校企良好合作的创业道路,为学生提供一个充满活力的创客空间。在下述几条措施顺利实施的基础之上,该校将与各个企业之间建构一个可持续发展的创业空间。

(一)学校采取的措施

在“双创”背景之下,社会对学生的创新创业能力提出了更高的要求,学生不仅要有充足的想象力、创造力,更要有丰富全面的创业知识。大红鹰学院在与企业联手共同建立创客空间时,将重新塑造学校的主体地位,充分发挥校内的师资力量以及其他相关资源作为关注重点。

1.重塑学校的主体地位

学校是学生创业知识的提供者,在校企共创的创客空间中占据知识主体地位。在校企共建创客空间时,大红鹰学院首先做到的一点就是重新树立了学校在创业中作为知识传授者的主体地位。在借鉴国内外各大高校建立创客空间的经验,吸取优秀理论知识的基础之上,求同存异,对学生进行因材施教的知识教育方法,充分发挥了学校的知识主体地位。

2.开设创业教育中心

该校在校内开设了创业教育中心,并逐步发展壮大这个教育中心,使其成为校企共建的创客空间实体。除此之外,在与合作的企业进行密切地沟通后,该教育中心为学生提供了多种创业项目,为创客空间的顺利建立提供一个平台。

3.植入创客理念

创客空间是为各个创业主体提供的交流平台,关注的是各个创业主体之间的交流、沟通与相互学习,因此,该校在学生的创业教育中植入了上述的创新理念,强调学生之间的合作、交流、分享以及互相帮助。当该校将创客理念融入创业教育后,学生可以更好地了解创客空间,可以吸引更多有创新思维的大学生进入创客空间,进而为社会提供更多具有创造力的高等人才。

4.营造良好的创客环境

校企共建的创客空间与其他创客空间存在明显差异,学校为学生创立的创客空间实际上是一个将学生的创造力、创新思维转化为实际项目的平台。如,大红鹰学院就选择在每月的最后一个星期天晚上举办"创客交流会",无论是否有创业的想法,所有学生都可以来到这个交流会上听取与创客有关的相关内容,进而在校内营造了良好的创业氛围。

(二)校企合作措施

在创建校企共创的创客空间时,除了学校为学生提供创业相关资源外,合作企业也会不留余力地为创客空间的建立贡献一分力量。

1.校企共建混编教师队伍

为了顺利完成校企共建创客空间的任务,大红鹰学院联合各个企业建立了一支混编教师队伍。在该队伍内,既有具有丰富创业知识、教授多年创业课程的专业教师,又有社会上的创业成功人士、各个企业内的项目策划人员等校外人员,这些老师会将自己的创业相关知识、实际创业经验、创业心得等一一传授给想成为创客的学生。

2.校企合作开展创业比赛

大红鹰学院与企业联手打造了一系列的创业比赛,校内的学生、企业的工作人员皆可参与其中,两种不同类型的创客可以取长补短、互相帮助。

3.企业在校内征集创业项目

为了加快校企共创的创客空间建设步伐,大红鹰学院与各大企业进行了校内创新项目征集活动,深化学校与企业之间的合作,实现创业技术的成功转移,将校内学生的创业想法转变为企业所需的创业项目,实现创客与买主的良好沟通。该校定期举办创业项目征集活动,并且会按照企业的实际需求在学校的网站上发布相关信息,学生可以在网上报名,待报名成功后,便可将自己的创业想法传递给相关企业,进而为学生提供创业实践机会。

三、结　语

在"双创"的时代背景下,学校与企业联手打造的大学生创业平台对于想成为创客的大学生来说是一个至关重要的创业实体。本文在分析宁波大红鹰学院为推动校企创客空间的创建所采取的策略基础之上,完成有关校企共建创客空间的相关研究,希望本文能为创客空间的创办提供思路。

参考文献

[1] 单承刚,张伟,董西尚.校企合作下的大学生创客空间培养模式研究[J].教育教学论坛,
　　2017,12(17).

[2] 常耀中.我国创客人才瓶颈与创客教育对策研究[J].创新与创业教育,2017,8(2).

[3] 王圣丹,王水莲.我国高校众创空间运营模式及支持系统探索[J].产业与科技论坛,
　　2017,16(1).

◎区域经济发展视角下的地方高等职业院校创新创业教育研究

陈汉强[①]

摘　要：区域经济的发展与人力资源供给密不可分，而高职教育作为我国高等职业性人才培养的重要载体，开展创新创业教育，服务区域经济发展，是时代赋予高职院校的使命。从区域经济发展与创新创业人才培养的关系、现状、分析存在的问题，提出地方高职院校发展创新创业教育的策略与途径，促进创新创业教育与区域经济的协调互动发展。

关键词：区域经济；职业院校；创新创业

在我国经济发展步入新常态的情况下，经济增长的速度、结构、驱动力等方面出现新的特点，基于此，国家提出"大众创业、万众创新"战略，使创新创业教育成为国民经济发展新的驱动力。地方高职院校主动与区域经济发展的需求相结合，将创新创业教育纳入人才培养体系中，多渠道、多形式开展创新创业教育，积极参与到区域经济的建设当中。

① 作者简介：陈汉强，浙江医药高等专科学校副研究员，研究方向为高职教育研究、教育管理。
项目来源：本文系宁波市教育科学规划 2017 年研究课题"高等职业院校创新创业教育研究—基于区域经济发展视角"（项目编号：2017YGH064）、浙江省高等职业教育研究会 2017 年课题"地方高职院校创新创业教育与区域经济发展的互动性研究"的研究成果。

一、高职院校创新创业教育与区域
经济发展之间的关系

(一)区域经济对地方高职院校创新创业教育的影响

首先,区域经济是开展创新创业教育的基础条件。区域经济具有个性化、创新性等基本特征,为地方高职院校开展创新创业教育提供土壤,为创新创业教育提供外部环境。区域经济的发展程度,直接决定了地方高校创新创业教育的发展水平。在经济发展进入新常态的情况下,地方高职院校开展创新创业教育,务必以所处区域经济发展的需求为导向,开展体现区域经济特色的创新创业教育,增强创新型人才的适应性。

其次,区域经济虽然为高校开展创新创业教育提供了外部环境,但一些区域的地方经济发展的不稳定性,制约了创新创业教育的发展方向。比如,市场上存在的不正当竞争,使得部分企业短时间可能得到快速发展,误导了方向,从而使得高职院校学生在创新创业的过程中去效仿和跟风,使创新创业的方向发生了偏离,从而带来负面影响,甚至会影响高职院校学生创新创业教育发展的速度。

(二)地方高职院校创新创业教育对区域经济发展的影响

首先,地方高职院校创新创业教育为区域经济发展提供内在驱动力,有利于带动区域经济的快速稳定发展。高等教育的使命是培养人才,高等教育与区域经济之间相互制约,相互依存,协同发展。地方高职院校主要为地方经济的发展培养生力军。目前,区域经济发展内在驱动力的主要表现是创新型经济的快速发展,因此,持续发展的创新型区域经济就需要地方高职院校通过开展创新创业教育来培养创新创业型人才,为区域经济发展提供人才支撑。

其次,地方高职院校创新创业教育对区域经济推动力的大小取决于其开展的创新创业教育与区域经济的相关程度。高职院校专业设置与产业结构的匹配度,教学内容与职业岗位的需求度,教学成果的辐射能力与区域经济特色的相关度等,都是影响创新创业教育推动地方经济发展快慢的直接因素。

二、地方高职院校开展创新创业教育存在的问题

(一)创新创业教育理念缺失、定位存在偏差,不能完全满足产业升级的需求

现阶段,部分地方高职院校开展的创新创业教育,其理念缺失,定位不明确。创新创业教育对培养什么样的创新人才目标不明确,导致在开展创新创业教育过程中仍旧按照传统的教学模式进行教学,没有真正地将学生的实践能力、创新能力充分挖掘出来。创新创业人才是实现产业升级和区域经济发展的重要因素,是区域经济发展的强大动力。目前高职院校培养的创新创业人才,无法满足产业的快速增长和经济的快速发展,由于创新创业教育理念的定位存在偏差导致了高职院校创新创业能力不足,创新创业意识淡薄,因而培养的人才难以满足产业升级的需求。

(二)地方高职院校专业设置与区域经济结构布局匹配度偏低,培养的专业人才与经济社会人才需求脱钩

区域经济布局、结构与高职院校专业设置的匹配度决定了高职院校服务社会地方经济的能力和水平。目前,高职院校的专业布局还不能完全适应当地产业结构的实际发展需求。部分高职院校的一些专业缺乏足够的市场和产业发展调研和科学论证,专业设置论证力度不够,未能从长远的角度分析产业发展方向,导致学校、企业、政府、社会之间的联动不足,创新创业教育与区域经济社会发展出现脱钩现象,进而造成了学生在了解和获得地方政府出台创新创业优惠政策、学习市场开发、提高自主创新能力等方面相对滞后。

(三)创新创业教育课程体系不健全,完备的创新创业教育体系尚未建立

目前,地方高职院校开展的创新创业教育,其性质仍属"第二课堂",这一情况在经济欠发达地区尤为明显。学校所开的课程种类少,覆盖面狭窄,缺乏完整性,不成系统。课程具体内容没有充分结合区域经济的产业结构特征。部分创业课是以附加课程的形式独立于课程体系之外开设的,缺乏有效的人才培养模式创新,没有一套符合职业学校学生认知规律的课程体系。同时,在优化教

学内容,建立差异化教学体系方面仍存在一些问题,这些都对提高创新创业教育建设水平有着重大的制约,使学生的学习缺乏目标,缺乏相应的基础知识和基本技能,导致了他们对创新创业能力的认识不足。

(四)缺乏更深入的社会各界力量的支持力度,创新创业环境需要进一步完善

高职院校开展创新创业教育离不开教师队伍、经费投入、实践平台等条件的改善,更离不开政府和社会各界的大力支持。创新创业教育是一项系统工程,其地位也已上升为国家战略,这就需要引起政府和社会各界人士的关注和重视。虽然国家和地方政府都相继出台了相关政策,为创新创业教育提供制度保障,但从目前创新创业教育开展的实际情况来看,社会力量的支持力度尚需加大,还没有建立真正意义上的创新创业信息平台,未营造出良好的创新创业教育大环境,不利于实现资源整合最大化。

(五)区域经济发展视角下的地方高等职业院校创新创业教育的发展策略与途径

1.树立科学合理的创新创业教育发展理念

目前而言,创新创业教育还未真正成为高校独立的专业和学术领域,更没有形成相对成熟的理论体系和框架,缺乏科学理念的指导。基于地方高职院校创新创业教育理念和定位存在的偏差,地方高职院校在开展创新创业教育的同时要重视正确理念的树立,在充分论证和市场调查后,依据地方市场、产业、行业需求,确定发展目标,合理开设相关的课程,让学生了解地方经济发展需求及产业、行业的发展趋势,帮助学生把握正确的创业方向。同时要鼓励学生积极参与社会实践,在行业和企业中广泛建立学生实践基地,帮助学生更早地接触社会、融入团队,树立科学合理的创新创业理念。

2.加大扶持力度,营造良好的内外部环境

创新创业教育的开展离不开高校、地方政府、社会各界的大力支持,从物力、人力、财力等各方面必须予以全力支持。目前来看,社会各界的政策支持力度尚不能满足地方高职院校开展创新创业教育的要求,政策宣传力度有待提高,学生对创新创业教育的认知度尚浅,需要从政府、高校、社会三方出发,构建全方位、立体式的教育体系,发挥政府的主导作用、高校的主力作用以及学生的

主体作用,以此保证创新创业教育的顺利开展。政府要加大扶持力度,加强政策宣传力度。高职院校要更加重视学生职业生涯规划,采取多种形式加强创新创业教育培训体系建设。社会各界要提供充裕的实践平台,为学生提供更多的创新创业教育机会。

3.强化创新创业区域特色及区域文化建设,提高区域服务能力

创新创业教育要与区域经济之间形成良性互动,必须与产业深入对接,形成与之相适应的人才培养体系,为区域经济的发展提供人才、智力、技术支持,有利于满足区域经济结构调整时期的人才需求。另外,不同地区的经济水平、文化底蕴都有所差异,创新创业教育在发展速度以及发展方向上也存在着一定的差异,因此,创新创业教育需要依据地区经济发展的实际情况适当引入区域文化。区域文化是培养创新人才的基础内容,更加关注学生创新思维、求异思维、批判性思维,有助于提高地方高职院校大学生思维能力,为学生营造出更积极的创新创业环境。

4.根据地方产业升级以及结构变化,实现产业需求与创新创业教育的对接

目前,创新创业教育是国家产业升级以及国家经济发展的战略需求,高等职业教育培养的人才要具有良好的职业能力、职业素养以及创新创业能力。高职院校专业与地方产业相对接能够使学生的职业生涯发展与地方主导产业需求相适应,能够为学生进行创新创业打下良好基础。高职院校开展创新创业教育,必须主动进行市场人才需求结构调查,不断关注区域产业结构变化情况与发展趋势,并结合学校实际不断进行专业调整与优化,自觉实现专业教育、创新创业教育、地方产业三者的合理对接,提升学校服务产业发展与城市建设的能力,从而推动区域经济发展。

参考文献

[1] 洪柳.我国高校创新创业教育短板分析及应对策略[J].继续教育研究,2018(4).

[2] 薛向东,薛文博.立体式创新创业教育体系构建研究[J].当代教育实践与教学研究,2018(5).

[3] 魏玉曦,杜明铸,张慧,等.转型发展视阈下地方本科高校大学生创新创业教育路径探索[J].科技视界,2018(5).

［4］张蓉.推进高校创新创业教育与区域经济协同发展［J］.中国高等教育,2018(4).

［5］易顺明,陆国浩,陈立平.适应区域重点新型产业需求的创新创业型人才培养研究［J］.沙洲职业工学院学报,2017(4).

本论文已发表于《商品与质量》,2018 年第 9 期。

◎高校服务区域经济发展的对策探究

吴　萍[①]

摘　要:知识经济、网络信息时代的兴起与发展为社会经济发展方式的深层次演变与转换带来诸多契机。在此背景下,高等教育发展也应该与时俱进,高校服务区域经济体系必须深度思考高校与服务区域经济发展的相互关系,发现问题,并提出未来高校服务区域经济发展的合理优化对策。本文由此思考,从高校自我定位确定服务模式,跨界学习多元交叉综合育人,到高校和区域经济优势互补继续推进产教融合等方面展开探讨。希望为高校提供有价值、可借鉴的对策,促进地区高校服务区域经济的优化发展。

关键词:区域经济;高校服务;服务模式;跨界学习;产教融合

从过往的理论与实践结果证明,地方高校作为高等教育发展的最后阶段必须寻找一个科学合理的运作模式,即与地方区域经济发展相契合并服务地方经济发展。换言之,高校服务需要基于这样的区域经济发展来丰富深化自己的服务内容,探索与区域经济发展的协调关系,服务和满足地方经济发展、社会文化提升,为其提供精准的智力资源和技术服务,同步实现高校自身优化发展的需求,着力构建与社会两者之间的双赢关系。

---

① 作者简介:吴萍(1978—　　),女,宁波教育学院副教授,主要研究方向为高职教育教学与管理。

一、地方高校与区域经济

(一)地方高校

地方高校是地区区域内智力的制高点,它聚集了整个地区包括地区以外的高知识水平人才,是地方学术研究的重要集所。在知识经济时代,地方高校不仅仅带动了地方的知识产业发展,也带动了地方的经济产业发展,它所培养的高等教育智力人才、文化人才与技术人才都将成为区域内外重要的推动力量,而这种人才一旦走向社会就会将其知识、技能转化为经济资源,为地方经济发展带来一定贡献。目前随着我国各个地区高校发展规模的逐渐扩大、教育层次的逐渐提升、总体实力的逐渐增强、办学质量的逐渐增高,高校的优秀人才输出能力也随之变强。毫不夸张地说,高校人才培养实际上就是面向社会市场的一种服务过程,它所输送的人才可以促进区域经济的向前发展。

(二)区域经济

区域经济是区域性资源的开发与利用状况,这里指代的资源包含广泛,例如土地资源、人力资源、矿物资源,等等。区域经济若想实现良性发展一定要做到合理规划开发。从细节来讲,合理开发就表现在生产力在区域布局方面所产生的科学性与经济效益上,而区域经济效果不仅仅体现在单纯的经济指标反映上,它还体现在社会总体经济效益和地区的生态效益上。所有资源中最活跃的、能动的资源就是人力资源,人力资源需求的合理满足和智力资源的高度开发对区域经济的发展起到至关重要的支撑作用。而高校恰好能够为区域经济发展提供智力元素,这就是高校服务与区域经济的契合点。区域经济通过高校服务提供智力、人才聚集文化要素,进而将文化集聚效应转化为经济集聚效应,形成知识文化与经济的互补,如此就可获得大量的生产要素,利用生产要素创造产品,甚至创造出更高价值含量的产品,从而为区域有效发展科学配置新元素、注入新力量。

(三)高校服务与区域经济发展之间的关系与贡献

高校服务发挥自身职能与教育资源优势,大量输出知识人才服务社会、服务经济、推动区域经济发展与转型,高校的知识服务及人才输送与地方区域经济发展之间能够形成特定的对接,二者共同促进了区域地方经济发展的互利共赢。就目前来说,许多发达国家都有不计其数的有关高等教育服务区域经济并成功的实例,比如美国的一些实例都证明发达国家是非常依赖高校教育及知识人才输出的,通过教育生成科技智慧,科技智慧是第一生产力,充分体现了高校服务与区域经济发展之间最直接的关系。地方区域经济发展也必须充分利用地方高校教育的职能优势,全力挖掘和培养创新人才,基于学校教育与地方区域经济二者协调发展的关系,凸显知识文化转化为社会生产力的必然性。目前,我国各类重点大学,各层高校,包括高职院校每年都能面向社会输出数十万名大学生人才,这其中不乏优秀的博士生、硕士生,近些年更不乏大批量高职技术人才。许多专业人才所研究获得的科研成果不仅仅为区域经济发展做出了贡献,专业人才也活跃于国际舞台,成为国际化专业学术精英,也成为国家相关领域的骄傲,所以高校服务区域经济发展的巨大价值作用绝对不可小觑。

二、高校服务区域经济发展的现实问题

虽说高校服务区域经济发展带来诸多利好,但由于各个地区高校建设的自我定位、经济实力与办学意识不尽相同,因此无法从同一角度来看待高校服务区域经济发展问题。但是,在现实操作中确实存在诸多共性问题。

(一)高校自身发展问题

从整体来看,高校应该对社会负责任,不断完成自身存在发展的三大职能,即培养人才、科学研究、服务社会,全面推动社会进步和高素质人才培养,同时引导经济文化高水准、科学化发展,再结合理论技术咨询与科技成果化对比优化高校文明思想传播建设过程,形成围绕区域经济发展所展开的不同区域文化交流与人力资源合理开发。从为区域经济服务角度来看,高校自身发展中体现了以下几个问题。

首先,高校自身发展定位模糊。诸多高校在建设发展中以综合性大学自居,讲究大而全的模式却容易忽略个性化的发展,定位不明确。其次,客观来讲当前高校的市场服务意识并不强烈。高校在参与区域经济发展过程中很多表

现不积极,校企合作更多集中体现在经济较为发达的地区,如长三角地区,有诸多高职院校积极开展校企合作,还有很多高校未能与区域经济发展中的行业、企业组织形成紧密联系,也没有与其他高校展开深入的学术合作研究。这种固守单一的所谓统一模式严重不利于高校的人才培养及输出,甚至已经成为高校产学研发展的一大障碍因素。再次,高校教育改革变革效率普遍不高。诸多高校教育创新发展缺乏必要动力,改革步伐缓慢,高校之间发展不平衡。这一不平衡会直接影响到区域经济发展,诸如校内学生面临着极为严峻的就业问题,这就出现了当前一直存在的现象,即"大学生毕业即失业";又如当前的大学文科生是不被重视的,他们在社会上很难找到理想的工作,更无从谈起对区域经济发展的推动作用。第四,高校当下的产教融合、双创教育有诸多难题。产教融合、双创教育有很多是流于表面形式,纸上谈兵,真正实现校、企、学生三方共赢的非常少,经常是企业不买单,或者学生不买单,高校也经常扮演了费力不讨好的角色。最后,高校的社会人才匹配机制与社会责任机制无法引导大学生树立投入区域经济建设的人生观与价值观,导致毕业生可能不能作为知识人才被输出到社会为区域经济服务,也无法为区域经济的发展发挥积极的作用。

(二)区域经济发展问题

并不是发达地区就愿意投入更多经济资源给教育事业,许多经济发达地区依然存在某些高校经济发展不到位、资金制约等问题。进一步来讲,即地方政府对高校的经费投入未必落实到位,即使有落实到位的科研经费,由于重视数量而忽视质量,使得经费使用不当,导致很多项目不能为地方政府和区域经济做贡献。在横向投入经费方面,社会组织、企事业单位的委托经费投入也并不到位,高校自身在经费分布方面,也有重视硬件而轻视软件的地方,所以导致很多地方出现了"重物不重人"的思想偏差,极大程度上制约了高校的教育发展与人才培养输出过程。对于某些正处于经济转型跨越的地区来说,他们在均衡人才、知识、经济、科技与创造力等方面可能会存在各种问题,无法做到全力支持高校发展,政府没有积极推进政策,区域经济各个行业由于对高校不信任,在企业人才的招聘和企业再培训中也没有考虑借助高校的平台,再加之某些高校自身没有明确如何走市场化道路等,所以针对学生的教育培养过程可能会出现知识、科研成果转化率低的问题,高校教育知识更新及教学改革的步伐往往是滞后的、被动的。

总的来讲,高校缺乏与区域经济之间的有效互动机制,造成了信息不对称问题,无法契合当地行业、企业人才需求、技术创新需求。另外,高校所培养输出的人才可能由于一时无法满足地方企业要求,导致人才"退货",造成高校教育资源的浪费。所以说高校服务区域经济发展的开放性至关重要,在这一点上,高校必须改变自己,地方行业企业也需要借助高校平台满足人才需求,多方需加强有效沟通,形成多方良性发展态势。

三、高校服务区域经济发展的优化对策

教育大众化发展已经成为当前社会发展的主流,高校利用知识、人才服务区域经济发展已经不再新奇。一方面,高校应该扮演好自身高级优秀人才输出的社会人力资源孵化器角色;另一方面,区域经济发展也应该做到多与高校合作,形成双方的联动发展机制,互促互进。为此,下文为高校提出了若干点关于高校服务区域经济发展的优化对策,以促成双方愉快合作。

(一)积极定位自我,明确长远服务方式

高校必须要积极定位自我,寻找适合自身发展的、有利于区域经济发展的合理有效服务模式。就这一点来看,以服务区域经济发展为高校自身价值取向,从服务范围、方式等方面思考问题,本文提出两种服务模式供参考。

1. 相对单一领域的服务模式为主。

该模式下的目标比较集中,它要求高校缩小服务区域范围,集中火力培养人才输送到指定区域,即集中于某一学术专业领域。高校需要考虑两方面因素,一是自身属性特点,二是所在区域经济特点。就比如说医学院的专属科目教育,服务范围就是社会上的医学卫生领域、师范教育领域;而体育院校的服务领域则是各个体育项目、国家地方及体育队以及师范教育领域;农业院校的服务领域自然是"三农"领域,希望帮助区域解决"三农"问题,提高地方农业产业发展水平。定位中,还要考虑区域经济的特征,如东北重工业基地的重振发展、江浙地区数字化产业发展、电商发展,等等,制造业产业升级中人才需求的差异性等,结合区域经济重心不同,随之调整定位。

2.相对宽泛的多领域服务模式。

该模式下要求高校要同时服务两个或两个以上的不同区域,这就要体现高校人才培养及输送的综合性特质。像"211工程"下的重点大学因自身都是综合大学,所以他们的服务模式多为多领域服务模式,服务目标也面向区域经济发展的多个领域。虽然没有任何一所高校能做到覆盖社会所有经济区域,但随着高校办学实力逐渐增强、办学规模逐渐扩大,他们可能会为区域经济的更多领域服务,所提供的服务内容也会越来越多。因此全方位服务模式也是部分高校未来所需要努力发展的方向。

上述模式都是对高校自我定位的参考,不同高校的经济实力、教育实力、所在区域不同,他们的现实发展状况也不同,选择何种模式完全取决于高校自身的办学宗旨、办学条件。只有正确定位才能真正发挥高校的社会职能和实现固有的发展夙愿。

(二)敢于创新育人模式,跨界学习多元交叉综合育人

1.创新要从教育改革各个环节入手。

高校敢于创新育人模式,要从顶层设计构建入手,精准服务区域经济的发展。首先学科设置、专业设置和区域经济产业结构相匹配,培育特色学科和重点专业。其次,课程体系符合产业结构、行业发展需要,基本学科知识与专业技能相结合,课程体系是人才培养的落脚点,要服务区域经济发展,体现地方人才需求特色,选修课方面可以多开设关于地域文化特色、区域产业特色的课程,便于学生了解地域文化和区域经济发展走向,培养当地就业和服务的职业意识。再次,课程内容的合理安排,在原有的基础上进行合理切割、填充,注重课程之间内容的衔接和配合,基础理论与实践操作的分配,职业素养与行业规范的培养。最后,教师资源的有效配置。教师首先要迎合区域经济发展的需要,与时俱进,大胆开展课堂教学改革,包括教学方法、教学内容、教学考核的大胆尝试,迎合时代需求,同时,教师结构也可调整,引入企业里不同岗位的成熟员工和优秀员工,利于工学结合,增强校企师资员工互动性。比如当下很多高校教育要主动融入区域发展、产业发展、城市建设和重大生产力布局,职业院校要结合区域功能、产业行业布局特点,走差别化发展的道路,顺应新一轮科技革命、产业变革及新经济发展,积极开发人工智能、云计算、智能制造等战略性新兴产业相

关领域新专业,并和行业共同配备师资力量,企业参与学生课程教育和考核,学生作为人才直接为企业所用。

2.跨界学习多元交叉综合育人。

事实证明,单一的学科专业育人模式已经无法继续前行,跨界学习、多元交叉、交融联动的综合育人模式逐渐成为主流。跨界与融合目前在各行各业成为时尚引领,教育界也不例外。如上所述,从专业设置、课程体系、课程内容、师资配备、育人考核等诸多高校改革的育人环节都充分展示了跨界与融合的思想。跨界思维,意味着我们要敢于超越之前思维的局限,突破传统工业时代那套讲究程式、严密、控制的思维模式,寻找到专业与人文、理性与感性、传统与创新的交叉点,甚至重新审视自我,完成自我颠覆和重塑。当下,信息技术的广泛应用把我们拉进大数据时代,大数据正成为经济、管理、数学等学科交叉研究的新热点,也正成为推动经济转型发展的新动力,如重构制造与服务产业体系,促进传统产业转型升级对策等。许多区域经济结构转变中对人才的需求也不再是某一个单一的学科专业人才,而是多学科交叉、多元文化培育的人才,如营销领域人才早已和电子商务人才融为一体,传统意义的秘书办公人才早已和新媒体运用融为一体。由此可见,高校教育的跨界学习、多元学科、多元文化交叉综合培育人才是迎合企业发展需求的必然选择。

(三)主动出击外联继续推进产教融合

1.明确高校企业协同育人的双主体地位。

2017 年 12 月 19 日,国务院办公厅印发《关于深化产教融合的若干意见》(国办发〔2017〕95 号,以下简称《意见》)。《意见》强调将产教融合从职业教育延伸到以职业教育、高等教育为重点的整个教育体系,产教融合不仅适用于应用型高校,也适用于研究型大学。《意见》提出面向产业和区域发展需求,健全完善需求导向的人才培养模式,强化了需求引领,其强调指出:"深化产教融合的主要目标是,逐步提高行业企业参与办学程度,健全多元化办学体制,全面推行校企协同育人,用 10 年左右时间,教育和产业统筹融合、良性互动的发展格局总体形成,需求导向的人才培养模式健全完善,人才教育供给与产业需求重大结构性矛盾基本解决,职业教育、高等教育对经济发展和产业升级的贡献显著增强。"可见,育人主体由原来的高校已然转变为高校、企业协同的双育人主体。

高校需要面向产业和区域发展需求,不断健全完善需求导向的人才培养模式,以区域发展需求为引领,以新技术、新产业和新业态的发展对人才的迫切需求为落脚点,解决产业发展需求与教育供给之间不匹配的问题,着力优化教育结构,提高教育质量,促进就业创业,只有这样,才能更好地为受教育者提供更优质的教育服务、更畅通的就业渠道和更广阔的发展空间,努力让每个大学生都有展示人生精彩的机会。

2.高校区域优势互补继续推进产教融合。

客观来讲,区域经济的发展不单纯取决于其所掌握多少社会资源,还应该取决于区域内政府、企业以及学校的发展方向与各方所做出的科学决策。高校就应该主动出击,与社会企业及组织形成联动,用科学审视、促进经济发展的目光深入探究区域经济发展所需要素,在长期的校企合作过程中获取宝贵数据,积累经验,提出科学决策。

需求是发力点。高校的产品不外乎智力和人才两个方面。首先,瞄准需求,高校可以配合地方机构主动参与成立校企合作研究机构,构建高水平的研究平台。比如某地某医学院就与社会公立医院合作共同建立了大数据智库与药理实验中心,专门为校内学生创造专项实验项目参与机会,直接将医药项目交给该医学院,开展探索性研究与应用性研究,推进了校企共建成果,日后该高校也为该公立医院输送了大量医学科研成果与医学专业人才,实现了互助共赢,也间接促进了区域经济向前发展,为地方企业及社会组织直接提供知识智力服务,提供优秀人才。其次,高校与地方区域要进一步做到优势互补,大力推进产学研发展模式,基于科技创新原则建立产学研结合主体。例如建设对外开放的企业硕士、博士、博士后科研流动站,在产学研模式下专门培养能够带头产业学术发展的领头人,并随时实现知识更新,保证教育培训体系的健全完善和丰富化。再次,区域经济发展中提供所需的研究目标和人才需求的类型、数量等,为高校技术研究、人才培养提供相对明确的信号。当下高校校企合作模式有很多,学校引进企业,工学结合,订单培养,集团化办学,等等,没有任何一种模式是放之四海皆能用的。要推进高校服务区域经济发展,关键是厘清区域经济对智力和人才需求的类型、特点,从需求入手,由政府搭台,提高高校科技成果转化率,摸清与高校区域行业相适应的校企协同育人模式。

只有通过深化产教融合,有效促进教育链、区域产业链、人才链、创新创业链等有机衔接,才能高效解决人才培养供给侧和产业需求侧在结构、质量和水平上不完全适应的问题。只有这样做,才能提升地方高校服务区域经济发展的能力和效果。

四、结束语

地方高校应该准确定位自我,思考自身如何健康、有效、快速地培养人才,展开有效率的科学研究,全身心投入到面向区域经济发展的服务当中,满足社会发展需求,并正视自己对区域经济发展都产生了哪些影响,实现高校建设与人才培养的重要价值。

参考文献

[1] 郑航行.地方高校服务区域经济发展的研究[J].新经济,2014(20).

[2] 李希贵.当社会不再旁观,教育怎么办?[J].人民教育,2015(1).

本论文已发表于《理论观察》,2019年第5期。

◎高职院校"三阶递进式"模式构建的研究与探索

王青迪　林聪伶　单正义①

摘　要：开展创新创业教育是中国社会发展和高等教育自身改革需要的必然选择，也是大学生提高创新创业综合素质、增强就业能力、实现自主创业的现实选择。国家对创业创新工作的重视，提高到了前所未有的高度，但我国的创新创业教育还处在起步阶段，特别是高职院校如何实施创新创业教育模式研究，如何把创新创业教育融入人才培养体系，来增强学生的创新精神、创业意识和创新创业能力，已经很现实地摆在面前。"三阶递进式"创新创业教育课程探索，通过循序渐进的过程，实现双创教育效果的最佳化，构建一套完整的创业教育课程结构，通过完整的课程，来培养创业素质、传授创业知识，从而实现对学生创业知识和创业能力的培养。

关键词：就业能力；高职院校；创新创业；三阶递进式；课程模式

教育部《关于做好 2016 届全国普通高等学校毕业生就业创业工作的通知》，要求从 2016 年起所有高校都要设置创新创业教育课程，面向全体学生开发开设创新创业教育必修课和选修课，纳入学分管理；2016 年 5 月 27 日下发

① 作者简介：王青迪，女，助理研究员，主要研究方向为教育管理；林聪伶（1988—　），女，浙江温州人，硕士研究生，浙江工贸职业技术学院助理研究员，研究方向为创业教育；单正义（1978—　），男，浙江奉化人，硕士，宁波幼儿师范高等专科学校副研究员，研究方向为教育管理。

基金项目：2016 年"中国高校创新创业教育改革研究基金课题"项目（项目编号：16CCJG01Z005）、2017 年宁波教育学院校级教改教立项项目（项目编号：NJJG201703）、温州市 2017 年公益性科技项目软科学研究项目（项目编号：R20170045）

《教育部办公厅关于进一步做好高校毕业生就业创业工作的通知》(教学厅[2016]5号);2017年2月16日,教育部修订高校学生管理规定,新修订的《普通高等学校学生管理规定》,鼓励学生创新创业,明确新生可以申请保留入学资格开展创新创业实践,入学后也可以申请休学来进行创业。学生参加创新创业等活动可以折算为学分,计入学业成绩。

高职院校与本科院校相比,具有自己的相对独特性。本研究将在教学实践方面通过教学模式的探索,为高职院校"双创"教育在实践中的应用寻找切实可行的操作模式,对高职院校强化服务区域发展战略意识和能力也将有很大的促进作用。通过对"三阶递进式"创新创业教育课程模式的研究,形成了一整套较为完整的创业教育课程,其内容包括基础课程(必修课程)、重点课程(选修课程)、项目化课程(网络和创业模拟训练课程),形成了"三阶递进式"创新创业教育课程模式,为丰富和充实"双创"理论做出一定的贡献。

一、高职院校创新创业教育的内涵

过去我们一直在提"创业教育",而且形成了比较一致的认识。创业教育,一般是指通过培养人的创业意识、创业思维和创业技能等各种综合素质,最终使被教育者拥有一定创业能力的教育体系。近年来我们更多地讲"创新创业教育","创新创业教育"的要求更高,常被誉为"双创教育",是指为了适应社会发展和国家的战略规划需要,以培养具有创业意识和开拓型人才为目标产生的一种新的教学理念与模式。高职院校作为哺育社会英才的重要摇篮,双创教育首先应在高职院校广泛开展。高职院校双创教育需要重点强调以下两个方面:一是高职院校双创教育的本质并非只是解决就业问题,其核心目标是培养学生的创业意识与实践能力,塑造学生成为创新型的综合人才;二是高职院校创业教育的范围不仅包括在校的学生,还包括已毕业几年、志在创业的大学学子,把培养学生的创业精神作为大学人才培养的一项基本要求,可以使那些具有热情、干劲和创造性的大学生群体更多地关注创业,及早投身创业实践或做好创业准备。

二、目前国内外创新创业教育模式的现状

(一)关于创新创业教育的模式

2002 年 4 月,在教育部创业教育试点工作座谈会上,学者们首次确立了三种具有示范意义的创业教育模式,并对其特点与实践方式做了简要概括。在此后的试点工作过程中,又有部分高校在实践中建立起具有本校鲜明特色的创业教育模式。其他试点院校还在三种主要创业教育模式之外探索形成了一些独具特色的创业教育模式,其中最具有代表性的是"三创教育模式"和创业教育试点班模式,详见表 1。

表 1　"试点"院校创业教育模式[2]89

序号	院校名称	模式
1	清华大学	"创新环"模式
2	北京航空航天大学	创业意识与创业精神培养
3	中国人民大学	以课堂教学为主导的创业教育模式
4	上海交通大学	综合式创业教育模式
5	西安交通大学	理论与实践并重的创业教育发展模式
6	武汉大学	"三创教育"模式
7	黑龙江大学	"三创教育"模式
8	南京财经大学	"创业教育试点班"模式
9	西北工业大学	以课堂教学为主导的创业教育模式

从表 1 中可归类为以下几种教育模式:(1)以课堂教学为主导的创业教育模式:此模式重视培养学生的创业意识,构建创业知识结构,其运行主要依托创业课程体系。以中国人民大学为代表的教育模式为例,将第一课堂、第二课堂结合起来开展创业教育,对创业教育课程设置进行了科学规划,开设了"企业家精神""风险投资"等创新创业课程,举办了创业论坛和专题讲座,强化了学生创业意识,并通过开展职业生涯设计与规划活动,将创业教育理论与大学生素质提升结合起来,完善学生综合素质。(2)以加强学生创业意识、培养创业技能为

重点的创业教育模式:以北京航空航天大学为代表的教育模式,从重视学生的创业知识、技能向实践领域的转化。(3)综合式的创业教育模式:以上海交通大学为代表的教育模式,十分注重将创新教育作为创业教育的基础,在专业知识的传授过程中注重学生基本素质的培养。(4)"三创教育"模式:以武汉大学为例,立足于创造、创新、创业教育相融合的综合性视角,构建起理论和实践相结合的创业教育模式。(5)"创业教育试点班"模式:以南京财经大学为例,针对部分有创业意向的学生,开展专业性的创业教育。

教育部在九所高校开展的创业教育试点,标志着中国高校创业教育逐渐完善,并依据自身特点尝试构建起了一些特色的创业教育模式。《国务院办公厅关于深化高等学校创新创业教育改革的实施意见》中肯定了近些年来高校在创业创新中的积极探索,但同时也指出其中存在的一些不容忽视的突出问题,主要是一些地方和高校重视不够,创新创业教育理念滞后,与专业教育结合不紧密,与实践脱节;教师开展创新创业教育的意识和能力欠缺,教学方式方法单一,针对性、实效性不强;实践平台短缺,指导帮扶不到位;创新创业教育体系亟待健全。高职院校创业教育目标是培养在校大学生的创业素质和专业技能,使其具有较强的创业能力,而创业教育课程是实现创业教育目标最主要的工具和手段,是围绕创业教育目标而选择和设置的课程内容与方式的总称。目前,众多高职院校相继开设创业教育课程,通过近些年的实践和探索,创业课程建设良性发展。一方面,高职院校创业教育课程的覆盖面逐步提高,各高校基本都能完成对学生创业的普及性教育。同时,创业教育课程开设的内容更趋多元化,从而使教育对象获得了更多的知识和技能。相对而言,由于我国高校创业教育课程建设的起步较晚,各高职院校创业教育发展也相对不平衡,创业教育课程还存在着受重视程度较低、结构体系不完整等问题,主要有以下两个方面:

首先,高职院校创业教育课程的地位不够突出。目前,创业教育课程在学校中的受重视程度还不够高,校方对课程的支持力度还远远不够,项目资金支持和师资队伍建设跟不上课程发展的要求,把创业教育建设成省级精品课程甚至国家级精品课程的高职院校更是凤毛麟角;同时,高职院校的师生往往把学习专业技能作为学生在校学习的重中之重,而只是把创业教育看作学生素质教育和第二课堂活动的一部分,对于它的重要意义认识还不够深入。

其次,高职院校创业教育课程的结构不够完善。创业教育在高校中还没有形成独立的学科体系,也没有完全贯穿于学生培养体系的始终。课程内容零散、课时数量较少、师资队伍薄弱等问题还普遍存在,很多高职院校只把创业教育课程同第二课堂的实践活动结合在一起,通过举办创业计划比赛、创业论坛等活动进行创业教育,或通过建立创业实践基地,对学生创业团队进行集中培训。同时,设置创业教育课程为必修课程的较少,大部分高职院校多将其设置为选修课,整个教育过程显得零敲碎打,从而使创业教育课程缺乏系统性和完整性。

(二)关于创新创业教育的课程设置

20 年来,我国各大学不断整合校内外的丰富资源,改进教育方向,积极推动双创教育健康发展。双创教育是以提高毕业生就业率为目标,逐步对学生创新创业意识进行综合培养的全面教育活动。当前我国各大学的双创教育活动已取得诸多成就,但其基础仍较薄弱。

国内大学大多借鉴国外重点大学的课程设计,课程涉及企业设立、投融资、营销、管理等诸多方面,重点包括"创业基础""创业机会识别""企业领导力"等课程。当前我国大学双创教育课程的开发和设计处于零散状态,数量有限。不同学科之间的创业课程缺乏渗透,融入专业教育的课程更少,存在以下问题:一是课程设计缺乏创业教育方面的统一教材,无法满足创业教育可持续发展的需要;二是创业教育的课程并未体现梯度式设计,尚不能满足不同专业背景、高低年级学生创业的知识需要。在美国,创新创业教育已经发展得相当成熟,在课程设置上,分为重点课程和公开课程来教授。其中重点课程为商学院和管理学院学生设置,典型的如百森商学院、哈佛商学院等各大院校的 MBA 等。相比较而言,目前国内高校课程设置还待完善。

(三)关于创新创业实践活动体系的构建

在美国高校中,大学生创新创业社团很普遍,可以吸引更多来自不同学科专业的同学、成功企业家、校友等,形成互相联系的创业网络。社团会经常开展各种创新活动、创业大赛,这可以拓展课堂中的知识,在推动和提高创新创业教育的过程中起着至关重要的作用。例如麻省理工学院的创业俱乐部(E-LAB)、哈佛大学商学院 MBA 社会创业俱乐部等。这些社团成立之前都会经过长时间的考察和严格的审批,具有专业的老师进行指导,社团的资金来源很多,有会费,活动收入,学校基金会、校友会和社会团体的资助。在中国高校中,相关的社团也很多,但是成立程序相对简单,审核标准较模糊,公信力不够,资金资源也很欠缺,所办活动的规模和层次都比较低,推动创新创业的作用十分有限。

三、"三阶递进式"创新创业教育课程模式

全新的"三阶递进式"创新创业教育的模式,是将创业教育、创造教育、创新教育相结合,根据高职学生特点,以"创意—创新—创业"构建理论和实践相结合,通过"基础课程—重点课程—项目化课程"模式,实现学生创业意识、创业技能向实践领域的转化,最终形成以课堂为主导、学分为成果的活动评价性模式。

(一)理念性"三阶递进式":创意—创新—创业的高层次创新创业教育

立足于创意、创新、创业教育相融合的综合性视角,构建起理论和实践相结合的创业教育模式。围绕高职院校学生特点制定一系列与创业教育配套的制度和政策,同时启动"高职院校创业教育模式与研究"专题研究,使"三创"构建全面融入创业教育课程、实践与科研的各个环节,实现理论、制度与实践的有机统一。一方面通过实施创业教育课程改革、构建创业教育"课程群"、加强创业实践基地建设等途径,对在校大学生开展创业教育。另一方面则专门成立创业教育管理部门,围绕创意、创新、创业教育相关理论问题开展研究工作,以理论创新带动创业教育发展。

(二)课程性"三阶递进式":基础课程—重点课程—项目化课程的课程模式

基础课程、重点课程、项目化课程,分别构成了必修课程、选修课程和网络、模拟实训课程"三阶递进式"的课程模式。组建由校内教师和企业"双导师制"的创新创业教育师资团队,促进创业理论教学与实践教学的融合,推进专业课程改革创新,有效提高创新创业教育与专业教育的结合度。

创新创业教育课程的设置是以高职院校大学生在校学习活动为主线,以大学生的成长时序、大学生成长的内在规律和校企共育学生的创业能力为依据,分阶段、有步骤地进行。一年级上学期开设创业教育的必修课程,奠定在校大

学生创业教育的基础,确定创业目标;一年级下学期开设网络课程,该课程一直延续到三年级上学期,使学生形成一套符合自己特点、适应社会需求的"个性模式";一年级下学期至二年级上学期,开设创业教育选修课程,学生可以以自身兴趣为主导,针对自身创业发展的需求和创业知识技能的需求选择相应的选修课程,不断完善创业整体素质和提高专业能力;二年级下学期至三年级上学期,在校组建创业模拟实训班,开设实践课程,使学生在模拟训练中完成理论与实践的结合。

基础课程:以培养学生创业基础能力为目标,开设创业教育必修课程——"大学生创新创业基础",开设课时为8学时,授课对象为全院一年级学生。以培养学生的创新意识、创新方法、创业能力为目标,充分强调课程的应用性和实践性,在教学中突出理论与实践的结合,兼顾不同专业学生的整体知识体系,通过精选的教学内容,为后续重点创业课程夯实基础。重视跨学科课程,强化创新创业课程的多学科性。鼓励教师根据本专业实情进行课程改革与创新,渗透创新的意识。以传授创业基本知识为基础,拓宽专业口径,夯实学生的知识和思维结构,建立符合专业特点和特色的基础课程,并促进专业教育与创新创业教育有机融合,调整专业课程设置,挖掘和充实各类专业课程的创新创业教育资源。"大学生创新创业基础"课程总共分为创新理论、创业理论和创业实务三大部分,第一部分包括"创新思维的概念与培养""创新思维的训练"两个章节,涵盖的内容有创新学、创新思维的基本概念及训练与实践、创新技能的基本概念、自主创新学习技能等;第二部分包括"创业者与创业精神"和"创业计划书的设计与制作"两个章节,内容有创业精神、创业意识、创业心理品质、创业能力、创业计划书的撰写等;第三部分包括自主创业的企业创建策划、自主创业的企业申办程序、自主创业的企业管理三个章节,内容有创业资源的运用、创业模式选择、创业团队的组建、企业文化的营造等。通过课程,学生可以了解自主创业的各个环节,从而了解创业、感受创业,为将来自主创业奠定基础。课程的教学方法主要以多媒体教学、专题讨论和模拟创业为主,多媒体教学通过课件展示丰富的文字、图表、声音信息,给学生提供大量的感性材料,提高授课的信息量。同时,在教学过程中引导学生自主开展调查和总结,并通过分组讨论、集体研讨等方式来不断提高学生的学习热情。

重点课程:面向高年级学生开设的"大学生创新创业基础"或"创业融资"进

阶课程,以激发学生创业兴趣为着力点,从创业教育培养目标出发,在各类型学科中选择适用于学生创业教育需要的课程,开展创业教育。并在全校范围内排摸有浓厚创业兴趣且有创业潜力的学生,主要选拔对象为创二代、优秀学生干部、有创业意愿的学生,按一定比例选拔学生,开设创业教育重点班,全面教授学生的创业理论知识和创业管理技能,重点进行"创业核心能力"的培训。通过重点课程开设,最终使课程转化为一定成果。授课形式:面授、网络、路演等,使学生加强创业理论和实践的结合。在这些课程教学内容的选择上,充分注重培养学生的创业兴趣和综合创业素质及能力,注重培养学生创业个性和创新思维、提升学生的创业意识,不断完善创业知识结构,进一步拓宽学生的专业视野,从而为学生的创业教育巩固理论基础。

项目化课程:通过项目制结合专业特点对学生进行创新创业指导,以创业模拟实训班为平台,不断提升学生的创业实践能力。创业模拟实训班每学期开设1—2期,每期招收一定比例学生,授课学时为每期36学时,授课教师由学校获得创业培训资格的教师和模拟创业公司培训专员共同担任,授课对象在已学过基础课程和重点课程的学生中进行选拔。

创业模拟实训班授以《大学生创新创业实训手册》教材为基础,内容分为"组建团队与架构公司""项目确定与公司注册""市场分析与战略规划""成本预算与营销策划""资金规划与销售管理""财务培训与财务管理""投资收益与风险评估"和"创业计划与开业准备"八大模块,既有理论的专门课时,也有网上实习和实岗演练,课程全面模拟企业真实的创业运营管理过程。

创业理论课程包含了创业必备的基础知识、创业信息分析、商务谈判等内容;创业实践课程包含了制定创业计划书、成本费用预算、市场营销计划、预测销售收入、投资收益分析等内容。学生在虚拟商业社会中完成企业从注册、创建、运营到管理等的所有决策。通过课程,有效地将所学知识转化为实际动手的实践能力,提升学生的综合素质,增强学生的创业能力。

另外还可以依托校园网络平台,对在校学生进行普及性创业课程教育。"职前教育网络学堂"是系统的高职院校职业发展教育的在线服务平台,采用开放式的教学方式。它运用互联网技术,把学生学习平台和教师管理平台组合在一起,通过学生的网上在线学习,方便老师对众多的学生信息进行系统化管理,不断梳理教学情况,提供参考信息。"职前教育网络学堂"的创业课程内容主要围绕"达人案例"和"创业知识"这两个模块展开,学生通过网上学习创业成功典型来汲取创业经验。同时,在创业知识系统中学习知识点、解题、答题,不断积累知识。从功能上看,该课程一方面帮助在校大学生从合理规划自己的职业生涯入手,通过有针对性的网上培训和教育,提升自身的职业基础素养,提高综合素质;另一方面,依据科学的职业发展教育理念,使学生有效地认知自己和管理自己,进一步了解社会,并养成自觉规划和完善自己的"惯性"思维习惯。

(三)评价性"三阶递进式":知识传授—能力培养—价值塑造的活动评价模式

"三阶递进式"的课程模式中可渗透创新创业学分认定。全面的创新模式要求必须充分利用潜在的一切教育资源,无论开设双创教育的基础课还是创业特训营、其他丰富多彩的创业活动等多种教育模式,必须依托于配套的创新创业学分管理制度。创新创业学分是指全日制学生在校期间根据自己的特长和爱好,参与以培养创新创业能力为主的创新创业项目训练、学科、创业竞赛及其他创新创业实践活动等所取得的具有一定创新意义的智力劳动成果或其他优秀成果。重视和推动应用技术研发及成果转化,重视学生的人文素养和职业精神培育,也更好地将教育部规定的"放宽学生修业年限,保留学籍休学创业"的制度落到实处,并能构建结构完整、运行顺畅的创新创业人才培养体系。在创新创业教育模式上建立常态化的创新创业教育动态调整机制,以"教育—孵化—实践"三层平台为基础,明确学校创业教育主要服务面向社会。关注创业学生的情况,以明确人才培养,增强人才培养的针对性。

三个空间——搭建校内创新创业实践活动体系。创新创业实践活动体系的搭建将对大学生创新创业工作起到举足轻重的作用。

(1)创建校内创业一条街(简称U创空间):通过校内的创业一条街孵化,为校内优秀学生创新项目和创业团队的实践提供场地支持,也面向校外创业项目实体公司做相应服务管理,从而切实提升学生的创新创业实践能力,也为学校师生提供平时学习休闲场所。具体实施以创业一条街管理办法出台为准。

(2)开展创新创业竞赛活动(简称U赛空间):建立以赛促创、以赛带练、以赛出项目的实践训练平台,通过举办省、市创新创业大赛,组织指导参加省、市级创业竞赛来挖掘选拔有潜质的创业项目。加强对学生创新创业成果的后续培育与扶持对接。

（3）组织创新创业沙龙（简称 U 众空间）：通过沙龙平台定期和不定期地开展主题沙龙活动，激发和增强不同学科、不同领域的创业者的交叉融合及累进创新，最终为学生提供个性指导化服务平台。

◗ 参考文献

［1］由建勋.创新创业实务［M］.北京:高等教育出版社,2016.

［2］王占仁.中国创新创业教育史［M］.北京:科学出版社,2016.

［3］胡赤弟,严新乔.宁波市大学生创新创业案例集［M］.北京:现代教育出版社,2016(12).

［4］赵中建,卓泽林.美国研究型大学在国家创新创业系统中的路径探究［J］.全球教育展望, 2015(8).

［5］孙德林.创新教育多样化人才培养模式研究［M］.北京:科学出版社,2014.

本论文已发表于《浙江工贸职业技术学院学报》,2017 年第 3 期。

◎基于协同育人的高职"课程思政"工作模式研究

——以机电一体化专业为例

彭 清 张 慧[①]

摘 要:高职普遍缺少推动"协同育人"的有效机制,各教学单位、各学科之间缺乏协同与合作。在传统教学中,教师"重专业轻文化",学生文化课程基础较差,对思政教育漠不关心,自我意识和叛逆心理突出,因此,高职学生思想政治教育很少形成优势互补的合力工作局面。本文拟以机电一体化专业为例,梳理高职院校"课程思政"协同育人的现状,以分析其成因为切入点,尝试探索基于协同育人的高职院校"课程思政"的工作模式,以期改善当前高职院校大学生思想政治教育的工作局面。

关键词:课程思政;机电一体化专业;协同育人

习近平总书记在全国高校思政会议上提出要用好课堂教学这个主渠道,思想政治理论课要坚持在改进中加强,提升思想政治教育亲和力和针对性,满足学生成长发展需求和期待,其他各门课都要守好一段渠、种好责任田,使各类课程与思想政治理论课同向同行,形成协同效应。习近平总书记的这一论断指出

---

① 作者简介:彭清(1988—),男,江苏常州人,硕士,宁波城市职业技术学院研究实习员,研究方向为大学生思想政治教育;张慧(1972—),女,上海人,硕士,宁波城市职业技术学院副教授,研究方向为机电一体化技术。

基金项目:宁波市高等学校思想政治教育研究会2018年研究课题"基于协同育人的高职'课程思政'工作模式研究"(项目编号:SGXSZ18028)。

高校所有课程都应该发挥思政教育的重要作用。"课程思政,实质是一种课程观,既不是增开一门课,也不是增设一项活动,而是将高校思想政治教育融入课程教学和改革的各环节、各方面,实现立德树人润物无声的效果。"高职机电一体化专业"课程思政"协同育人就是为了在所有课程中挖掘、融入思政要素,在培养专业人才的同时,让学生接受潜移默化的人文熏陶,实现专业技术精湛、职业素养良好的"金牌员工"人才培养目标。

一、机电一体化专业"课程思政"协同育人的现状与成因

长期以来,就专业教学而言,学校本级缺少推动"协同育人"的有效机制,承担思政教育具体任务的单位(部门)本身缺乏"协同育人"理念而各司其职,学科之间缺乏协同与合作,存在重专业轻文化的传统教学观念,未形成优势互补的合力工作局面;就专业学习而言,高职学生往往一般具有文化课程基础较差,对思政教育漠不关心,自我意识和叛逆心理突出等特质,从而导致了学生职业习惯不良、职业道德意识淡薄、社会责任感不强、岗位适应性较弱、价值观念偏颇等问题。

以机电一体化专业为例,问题如下:《人才培养方案》中没有从战略高度构建思想政治课程、职业素养课程、专业教育课程三位一体的课程思政教育体系;专业课程中的思政教育元素未被充分挖掘;专业教学与思政教育各司其职;受传统观念影响,师生普遍重专业轻文化,学生对人文素养课程不愿关注等问题较为突出。

二、"三课堂联动"的机电一体化"课程思政"协同育人

由于机电一体化专业采用"订单班"培养模式,学生普遍具有强烈的专业认同感和优越感,理性认识强,专业学习兴趣浓厚。其专业课程中本身就蕴含着爱岗敬业、服务意识、节能环保、爱国情怀等丰富的隐性思政教育内容。这为开展协同育人提供了有利条件。在专业师生的共同努力下,逐步探索"三课堂联

动"的机电一体化"课程思政"协同育人模式,实现学生在专业学习的同时,提高道德素养和思想认识的职业素养培育目标。

(一)健全第一课堂"课程思政"运行机制

第一,在人才培养方案制定过程中,明确提出思想政治和职业素质要求;第二,在课程体系中设定思政课程,开设"轨道交通车站国家行业政策法规""城市轨道交通安全管理"等专业选修课,对学生进行思政和岗位素质教育;第三,在机电一体化专业课程标准思政说课的过程中,对教师在专业课程教学中思政工作的融入内容提出具体建议和明确要求;第四,在专业教学过程中,将培育与践行社会主义核心价值观融入日常教学活动,将"诚信""敬业"等核心价值观念与"坚韧、善为、创新、求精"的宁波轨道交通企业文化、"克难攻坚、团队协作"的员工岗位职责相结合,引导学生培养验证和运用所学知识与技能的应用素养,培养学生勇于担当、独立思考的职业素养;第五,深入拓展综合素养课育人资源,利用学校现有的"职业素养与职业道德""形式与政策"等综合素养课程资源,将爱岗、敬业、责任、担当等职业素养讲座课程与专业教学相结合,实现专业教育与思政教育的同向同行,形成齐抓共管的合力局面。

(二)加强第二课堂"课程思政"协作机制

一是加强专业技能型社团建设。以机电一体化专业学生为基础,组建专业技能型社团——"E港轨交志愿服务社"。与宁波轨道交通集团有限公司运营分公司校企合作,秉承"奉献、友爱、互助、进步"的志愿精神,以"坚韧、善为、创新、求精"的企业文化和"文明自信城院人"的校园文化为服务指导,以宁波轨交1、2号线各站点为服务平台,以"文明出行、整洁有序"为服务目标,建成"双主体、四接轨、全过程"的服务管理模式。"双主体"是指在志愿服务管理上以宁波市轨道交通集团有限公司运营分公司团委、宁波城市职业技术学院信息学院团总支为两个主体,对志愿服务队伍实行双重指导、双重管理和双重考核;"四接轨"是指在志愿服务内容上,"志愿服务培训要与岗位任职要求相接轨,志愿服务内容要与工作任务相接轨,志愿者素质培养与轨交企业文化、城院职业素养工作相接轨;"全过程"是指根据志愿服务开展情况,通过现场巡视、岗前培训、不定期反馈等方式,宁波市轨道交通集团有限公司运营分公司团委全程参与到志愿服务管理、志愿者服务内容、志愿者考核等各个方面,积极开展与专业知识、专业技能相结合的实践服务活动。

二是深化第二课堂活动人文内涵。坚持核心价值观为引导,利用"三五"学雷锋日、"五四"青年节、"七一"建党节、"一二·九"运动等重大节点,通过"重温入团誓词·牢记责任使命""五四"主题活动、"当暑期社会实践遇上党的生日"主题活动、"一二·九"红色海报、党团知识有奖竞答等系列活动,不断弘扬和传承优秀传统文化、红色革命文化、社会主义先进文化,歌颂身边人,传递正能量,丰富学生的人文底蕴;组织团员青年学党史、读党章,展望美丽宁波新发展,实现对文化的理性自觉与自信,引导团员青年投身"中国梦",坚定团员青年永远跟党走的信心。

(三)建立第三课堂"课程思政"联动机制

首先,充分利用校企合作平台,邀请企业 BOSS、行业专家、优秀校友从用人单位、行业需求和社会现状等角度剖析文化素养的重要性,提出具体的人才特质需求,为学生全面发展指明方向;其次,始终坚持问题导向,从学生学习和生活中发现的问题出发,鼓励和倡导学生上台,通过原生态的讲述或多形式的演绎,引发思考,进行互动,实现自我感悟,坚持"学生互为老师"的理念,增强学生学习的积极性和主动性,提高教育的有效性;第三,秉承实践出真知的理念,组织学生参加"六个一"专业认知(实践)活动,即组织学生在专业教师的指导下完成"拟定一个目标岗位、设计一份个人简历、参加一次招聘会、走访一家目标企业、采访一位在职员工、手写一份心得体会"六个规定活动,引导学生不断接触企业,体验目标岗位职责。

三、机电一体化"课程思政"协同育人的成效

多年以来,在宁波城市职业技术学院党政领导的支持下,在机电一体化专业全体师生的共同努力下,机电一体化"课程思政"协同育人在培育专业人才,提升学生综合素养过程中发挥了重要作用,成效显著。

第一,思想政治教育与专业学习的隔阂被打破,思想政治理论课独自承担大学生思政教育的局面得到改善,专业课程中的思政元素被充分挖掘,专业课程有力地发挥了思政教育作用,提高了大学生思想政治教育的有效性。

第二，传统思想政治理论课强调理论，学生普遍反映其内容枯燥乏味。通过"课程思政"教学改革之后，与专业教学相互融合、相互渗透，既让思想政治理论课生动鲜活起来，又让专业课充满人情味，激发了学生的学习热情，提高了学生对思政教育和专业知识的接受度。

第三，通过"课程思政"的实践，学生既学到了知识，掌握了专业技能，又在不知不觉中，熟悉了本专业在实际工作岗位中的职业素养要求，诸如职业道德、职业操守、职业纪律等职业素养在潜移默化中就自觉形成，有效衔接了专业发展与思政教育、企业要求与思政教育，提升了学生对专业岗位的适应能力。

第四，在"课程思政"的实践过程中，通过校企合作平台开展各类第二课堂学生活动，学生在不断接触企业、了解企业的同时，用人单位也对这些未来员工的个人状况有了实时动态的了解和掌握，便于企业依据实际需求，对学校的人才培养方式适时提出修改意见，提高企业用人的针对性培养。

第五，"课程思政"教学改革的逐步深入，对专业教师提出了更高的要求。教学过程中不断涌现出新的机遇与挑战，使专业教师不断提高自身的专业素养和实践教学能力，有利于"双师型"教师的培养。

五、结束语

在机电一体化"课程思政"协同育人取得成效的同时，依然面临着一些挑战：例如，课程思政在《人才培养方案》中所处高度不够，部分专业教师认识不到位，学生活动内涵建设有待加强，校企互动缺乏常态化机制等。习近平总书记在全国教育大会上指出：教育必须把培养社会主义建设者和接班人作为根本任务。对于习近平总书记对高校加强思想政治教育工作中提出的新理念和新要求，高职院校应借鉴此有益经验，针对不同专业、不同学生的不同特点，不断探索"课程思政"新方式，充分发挥高校教书育人的主阵地作用，致力于培养德智体美劳全面发展的社会主义建设者和接班人。

参考文献

[1] 习近平.把思想政治工作贯穿教育教学全过程[EB/OL].(2016-12-08)[2019-10-15],

http://www.xinhuanet.com//politics/2016-12-08/c_1120082577.htm.

[2] 董少校.从"思政课程"到"课程思政"[N].中国教育报,2016-12-2(1).

[3] 董洪亮,赵婀娜,张烁,等.习近平总书记在全国教育大会上的重要讲话引起热烈反响——全力推动新时代教育工作迈上新台阶[EB/OL].(2018-09-12)[2019-11-15].http://paper.people.com.cnrmrbhtml/2018-09/12/nw.D110000renmrb_20180912_1-02.htm.

◎基于"三螺旋"理论创业型人才协同培养模式探析

徐盛栋[①]

摘　要：针对当前高校、政府和社会三方在创业型人才培养过程中协同不足,创业型人才数量和质量不高的现状,本文引入创新研究领域中的"三螺旋"理论,试图通过厘清高校、政府和社会三方在创业型人才培养过程中的职责定位,在分析当前创业型人才培养存在隐忧的基础上,把"三螺旋"理论融入人才协同培养过程中,构建起基于"三螺旋理论"高校创业型人才协同培养模式。

关键词："三螺旋"理论;创业型人才;协同;模式

"大众创业、万众创新",党的十八大以来,创新创业备受人们瞩目。然而,创业型人才从来不是天生的,而是需要高校、政府和社会等的协同培养。高校作为创业型人才培养的主要阵地,如何实现与政府和企业的协同,具有一定的现实意义。

一、"三螺旋"理论、创业型人才概念界定

"三螺旋"起源于远古时期的美索布达米亚人发明的一种能将水从低处引向高处的引水装置,呈三螺旋状,是农业水利系统的创新。"三螺旋"概念最早

---

① 作者简介:徐盛栋(1983—),男,汉族,浙江宁波人,宁波城市职业技术学院讲师,主要研究方向为思政教育、职业教育。

出现在生物学领域,"三螺旋"理论则是在此基础上,由纽约州立大学社会学系亨利·埃茨科维兹教授和阿姆斯特丹科技发展学院罗伊特·雷德斯多夫教授提出了有关企业、大学和政府在区域经济发展中的互动关系理论。

创业首先是一种创新活动,是一种具有开拓精神的劳动方式;创业是创业者转换或是整合已有资源,从而创造经济或社会价值的过程。基于此,创业人才即是从事创业实践的专门人才。创业型人才与创业人才一字之差,彼此之间有内在联系,但含义迥然。创业型人才是潜在的创业人才;创业型人才是具有创新精神和创业意识,具备一定的创业能力,善于抓住创业机会,并能积极投入到创业实践中创造价值的人。

二、当前创业型人才培养存在隐忧

(一)政府政策制定不接地气

一方面各级政府在宣传贯彻落实党中央关于创业相关方面的文件精神上,取得了卓有成效的进展。"大众创业、万众创业"蔚然成风。另一方面则是"贱商""抑商"传统观念的根深蒂固,人们对市场经济认识片面,对经商的风险畏首畏尾,一味追求社会保障稳定的"铁饭碗"。政府部门出台"一篮子"鼓励大学生创业的政策,不管从数量上还是类型上,实属不少,但有部分创业创新政策不接地气。主要表现在两个方面:首先,政策制定过程中,往往是自上而下,没有经过调查研究而制定出来的政策成了"摆设"。其次,政策具体实施过程中,条件限制较多。

(二)高校创业教育浮于表面

调查过程中,我们发现,开展创业的大学生对高校创业指导的需求较强,然而,当前高校创业教育相对滞后。究其原因,高校在开展创业教育过程中,缺乏与政府、企业的协同合作。创业教育内容方面:创业教育方式千篇一律,缺乏分专业分类指导;创业教育内容理论化,缺乏行业企业指导参与创业课程内容编写等;创业教育师资力量薄弱,创业导师专业化程度不强,往往缺乏一线经验丰富的"创业导师"。创业文化建设方面:高校在建设创业型校园文化过程中,物质文化建设单一化,缺乏创新创业的元素;制度文化建设文本化,政策制定缺乏贯彻落实;精神文化方面淡漠化,创业精神、企业家精神培育不足。创业实践方面:高校在学生创业实践方面,应充分利用好创业大赛和创业园等平台,发挥三方的协同作用。

(三)企业参与态度暧昧忸怩

市场经济时代,企业往往只追求利益最大化,而忽视了校企合作培养创业型人才的社会责任以及对企业创新创业发展的促进意义。企业在参与创业型人才培养过程中,存在理念落后、职责缺位等现象。一方面,企业单纯地把创业型人才培养理解为是一种"单向付出"的义务行为,对创业型人才反哺企业的成绩视而不见,对政府、高校在创业型人才培养过程中给予的政策、资源等支持预计不足。另一方面,综观国内,对于企业参与创业型人才培养,政府鲜有在法律法规等层面做强制性规定。

三、"三螺旋"理论在创业型人才协同培养过程中的应用

培养创业型人才,不是高校或是政府抑或是企业能够独立完成的,而是需要多方组织的协同。随着政府职能从管理型向服务型的转变,为政府、学校和企业协同培养创业型人才奠定了基础。政府、学校、企业分别关注行政领域、知识领域和生产领域,三方明确职能定位,协同形成合力。

政府在"三螺旋理论"中应履行好政策引领、资源整合、监督管理的职责,引导校企合作培养创业型人才,为之保驾护航。一是在政策制定过程中,要充分兼顾各方利益,形成多赢局面,调动企业参与的积极性,为培养创业型人才提供政策保障。二是要公平、有效地利用好政府对社会资源的配置权,整合社会、学校及企业等各方资源,为培养创业型人才提供资源保障。三是要施行对创业型人才培养的监督管理,避免高校在执行过程中的消极应付,确保企业在参与过程中的责任担当和行为规范。

企业在"三螺旋理论"中应履行好需求反馈、技术指导、平台搭建的职责,积极参与创业型人才培养,承担起应有的社会责任。一是要响应国家创业型人才

培养的号召,根据经济社会对创业型人才的需求以及行业产业的发展现状,为政府建言献策,为高校提供需求反馈。二是发挥行业产业的优势,主动融入创业型人才培养体系,遴选一批在一线具备丰富创业经验的创业指导师为创业型人才培养提供技术指导。三是通过共建创业园、创业工坊等创业人才培养基地,把基地"搬进"企业,为创业型人才培养提供实践平台。

高校在"三螺旋理论"中应履行好人才培养、智力支持、服务社会的职责,作为创业型人才培养的主战场,为经济社会发展服务。一是要积极贯彻落实国家对创业型人才培养的政策要求,根据地方经济发展需求,围绕行业产业结构升级优化,培养人才。二是发挥高校的智力优势,为企业开展创业创新、科学研究和技术开发等提供理论指导,为企业和社会发展提供智力支持。三是组建具有较高理论水平的师资团队,为企业提供创新创业培训服务,向社会输送一批"想创新创业、能创新创业"的优秀人才。"三螺旋"协同框架下政府、企业、高校的职能定位如图1所示。

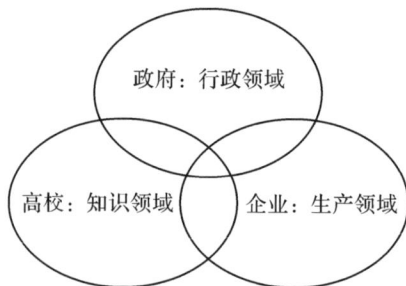

图1 "三螺旋"协同框架下政府、企业、高校的职能定位

四、基于"三螺旋理论"高校创业型人才协同培养模式

(一)协同培养创业型人才,政府要实现两个"接地气"

"大众创业、万众创业"蔚然成风现象的背后是"贱商""抑商"传统观念的根深蒂固,各级政府在宣传贯彻落实党中央关于创业相关方面的文件精神上"接地气"。各级政府要在努力营造推动大众创业、万众创新良好氛围的同时,营造有利于人们创业的政策环境、市场环境和社会舆论环境,鼓励人们勇于开拓创新,在全社会厚植创业创新文化;要重视对创业创新的扶持,发动全社会关注创业创新的同时,以实际行动关心和支持创业;要在引导高校开展创业教育的同时,纠正对创业的传统偏见,鼓励企业增加校企合作投入,让创业创新之花竞相绽放。

各项创业政策遍地开花现象的背后是政策的"隔靴搔痒",未能"对症下药"地满足实际需求。首先,政府和高校,特别是政府各职能部门,要照顾企业追逐利益的天性。政府部门要鼓励企业参与创业型人才的联合培养,并对积极实践的企业给予政策倾斜;在继续加大对高校和企业科研经费支持的基础上,加强对科研业绩和产出的监管,提升科研经费使用的有效性。其次,政府部门在制定面向大学生的相关创业政策过程中,要照顾大学生的实际需求。政府要完善大学生创业的社会保障机制,解决大学生关于创业风险的后顾之忧。政府要落实大学生创业的减免税收政策,特别是要在"降低门槛,简化手续"上做文章,这无疑是促进大学生创业的一剂良药。

(二)协同培养创业型人才,高校要把握好创业教育的三个环节

高校是创业教育的主战场,要在协同政府、企业等资源和力量的基础上,按照"知、情、行"的教育规律优化创业型人才培养模式。

首先是创业知识的教育。当前高校创业教育普遍存在推及面广但深度不够,创业教育有效性差的现象。第一,高校要逐步实现创业教育的专业化转型,集结专业群体联合教学,提升大学生创业的综合素养。第二,高校充分发挥企业的协同作用,依托行业企业指导教学,深化创业教育与专业教育的融合。第三,高校要拆掉阻隔在学校与政府、企业之间无形的墙,采用"走出去、请进来"的方式,让校园里有一定理论素养的教师到政府创业相关政策制定及创业服务等一线锻炼,到企业创新创业一线实践。与此同时,把政府职能部门相关人员、企业家、专家等请到校园,组建一支专兼职相结合的"创业导师"队伍,协同培养创业型人才。

其次是创业情操的陶冶。文化育人,润物细无声。高校要从物质、制度和精神三个层面入手,充分发挥企业、政府的协同作用,培植创业文化。第一,高校要根据自身定位,做好顶层设计,将创业元素物化到校园的各个角落,如设立创业吧,开辟优秀企业家展廊,创业精神上墙等。各二级分院则可以根据自身

特色合理规划,创新物化形式,突出创业文化的亮点。第二,高校可以联合企业,设立如创业学院等职能机构,明晰职责与权利;可以依据政府的相关创业政策,制定合理规范的配套制度,建立起一套能够激发创业活力的长效机制。第三,高校可以把创业精神融入学校的校训校歌、办学理念等,渗透到教育教学、人才培养的方方面面,培育勇于创业的精神文化。

最后是创业行为的养成。借助创业大赛和创业园等创业平台,高校要充分发挥政府和企业在大学生创业实践教育过程中的协同作用,让大学生在实践中形成创业行为。针对创业大赛开放性不强,与行业企业联系不够紧密等问题,首先,高校可以采取由政府或是行业企业牵头举办创业大赛,拆掉原来封闭式竞赛的围墙,鼓励大学生跨高校组建创业团队。一方面,地区政府或是行业企业举办创业大赛,集结各个高校及企业参与其中,有利于提升创业大赛的知名度,增强其影响力;另一方面,跨高校乃至高校与企业联合组建创业团队,团队成员的异质化和多样性有利于成员间创业技能互补及创业资源的共享,进而打造出优质创业团队,提高创业成功率。其次,高校可以通过紧密联系行业企业,从而使脱颖而出的优秀创业项目进入真枪实弹的实施阶段。一方面,行业企业为大赛提供高额奖励资金,作为创业项目的启动资金;另一方面,通过邀请风险投资家们参与其中,综合评估优秀创业项目的可行性,为企业提供融资并付诸启动。

(三)协同培养创业型人才,企业要明确两个定位

追求盈利是企业的天性,但是除了盈利,企业还有一个重要的功能,即承担社会责任。因此,企业在协同政府、高校培养创业型人才过程中,在实现企业盈利的同时,要兼顾社会责任。

在开展企业、政府、高校协同培养创业型人才过程中,企业以实现利润最大化为目标的这一天性不能被忽视,否则协同将不可持续。那么,企业如何获利?首先是争取政府的政策支持。企业在构建政校企协同培养创业型人才模式过程中,合理获取政府的政策性支持,特别是政府给予企业的优惠政策,从而提升企业在行业中的竞争力。其次是利用高校的资源共享。高校的实验设备、图书资料等可以弥补企业在这一方面投入的匮乏。充分利用高校资源,可以为企业发展注入新的动力。最后是主动参与创业项目培育。企业可以投入部分资金,

选取优秀员工,参与优秀创业项目的培育。在提供创业指导的同时,企业将从成功的创业项目中,获取可观的回报。

企业作为社会中重要的组织形式,还应承担起社会责任。首先,企业应在政府宏观调控的组织框架下,做地方经济发展的"加速器"。其次,企业可以从设备、场地等硬件方面和人员、技术等软件方面,助力地方教育事业,做地方高校发展的"助推器"。企业可以将工厂办进学校,把企业中涉及产品技术创新的研究所作为学生创业的实践基地;或是将学校引入工厂,校企双方共同制定创业型人才培养方案,安排学生到企业实践创业。与此同时,企业不应仅仅是用人单位,更应该为人才培养担负起社会责任。企业要根据创业型人才培养的客观规律,与高校一同建立起创业型人才培养的长效机制。

参考文献

[1] 倪斯铥.高职院校建设创业型校园文化的内涵与途径[J].广东青年职业学院学报,2015,29(3).

[2] 吴婷.应用型本科院校创业型人才培养路径的研究[D].哈尔滨:哈尔滨理工大学,2014.

[3] 潘意志.大学生创业大赛的发展及其质量提升策略[J].广州职业教育论坛,2013,12(1).

◎宁波市文化产业本科生就业培养及未来发展动态研究

刘小凡[①]

摘　要：文化产业近几年发展迅猛，是21世纪的朝阳产业。因此，世界各国纷纷把文化产业发展放到十分重要的战略地位，通过制定适应本国特点的文化产业发展政策，引导文化产业更好地发展，力图使其成为本国的支柱产业。在此背景下，浙江省也开始逐步重视文化产业的发展。宁波地处中国东南沿海长江三角洲南翼，历史悠久，文化灿烂，是中国古代文明的发祥地之一，是吴越文化的重要发祥地。但是，宁波文化产业也有其存在的诸多问题，首先就是人才问题。当前，文化产业作为新兴产业，其人才培养机制匮乏，未能形成自身供血系统，并且开此专业的高校不多，也使此专业的学生多了一丝迷茫。

关键词：宁波；文化产业；就业

一、宁波文化产业现状

主体实力进一步增强。一方面，通过深化文化体制改革，宁波日报报业集团、宁波广电集团等集团的综合实力快速提升，正在成为具有全国影响力的文化企业集团。同时，在完成经营性文化单位转企业改制基础上，积极推进国有文化资源整合重组，先后组建了宁波出版发行集团有限公司、宁波市演艺集团

[①]　作者简介：刘小凡（1988—　　），男，汉族，宁波工程学院讲师，研究方向为文化产业。

有限公司和宁波广电网络股份有限公司,并获得了全国文化体制改革先进地区称号。另一方面,按照"非禁即入"原则,放宽市场准入条件,鼓励更多的民间资本投资发展文化产业。以宁波为例,现有民营经济市场主体 50 万家,民企注册资金超过 3000 亿元。浙江文化产业的兴起吸引了社会各界的关注,民间资本逐渐看到文化产业的潜力,通过参股、并购等方式投资文化产业。近年来涌现出的"海伦钢琴""音王音响""大丰实业""千玉琉璃"等知名文化企业,已逐步在海内外树立起品牌优势,为民营文化产业发展提供了良好的引领示范作用。而在相关的文化用品制造、销售等领域,民营经济更是"唱主角"。广博、贝发、得力等文具业中的龙头企业,年总产值近 500 亿元,占据了全国五分之一的产量、三分之一的出口额。

产业结构进一步优化。一方面,现代传媒业、文化演艺业、包装装潢印刷业、文化用品制造业等传统优势产业的地位不断得到巩固提升。2012 年度文化制造业实现增加值 168.2 亿元,文化服务业增加值 80.1 亿元,文化批发和零售业增加值 25.6 亿元,三者比例为 61.4∶29.2∶9.4,服务业和批零业占比进一步提高。另一方面,动漫、网游、数字新媒体等新兴业态的发展让人备感欣喜。以宁波市为例,截至 2012 年底,全市共有新兴文化产业法人单位 1646 家,全年实现增加值 33.8 亿元,其中普达海动画、宣逸网络科技等本土文化企业迅速崛起。宁波民和影视动画股份有限公司出品的《少年阿凡提》,荣获 2012 年全国第十二届精神文明建设"五个一工程"优秀作品奖。与此同时,全市文化产业出现的大融合发展成为新亮点,通过文化与旅游、金融、国民教育、城乡建设的融合,尤其是和科技的融合,推动了文化产业结构升级换代。以数字出版、动漫游戏、创意设计为代表的新业态快速增长,以移动终端、网络为主的新媒体发展异军突起,传统文化产业转型升级不断加快。宁波音王集团有限公司实施了舞台演出数字化控制系统,填补了国内空白,公司在技术含量、标准制定、行业规模、出口规模上都稳居全国行业第一。广博集团股份有限公司推进传统文具向数字、动漫、创意等新兴文化业态延伸,现已成为国内最大的纸质文具一体化供应商。宁波新文三维股份有限公司通过 360 度沉浸式梦幻剧场等一系列技术创新,在科技馆、博物馆和主题公园的规划设计制作,特效影视、影片及系统的设计制作等方面做得风生水起。从事动漫游戏研发业务的浙江宣逸网络科技有限公司,研发了大量的网络游戏产品,其中《帝国重生》成功出口到日本、韩国、美国等传统网游强国。宁波市骏逸信息科技有限公司（早点影视）打造影视文化、视频新媒体的全国性流通、发布平台，为影视出品方、视频网、电信运营商等提供流通增值服务，推动中国原创动漫文化产业在新媒体平台上的快速发展。2013年宁波成功创建了宁波国家级文化和科技融合示范基地，这是宁波第一个国家级的综合性文化产业品牌，未来将更多地享受国家层面的政策资源和科技支持。

集聚水平进一步提高。浙江省在"十二五"以来，大力发展文化产业，宁波重点打造了十大文化产业集聚区，进一步增强重点文化产业区块的特色优势、综合竞争力和集聚辐射能力，形成文化产业发展集群。全市已有20余个各具特色的文化产业园区，成为文化产业发展的中坚力量。目前规模以上的28个文化产业园区，已集聚企业1400多家，总产值超过42亿元。文化产业园区和示范基地构建了较为合理的产业布局，已成为拉动文化产业发展、提升产业运行质量的重要载体和支撑平台。其中"宁波影视文化产业区"核心区建成面积已有3000余亩，集影视拍摄制作和文化旅游为一体；"和丰创意广场"占地117亩，总投资33亿元，是亚洲最大的工业设计园区，开业两年多来，和丰创意广场产业集聚效应日益显现，目前已入驻文化创意企业100多家，带动产业化规模超过380亿元，目前已基本形成一个集工业设计与创意、研发、交易、展览、孵化、知识产权保护、资质论证、培训评估等功能于一体的产业集聚区。鉴于浓厚的创意设计氛围和骄人的经济效益，和丰创意广场被评为"全国现代服务业创意设计产业化基地""长三角优秀文化创意产业集聚区"。和丰创意广场的蒸蒸日上意味着宁波正从"制造名城"迈向"设计名城"。宁波国家广告产业园区依托南部商务区，按照"创意引导、产业带动、品牌升级"的发展定位打造成为宁波广告产业门户和创意产业基地。目前园区已确定下一步重点打造八大公共服务平台：广告人才实训平台，快印、数码特种平台，创业平台，大师培训平台，时尚品牌研发平台，创意众筹网络交易平台，新媒体在线教育平台和其他专业化技术支持服务平台。园区还积极利用自身优势，大力促进广告及关联文创企业的集聚发展，现已引进入驻广告及相关联企业近200家，正逐步成为全市具有创意引导、产业带动、品牌升级作用的文创产业基地。4月16日，新入驻的"新浪宁波"正式上线，成为新浪网在全国驻点的第20个地方站，今后它将在此成为"新浪宁波＋新浪网＋新浪微博"的超级媒体。目前园区还在积极与搜狗输入法、微信平台、奇虎360、网易163等14家大型新媒体广告运营商接洽,下一步将重点引进入驻。总投资32亿元的宁波文化广场就像纽约的百老汇,不仅有几百座小型剧场,更有文化会所、艺术沙龙等文化形态,构成文化产业的集聚效应,集中满足市民的文化消费需求,实现一站式文化服务。广场自去年9月28日开放以来,越来越受到市民欢迎。

项目建设进一步带动。"十二五"以来,宁波以推进"1235"工程为抓手,积极实施项目带动战略,把在经济领域发展的成功经验移植到文化产业。目前宁波已建立了文化产业重大项目库并编制了文化产业重大项目三年行动计划,共有在建重大文化产业项目39个,总投资约693.86亿元,前期项目18个,计划总投资约368.05亿元。其中,作为重点项目的宁波象山影视城,其高速发展受人瞩目。按照场景为表、产业为里、文化为魂的"三位一体"发展战略,以象山的自然资源优势、上海杭州的都市优势、横店的基地规模形成优势良性互动,逐步建成集影视创作、拍摄、制作服务、作品发行、影视高新技术企业孵化与动漫创作、文化创意等功能于一体的影视文化集聚区,年均拍摄影视作品150部,获得了"中国最具发展潜力影视拍摄基地""中国十大影视基地"等称号。

服务平台进一步拓展。2008年开始,宁波市正式设立了文化产业发展专项资金,对重点文化企业、重点文化项目进行了扶持。自2013年起市文化产业发展专项资金规模进一步扩大,以补助贴息、政策支持、奖励、平台建设四种形式扶持,同时推进各级部门、县(市)区设立文化产业专项资金,并首次启动文化产业"510"奖励工程,共设"最佳成就奖""最佳进步奖""最佳创新奖""最佳突破奖"和"最佳推动奖"五个奖项共50个名额,对文化产业发展做出重大推动作用和重要贡献的单位(团体)和个人将给予奖励。同时有关部门积极争取中央支持,市委宣传部、市财政局、市文广新闻出版局、市外经贸局等部门积极组织企业申报中央文化产业发展专项资金,2016年全市共有14家企业17个项目分别获得4309万元项目补助、贴息和出口奖励的支持,在2012年3060万元基础上再创新高。

二、文化产业人才现状

浙江省文化产业起步较晚,文化创意人才、文化经营管理人才和文化产业科技创新人才相当匮乏,无法适应文化产业快速发展的要求,已经成为制约宁波市文化产业发展的瓶颈。以宁波市为例,文化产业人才管理和培养中所面临的主要有人才培养缺失,人才层次和结构不合理,人才流动市场还不够完备,人才培养方式单一,政策、资金和人力的缺乏等。

人才培养缺失,人才层次和结构不合理。文化产业人才包括文化创意人才与知识产权人才。在新经济条件下,文化产业人才正在替代传统的自然资源和有形劳动成为财富创造和经济增长的主要源泉。与国内一些文化产业发展程度较高的城市如北京、上海等地相比,宁波目前文化产业的相关人才较为匮乏。以宁波文化产业为例,除了宁波工程学院与大红鹰职业技术学院外,宁波未有其他高校开设相关专业。而宁波工程学院与大红鹰职业技术学院开设的企业无论是从师资力量、教学条件等环节来看都还有待于进一步完善。目前文化产业的一些从业人员从业的经历较少,基本上以广告、传媒、美术、演艺为主,从事文化创意策划、推广等后期环节的人才太少,还无法满足宁波文化创意产业发展的需要。从之前分析我们得知,除了高层次的文化创意人才,文化产业知识产权人才的培养也是使文化产业乃至文化产业集聚迅速发展的关键因素。知识产权是文化产业得以发展的保障因素。从总体来看,宁波文化创意产业行业的经营管理人才十分匮乏,特别是既懂专业相关技术又懂经营管理的综合型人才更是严重不足。

人才流动大,频繁遭受挖角。由于浙江省文化产业处于初级发展阶段,很多从业人员都是从其他产业转型而来,对文化产业缺乏系统的认识。同时,作为综合性产业,文化产业融合了金融、法律、营销、制造等传统行业,对跨界人才的需求十分急迫。然而由于文化产业管理体系、薪酬制度等的不完善,使得跨界人才的培养和高端人才的自由流动阻力重重,无法为文化企业持续注入新鲜血液。在这种情况下,很多文化企业无法招聘到专业人才,所以就经常出现挖墙脚现象,而且往往是整个团队被挖走,这对整个企业来说都是一个非常大的损失。

相关专业培养设置不合理。由于高校中从事文化产业学科教学的教师,很大比重都是从学校到学校,这些老师有着丰富而专业的理论知识,但是缺乏实践的经验,无法及时更新理论知识,造成理论与实践脱节的情况严重存在。当今文化产业需要的是能够对纷繁复杂的社会现象做剖析的复合创新型人才,但目前高校文化产业管理专业的课程体系中,基础类课程所占比例过高,不利于文化产业管理专业学生合理知识结构的形成。这种重理论教学、轻实践教学,重课堂教育、轻社会实践教育,将实践教学依附于理论教学,并且从属于理论教学的教学体系,势必将极大地影响文化产业管理专业学生的创新能力和实际动手能力,以至于学生只了解和掌握理论知识,动手能力不强,从而不能适应文化产业实践的现实和满足长远需要。

三、立足于本土,培养"专门型"人才

针对以上问题,受调研等启发,经过思考得出结论,即立足于本土,面向全国,培养"专门型"人才。充分利用本土特有的文化产业资源,创建一条宁波本土独有的产学研三方结合路线,先立足本土,乃至面向邻省,最终面向全国,培养"专门型"人才。

"专门型"人才培养的内涵。"专门型"人才是建立在"复合型"人才培养基础之上的。复合型人才应该是在各个方面都有一定能力,在某一个具体的方面要能出类拔萃的人。文化产业管理专业的跨学科性质决定了它的人才培养必然具备复合型这一基本特点。培养"专门型"人才是指我们在培养复合型人才的同时,还应该表现出明显的倾向性。文化产业涉及的行业相当广泛,我们培养的人才不可能做到面面俱到,放到哪个行业都能驾轻就熟。究竟是要培养更适合于广播电视行业的管理人才,是图书报刊业的管理人才,还是音像娱乐业的经营管理人才?我们应该有所侧重,表现出自己独特的倾向性,培养出"复合型"和"专门型"相结合的优秀人才。

结合地方经济热点培养"专门型"人才。我们可结合宁波经济特点确定自身人才培养的方向。目前宁波文化产业较发达的主要有两块,即会展策展和文化休闲旅游。我们应充分利用地方经济特色的资源优势,培养出立足于宁波又能服务于全国的优秀文化产业管理人才。如培养会展策展人才,即可扣紧这一方向,设计人才培养模式,构建课程体系,培养出能更好地服务于这一特定领域的优秀人才。

以理论为基础,实践为核心。以培养学生实践创新能力为核心,强化实践

教学。文化艺术管理各专业方向的培养目标是将学生培养成为具有一定文化底蕴和艺术修养、了解文化艺术市场与管理的一般规律,具备相应组织管理及营销策划等实际能力的综合性、应用型人才。因此,对于文化产业管理专业来说,实践教学是培养应用型人才、复合型人才十分重要的组成部分。尽管从文化产业管理开办以来,一直强调实践,但由于各种原因,实践教学仍然比较薄弱,出现经费投入不足、实习基地脆弱、教学质量不高等问题,已经成为制约人才培养质量提高的关键因素。学生的创新精神和实践能力,必须通过一系列高质量的实践性教学环节的训练,才能够得到有效的培养。对于文化产业管理专业来说,应将实践教学环节纳入专业教学体系当中。实践性教学环节的课程建设,应求质保量,即追求质量的提高,保证有足够实践教学时间,实践性教学环节应贯穿整个培养过程。同时,扩大学校的开放度和社会化,加强校内实习基地建设,开展横向联系,与企业事业单位联合办学,建立教学、科研、生产三结合的基地或联合体。除此之外,积极参与、策划、组织各种艺术实践活动,鼓励学生参与教师的科研课题等,通过理论和实践相结合,培养学生的创新精神和实践能力,增强学生毕业后的适应能力,这样才能更好地与文化产业接轨,也能具备一定基础进行文化遗产的传承保护。

参考文献

[1] 蒋三庚,张杰,王晓红. 文化创意产业集群研究[M]. 北京:首都经济贸易大学出版社,2010.

[2] 向勇,刘静. 中国文化创意产业园实践与观察[M]. 北京:红旗出版社,2012.

[3] 张京成. 中国创意产业发展报告(2010)[M]. 北京:中国经济出版社,2010.

[4] 马萱. 我国区域文化产业竞争力研究[M]. 北京:社会科学文献出版社,2011.

◎基于产教融合模式的高职数字媒体艺术设计人才培养研究

——以宁波城市职业技术学院为例

苟劲松　谭书晴[①]

摘　要:本文以产业需求为出发点,以人才培养为目标,阐述了高职数字媒体艺术设计专业实施产教融合育人模式的必要性,分析了高职院校产教融合实施的现状。以工作单位为例,结合实际情况,提出了基于产教融合模式的高职数字媒体艺术设计人才培养策略:产教融合应立足地方经济文化的发展;依托现有的"工作室制"育人模式,深化校企合作;在课程教学方面实施"微媒体产品"项目化教学模式改革。

关键词:产教融合;数字媒体艺术设计;人才培养;微媒体产品

一、引言

随着高新技术的迅猛发展和数字化信息时代的不断进步,数字媒体已经成为一个大体量的新兴产业,且呈现日渐壮大的发展趋势。越来越多的发达国家都开始把大力推进数字媒体行业的发展作为国家经济发展的重要战略。在国内,数字媒体产业也得到了国家的高度重视,国务院《"十三五"国家战略性新兴

---

①　作者简介:苟劲松,男,宁波城市职业技术学院讲师;谭书晴,女,浙江万里学院动画系主任,讲师。

产业发展规划》文件中,首次将数字创意产业纳入国家战略性新兴产业发展规划,并使其成为与新一代信息技术、生物、高端制造、绿色低碳产业并列的第五大新支柱规划。规划提出,至2020年数字创意产业产值规模将达8万亿元。随后,全国各地政府相继出台了大力发展数字创意产业的政策,数字创意产业进入了蓬勃发展的时期。数字媒体产业的发展必然会刺激社会对数字媒体艺术人才的巨大需求,给数字媒体艺术专业提供了良好的发展机遇,数字媒体艺术专业将成为未来最具发展潜力的专业之一。

数字媒体产业的发展给专业发展提供了新的机遇,同时,技术的革新、产业结构的调整与转型升级也给人才培养提出了新的挑战。数字媒体艺术专业是一个跨自然科学、社会科学、人文科学的综合性学科,集中体现了"技术、艺术和人文"的理念,也可谓"技术为体、艺术为媒"是数字媒体艺术专业的精髓。数字媒体中的技术与艺术二者具有特殊的共生关系,技术为内核,需要艺术内容的包装;艺术为面,离不开技术的支持。通常来说,院校以深厚的人文底蕴,在艺术领域见长;企业有较强的实践经验与能力,在技术实现方面优势突出。因此深化校企合作,实施"产教融合"、校企合作是应对产业结构转型升级、提升专业人才培养质量的重要举措之一。

二、积极推行产教融合人才培养模式的重要意义

(一)解决教学资源紧缺问题,实现人力资源共育、物力资源共建、项目资源共研

人力资源共育。数字媒体艺术专业是一个新兴的专业,加之院校教师的准入门槛对学历学位有一定的要求,因此数字媒体艺术设计专业的一线教师大多数为动画、影视、计算机等专业的教师转型而成,缺乏系统性的实战经验是当前师资普遍存在的主要问题。实施产教融合可利用企业精湛的技术指导和项目的锤炼,培养院校骨干教师队伍。企业也可通过产教融合,从校方得到优秀的科研成果和智力支持,借助学校的平台为企业员工创造培训条件。学生是校企双方人才培养的主体,是行业人才的资源储备。校企双方可协同育人,实现技术、艺术、人文素养并进的育人模式,为企业建立优质的人才储备库,定期为企业输送人才。

实验资源共享。实验室是数字媒体艺术专业的实践教学不可或缺的资源，也是企业生产必要的资源。由于此专业处于科技前沿领域，相关实验设备的成本较高，如 VR（虚拟现实）、AR（增强现实）、MR（混合现实）、眼动仪等实验设备价格不菲，少则需要几万元，多则要几百万元的投入。如此高昂的开销仅靠学校或企业一己之力难以承担。实施产教融合、校企合作则可以实现实验设备资源共建、共享的效果。

项目资源共研。学校在文化、艺术、科研等领域有所长，企业在生产经验、技术方面见长。实施产教融合，整合二者的资源，优势互补，使双方的实力倍增。在项目开展中双方各尽其能，可高效地完成商业项目。同时，校方的科学研究能力与企业的项目落地能力相整合，可以研发高端领域的科研项目。

（二）教学内容与产业发展同步

产教融合育人模式下的教学内容大多来自行业实际项目，以项目的有效开展为目的，注重实际效用。通过项目生产流程确定教学进度，根据项目生产情况和学生学习情况，及时、灵活地补给相应的知识技能，真正实现了"学中做，做中学"的教育模式。这打破了传统课堂教学的理论、实践课程时数限定藩篱，有效地解决了教学内容与行业需求刈裂的问题，实现了人才培养与行业需求无缝对接。

（三）拓宽专业未来的发展道路

高职教育是以社会需求为目标，培养具有技术应用能力强、知识面宽、素质能力高的应用型、复合型人才。产教融合是数字媒体艺术设计人才培养过程中的必由之路，应立足数字创意产业，加强校企合作，提升实践教学的主体地位。只有这样，才能真正地培养出符合产业需求的高技能应用型人才，逐步拓展专业未来的发展道路。

三、高职数字媒体艺术设计专业"产教融合"人才培养的现状

目前，各大院校的数字媒体艺术专业都相继推行了"产教融合"育人模式，但效果不尽如人意，缺乏实质性的合作。校企合作机制、人才培养方案，课程体

系、教学手段等方面都没有发生变化,对人才培养的质量无实质性提高,人才供需"两张皮"的矛盾仍未得到解决,造成这一现象的原因有以下几点:

缺乏行之有效的校企合作机制。由于缺乏政府的引导,相关政策法规不健全,缺乏操作性较强的管理机制与激励机制,大部分高职数字媒体艺术设计专业的"产教融合"人才培养模式流于形式。校企双方仅重视合同签订的数量,忽视合作的质量。高职院校缺少校企双方对学分认定的制度、专职教师及企业导师工作量认定办法、师生日常行为规范管理规范、奖励办法等制度,致使师生的重视程度不够,参与度较低。

校企双方合作目标不明确。为了跟上"产教融合"时髦的东风,很多高职院校与企业在没有明确人才培养定位与产教融合之间的关系之前,匆匆上马。这导致校企合作的形式混乱,缺少规范;合作内容不够聚焦,缺乏企业与高职院校之间的双向选择性环节;校企之间合作动机不纯,部分企业参与"产教融合"校企合作的目的只是希望能够带给企业一定的经济利益或能在学校获得免费的校企合作场地,而学校也仅是借助企业的名头以满足合作企业的数量。在开展产教融合、校企合作之前,双方都应该充分地了解、明确各自的诉求,以达成产教融合的双赢意向后方才开展。

高职数字媒体艺术设计专业的教师行业经验薄弱,不利于产教融合的推进。产教融合的开展离不开教师的参与,且需要教师具备丰富的实践项目操作经验。大部分高职院校数字媒体艺术设计专业的教师都是源于高校毕业生,缺乏行业经验;且数字媒体艺术设计专业处于起步阶段,对口的专业教师匮乏,大部分专业教师都是从其他专业(动画、影视、平面设计等)转型而来。如此一来,专业很难完成具有一定规模的企业项目,企业也不敢冒风险将项目投入到学校教学之中。此现状在一定程度上影响了"产教融合"人才培养的效果。

良莠不齐的企业不利于产教融合进程的开展。目前,在新技术、新理念冲击下,在政府大力扶植的阶段,数字媒体艺术设计相关企业开办准入门槛较低,处于野蛮生长状态,企业规模参差不齐,行业缺乏规范、标准,这些因素也会影响"产教融合"人才培养效果。囿于企业的规模,大多数时候都是与小规模企业合作,学生人数与设备数量的矛盾时有发生,一个专业的学生会分散到多个小规模企业学习,由于企业的定位不同导致专业人才培养定位难以始终如一的保持。

四、基于产教融合模式的高职数字媒体
艺术设计人才培养策略探索

(一)加强制度建设,提高教师、学生的参与度

产教融合,制度先行。学生、教师是产教融合育人模式的主体,只有提高了学生、教师的参与度,产教融合方可落到实处。校方须转变固有的教学管理观念,打破传统的教学管理制度,制定有效的激励机制,为产教融合的全面实施开路。学分是计算学生学习量的计量单位,是学生的"命根",学分的多少与学生是否顺利毕业直接挂钩。只有出台合理灵活的学分认定机制,才能保障学生获取学分的权益,使之积极融入产教融合中去。校企建立项目管理小组,打通项目参与学分与专业课程学分之间互认的渠道,根据项目内容、难易程度、项目体量等指标来制订学分标准,并由校、企导师根据授课及项目完成情况再给学生认定学分。同时,教师教学工作量既关乎教师的薪酬水平,还是教师职称晋升的重要考核指标之一。学校应参考项目的实际情况,出台灵活的教师教学工作量认定机制来认定工作量,打破传统45分钟课堂的藩篱,灵活课堂教学时限,简化考勤流程,以项目"承包制"的形式进行工作量认定,以"业绩"情况进行教师的绩效考核。

(二)立足地方经济文化发展,实现校、政、企协同发展

院校与地方经济文化发展是一种互相依存的关系。在产教融合的背景下,双方的关系尤为密切,政府可通过购买服务的形式直接与院校合作,或是充当纽带的角色为院校、企业之间搭建桥梁,进行校政企三方合作。地方经济、文化为院校数字媒体艺术设计专业提供产教融合生存的土壤,以数字媒体艺术设计产品为主的产教融合成果可改善并推动地方经济文化的繁荣;同时,强大的地方经济文化实力具有强大的自媒体效应,助攻产教融合成果的传播,进而带动专业的发展,以实现校企、校政多赢的局面。

宁波城市职业技术学院地处浙江省宁波市。宁波历史悠久,文化灿烂,是全国历史文化名城,有原始遗址河姆渡、心学大师王阳明、浙东学派黄宗羲等城市文化名片,这些丰富的文化资源都将是校企合作的内容源泉。宁波市是副省级城

市,是计划单列市,是经济发达的全国制造强市。在数字技术与文化创意、设计服务深度融合、推动区域经济进入新时代、大力发展数字创意产业方面具有相当广阔的前景。宁波的数字媒体企业资源和文化资源众多,结构比较完整,具有较强的实力。随着"中国制造2025"和国家"十三五"战略规划的进一步实施,数字媒体产业在宁波将大有可为。宁波市委、市政府高度重视数字经济发展,主要领导多次做出批示,要求加快"数字宁波"谋划建设具有良好的数字创意产业基础。

笔者执教期间就曾做过此类尝试,以毕业设计为突破口进行产教融合育人模式的实验,改变传统的以艺术创作为目的、假题真做的毕业设计主题,设置了服务地方经济文化发展的、真题真做的毕业设计选题——"宁波那些事儿",与宁波本土企业、相关职能部门签订合作协议,以低成本或免费的形式为对方提供数字媒体艺术设计服务,并由对方提供导师与学校老师联合指导毕业设计。此次毕业设计取得了良好的成果,是实施产教融合育人模式的试金石。其中为宁波市红十字协会开发的AED推广项目视频《黄金五分钟》,赢得了甲方单位的认可,并将作品应用于实际项目推广中。以宁波市传统古建为题材的动漫作品《天封塔》《天一阁》等也取得了良好的社会效益,为学校的人才培养和服务地方迈出了可喜的步伐。

(三)依托学院优质的"工作室制"平台,进一步深化校企合作

"工作室制"的育人模式具有灵活的运营机制。主要表现在空间上的灵活,打破了传统教室的界限,工作室、公司甚至施工现场皆可以作为教学场地;教学内容上的灵活,以项目(企业真实项目和教师设置的虚拟项目)驱动教学;教学方式上的灵活,老师作为项目的设计者和引导者,以项目开展的形式进行教学,打破了传统讲台与课桌的固有模式,形成一种开放的教学模式。在这种开放的学习环境中,学生有更多的自主学习支配权,充分调动学习的积极性,提高了学生主动探索、分析和解决问题的能力,使得教学与产业的联系更加紧密,锻炼了学生的自学能力、设计表达能力、团队合作能力和组织管理能力、实现了学校教学与企业生产有效对接。

宁波城市职业技术学院艺术学院是国内最早实行"工作室制"育人模式的高职院校之一,创新了以"视觉东方"为引领艺术设计人才培养模式,建有"211创意空间实践基地"。学院依托"工作室制"人才培养模式引入了一大批经验丰

富的行业专家担任本专业的工作室导师和创业导师,形成了一支专兼结合、实践经验丰富的专业教学团队,积累了丰富的校企合作经验,形成了有利于产教融合育人模式的相关制度。这些因素为产教融合的开展打下了坚实的基础,学校应在人力、财力资源上继续投入,在政策制度方面倾斜,搭建更多元的工作室平台;进一步深化校企合作,使校企共同介入人才培养的全过程,实行高校与企业"双主体"的育人模式。

(四)积极推行基于"微媒体产品"制作能力培养的课程教学模式改革

目前,宁波城市职业技术学院数字媒体艺术设计专业的课程设置大多是基于传统生产制作流程的知识模块和课程结构,如"三维模型制作技术""三维材质灯光制作技术""三维动画创作""数字摄影与摄像""数字媒体后期制作""影视作品创作"等课程,这种类似于"学科本位"的课程设置,其最大弊端就是课程设置内容庞杂,分工过细,教学周期长,创作实效差,且学生只能被动参与到具体教学环节,缺乏学习的自主性和独立创作完整数字媒体艺术作品的实践机会。

随着社会经济的高速发展和手机等移动互联终端的普及,人们的工作生活节奏加速,时间变得碎片化,对媒体内容的消费呈现"微"化,微媒体和自媒体时代早已来临,微信、微博、微视频、微电影、微广告等"微媒体产品"应运而生。消费端的变化必然引起生产端的变化,"微媒体产品"的市场将有巨大的前景。"微媒体产品"有着制作周期短、制作技术难度偏低、市场需求量大等特点。在教学中实施"微媒体产品"项目化教学,可解决以往在课堂教学中实施校企合作所面临的学时不足、单个课程的知识量无法满足项目的开展、真实项目合作困难等问题。(图1)"微媒体产品"项目化合作亦可作为引玉之砖,为全面实施产教融合、校企合作人才培养模式奠定基础。

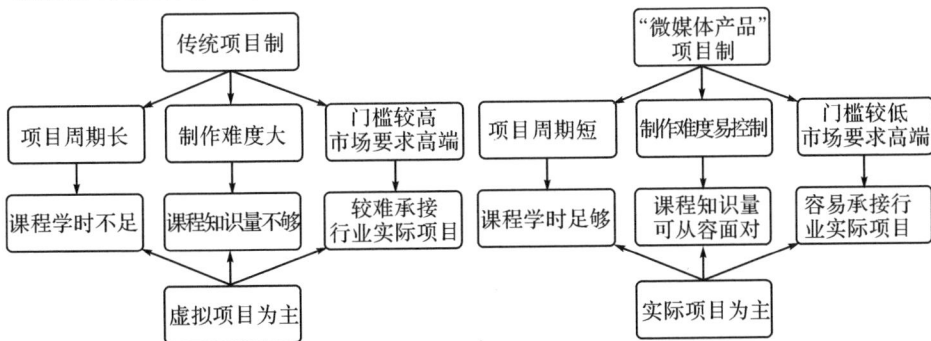

图1　传统项目制与"微媒体产品"项目制的对比

五、结语

实施"产教融合、校企合作"的培养模式是高职院校实施协同发展战略、创新机制充分利用社会资源的重要体现。数字媒体艺术设计专业具有媒体属性和科技属性,其发展必然与产业的关系最为紧密,在专业发展的道路上实施产教融合是不可或缺的策略。但顺应产业的发展并不是一味地迎合,高职院校的数字媒体艺术专业应根据自身特点,精准地确定人才培养的定位,方能处变不惊,以"不变应万变"之势,从容地面对随产业结构变化、升级所带来的人才培养方案的调整。

参考文献

[1] 数字创意产业纳入《"十三五"国家战略性新兴产业发展规划》及配套目录[EB/OL].(2017-03-20)[2018-09-17]. http://www. gov. cn/xinwen/2017-03/20/content_5178955. htm.

[2] 柴文娟. 广东高校数字媒体艺术创新创业教育模式研究[J]. 艺术教育,2017(5).

[3] 张馨月. 浅析高校与地方经济发展的关系[J]. 青年与社会,2013.

[4] 产教融合 校企合作 解决应用型人才培养"最后一公里"[EB/OL]. (2016-06-27)[2018-09-17]. http://www. lfcmw. com/content/2016-06-27/content_527967. htm.

◎向度与范式："课程思政"理念下高校育人共同体建构研究

张海峰[①]

　　摘　要: 习近平总书记在全国教育大会上强调要把立德树人融入思想道德教育、文化知识教育、社会实践教育各环节。而立德树人是教育的根本任务,因此,基于马克思社会共同体理论,在"课程思政"理念下通过立德树人融入思想道德教育、文化知识教育、社会实践教育三个向度来建构高校育人共同体的范式,反思新时代高等教育产教融合、协同育人机制,共建具有共同价值观的精神家园,促进高等教育内涵式发展。

　　关键词: 课程思政;协同育人;高校育人共同体;立德树人

　　习近平总书记在全国高校思想政治工作会议上强调,"要用好课堂教学这个主渠道,各类课程与思想政治理论课同向同行,形成协同效应"。上海市针对这一要求推出上海经验——"课程思政",即以构建全员、全程、全课程育人格局,着力将各类课程与思想政治理论课相结合,把"立德树人"作为教育根本任务的一种综合教育理念。由此可见,"课程思政"理念是在着力形成学校工作部门协同、课程协同、教师协同等多种举措,整合和协同学校内部各种教育资源,最终达成协同育人强大合力的系统过程。

---

　　① 作者简介:张海峰(1986—　),男,安徽合肥人,宁波财经学院团委讲师,硕士,主要从事大学生思想政治教育研究。

一、"育人共同体"："课程思政"理念下思政教育的向度选择

学界关于"共同体"的理论论述有很多，其中，社会共同体理论是马克思主义唯物史观的重要内容，"社会共同体是人们以一定的纽带所联系起来的人群集合体，是不同人群所采取的社会组织形式和存在方式"。马克思社会共同体理论认为，社会共同体主要表现为从低级到高级的发展过程。此外，"共同体"（Community）还形容人与人之间的密切关系，表达的是一种基于共同的精神意识和价值观念而形成的团体，具有共同的社会文化特征。而在1995年博叶便将"共同体"的概念引入教育学领域。在"课程思政"理念下建构高校育人共同体，则始终需要以立德树人为主线，通过学校全员全过程全方位在人才培养中发挥育人作用，使得师生构筑共同的理想和相同的文化性状，从而使得学校成为一个有序的群体。这一有机体呈循环闭合式的状态，主要存在整体性、多元性和主动性的特点。

在全国教育大会上，习近平总书记指出：要把立德树人融入思想道德教育、文化知识教育、社会实践教育各环节。而在思想道德教育方面，高校育人共同体将始终以社会主义核心价值观为主线，弥合不同个体的独立状态，抵御多元化社会思潮的侵蚀，根据大学生不同阶段的状态，将学校、家庭和社会系统联系起来，形成时空维度相结合的循环闭合式的整体系统。在文化知识教育方面，积极促使思想政治教育融入人才培养体系的全过程，首先便是"课程思政"改革的落实。在高校育人共同体中，思政课程与课程思政、教育者与被教育者以及思政工作外围环境等构成了多元性的教育主体，协调好多元互动关系将有利于育人实效的发挥。在社会实践教育方面，高校育人共同体更加重视学生主动性的发挥。在多部门协同下，实现校地合作、产教融合。大学生通过社会实践教育，以资源、人才、知识、信息等为纽带，结合自身的兴趣特长，有针对性地接受自己想要的实践教育内容，并内化为个体综合素养。

二、"育人共同体"的问题牵引："课程思政"理念下的问题靶向

新时代背景下，聚焦问题靶向，高校育人共同体在思想道德教育、文化知识教育、社会实践教育方面从理论到实践协同育人的重要性和必要性越发突显。

首先，"课程思政"理念下的思想道德教育，需要发挥全体教师育人的主动性，需要我们重视教师的师德模范培育。目前高校师德模范培育问题主要表现在教师主体意识上的缺位，如理想信念模糊、职业道德和奉献精神缺失、教学科研能力不足等方面。这严重损害了我国高校教师形象，违背了学校育人的根本宗旨，对我国高等教育的发展造成了不良影响。

其次，"课程思政"理念下的文化知识教育，不是专业课程的思政化，而是在专业课程中融入思政教育的元素，更好地培养社会主义事业合格建设者和可靠接班人。在我国高等教育发展历程中，思政课程与专业课程在内容上并无太多交集。甚至在很长一段时间，思政课程与专业课程分工界限明显，且往往有这样的误区，即学生的理想信念、职业道德以及素质教育只是思政课程的内容，这在高职院校更加明显。专业课程则强调专业知识、技能及其实际应用，不重视育人功能的发挥。甚至出现从事专业课程教学的教师对思政课程教学内容不认同，思政课程教师存在感低等问题。在这样的情境中，思政课教师在教学上主动性不足，往往仅限于课本知识的教授，久而久之，学生越发不认同思政课程。思政课程在人才培养的整体系统中陷入"不良效应"的"恶性循环"。这与我国高等教育事业培养社会主义事业合格建设者和可靠接班人的使命不相符。因而，"课程思政"理念下的文化知识教育，则需要我们将思政教育深度融入人才培养体系，以"立德树人"为根本任务，形成思政课程与课程思政二元交互的协同育人格局，从课程设置、课程教学上将思政课程与课程思政纳入育人共同体中。

第三，"课程思政"理念下的社会实践教育，是基于思想道德教育和文化知识教育的再思考、再实践。习近平总书记在北京大学师生座谈会上对广大青年提出"爱国、励志、求真、力行"的四点希望。其中在"力行"方面，希望广大青年

能够"知行合一,做实干家"。当前大学生社会实践活动较多,但是笔者在调研中发现其往往缺乏系统性,临时性社会实践活动较多。另外,学生在活动中只知"做事",不懂"思考",往往缺乏思政教育、专业教育的过程性指导。而高校实践育人是育人共同体中学生参与思政教育、专业教育的主动性过程,其研究的重要性"跃然纸上"。

三、美美与共:高校育人共同体范式的建构与思考

我国著名社会文化学家费孝通在谈到社会文化共存时提出,"各美其美,美人之美,美美与共,天下大同"。在"课程思政"理念下构建高校育人共同体主要分为以下三层关系:首先,在教育理念上,高校育人共同体将始终遵循"全员、全程、全课程育人"的"课程思政"理念;其次,在教育主体上,学校、教师、学生三者共同构成了育人共同体;第三,在教育内容方面,思想道德教育、文化知识教育、社会实践教育三个方面形成层层递进、相互融合的教育形态,构成了高校育人共同体影响学生、教育学生的创新范式。

(一)"课程思政"理念下立德树人融入思想道德教育

在"课程思政"理念下,高校思想道德教育需要始终将"立德树人"作为根本任务。在全国教育大会上,习近平总书记强调,"教师是人类灵魂的工程师,是人类文明的传承者"。教师队伍师德师风建设是"立德树人融入思想道德教育"的第一步。它是教师群体在日常教学活动中的行为规范,具体表现为一系列的文化事象,是组成高校育人共同体的文化子元素。笔者在调查过程中观察了师德模范培育在日常生活中所表现出的文化事象。例如教师在要求学生按时上课、不旷课、不迟到、不早退的同时,教师也应该养成守时的习惯,以身示范,形成生动的"课程思政"效应。在平时教学中,从一点一滴的小事做起,遵守学校的各项规章制度,上课不能出现教学事故,不无故私自调停课,每次上课都能保证提前10分钟到教室,做好上课前一切准备工作。在课堂上,注意言行举止文明,注意约束自己,如说话不带不文明的口头禅,衣着整洁、大方,时时刻刻注意自己在学生中的形象;能够合理安排课后作业及做好下班级辅导工作等。很多人会认为这些只是师生互动中的基本要求,而不能构成一般意义上的"文化"。

但是在文化学领域内，正是这些个人的日常行为习惯，是构成"文化共同体"的文化事象。由文化事象组成的师德模范培育路径不再是被前人拿来空谈的道德规范或指令要求，它既有具象的表现路径，又有可供操控的文化事象。这对把握高校师德模范所存在的问题具有指向意义。

当前针对思想道德教育中师德模范培育的问题，我国已出台相关法规，严厉打击师生间不正当利益关系。良好的师德模范在融入大学文化后将会对教师群体产生积极的濡化效应，坚持立德树人融入教师队伍的思想道德教育中，使得教师对大学文化产生强烈的认同感、归属感和自豪感，继而形成无形的导向作用和凝聚作用，使得个人不断调整自己的行为，使之与集体的目标趋于一致，从而最终形成稳定的文化氛围，以建构育人共同体。因此，教师在日常教学活动中应当以"正德、精业、厚生"规范自我行为，注重师德模范的文化特性，潜移默化地引导大学生群体主动融入大学生活，建立自信乐观向上的学习心态。

(二)"课程思政"理念下立德树人融入文化知识教育

立德树人融入文化知识教育，这是"课程思政"理念的中心环节，与现代大学人才培养这一历史使命密不可分。教育部部长陈宝生在新时代全国高等学校本科教育工作会议上强调"以本为本"。蔡元培在《中国现代大学观念及教育趋向》中强调，尽管大学所设系、科各不相同，但都有同样的组织形式。它们的目标在于人才培养，着力培养人们的实际工作能力以及在各种知识领域中做进一步深入研究的能力。一直以来，"人才培养"始终是大学三大主要功能中的核心功能。

首先，从大学的逻辑起点来说，教师在于立德树人，授业解惑；学生在于学会做人，学会做事，学会做学问。教师与学生的角色关系在本质上是"你中有我，我中有你"的命运共同体的关系，一个角色的形成离不开另一个角色，是相对的概念。教师、学生作为一种角色身份，处于学校的关系共同体中。教师要针对部分学生学习动力不足、潜能挖掘不够的问题，进一步深化"思政课程"与"课程思政"的教学管理改革，激发学生的学习兴趣和发展潜能。学校务必落实立德树人，加强文化知识教育教学以及学习过程管理，严格过程考核，改革考试形式，引导学生把更多的精力投放在学本领、长才干上。

其次，在育人共同体下，高校办学以教师为本，教学以学生为本，这是立德树人融入文化知识教育的基本要求。学校各级领导干部须统一在育人共同体下把教师服务好,教师把学生服务好:(1)强化教师队伍建设,进一步完善教师培训体系,加强教学过程管理,消灭一批"水课",打造一批"金课",提升学生学业挑战度,激发学生学习潜能,促进学生有效学习;(2)改革教师教学评价标准和评价方式,完善教师教学评价激励机制,着力落实以学生为本,鼓励教师围绕促进学生有效学习开展课堂教学改革,促进教师加大教学投入,提升专业水平。

最后,在育人共同体下,着力打造"名师名生"工程,引导教师潜心教书育人成为名师,激励学生刻苦读书学习成为名生:(1)教师要强化"课程思政""专业思政",建立课程、专业、学科"三位一体"思政教学体系,把思想政治教育有机融入每门课程,加强特色专业核心课程建设以及面向全部专业的特色课程建设,在教学、科研等方面成为育人名师;(2)加强专业核心课程质量标准建设,提高专业核心课程对能力培养的支撑度,各专业依据情况有针对性地选择专业课程实施考教分离,着力提高学生专业素养,提升毕业生职业发展竞争力,体现学校办学优势,夯实毕业生专业本领,增强毕业生识别度;进行个性化、定制式人才培养探索,加强个性化、有特长学生的培养力度,着力打造"名生工程"。

(三)"课程思政"理念下立德树人融入社会实践教育

在高校育人共同体中,基于思想道德教育和文化知识教育,立德树人融入社会实践教育,既是共同体整体性特征的要求,即从理论到实践,也是人才培养全过程的需要。

首先,致力于多维耦合,形成校地发展与社会实践育人培养共同体。由多部门、各学院组成的社会实践教育工作组,基于思想道德和文化知识教育,通过资源、人才、知识、信息等纽带,建立需求导向、全程参与、责权明确、发展共享的校地深度合作机制,构建校地共融,多部门多维耦合的人才培养共同体,并结合思想政治教育,系统梳理社会实践项目,凸显校本特色和区域特色相结合,着力融合校本需求和区域需求,从根本上解决了社会实践"一头热"问题与外部资源整合共享问题。

其次,基于人才培养需求,系统构建大学生社会实践育人模式。根据学生个体发展、社会产业、多方要素互动的人才培养需求,高校更应主动融入服务区域经济社会发展,充分考虑学生需求差异性和多样性,从社会实践教育在大学生素质教育中的重要性和必要性出发,全面对接区域资源,系统构建校地合作、校政企联动的"五位一体"大学生社会实践育人模式，即全员化参与、课程化改革、项目化管理、社会化运作、精品化推进。依托社会实践基地的需求，有针对性地开展社会实践服务。同时深化面向全校学生的社会实践通识教育，满足学生多样性需求和个性化发展要求，不断强化社会实践育人成效。

第三，校地共建培训体系，共同推进社会实践项目培育与孵化。社会实践育人的全过程在思想道德教育和文化知识教育的基础上须涵盖通识教育、专业教育、专项培训、项目演练、工作实践、成果分享等环节的模块组合式培训体系。培训内容融入了社会实践经验与社会实践案例分享，针对摄影和新闻采编、社会调研方法、社会统计、调研报告撰写等方面展开教学。

高校育人共同体在新时代中国特色社会主义文化下囊括了当今社会道德文化的精髓，内涵丰富，形式多样，形成多元文化"美美与共"的特点，通过跨界融合建构大学生从思想道德、文化知识到社会实践的教育生态环境。它已不仅仅关乎学生成才，也涉及教师群体师德建设，更涉及学校发展。因而高校育人共同体是对新时代高等教育产教融合、协同育人的再思考，也是新时代环境下高校"从思政课程"到"课程思政"过渡转向的立意，亦是"课程思政"理念否定之否定的解释过程。

四、结语

高校作为一种文化共同体类型，其所组成的教师、学生群体因教育教学不同阶段的过渡转向形成不同特征的文化共同体。立德树人作为根本任务始终贯穿这一文化共同体的全过程。

首先，学校因为教育办学的需求，教师因为工作自我实现的需求，学生因为接受教育成长成才的需求，走到一起，形成"利益共同体"。三者在思想道德教育、文化知识教育、社会实践教育中存在师生关系。从根本上说，学校是"教育关系"凝聚成的复合体。由学校、教师和学生构成的教育关系，是围绕教育活动和教育目的所形成的各种关系。我们需要根据分工，共同守护好这个"利益共同体"。其次，"利益共同体"是基于学校、教师、学生的分工，所做的育人共同体的第一层分析。进入育人共同体第二层，我们需要明确教育责任，从学校层面形成共同的文化理念,着力培养教师、学生增强对学校的认同感、归属感,形成"事业共同体"。只有教师和学生相互认同,并对学校的教育文化理念认同,教师才可能"教"好,学生才可能"学"好,学校也才可能发展好。第三,学校的教育责任是为了学生的幸福和未来而履行和担负的教书育人的使命和义务。正是由于肩负这样的责任,我们对教师职业往往赋予更高的道德标准和更完善的知识能力要求,也只有具备这些条件的教师才能对学生的成长和进步产生积极的影响,所以教师职业是一个具有深厚示范意义的道德存在。因而,学校、教师、学生需要构建以"人才培养"为中心的"你中有我、我中有你"的相互依存的命运共同体。

因而,基于"课程思政"理念,高校育人共同体在立德树人融入思想道德教育、文化知识教育、社会实践教育中将学生对美好生活的向往作为教育工作者的奋斗目标,将学校、教师、学生以共建命运共同体的决心和勇气融入教育教学,建构具有共同价值观的精神家园,促进高等教育内涵式发展。

参考文献

[1] 中共中央宣传部.习近平新时代中国特色社会主义思想三十讲[M].北京:学习出版社,2018.

[2] 王海威,王伯承.论高校课程思政的核心要义与实践路径[J].学校党建与思想教育,2018(14).

[3] 谭晓爽.课程思政的价值内涵与实践路径探析[J].思想政治工作研究,2018(4).

[4] 查建国.从思政课程到课程思政[EB/OL].(2016-11-22)[2019-12-20].http://ex.cssn.cn/gd/gd_rwhd/rwhd_tpxw/201611/t20161123_3286776.shtml?from=singlemessage.

[5] 习近平.坚持中国特色社会主义教育发展道路 培养德智体美劳全面发展的社会主义建设者和接班人[EB/OL].(2018-9-10)[2019-12-21].http://www.xinhuanet.com/politics/leaders/2018-09/10/c_1123408400.htm

[6] 史云霞.马克思社会共同体思想及其发展[J].中国特色社会主义研究,2016(1).

[7] 陈凯.从共同体到联合体——马克思共同体思想研究[D].厦门:华侨大学,2017.

[8] 费迪南·滕尼斯.共同体与社会[M].北京:商务印书馆,1999.

[9] 习近平.在北京大学师生座谈会上的讲话[J].思想政治工作研究,2018(6).

[10] 费孝通."美美与共"和人类文明[J].名人传记,2009(8).

[11] 周杰.从文化视角谈高校师德师风建设[J].高等农业教育,2012(8).

第四篇

高等教育绩效评价研究

◎智慧课堂:探索经验向证据教学转变新模式

——以思想政治理论课为例

郑盼盼[①]

摘　要:随着大数据、云计算、物联网和移动互联网等技术的普及应用,基于经验的传统教学已经不能够满足学生多样化发展的需求。注重采集学情、分析学情的证据教学有助于践行以学生为中心的教学理念,也更能突显教学的科学性。以"云、网、端"三位一体的技术硬件和软件构成的智慧课堂为基于经验向证据教学的转化提供实践平台。在选择合适的应用支持平台,设计合理的教学应用流程和提升大数据的分析开发水平的基础上,证据教学将有助于实现教学目标和教学决策。

关键词:智慧课堂;经验教学;证据教学;思想政治

当前高校思想政治理论课中,单一的思政课教学形式与青年学生日益多元的学习需要之间的矛盾日益突出。青年学生具有个性多元、思维活跃的特点,接收的信息呈多样性、瞬时性特征,传统思政课单一的教学方式和教学内容明显不能完全满足学生的需求。面对这样的挑战,高校思想政治教育工作者需要结合时代特征寻找机遇,探索开展多样化、趣味性的思想政治理论课教学和实践教育活动,一方面要尽可能满足青年学生的需要,另一方面也要达到培养时代新人的目的。

---

① 作者简介:郑盼盼(1982—　　),女,浙江象山人,讲师,研究方向为思想政治教育。

一、基于经验教学的局限

所谓经验,指人们在同客观事物直接接触的过程中,通过感觉器官获得的关于客观事物的现象和外部联系的认识。教学经验就是教师凭借自己的教学实践获得的印象和感觉。教师在平时的教学实践中,将20％的精力用于钻研教材和了解学情,80％的精力用于书写教案和制作课件。由于时间和技术手段的限制,教师了解学情也只能停留在泛化层面。在书写教案和制作课件过程中会严格遵照教学计划、课程标准和教科书,围绕知识目标、能力目标和素养目标展开相关准备,这也是相关部门评价教师教学规范的重要标准。在这样的理念的指导下,教师非常注重教学过程的设计,讲究时间分配,互动时间也要环环相扣。

此类教学预设看似严谨,但实际上崇尚的是"知识教学",忽略学生的需求,很难做到"以人为本,关注生命",在当前日新月异的变化中受到了不少冲击和挑战:

(一)整齐划一的学习进程不能满足学生个性化发展的需要

传统课堂采取班级授课制,按照"工厂化"的生产模式,把学生当作"产品"进行批量生产,按照统一的计划、统一的标准、统一的流程、统一的进度进行生产加工。教师根据固定的时间表,向全班学生进行统一授课,并按照统一的课程标准进行考试评价。思想政治理论课堂一般采用大班授课制,课堂人数一般在100人左右,根本不可能顾及每个学生的个体差异。2006年,欧洲经合组织(OECD)发表意见报告《面向明日之学校教育:使教育个性化》,将个性化教育作为应对时代变革的重要教育议程,认为"一刀切"的学校知识和组织安排既不适合个人需要,也和知识社会的发展格格不入。

(二)形式化的提问和交流不能满足学生创新思维的发展需要

在经验教学过程中,教师按照教学设计问题,只需要个别学生配合教师做出回答,直到出现预设的答案为止,因此课堂只是对一小部分学生代表的提问与交流。在整个教学过程中鲜有师生的双向互动和因材施教,鲜有在学生思维出现盲区时的点拨,一定程度上压抑了学生的求知欲和创新思维。

学生是被灌输的容器、被老师加工的对象,学习方式被动,缺乏有效的师生互动、平等的交流。在这样的课堂上,"双边活动"变成"单边活动",教代替了学。这也导致教师与学生、学生与学生之间的关系时常处于一种紧张甚至对立的状态,信息交流处在一种不畅通的状态,课堂上很少看见人际间的交流、观点的交锋和智慧的碰撞。这对调动学生学习的积极性、主动性,提高学生学习的主体意识,培养学生的好奇心和创新思维十分不利。

(三)僵化的协作互助机制不能满足学生合作能力的发展需要

从课堂活动来看,学生在课上获取信息和开展协作学习受阻。在传统课堂上,教师拥有的资料有教科书、教辅参考书、教案等,而学生的学习资料只有教科书。通常在教师讲课时,不允许学生看书,也不能自由讨论,只能在规定的时间内看教师指定的内容,当学生遇到问题时,没有去查阅资料,或尝试合作探究,使得学生在课堂上的资源获取渠道不畅通。

课堂内,由于教师习惯将知识灌输给学生,学生无须动手实践就可以快速地将知识存储于自己的大脑。学生缺少通过独立思考和合作交流来建构知识意义的过程,同时缺少了获取知识的乐趣。课堂外,由于缺少互助协作的机制、时间和空间,教师很少布置项目式、任务驱动式作业,师生和学生之间的交流机会也比较少。

二、基于证据教学的表现

证据的本质是信息,课堂教学的证据,指的是能反映学生学习情况的事实信息,包括提问信息、对话信息、表情信息。大部分的课堂信息是在教师和学生的相互交流中产生的,在实现教学目标和解决教学问题的过程中,师生之间通过各种教学方法和手段产生各种信息,对这些信息的分析和处理促成了目标的实现和问题的解决。

(一)教学开始注重证据是教学科学化的表现

在一些发展相对成熟的学科领域,比如经济学和医学,已经意识到证据和决策质量的关系,愈来愈重视获取证据的过程,并有意识地通过提高证据的质量来提升决策的质量,并以此形成比较稳定的决策范式。因此,在教学领域,如果能够重视证据的获得,将会大大提升教学的科学性和说服力。

2016年12月,习近平总书记在全国高校思想政治工作会议上强调,"思想政治工作从根本上说是做人的工作,必须围绕学生、关照学生、服务学生,不断提高学生思想水平、政治觉悟、道德品质、文化素养,让学生成为德才兼备、全面发展的人才"。高校要将培养担当民族复兴大任的建设者与促进青年自身的全面发展结合起来,引导青年在担当民族复兴大任中升华自我,在实现个人全面发展中实现中华民族的伟大复兴。思想政治理论课因为有着较强的政治性,往往让学界忽视其科学性。思想政治理论课的科学性体现在科学的教学方法和手段上,而科学的方法和手段就表现在针对不同的学生和教学条件,能做到因材施教。学生和教学条件的不同建立在真实证据基础之上,而不是空中楼阁。

(二)教学开始注重证据是以学生为中心的表现

建构主义认为,学习是获取知识的过程,知识不是通过教师传授得到,而是学习者在一定的情境,借助他人(教师和学习伙伴)的帮助,利用必要的学习资料,通过意义建构的方式获得的。这要求教师由知识的传授者、灌输者转变为学生主动建构意义的帮助者和促进者,突出以学生为中心。而教师要想成为学生学习的帮助者和促进者,需要充分了解学生的学习动态和思想动态,这也就是教学的证据。

思想政治理论课作为一门需要入脑入心的课程,首先要知道学生脑里和心里装着什么,要知道学生的需求是什么,要知道学生有哪些想要解决的问题,在满足其需求,解决其问题的基础上,才能取得其信任,学生才会接受课程和老师传递的信息,做到以心换心、以心连心、入心入脑。

三、智慧课堂:构建经验教学向证据教学转变新模式

(一)智慧课堂的内涵

《教育信息化十年发展规划(2011—2020年)》中明确提到学校教育变革教学方式要在改变学生多样性、个性化学习等方面取得突破;在总体战略中明确

指出要全力为每位学生提供个性化的、符合自身发展的学习环境及服务。个性化学习已经成为教育课程改革的重点内容之一,如何有效地实现个性化学习成为一个无法回避的关键议题。

基于不同的视角,对智慧课堂的概念就会有不同的理解。目前,国内对智慧课堂的理解总体上有两类观点:一类是从教育视角提出的,认为课堂教学不是简单的知识传授或学习的过程,而是师生情感与智慧综合生成的过程,智慧课堂的根本任务是"开发学生的智慧",这里的"智慧课堂"的概念是相对于"知识课堂"而言的。另一类是从信息化视角提出的,指利用先进的信息技术手段实现课堂教学的信息化、智能化,创设富有智慧的课堂教学环境,与之相对的是使用传统手段的课堂。事实上两种视角的认识是紧密关联的,利用信息技术手段的根本目的也是促进"知识课堂"向"智慧课堂"转变。

在英文中,关于"智慧"的表达有三种,即 Smart,Intelligent 或 Wisdom。2008 年,IBM 最早提出"智慧地球"(Smart Planet)概念,随后国内外出现和推广了智慧城市、智慧教育、智慧课堂、智慧学习等概念。而现在人们普遍使用的"智慧课堂"实质上就是智能化课堂(Smart Class),这主要是从信息化的视角理解的,即使用先进的信息技术实现教育手段的智能化,使课堂教学环境富有智慧,进而实现教育教学的智慧化。

(二)"云、网、端"三位一体的智慧课堂模式

随着大数据、云计算、物联网和移动互联网等技术的快速发展,以"云、网、端"三位一体的技术硬件和软件也逐渐成熟,这为构建智慧课堂提供了信息化环境。

"云",即云平台,能够将硬件、软件和网络统一起来,实现数据的计算、储存、处理和共享的一种技术平台。它提供云基础设施、支撑平台、资源服务、数据处理等功能,比如构建完整的教学资源管理平台,可以捕捉和分析大容量的数据并从中获取价值;支持各种教学资源的二次开发与利用,实现多种教学资源综合应用等。目前一些教学云平台,已经在移动互联的基础上融入智能化,越来越便捷、好用。

"网",即互联网络。网络覆盖之处,教师和学生可以通过多种移动设备(同时支持安卓、苹果、Windows 等多种操作系统),实现任意点对点的通信与交互,

没有时间和空间的限制,达成"人人皆学、处处能学、时时可学"的目标。

2017年8月,中国互联网络信息中心发布的第40次《中国互联网络发展状况统计报告》显示,截至2017年6月,中国网民规模达到7.51亿,我国手机网民规模达7.24亿;网民使用手机上网比例提升至96.3%。其中学生群体的比例最高,为24.8%。有学者调查显示,84.4%大学生承认上课有使用手机的习惯;一堂课50分钟,却有41.4%的学生花费近半的时间使用手机,而5%的学生几乎一堂课都在使用手机。这为智慧课堂的展开提供了网络硬件支持,学生的手机不仅仅是游戏和社交终端,也可以变为学习终端。

"端",即端应用工具,包括教师端和学生端。教师端实现资源传送、活动发布、解答问答、作业评价、个别辅导等功能。学生端可以接收并管理任务(作业),直接完成作业,进行师生交互、生生交互。

在这样的信息化环境下,学生在云平台所有的学习轨迹和行为都会留下数据记录,这些经过分析的数据记录帮助教师了解学生的思想特点、学习基础、学习态度、答题情况,教师通过对这些数据的诊断分析,提供契合学生实际的教学内容,提供基于证据而非印象的考核分,确保课程教学更加客观、公正和有效。

(三)优化智慧课堂模式,实现经验向证据教学的转变

1.选择合适的应用支持平台

使用的平台不同,工作的效率、层次和境界必然不同。一个合适的应用支持平台应该具有如下特性:便捷上传类型多样的教学资源,包括图、文、音、影等丰富的媒体资源;创建形式丰富的教学活动,包括问卷投票、头脑风暴、讨论答疑、测试等教学互助活动;可以高效方便地管理教学班级,包括课堂签到、私信交流、消息推送和查看学习成绩及学习进度等;轻松方便地获得学习行为数据,包括可以量化的测试结果和可以分析关键词的主观思考,通过平台快速生成数据模型,教师可以针对这些模型掌握学生的学习行为特点和规律,并形成结论指导和应用到下一阶段的具体教学中去。下面以思想政治理论课通过蓝墨云班课获得教学数据为例进行阐释。

以2017级某合班91人的"思想道德修养与法律基础"课为例,一个学期共上传45个资源,共开展教学活动36次,且分类生成资源报告、活动报告和学情分析。在资源报告中,图片类占4.44%,视频类占20%,文档类占17.78%,网

页链接占 55.56％,图文页面类占 2.22％,另外还有查阅资源获得经验值报表和查阅资源时间分布等。在教学活动中,签到占 19.44％,测试占 5.56％,头脑风暴占 13.89％,讨论占 11.11％,小组任务作业占 19.44％,投票问卷占 22.22％,另外每次活动的参与度和成绩排名在前五位的同学也都有图表统计结果。在学情分析报告中,经验值获取的分布和获得方式,经验值较低同学的学情和经验值排名情况一目了然。

教师可以根据这些教学报告进行数据反思、总结教学情况,在打造精品教学资源、资源发布时间点、教学活动的取舍和个性化辅导等方面做进一步地优化处理,以达到更好的教学效果。

2.设计合理的教学应用流程

教学应用流程就是整个教学的设计过程,也是智慧课堂的核心要素。利用信息化的教学工具实现传统教学无法达成的教学目标,开展分层教学、个性化教学、混合式教学和翻转课堂等教学模式。优秀教学设计除了需要借力信息化手段之外,还需要借助设计者的头脑。优秀教学设计应该平衡好以下几对关系:教材重难点和学生需求点的统一,个性化教学和协作学习的统一,课前、课中和课后时间段的连续统一。笔者以自身实践的课堂教学案例进行阐述。

项目案例:整理人生从整理房间开始

项目目标:(1)通过整理养成良好的卫生和生活习惯,加速适应大学生活,并在整理的舍弃、分类、归置等过程中感受自己的情绪,厘清自己的思维,悟出人生的道理,做到知行合一;(2)通过小组合作,促进小组成员之间的交流和合作,通过课堂汇报展示,提升表达能力,起到同伴之间的示范作用。

项目要求:(1)课前观看电影《怦然心动的人生整理魔法》,电影资源通过蓝墨云班课进行上传;(2)以小组为单位(蓝墨云班课有分组功能,小组成员一目了然),按照电影中的要求对自己的家、房间或者寝室进行整理,写出整理前后的心情感悟,并用电子相册或者微视频记录整理的过程和变化,将电子相册通过蓝墨云小组任务作业一栏上交;(3)学生对整个作业过程进行反思总结,并将反思和总结在蓝墨云班课头脑风暴进行跟帖。

该教学设计实现教学内容和学生需求点的统一,践行理论和实践的统一,而智慧平台的运用使得传统课堂难以突破的难点和重点变得容易,师生可以完整而清晰地将项目过程呈现在智慧平台上,方便引导、交流和监管,为教学目标的达成起到了如虎添翼的作用。

3. 提升大数据的分析开发水平

新摩尔定律认为,人类有史以来的数据总量,每过18个月就会翻一番,预计到2020年将达到44万亿GB。而海量的数据如同工业社会的石油资源,蕴含着巨大生产力和商机。课堂中的师生互动会产生大量的学情,而智慧平台使得这些学情变成数据得以保存,这些数据体量巨大,生成速度快,类型多样,价值密度低,它只有参与教学决策、实现教学目标,才能变成证据。因此大数据分析开发的水平决定了证据教学的质量。

提升大数据分析和开发水平要分析这几个问题:学生课程学习达成的目标,如何证明学生已经达成学习目标,获得证据的方式和群体。在智慧课堂的环境下,大数据不仅仅成为一种工具,而且变成一种教学思维和教学方法论,内化到教师心里,通过不断练习,提升教学能力。

案例:在讨论患者被剪衣服案的时候,有同学(医生扮演者)说:钱我是可以赔给他的,但后续治疗的时候,我偷偷地增加他的治疗费用,赔的钱也就回来了。刚好下一次课的主题是职业道德,我们就顺着这个问题进行讨论:如果你是医护人员,你会这样做吗? 我们进行了一个即时投票。全班93位同学都参与投票,89%的同学选择不会这样做,11%的同学选择会这样做。接着用头脑风暴畅谈不会做和会做的理由,大多数同学在这件事情上还是比较理性、克制、有原则的,也有少部分比较愤怒。

在人生道路上,经常会碰到各种选择,每个人都有选择的自由,但也要清楚地认识到选择带来的后果。如果没有清楚地分析过选择带来的所有可能性,那么这个选择是盲目的,是不负责任的行为。老师能理解这11%的同学们的愤怒,也欣赏他们的实诚。接下去进行引申讨论:如果偷偷地在患者治疗上增加费用,有可能会带来哪些后果?

同学们开始各抒己见,有的说如果事情被发现,患者会继续闹,医患矛盾和冲突会升级;有的说如果被发现,医院的名声会受到损害,医生可能会被辞退,以后也很难在医界立身;有的说即使不被发现,但这也是违背职业道德的,良心会不安;更有人说如果这样的行为被默认,则是医疗腐败的开始,医疗腐败最终会让医患两败俱伤；最后老师总结说：任何的选择都不会十全十美，但理性的人会做取舍，两害相权取其轻，两利相权取其重，这样既是保护自己，也是利于他人。

　　分析这个案例的时候我们发现，案例从学生的学情中产生，对通过智慧平台获得的学生反映数据和信息，层层递进来分析，实现了诚信职业道德、理性思考等教育目标。通过大家的讨论，老师发现每一个同学的心里其实都有自己的做事准则，同学自己说出这样的准则是激发了他们内在的自省力和思考力，这和教师灌输的效果大相径庭。这实现了基于证据而非经验的教学方式，体现了尊重学生、以学生为中心的教学理念。

参考文献

[1] 习近平总书记在全国高校思想政治工作会议上的讲话[N].人民日报，2016-12-09(01).

[2] 教育部网站.教育信息化十年发展规划(2011—2020年)[EB/OL].(2016-03-23)[2019-10-30].http://old.moe.gov.cn/publicfiles/business/htmlfiles/moe/s3342/201203/xxgk_133322.html.

[3] 杨云.大学生课堂使用手机情况的调查与分析[J].教育观察，2014(3).

[4] 徐翔.大学生上课使用手机情况调查——以河南信阳市高校为例[J].太原市职业技术学院学报，2013(6).

[5] 李颐.未来的智慧社会将是什么样[N].光明日报，2018-02-04(13).

本论文已发表于《哈尔滨学院学报》，2019年第1期。

◎从商科教学方法对比探析高等教育实践性技能的培育

——以"国际商务管理"课程为例

余陈乙[①]

摘　要:长久以来,困扰多家国际知名商学院的一个共同难题是商科毕业生在实践能力和解决问题能力方面的薄弱。究其原因,与教学方法的运用有着密不可分的联系。尽管目前,体验式教学已经被广泛地用在商科教育领域,可它所获得的重视程度还远远不足。这不仅妨碍了商科学生在"硬技能"和"软技能"方面的提高,从长远来看,还影响到企业的国际竞争力。因此,加强体验式教学应该成为商务类课程教学改革的核心要务。

关键词:硬技能;软技能;体验式学习;自我效能感

一、引言

21世纪的商业社会充满了激烈的竞争,企业常常会因为缺乏核心优势而面临来自国内、外同行兼对手的威胁。在这样一个日渐严峻的形势下,拥有娴熟的商务专业技能和解决实际问题的能力成为各企业(尤其是跨国企业)进行员

---

　　① 余陈乙(1971—),女,汉族,浙江宁波人,英语语言文学硕士、工商管理硕士,浙江万里学院外语学院讲师,研究方向为商务及教学。

工招募时格外看重的两项素质。相对于知识而言,它们认为灵活运用才是关键。事实上,随着创新成为当今企业实现可持续发展的动力之源,仅仅依赖产品和技术方面的创新是远远不够的。在很大程度上,管理与机制的创新更加有助于整体运营绩效的提升。也正是由于需要快速响应才能避免落后于市场的变化,当下企业的用人策略日趋务实。

一直以来,高等院校被公认为各类专业化人才的培育基地,它们自然也担负着输送国际商务人才的重要使命。2001年,中国加入世界贸易组织这一里程碑式的事件意味着自此以后,更多的国内企业将走向国际化。随之而来的,是对跨国管理人才的需求的显著上升。2018年是中国入世的第十七年,回顾这十七年走过的历程,不难发现企业的人才观已经变得越发理性。从重"量"到重"质",它们需要的不再是仅仅"知"理论却不"会"实践的所谓人才,而那些擅于将所学融会贯通并举一反三的人才,才有可能在真正意义上为企业创造价值。相应地,这一变化对高校国际商务类课程的教学提出了高标准。如同企业的壮大要以顺应市场环境为前提,高校在教学上也必须与企业各个阶段的发展诉求同步;否则,其自身的未来也会由于和时代脱节而陷入困境。

二、国际商科教学现状简析

作为研究各种跨国经营和管理活动的一门理论性和实践性并重的商务类课程,"国际商务管理"一方面主要从理论角度观察、总结各国之间商业往来的通行惯例、流程,以及相关的常规;同时,它还从实践的角度来分析并归纳出用于解决不同具体问题的手段和做法。通过学习,学生将掌握从事国际商务活动所必备的综合知识和运用能力,并为将来涉足实际业务时能自如应对打下良好的基础。实际上,和"国际商务管理"相类似的课程在海外多家商学院也有开设。尽管具体的课程命名有所不同,从"国际商务""商务管理"到"国际管理"等,可它们所包含的内容架构和知识点没有本质上的区别。

虽然这些商学院积累了非常丰富的育人经验,其毕业生也始终是企业在雇佣经营、管理人才时的首选,针对商学院的批评之声却一直不绝于耳。这些指责不仅来自学生、雇主和媒体,甚至连美国最为声誉显赫的几家商学院(如西北大学凯洛格商学院)的院长们,也加入了批评者的行列。在他们看来,商学院最突出的共性问题是教学过程中,绝大多数将重心摆在了理论、规则、定量分析、工具和模型等方面;相比之下,对于执行力、综合性问题的解决、质性思考、决策的创造性和人际关系等却没有给予足够的关注。此外,学界的多项研究结果还发现,不少商科课程的教师无法将他们讲授的管理理论有效地运用于实践。换言之,课堂和现实之间应有的紧密纽带处在了缺失的状态。因此,在讲授知识和培养学生必要的用于应对21世纪挑战的商务技能这一点上,教师所扮演的角色已经显然落后了。

三、AACSB新认证标准的关键词及其解读

国际高等商学院联合会(AACSB International)是一家于1916年在美国创立的非营利组织,由哈佛大学、耶鲁大学、芝加哥大学和康奈尔大学等17所知名的大学商学院联合发起。为了致力于提高和促进工商管理学的高等教育水平这一特殊使命,它在1919年起便开始推行高等管理教育的认证,该认证因为制度严格和标准极高而得到世界的广泛认同。

在其2013年认证标准的修订版中,AACSB明确提出了商学院需要在参与(Engagement)、创新(Innovation)和影响(Impact)这三个方面取得不断提高。具体来说,"参与"包含了学术领域和专业实践领域,两者相辅相成、缺一不可。为了缩小学术界的理论和真实商务环境的实践之间的距离,AACSB的2013版尤为鼓励商学院推广体验式学习(Experiential learning),比如:实地考察、实习、咨询项目、现场调研、跨学科项目和课外活动等。"无论采用何种模式,商学院都要为学生提供一整套的体验式学习的机会,或者是正规的课程作业,或者是课外活动,而这些体验式的学习活动,给予学生在当地和全球范围内接触商业与管理的机会。"对于"创新",这一点主要和教学体制及方法上的改进相关,还有知识上的贡献。至于对后者的衡量,2013版的表述是:"知识贡献的成果,是由它对商业与管理的理论、实践及教学的实效和影响所显示的。"关于"影响",亦称为实效,它要求商学院"将教学效果保障(Assuranceof learning)融入其课程管理过程中,并做出对商业理论、教学和实践产生积极影响的知识性贡献"。

实际上,从 AACSB 的新标准中不难发现,商科教学应该着重培养的是学生的两种技能:硬技能(Hard skills)和软技能(Soft skills)。相比之下,前者属于一种更容易识别的、从事某项专业领域工作必备的技能,具体体现为策划、组织、解决问题、批判性思维和自我管理等能力。和硬技能不同的是,软技能又称为非技术技能,它和专业没有太大的关联,而是个人发展所需的综合性素质,包括沟通、团队协作、冲突处理和人际交往等。21 世纪,跨国商务活动的日趋频繁也带来复杂程度的提高,这使得企业对人才的期望值不断攀升。作为人才的摇篮,高等院校的商务类课程教学要更多地从学习者的角度来进行设计和安排;只有这样,后者的硬技能和软技能才会得到有效的加强。

四、主要的商科教学方法比较

表 1 显示,在目前世界排名前十位的著名商学院里,教学方法的运用都不是单一的。从各自比例的分配来看,最受欢迎的三种教学方法依次为案例法、讲授法以及其他(如小组项目、角色扮演、头脑风暴、参观企业、邀请外聘行业专家讲课,等等)。换言之,在传统讲授法的基础上,各家商学院都增加了实践性比较强的多种教学法来达到更佳的效果。接下来,将对这些方法做一下利、弊方面的对比分析。

表 1　世界排名前十位商学院的教学方法(占比)

商学院排名	＊案例法	＊讲授法	＊体验法	＊模拟	＊其他①
1.宾州大学沃顿商学院	55％	30％	15％	/	/
2.西北大学凯洛格商学院	33％	33％	/	/	34％
3.哈佛大学商学院	80％	15％	/	/	5％
4.麻省理工学院斯隆商学院	45％	30％	/	10％	15％
5.杜克大学富卡商学院	40％	45％	/	15％	/
6.密西根大学罗斯商学院	40％	40％	20％	/	/
7.哥伦比亚大学商学院	40％	40％	/	/	20％
8.康奈尔大学约翰逊管理学院	40％	25％	/	/	35％

商学院排名	＊案例法	＊讲授法	＊体验法	＊模拟	＊其他①
9.弗吉尼亚大学达顿商学院	70％	15％	/	5％	10％
10.芝加哥大学布斯商学院	25％	50％	/	5％	20％

①包括小组项目、角色扮演、头脑风暴、参观企业、邀请外聘行业专家讲课,等等。来源:AbdulQuddus,2015。

(一)讲授法:导入、铺陈知识

讲授法应该是高等教育中运用得最为频繁且适合于几乎所有商务类课程的教学法。以"国际商务管理"为例,由于这门课程的理论性和实践性都十分强,而教师在前期的理论铺垫会直接影响到后续阶段的应用效果,讲授法所能发挥的奠基式作用是不可替代的。通过聆听和记录各种不同的思想、主张、原则或者理念,加上对教材中相关章节的辅助阅读,学生才有可能了解到从事国际商务活动及其管理应该掌握的知识点,继而为体验式学习的开展做好准备。讲授法的另一个优点是它不太会受到课堂人数的局限,从 20—30 人的小班到60—70 人的大班,只要辅之以妥善的教学秩序管理,讲授法都不失为最佳的理论教学方法。当然,讲授法同样存在着若干缺陷,比较突出的一点是教师在整个过程中占据着中心的地位,而学生则是被动地接受关于现实商务世界的管理知识。这样的状况容易导致一言堂、满堂灌等现象的出现,而学生却鲜有机会独立思考、检验习得的知识并从中发现和解决问题。因此,纯粹、单一的讲授法不利于体验式学习这种情境化学习模式的推广。若"国际商务管理"的授课过度依赖讲授法,将在无形中遏制学生潜力的发挥;长此以往,培养应用型技能这一商科核心教学目标的实现便无法得到落实和保障。

古希腊哲学家、教育家苏格拉底(Socrates,公元前 469 年—前 399 年)有过一句非常经典的名言,对讲授式教学十分富有启发性:"问题是接生婆,它能帮助新思想的诞生。"再看他的教学生涯,他也始终不懈地践行了这个主张。他所独创的对话问答法,亦被形象地称为"产婆术"(Maieutics),用连串的问题启发、引导学生,不仅大大活跃了后者的思维,学生解决问题的能力也得到相应提高。显然,"国际商务管理"这门课理论性强的本质决定了其教学离不开讲授法,而苏格拉底的辩论模式不啻提供了一个颇为有益的借鉴。于"我问"和"你答"之间,智慧的火花被不断地碰擦出来。这样的过程体验激发了学生的主动性,让知识的吸收和巩固不再是被动而消极的。

(二)案例法:运用、验证知识

对所有的教师而言,教学素材的质量历来十分关键。特别是当重心设定为培育学生的思辨和应用能力时,所用的素材就要避免过于教条和单一了。由于案例汇聚了各种给定的情境,有具体的研究对象以及不同时期发生的事件,这一丰富性使得它在课堂上广受欢迎。关于案例教学法的起源,应该追溯到 19 世纪下半叶。19 世纪 70 年代,哈佛大学法学院的首任院长克里斯托弗·哥伦布斯·朗戴尔(Christopher Columbus Langdell)就已经明确提出了把案例运用于法学教育的观点。在他看来,案例能够成为理论教学最有力的媒介。到了 1908 年,随着哈佛大学商学院的成立,案例教学法又被引入商科教育领域。逐渐地,作为一种蕴涵着丰富的情境且凝结了实践智慧的知识形态,案例教学法成为继讲授法之后的第二大商科教学方法。如今,在许多世界著名的商学院,案例法的运用比例甚至还远远超出了讲授法,如表 1 中所列出的哈佛大学商学院和弗吉尼亚大学达顿商学院等。

随着当下教学目标逐渐多维的趋势,选择案例的难度也在不断增加。一方面,案例必须服务于这些目标的实现;另一方面,它们还要和学生的认知程度相匹配。在这两项基本标准中,如果缺失了任何一项要件,看似再好的案例也只能被淘汰。总而言之,案例的优劣不能孤立地去评判,从主题到内容等检视层面,均需要结合对应的环境加以分析。大致说来,商务案例可以分为三个种类:以真实和客观为特点,带有普适性原理和情境的纪实型案例;由多重的视角和较为复杂的冲突点构成,可以推导出两种或以上截然不同的结论的决策型案例;激励创新、跳出固化的思维定式的启发型案例等。考虑到它们之间的差异,交替使用有利于在考察问题的周到性和解决问题的缜密性上全方位地训练学生的实践能力。此外,通过对不同类型案例的研讨,学生可以在接触到多元决策情境的同时,还能借以检验他们对知识举一反三的能力和思维模式的灵活度。

关于"国际商务管理"这门课程的案例,目前在国内不少引进版的教材中都可以找到,如约翰·D·丹尼尔斯(John D. Daniels)等著的《国际商务·环境与运作(英文版)》、包铭心(Paul W. Beamish)等著的《国际管理:教程与案例(英文版·第5版)》和查尔斯·希尔(Charles W. L. Hill)所著的《国际商务(英文版·第9版)》。虽然这些案例均选材于真实发生的事件,也有很强的针对性,但是它们中的大多数在篇幅上有些过长,加上专业术语的频繁出现,即使是商务英语专业的学生阅读起来,仍然有一定的难度。考虑到课堂的时间长度有限,一种做法是布置学生课前预先熟悉案例的内容,然后在课堂内进行讨论。另一种做法是将教材的案例重新编排,使它们的长度和难易度均比较适合于课堂内完成阅读和研讨。这样做的优点有利于教师更多地了解学情,从而及时对案例教学的全过程做必要的优化。

毫无疑问,案例法拉近了学术界和现实世界的距离。由于每一个案例都是经过精心的设计的,它们所展示出的商务情境生动而鲜活。再者,由于该方法的使用通常被安排在理论讲授之后,案例和特定知识点之间明确的对应关系可以很清晰地为学生勾勒出思考的路径。但是,无论案例如何逼真,或多或少都有些人为策划的印迹,无法完全地等同于真实、动态的商务环境。学生即便给出了解决方案,对方案可行性的论证也只能停留在理论层面,不可能付诸实践去检验。所以,他们就难以知晓自己的想法是否真的可以带来预期的效果。

1977年,美国斯坦福大学认知心理学家阿尔伯特·班杜拉(Albert Bandura)曾经提出过"自我效能感"(Self-efficacy)这一概念。他认为,自我效能感是个体对自己在组织、执行行动、达到目标的过程中的能力的判断和信念,是人对自己能够实施某一行为的自信度和能力感。建立专业方面的自信在商务类人才的培育过程中同样重要,它所赋予的内动力可以更为持久地驱使学生积极参与教学,实现硬技能和软技能的双双递进。虽然和传统意义上的讲授法相比,案例法愈加关注自我效能感对学习行为和成果的影响;后者在验证方案实效这一点所表现出的不足,说明它带来的自我效能感的提高仍旧是相对有限的。

(三)体验式教学法:转换、创造知识

尽管在表1中,"体验法""模拟"和"其他"被分别单列成三类教学方法,但从严格意义上讲,它们都应当属于体验式教学法,只是代表了不同的表现形式而已。20世纪70年代,美国的教育理论家、组织行为学教授大卫·库柏(David

Kolb)率先构建出了体验式学习(Experiential learning)模型及理论。他指出，学习不仅仅是固定知识的获得和传递，它还是体验的转换并创造出知识的过程。通过创造实际的和重复经历的情境和机会，呈现或还原教学内容，使学生在亲历的过程中理解知识、掌握知识，并发展能力。

和"国际商务管理"相类似，绝大多数的商务课程历来都十分侧重实践性教学，案例法就是最典型的代表。不过，近期一项对美国硅谷的高科技企业长达一年的调查指出，这些企业在雇佣各大商学院的毕业生(主要是 MBA)之后发现，他们中的大多数未能将所学的各种分析工具和案例研究经验进行有机结合，并运用到实际工作的创造性决策与问题解决上。究其原因，商学院的案例在多样性和时效性方面都没有办法赶上飞速变化时代下的创新需求。显然，此种现象并非硅谷独有，它折射出在当下的商科教育领域，体验式教学法的使用亟待引起更多的关注和重视。事实上，这一点通过表 1 也可以得到印证。在列出的十家世界排名最前的商学院中，除了西北大学凯洛格商学院和康奈尔大学约翰逊管理学院的体验式教学法(体验法、模拟和其他三项相加)所占的比例略微超过三分之一(分别为 34％和 35％)以外，其余的八家均在四分之一以下，特别是哈佛大学商学院，仅为 5％。

作为体验式教学法在商科教育中运用得最为普遍的形式，模拟法的历史可以追溯到公元前 3000 年左右的中国，当时已经有了军事演习。至于现代商务模拟游戏，则是开始于欧洲。Mary Birshstein，一位来自苏联的高层管理人员，提出了将军事演练的理念运用于商业环境的想法，并在 1932 年开发出她的首个商业模拟项目：模拟位于里格沃(圣彼得堡)打字机工厂的装配工艺并培训职业经理人处理生产中出现的问题。到了 1955 年，兰德公司(The Rand Corporation)，美国最重要的以军事为主导的综合性战略研究机构，为美国的空军后勤系统开发出一套名为 Monopologs 的计算机模拟练习软件，参与者们扮演库存经理的角色进行后勤供应保障的练习模拟，这可以被称为现代商业模拟软件的雏形。20 世纪末，通过一次对国际高等商学院联合会(AACSB)的成员大学的调查测算出，在全部的 765 家成员大学中，使用商业模拟游戏的大学为 746 家，占总数的 97.5％。

和传统课堂学习以教师讲授为中心相比，模拟法所呈现出的的确是一个截然不同的场景：整个学习过程的主角始终是学生。再者，由于这是一个开放且能够张扬个性的学习环境,学生主动学习的热情很容易被激发出来。通过模拟,他们得以将所学的知识融会贯通,并在此基础上应对复杂的难题,参与决策的制订。更为有利的是,对于决策所带来的后果,这些学生同样会亲自体验到。当然,因为模拟的虚拟性本质,即便后果是导致了亏损,也不会造成实际的损失,所以可以减轻学生的压力。除了这些优点以外,模拟法也有它的弊端。例如,在现阶段,大多数的商业模拟游戏(教学用软件)仅仅局限于单个特定的领域,如会计、金融、物流、进出口贸易和电子商务等,而没有像真实的商务环境一般同时包罗多种业务领域。所以,这在无形中降低了难度,在真实度上也打了折扣。

"国际商务管理"课程的体验式教学,可以采纳的方式有许多。虽然模拟教学软件的使用是一个不错的选择,由于它们基本上都是中文版本,不太符合全英文授课环境下对学生语言能力的要求。所以,作为补充,也为了辅助专业＋语言这种"二合一"教学模式各项目标的达成,有必要增添其他的选项。比如在实地考察企业和访谈的基础上,搜集相关的数据、图片等资料,并撰写英文调研报告来提出具有可行性的创新问题解决方案或独到的见解。这一安排,可以帮助学生开阔视野,目睹、体验到真实的商务场景下管理者面临的机遇和挑战。与此同时,他们的分析、归纳能力和对英语的驾驭能力也会通过写作而得到锻炼。若条件允许,还可以要求学生拍摄走访的现场视频,配以英文的讲解。另外,举行以团队为单位的系列主题策划竞赛(营销、人力资源、市场进入战略等)有助于训练学生综合运用所学的课程知识的能力。竞赛过程中,从递交英语竞赛策划书到全英文的演示和抗辩,各个环节无不紧紧围绕专业商务知识与实践技能相结合的素质培育这一主题。

表2是关于上述三种主要商科教学方法的比较,该比较从教学侧重点、对学生能力的核心要求、学生的主要角色、教师的主要角色和发挥的作用五个方面展开。可以看出,无论是讲授式、案例式还是体验式,它们各自的特点不尽相同,因此也无法完全替代。至于它们之间的具体比例分配,还需要根据实际教学情况做灵活的处理。

表 2　三种商科重点教学方法比较

比较项目	讲授式	案例式	体验式
1.教学侧重点	* 概念 * 原理 * 分析工具 * 规范和惯例	* 情境分析 * 存在问题 * 适用理论 * 解决方案	* 操作流程 * 策略可行性 * 实施结果 * 应对措施
2.对学生能力的 核心要求	* 理解 * 记忆 * 阅读	* 运用 * 思辨 * 表达	* 判断 * 应变 * 团队协作
3.学生的主要角色	* 聆听者 * 记录者	* 思考者 * 阐述者	* 应用者 * 执行者
4.教师的主要角色	* 讲述者 * 提问者	* 引导者 * 判断者	* 观察者 * 评论者
5.发挥的作用	* 奠定知识 和方法基础	* 为理论到实践 的过渡做铺垫	* "实战演练" 式的预备

五、结　语

面对 21 世纪时刻变化的国际商务环境,未来管理型人才的综合素质高低将直接影响到企业的盛衰。在很大程度上,这要求商务类课程对教学方法做及时的更新和调整。"国际商务管理"这门课所涵盖的知识面甚广,涉及跨国经营可能遭遇的几乎所有细节问题,包括微观和宏观环境因素、进入海外市场的方式、各个国际化阶段的战略,以及涉及人力资源、财务与组织架构等的管理。鉴于在校学生大多缺乏直接经验,怎样将如此复杂的内容转变成实际应用能力,这对教师显然构成一个不小的压力。除了必要的讲授和案例研讨之外,更多的着力点还要放在学生的体验式学习上。唯有亲身参与,知识的习得才不会停留在表面,且将有效带动他们"硬技能"和"软技能"的同步提高。

参考文献

[1] BENNIS W G, OTOOLE J. How business schools lost their way[J]. Harvard Business Review,2005,83(5).

[2] MEHDI F, MAHDI T. Effectiveness of teaching methods in business education: a comparison study on the learning outcomes of lectures, case studies and simulations[J].

The International Journal of Management Education,2018(16).

[3] JEFFREY P, CHRISTINA T F. The business school "business"：some lessons from the US experience[J]. Journal of Management Studies,2004,41(8).

[4] AACSB. eligibility procedures and accreditation standards for business accreditation[EB/OL]. (2015-1-31)[2018-7-17]. http://gato—docs. its. txstate. edu/jcr：14c4ace0—13a9—4176—ae4d—b3454818e759/AACSB％20Standards％202015％20update. pdf.

[5] 刘松鸽,李思志. 浅析2013版AACSB标准及其对商学教育的启示[J]. 上海管理科学,2014,36(2).

[6] ABDUL Q, HOHAMMAD. Experimental methods of teaching business studies：practical approaches beyond lecturing［J］. International Journal of Core Engineering&Management,2015(12).

[7] CADOTTE, EMEST R. Business simulations：the next stepin management training[J]. Selections,Graduate Management Admission Council. 1995,54(2).

[8] 杜永红. 试析苏格拉底"产婆术"教学法及其实践价值[J]. 现代教育科学,2005(10).

[9] ROBERT S. Lawschool：legal educationin America from the 1850s to the 1980s[M]. ChapelHill：The University of North Carolina Press,1987.

[10] SHULMAN S L. Those who understand：knowledge growth in teaching［J］. EducationalResearcher,1986,15(2).

[11] 余陈乙. 论情境性知识在教学知识中的奠基功能——案例为导向的课堂策略研究[J]. 贵州师范学院学报,2017(12).

[12] 巩汝训,李英杰. 论学生自我效能感的培养[J]. 当代教育科学,2004(5).

[13] 石雷山,王灿明. 大卫·库伯的体验学习[J]. 教育理论与实践,2009(29).

[14] 李季鹏. 体验式教学法在"管理学"教学中的应用[J]. 黑龙江教育：高教研究与评估,2006(10).

本论文经修改以"商科教学法培育实践性技能的比较分析"为题发表于《绍兴文理学院学报》,2019年第11期。

◎文化自信视域下大学英语课程反思与实践

张　雁[①]

摘　要:文化自信是当代中国重大的社会和文化课题,当前文化自信研究需要强化主体研究。文化自信的价值本质和话语中介说明文化自信与外语课程的内在关联与可能性。由此,本文反思当前大学英语课程目标、课程内容及课程主体等方面存在的不足,在此基础上,展开了文化自信视域下的大学英语课程实践:以传播中国文化为课程目标、鼓励中国英语为课程内容、开展中国话语为课程实施,实现认同中国价值的课程目标。相关实践发挥了语言和课程在文化自信培育中的生成力量,促进了大学生的本土文化自觉和文化自信。

关键词:文化自信;价值;话语;大学英语

一、引言

"一切问题,由文化问题产生,一切问题,由文化问题解决。"文化全球化语

---

① 作者简介:张雁(1977—　),女,浙江余姚人,博士,讲师,主要从事大学英语教学和中国话语研究。
基金项目:宁波工程学院"王伟明助创基金"项目"超越他者:我国主流英语纸媒中国话语建构研究"(项目编号:2015023)、浙江省高等教育学会2015年度高等教育研究课题"大学英语母语文化数据驱动教学研究——以'中国报道'微型语料库为基础"(项目编号:2015098)。

境下,文化渗透引起广泛担忧,文化自信成为当代中国重大的社会和文化课题。学校教育,特别是高等学校教育,更应主动回应时代主题,在学校教育的各个环节,特别是课程与教学环节,开展文化自信培育研究与实践。那么,文化自信究竟是什么?大学英语课程与文化自信有怎样的正向关联?当前大学英语课程在文化教学方面又有哪些不足,该如何改革?带着这些问题,笔者展开了相关研究、思考与实践。

二、文化自信及研究概述

任何研究都始于概念,并以概念为中心构建话语谱系。首先,何为文化?文化从根本上映射人类生存认知与其对象性活动。中文"文化"一语出于《易经》贲卦象辞:"刚柔交错,天文也;文明以止,人文也。观乎天文,以察时变,观乎人文,以化成天下",意指人类基于自然现象的认识和改造活动,其中不仅强调器用,也彰显意义。英文"Culture"则源于拉丁文"Colere",原指"人之能力的培养及训练,使之超乎单纯的自然状态之上",至17、18世纪,扩展至一切经人为力量加诸自然物之上的成果。可见,无论是"文化",还是"Culture",表达的都是人类活动源于物质,走向精神的过程和结果,是人类对意义和价值的追寻。

这种意义与价值追寻,如能超越特殊,走向普遍,则将在更大的时空获得认同,相应主体即能在相关认知、比较、反思的基础上产生文化自信,并演化为各种物质和非物质载体,其中最重要的便是符号。"全部文化(文明)依赖于符号。"纵观人类全部物质与非物质符号,最具建构性的是话语,它通过"所包含的符号、概念、价值观、意识形态等要素在国际社会产生影响力、吸引力"。作为特定历史、文化语境下的言语交际事件(它可以是单一事件(Event),如某次雾霾报道;也可以是系列事件集合,如中日钓鱼岛之争),话语是反应,而非反映。通过话语,主体描述现实、建构价值,由此"外化和建构隐性的文化"。因此,文化自信离不开话语,是主体对自我精神和社会文化的价值建构。

由此,文化自信是"一个国家、一个民族以及一个政党对自身文化价值的充分肯定和积极践行,并对其文化的生命力持有的坚定信心",它以价值为核心,话语为中介,两者都离不开主体。然而,国内"长期以来……'物质在前,精神在后'的客观语境",使得中国文化研究的主体部分相对薄弱。作为当前重大的文化研究,文化自信同样呼唤主体研究的深化和细化,其中,也包括作为中国文化重要担当之一——大学生主体的文化自信。

那么,当前大学生主体的文化自信研究概况如何呢? 截至 2017 年 3 月,笔者在中国知网以文化自信和大学生为关键词搜索文献,共计 125 篇。综合来看,相关研究中,宏观阐述多于微观建构,基本原则多于具体策略。在普遍认为文化自信是更基础、更广泛、更深厚的自信的理论基调下,大学生主体的文化自信,很大程度上仍然是思想政治教育课程的显性课题,结合其他课程培育文化自信的跨学科研究寥寥无几,某种程度上是理论和实践真空。教育界值得思考文化自信与非思政课程的内在关联,利用学科特点,突显隐性资源,并在此基础上展开课程实践,促进文化自信培育的多元发展。

三、文化自信是外语课程题中之义

学校教育的主要载体是课程,且主要借助学科课程,传递教育内容,体现价值取向和影响学生成长。

一方面,课程具有政治性,它"不是纯粹客观的,也不是价值无涉的",语言课程的政治性来自语言的政治性。布尔迪厄说"言说并不仅仅是需要被理解和破译的符号,它们还是财富的符号,意欲被评价和赞美;也是权威的符号,意欲被相信和遵从"。这就是说,语言并不仅仅是一种对社会生活的表现,更涵盖了一种文化对某种社会生活及其价值的表达,换而言之,语言既是工具,也是目的。相应地,语言课程便具有了独特的目的—手段(ends-means)二重性,它不仅体现知性,更具备人性,对学习者世界观、人生观和价值观产生直接而独特的影响。

另一方面,语言不仅表现对象,更表达价值,这并不意味着外语课程必然只能传递目的语语言与文化,或成为目的语语言与文化拥趸。正如语言通过"对话"实现意义,文化也以"他者"为镜像。不同的文化带来的不只有挑战,也有机会。外语课程中,目的语文化和母语文化并举,平等对话,同样有可能促进学习者一方面从不同的视域反思母语文化,另一方面更加全面、客观地认识目的语文化,从而,经"视域融合",对比、发现不同文化的独特价值,获得文化自觉和文化自信。

事实上,20世纪以来,越来越多的学者认为:除了语言知识,语言课程应该更加积极地培育语言和文化批判意识和能力,引领学习者学会透视语言表层意义,对语言及其文化予以批判性地分析与体认,从而不但获得语言知识与技能等"语言结果",还因文化批判触发文化自觉、文化多元主义等"非语言结果"。

作为更高层次的社会化内容,在全球化背景下,外语教育应当培育具有国际视野的爱国公民。

四、文化自信视域下当前大学英语课程的不足

令人遗憾的是,截至目前,相关研究仍然表明,大学英语课程并没有促进"生产性双语现象"。作为课程,大学英语整体呈现出课程目标迷失、课程内容遮蔽和课程主体素养不足等问题。

(一)大学英语课程目标迷失

"既没有无教育的教学,也没有无教学的教育。"任何课程集合教学性目标和教育性目标,前者关注学科的特定传递,后者关注人的全面发展,两者是手段——目的关系。当前课程正"越来越成为一种'符号表征',越来越成为一种'文本',通过这种文本,可以解读和构建出多元的意义政治意义、种族意义、性别意义、审美意义、神学意义、个性意义,等等"。

然而,"无论是传统语言学关注语法、结构语言学聚焦形式分析还是交际语言教学重视语言技能,大学英语课程目标往往局限在英语词义、句法、表达等语言知识和语言规则等教学性目标上",缺乏或忽略课程潜在的教育性价值。现实中,提高大学英语学习者人文素养还只是总体要求,并没有具体或分期目标:"(拘泥于语言基本功学习的)外语教育不再是通过语言去认识世界,而是通过语言去制造自己,外语教育的人文精神和东西方沟通能力就此丧失,这就是今天外语学科危机的来源。"

(二)大学英语课程内容遮蔽

全球化语境下,跨文化交往应互为主观、互相参照;促使人类文明走向"各

美其美,美人之美,美美与共,天下大同"。

然而,作为课程内容最根本的反映,大学英语教材"中国文化失语"仍然严重,大学英语学习者仍然单向度地沉浸在"英美文化"之中,以至于对英语国家文化的认同超过对本国文化的认同,更无法主动、对等、有效地输出本国文化,造成一种新的"哑巴英语"。因此,全国大学英语考试委员会自 2013 年 12 月起,将四、六级考试翻译题型调整为段落汉译英,内容涉及中国的历史、文化、经济、社会发展等,希望借此敲响警钟,促进课程内部不同文化保持平衡,发挥母语文化正向迁移。但相比目的语文化,母语文化目前在大学英语课程中,从内容到形式,都仍然难顶"半边天",处境尴尬。

(三)大学英语课程主体素养不足

课程为了人,也依靠人。大学英语要平衡课程目标与内容,课程主体最为关键,尤其是大学英语教师的综合素养非常重要。

然而不容乐观的是,当前大学英语教师的综合素养不足,群体来看,大学英语教师的目的语语言素养要远高于他们的综合文化素养。这种现象,有改革开放以来外语教育工具取向的历史原因,也与大学英语教师本身的课程认知与职业追求不无关系。教学实践中,大学英语教师往往能对目的语历史与文化侃侃而谈,却对自身所在的中国的历史与文化"陌生感"严重,以至跨文化交流彼岸风光独好。学习者也往往在新鲜劲过去之后,陷于审美疲乏,或无法勾连课程内容与自身现实生活,发出课程无用论。要改变这种情况,大学英语教师需要站在时代潮头,建立超语言意识,关注本土社会与文化发展,具备更为宏观的价值追求和跨学科视野,坚持历史思维,学会辩证方法,才能真正在大学英语课堂上促进语言、社会与文化的多方互动。

五、文化自信视域下大学英语课程实践

课程论之父 Tyler 提出了课程框架四要素,即课程目标、课程内容、课程呈现方式和课程评价。笔者依据 Tyler 课程四要素,尝试开展了文化自信视域下的大学英语课程改革与实践。总体来说,文化自信视域下,大学英语课程需要全面转向,促使语言微课程与社会大课程互动,才有可能真正开展跨文化交流,

促进文明互鉴。

（一）课程目标——传播中国文化

培育文化自信，大学英语课程首先要完善教学目标。回顾历史，大学英语课程目标并非一成不变，而是密切联系国家发展战略。改革开放前30年，中国走向世界，以外语为工具具备充分的"合法性"。改革开放后30年，特别是进入新世纪以来，随着中国由"本土型国家"转变为"国际型国家"，"文化强国"和"中国文化走出去"成为重大的国家战略。面对国家和社会新的需求，《2015大学英语教学指南》提出"增强国家语言实力，传播中华文化，促进与各国人民的广泛交往，提升国家软实力"。这并非剥夺或弱化目的语文化与文明，而是补充与强化缺席的母语文化与文明，是从克服"中国化"到弘扬"中国化"的转变，以实现帮助学习者学习世界经验的教学性目标和传播中国文化的教育性目标，落实课程"全人"培育目标。

（二）课程内容——鼓励中国英语

大学英语课程要传播中国文化。那么，什么样的课程内容有助于实现这一课程目标？

作为全球化进程的一个伴生物，英语已经逐步发展成为一门国际通用语，且短时间内不可能改变，"传统的英语单语（Monolingual）模式逐渐转向为多语（Multilingual）及多文化（Multicultural）并存与相融的复合范式，成为当代英语使用语境的一种新常态"。在此背景下，用英语传播本国文化，成为中国文化走出去重要的现实途径之一，即以规范的英语表征中国"特有的东西"，葛传椝先生称之为中国英语。与中式英语不同，中国英语是"具有无法避免或有益于传播中华文化的中国特点的英语变体"，是东西方文化交流的产物，产生于文化的空缺。中国英语同时关照中国文化的"有形之物"（如建筑）和中国文化的"无形之物"（如中国文化价值观、人生信念、社会准则等），前者为文化认知，后者为文化认同。

就文化认知来说，中国英语一方面要表达传统中国文化，包括学术思想、宗教、教育、文学、艺术、科技、建筑、历史、语言文字等，另一方面，也要投射当代中国的基本国情。而"文化认同不是文化乡愁，它不是对过去的缅怀，而是对现在的定位和对未来的想象。它要在物的机械运动中开辟出价值和理想的天地"。

大学英语要培育文化自信,不能仅仅停留于表层文化的介绍,而应展开深层文化的鉴赏。青年学生思想活跃,易于接受新鲜事物,但同时也缺乏一定的"扬弃能力",因此,开展中西文化对比与对话非常有必要。实际上,现代及后现代以降,西方社会不断反思自身主体文化,苦苦谋求"二元对立"思维壁障的突破,中国文化"二元融合"的传统与特质原就是我们的"文化资本",也是我们文化自信的源泉。

(三)课程实施——开展中国话语

"文化自信的生成有其自身的规律,文化认知是前提,文化交流是条件,文化话语权的掌握则是关键。"培育文化自信,大学英语还应突破语言学教育的樊篱,课程实施要基于语言、超越语言、走向文化。鉴于文化的话语中介性,这一过程可以中国话语为抓手,围绕一系列传统或当代文化事件,实现语言表征与文化意识的驱动与优化,如图1所示。

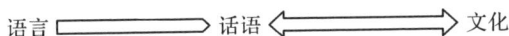

语言 ⟹ 话语 ⟺ 文化

图 1　语言、话语与文化的关系

这就是说,文化自信视域下的大学英语课程,认同课程是活动,是师生在具体的教学情境中共同合作、创造新的教育经验的过程,这个过程中,课程主体的担当、课程机制的促发和课程媒介的丰富非常关键。

首先,"师生即课程"。作为语言与文化的双重使者,大学英语教师在课程实施中,要超越"技术理性",追求"实践理性"和"解放理性",努力以扎实的英语语言底蕴、深厚的中国文化素养,不仅解语言之惑,更引言语之旅,帮助学习者提高言说主体意识、优化言说内容与形式和夯实言说社会文化效果。另一方面,作为中国文化主体,学习者自身,学生之间同样存在巨大的主体意识、能动性和创造性可被依赖,通过话语导引,展开发现、探究、研讨等认识活动,则不但文化认知可被传递,文化认同更可期待。

其次,"活动产生意义"。杜威认为教育就是将逻辑的经验还原为心理经验。文化自信本质上是一种心理经验,它是直接的、鲜活的和内隐的,需要通过活动发挥学习者的主体性、交互作用提升其解决问题的能力,使其获得对世界的完整认识。具体来说,文化自信视域下,课堂教学提倡由学习者生活中的人和事出发,结合一系列传统或当代文化事件,贯穿以真实并符合学习者语言水平的产出任务,不但指向语音、词汇、语法等语言产出,更通过互证、互释,展开言语实践,以验证、对比和鉴赏不同文明及其话语的历史背景和现实意义,并通过活动习得潜在的价值观念、规范和态度等。

第三,"媒介即素养"。大众传媒时代,教育需要培养人的媒介素养,使人们具备对媒介的利用能力和对媒介的批判意识。文化自信视域下,教学资料应综合包含语言、交际和文化因素,促进真正的、双向的跨文化交际。具体而言,教学除了介绍异域文化外,还应弘扬本土文化,以相关性、真实性、适用性、时代性、多模态性兼具的教学资源,提升学习者对不同文化话语的理解,建立平等、宽容、合作、共赢的文化态度。同时,信息时代,第一课堂和第二课堂边界模糊,课堂+网络的立体化教学形态值得鼓励,学习者可以课堂为中心展开中国话语讨论,再以网络为平台辅助中国话语反思,促进语言技能和文化自信的双重提升。

下面,以"中国梦"话语生产为例,说明文化自信视域下大学英语课程的主要教学流程,如图2所示。

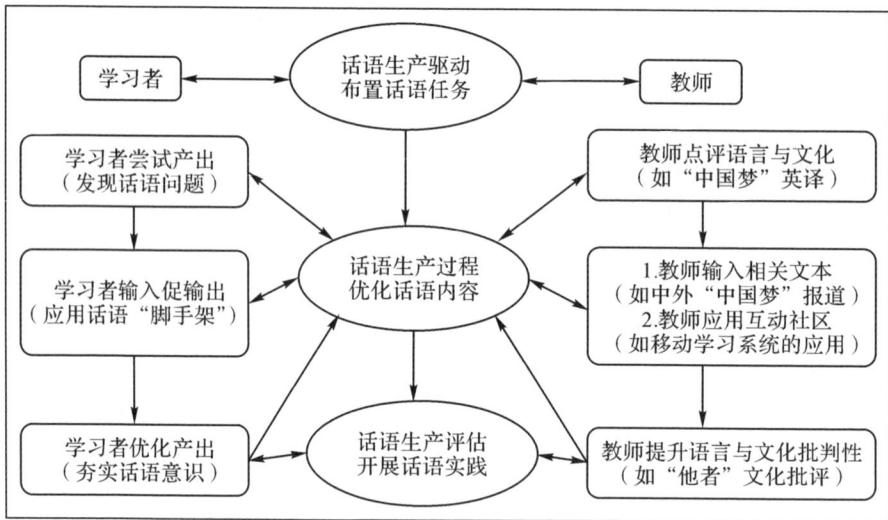

图2 文化自信视域下大学英语教学流程

实践表明,"中国梦"话语生产有效促进了学习者本土社会生活与文化的叙事能力与价值意识,发挥了语言和文化批评在文化自信培育中的力量(更为详尽的说明,参见笔者于2017年3月发表的另文)。

(四)课程评价——认同中国价值

泰勒认为,课程评价本质上考量课程目标通过课程内容和课程实施的完成程度。文化自信是认知,更是态度。文化自信视域下大学英语课程是否取得预期课程目标,主要考量学习者课程前后文化自觉、文化自省和文化自信的变化,即文化自觉上,课程是否促进了学习者多元文化意识和本土价值认知;文化自省上,课程是否促进了学习者文化批评意识和辩证文化态度;文化自信上,课程是否促进了学习者主体身份、本土价值认同和精神生活质量的新向度。

"文化是表意的实践活动;也是一种特殊生活方式的描述"[26],通过对学习者中国英语的输出能力和中国话语的实践行为的考察,文化自信视域下大学英语课程最终旨在实现"思想的全部功能在于产生行动的习惯",即知行合一。

六、结　语

文化自信是当代中国重大的社会和文化课题。文化自信以价值为核心,以话语为中介。以语言和话语为媒介,构建中国文化话语将成为目前和今后相当长的一段时间里重要的社会实践。文化自信培育中,主体研究尤为重要,更具现实性。培育当代大学生主体的文化自信,应紧密联系他们的学习和生活。

课程的深处一定是文化。大学英语课程是中西方文化交流与贯通的主要渠道之一,应是表意、交际和思维的三方互动。通过对不同文化的反思与视域融合,将中国文化送到彼岸,大学英语课程需要突显社会取向,补充母语文化内容,开展文化话语实践,促进价值认同,以促进学习者讲述中国故事,凝练中国话语,弘扬中国价值,成为文化自觉与文化自信新一代。

参考文献

[1] 钱穆. 文化学大义[M]. 台北:正中书局,1952.

[2] 怀特. 文化科学[M]. 曹锦清,等,译. 杭州:浙江人民出版社,1988.

[3] 陈金龙. 建构中国话语权的价值定位[J]. 新经济,2016(3).

[4] 施旭. 当代中国话语的中国理论[J]. 福建师范大学学报(哲学社会科学版),2013(5).

[5] 文化自信——习近平提出的时代课题[EB/OL]. (2016-08-05)[2016-08-05]. http://

news. xinhuanet. com/politics/2016-0805c_1119330939. htm.

[6] 刘士林. 中华文化自信的主体考量与阐释[J]. 江海学刊,2009(1).

[7] 阿普尔 M. W. 意识形态与课程[M]. 黄忠敬,译. 上海:华东师范大学出版社,2001.

[8] 布尔迪厄. 言语意味着什么[M]. 褚思真,刘晖,译. 北京:商务印书馆,2005.

[9] 托多罗夫. 巴赫金对话理论及其他[M]. 蒋子华,张萍,等,译. 天津:百花文艺出版社,2001.

[10] 张剑. 西方文论关键词——他者[J]. 外国文学,2011(1).

[11] 伽达默尔. 真理与方法[M]. 洪汉鼎,译. 上海:上海译文出版社,1994.

[12] RICHARDS J. C. Curriculum development in language teaching [M]. Cambridge:Cambridge University Press,2001.

[13] 高一虹. 生产性双语现象考察[J]. 外语与外语教学,1994(1).

[14] 赫尔巴特,J. F. 普通教育学讲授纲要[M]. 李其龙,译. 北京:人民教育出版社,1989.

[15] 钟启泉. 现代课程论[M]. 上海:上海教育出版社,2003.

[16] 刘炜. 论英语课程的批判性语言意识培养学校教育[J]. 现代大学教育,2012(5).

[17] 吴忠杰. 外语学科知识谱系学考辩[J]. 广东外语外贸大学学报,2009(4).

[18] 费孝通. 跨文化的"席明纳"——人文价值再思考之二[J]. 读书,1990(10).

[19] TYLER R W. Basic principles of curriculum and introduction[M]. Chicago:University of Chicago Press,1949.

[20] 李宇明. 中国外语规划的若干思考[J]. 外国语,2010(1).

[21] 冉永平,杨青. 英语国际通用语背景下的语用能力及其重构[J]. 外语教学与研究,2016(2).

[22] 葛传椝. 漫谈由汉译英问题[J]. 翻译通讯,1980(2).

[23] 贾冠杰,向明友. 为中国英语一辩[J]. 外语与外语教学,1997(5).

[24] 张汝伦. 经济全球化和文化认同[J]. 哲学研究,2001(2).

[25] 黄晓波. 论文化自信的生成机制[J]. 科学社会主义,2012(3).

[26] 赵金平. 文化是一种整体的生活方式——雷蒙·威廉斯大众文化思想探析[J]. 理论探讨,2015(2).

本论文已发表于《宁波工程学院学报》,2017 年第 2 期。

◎基于 AL 的学业评价新体系在高职药物化学中的构建与实践

周惠燕　徐蓓华[①]

摘　要:为了提高药物化学课程教学效果,本文构建了新的学业评价体系"促进学习的评价",并且在整个课程教学过程中进行了实践,结果表明该评价体系不仅大大激发了学生的学习动力,改善了教师的课堂教学效果,提高了学生的学业水平,还获得学生的高度认可。

关键词:药物化学;学业评价;促进学习的评价

世纪之交,中国高等教育在短期内通过扩招实现了由高等教育精英化向高等教育大众化的转变,中国高等教育大众化经过十几年的发展,如今其发展模式正处于历史性的转变时期,政府、高校、社会日益关注高等教育的质量问题,特别是 2012 年召开了全面提高高等教育质量的工作会议,标志着高等教育大众化正由外延式扩张开始走向质量提升的内涵式发展道路,高等教育工作质量是高等教育改革与发展的首要任务,提高人才培养质量是高校工作的核心。高校是直接为社会培养并输送人才的摇篮,学校必须促进每一个学生的学习,保证他们达到我们所期望的学业成就标准,发展我们所期望的能力和素质。而在目前中国高等教育大众化背景下的中国高职高专院校,一方面是短期扩招导致

① 作者简介:周惠燕,就职于浙江医药高等专科学校制药工程学院;徐蓓华(1977—),女,浙江宁波人,硕士,浙江医药高等专科学校副教授,研究方向为药学。

基金项目:浙江省高等教育教学改革项目(项目编号:JG2013251)、浙江医药高等专科学校课堂教学创新项目(项目编号:KTC201604008)。

的师生比例严重缩水，另一方面是学生的学业基础、学习能力、学习主动性和精英教育时代的学生差距巨大，因此如何提高高职高专院校人才培养的质量显得尤其艰巨和迫切。

课堂教学是教学的主阵地，课堂教学质量的好坏直接决定人才培养的质量高低。本文以高职高专药物化学课程为例，重新构建了新的学业评价体系"促进学习的评价"（Assessment for Learning，AL），并且在整个课堂教学过程中进行了实践，结果表明该评价体系不仅大大激发了整体学生的学习动力，而且获得学生的高度认可和欢迎，改善了教师的课堂教学效果，提高了学生的学业水平，最终提高了人才培养的质量。

一、药物化学学业评价现状分析

"药物化学"是我校化学制药技术、药物制剂技术、药物质量检测技术、药学共4个专业开设的一门专业课程，其主要内容包括化学药物的化学结构、理化性质、制备方法、构效关系、体内代谢及寻找新药的基本途径等。本课程的学习对全面掌握药学专业知识有承前启后的重要作用，是有机化学、分析化学与药物制剂技术、医药商品学等应用学科之间的桥梁，同时也是药学类执业资格考试的必考科目之一，因此"药物化学"课程在药学相关专业教学体系中具有十分重要的地位，对学生的专业及职业发展具有深远的影响。本课程经过多年的建设和发展，目前拥有强大的师资团队，明确的教学目标，丰富的教学资源库，优秀的课堂教学设计，科学的教学方法，但是教学效果总是不尽人意。其根本的原因有两点：一是在高等教育大众化背景下，高职高专院校的学生学业基础、学习能力、学习主动性有较大的欠缺；二是药物化学在课程教学过程中缺失了"促进学习"的机制，即该课程原有的学业评价方法是关于学习的评价，而不是"促进学习的评价"。本课程原有的学业评价方法及组成由平时常规评价（30％）、过程与结果评价（10％）及期末考试（60％）三部分构成。该学业评价方法中占比最大的期末考试是教学过程终结之后的一个环节，学生在常规的课堂教学中以及课后是基本没有学习压力的，教师在教学过程中对学生学习信息的收集是偏差很大的（作业可以抄袭，报告可以抄袭），其主要功能是认定一个学生的学业能力或水平,对学生学习的促进作用是非常有限的,导致教学效果和学业水平总是不理想。因此,必须要对原来的学业评价方式进行改革。

二、学业评价新体系构建的理念

"促进学习的评价",即运用收集相关的信息或证据以支持教师的教学决策和学生的学习决策,从而促使学生有效地达成预定的学习目标,它已经成为学生学业评价的核心理念。它不同于传统的以甄别和筛选为主要功能的"关于学习的评价","促进学习的评价"以促进学生学业成就和发展为目的,倡导各种新型的评价方式,关注内部评价尤其是课堂层面的评价,注重多元评价尤其是学生参与评价,重视评价结果的反馈及适当运用,等等,无不反映着"促进学习的评价"的理念。对学习的关注已经成为教育评价改革的一个大观念,评价不再被看成教学过程终结之后的一个环节,或凌驾于教学过程之上的活动。相反,评价要被当作镶嵌于教—学过程之中的一个成分,与教学、学习一起构成三位一体的整体。

基于 AL 的学业评价新体系的构建与实践需要在药物化学课程的教学过程中通过构建"促进学习的评价"体系,从而提高学生的学业水平。如何让评价有效地促进学习? 以下三步行动策略就是让评价有效促进学习的关键:(1)评价必须制定清晰的目标;(2)评价必须在课堂层面持续实施;(3)重视评价结果的反馈。

三、学业评价新体系的构建与实践

在学业评价新体系构建的理念指导下,我们对该项目细分步骤,踏实完成了整个项目工作流程。对该项目的具体实施细述如下:

(一)修改"药物化学"课程教学实施大纲

表 1 为原"药物化学"课程教学实施大纲中的课时分配表。表中除了理论课和实验课,并没有课堂层面的教学评价。

表 2 为新"药物化学"课程教学实施大纲中的课时分配表。在该分配表中,

除了教学单元一绪论为 1 个学时的理论课,其他每个教学单元 4 个学时拆分为 3 学时理论课加 1 学时的学业评价,即将课堂层面的学业评价引入除教学单元一之外的每个教学单元。

表 1 原课时分配表

章节与内容	教学时数	
	理论教学	实验教学
教学单元一 绪论	2	
教学单元二 镇静催眠药	4	
教学单元三 非甾体抗炎药	4	7
教学单元四 镇痛药	4	
教学单元五 拟肾上腺素药	4	
教学单元六 心血管系统药物	4	1
教学单元七 抗菌药	4	7
教学单元八 抗生素	4	1
教学单元九 甾类药物	4	1
机动	0	
小计	34	17
合计	51	

表 2 新课时分配表

章节与内容	教学时数	
	理论教学	实验教学
教学单元一 绪论	1	
教学单元二 镇静催眠药	3+1	
教学单元三 非甾体抗炎药	3+1	7
教学单元四 镇痛药	3+1	
教学单元五 拟肾上腺素药	3+1	
教学单元六 心血管系统药物	3+1	1
教学单元七 抗菌药	3+1	7
教学单元八 抗生素	3+1	1

章节与内容	教学时数	
	理论教学	实验教学
教学单元九　甾类药物	3+1	1
机动	1	
小计	34	17
合计	51	

(二)修改"药物化学"课程学业评价组成

表 3 为原"药物化学"学业评价方法。该学业评价方法中占比最大的期末考试是教学过程终结之后的一个环节,学生在常规的课堂教学中以及课后是基本没有学习压力的,教师在课堂教学过程中对学生学习信息的收集是偏差很大的(作业可以抄袭,报告可以抄袭),其主要功能是认定一个学生的学业能力或水平,对学生学习的促进作用是非常有限的,课堂教学效果总是不理想。因此,必须要对原来的学业评价方式进行改革。

表 4 为新"药物化学"学业评价方法。学生的学业组成为单元二到单元九的课堂学业评价成绩以及实验课的学业评价成绩,课堂层面的学业评价成绩占总成绩的 80%,从体制上规定了课堂层面的学业评价的重要性,因此可以非常有效地促进学生重视课堂层面的学业评价,从而促进学生的学习。

表 3　原"药物化学"学业评价方法

评价组成	评价内容与要求	权重
平时常规评价	出勤情况与学习态度	10%
	回答问题、完成作业	10%
	实验报告	10%
过程与结果评价	实验操作能力与实验结果	10%
期末考试	笔试,闭卷考试	60%

表4　新"药物化学"学业评价方法

评价组成	评价内容	权重
理论课学业评价	单元二—单元九共8个单元,共8次学业评价,每单元成绩占10%	80%
实验课学业评价	实验过程评价	10%
	实验报告评价	10%
期末考试只提供给理论课学业评价总分不合格的学生		

(三)制订清晰的评价目标

1.制订新的"药物化学"课程标准

学生的学业评价必须有清晰的评价目标,而评价目标就是学习目标,学习目标就是课程标准。我们对原有的"药物化学"课程标准进行了修改,形成了新的"药物化学"课程标准,包括细化教学内容、教学要求、课时分配表,以及学业评价方式等。

2.根据新的评价目标,建立练习题库

根据新的评价目标即课程标准,建立了与其高度相关的系统的练习题库。练习题库按照教学单元分为8个子库,每个子库含有的题量不少于70题;题型除了普通的选择题、填空题、简答题等,其他题型根据药物化学的学科特色进行设计,包括写出化学结构中组成部分的名称、用化学方法鉴别、案例分析,等等;每个字库的难度以及总题库的难度呈阶梯式增长特点。

3.课堂层面的学业评价考试资料库

根据新的评价目标即课程标准,建立了与评价目标以及练习题库高度相关的系统的课堂层面的学业评价考试资料库,考试资料库按照教学单元分为8个子库,每个子库分为A、B卷,A、B卷的试题无重复,难度呈阶梯式增长特点。

(四)在课堂层面持续实施评价

根据表3新"药物化学"理论课程教学实施大纲的安排,在教学单元2—9的每个单元上完理论课之后进行为时45分钟的课堂层面的学业评价,形式为闭卷考试,每位学生间隔就座,且与之相邻的东南西北4个学生的试卷型号均

不同,保证学业评价的公平公正。每次考试按照10%计入总评成绩。

(五)学业评价结果的反馈

"促进学习的评价"倡导重视评价结果的反馈,并将评价的结果用于改进和促进学生的学习以及教师的教学。每位学生参加每次课堂层面的学业评价之后其学业评价结果包含2个组成部分,即终结性评价和形成性评价信息。终结性评价即为每个学生的成绩即分数,形成性评价即为教师向每个学生提供的准确的、描述性的、易被学生理解的学业诊断意见。学生根据每次的学业评价结果查缺补漏,指导并刺激后续的学业发展;教师根据每次的学业评价结果调整修改后续的教学进度和难度。由此,通过评价结果的反馈来改进、促进、刺激后续的教与学。

四、学业评价改革成效

(一)学生平均学习时间大幅度增加

教改后平均每个学生花费在该课程上的学习时间为每个单元2天(用于准备课堂层面的学业评价),8个单元共16天。教改前平均每个学生花费在该课程上的学习时间约为每门课4天(用于期末考试之前的复习)。因此参加教改的学生比未参加教改的学生花在"药物化学"上的学习时间大幅度增加,见图1。

(二)学生学习内容大幅增加

教改后平均每个学生的"药物化学"学习内容为与课程标准高度相关的共计80页的题库(用于准备课堂层面的学业评价)。教改前每个学生的学习内容为重点内容2—4页(用于期末考试之前的复习)。因此参加教改的学生比未参加教改的学生学习"药物化学"的学习内容大幅度增加,见图2。

(三)学生学业成绩大幅提高

参加教改的学生比未参加教改的学生花在"药物化学"上的学习时间大幅度增加,参加教改的学生比未参加教改的学生学习"药物化学"的学习内容大幅度增加,因此,参加教改的学生比未参加教改的学生学业成绩大幅度提高是水到渠成的事情。教改后学生的单元测验成绩总合格率为95.5%,教改前学生的期末考成绩总合格率仅为 55.7%，见图 3。

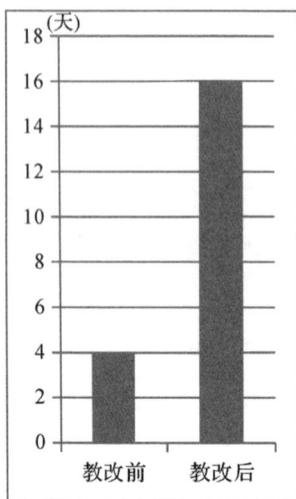

图 1　教改前后学习时间比较

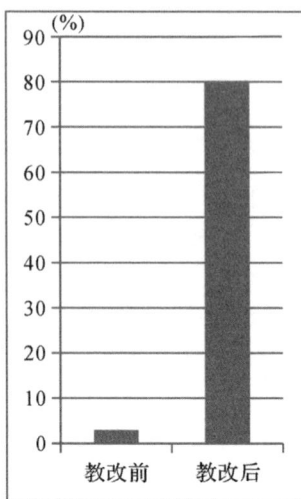

图 2　教改前后学习内容比较

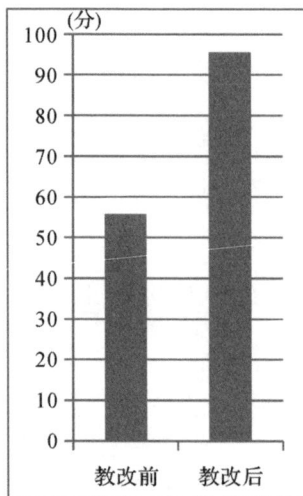

图 3　教改前后学业成绩比较

(四)学生的认可度

在整个"药物化学"课程教学结束之后,用无记名方式让全体学生写下该课程的学习体会及参加教改体会,由于是在课程结束之后以及采用无记名的方式,因此其真实性可以保证。其中 98% 的学生表达了以下两点感受:(1)他们喜欢这样的学业评价,并且深切希望下个学期的其他课程学习也是采用这种评价方式,虽然每个教学单元一次的学业评价次数多了,但是每次的学业评价和期末考试相比内容更少,更有信心和把握掌握好这些知识。(2)因为这种学业评价贯穿于整个学期,使他们平时都在学习,学习的效果更好了,学业成绩也提高了。这说明学生非常喜爱和认可这种形式的学业评价的根本原因是帮助和促进了他们的学习,提高了他们的学业水平,也充分说明此次教改非常成功。

五、结 语

我们通过实践完成了课程标准包括评价方式的修改,将课堂层面的教学评价镶嵌于教学之中,建立了和课程标准高度相关的具有阶梯性的完整的系统的题库,并在课堂层面持续实施了教学评价,且对教学评价结果进行及时的反馈和恰当的运用,非常有效地促进了学生的学习,提高了学生的学业成绩,并且受到学生的喜爱和欢迎,从而提升了人才培养的质量。在当下的教育评价领域,新的评价价值观"促进学习的评价"已经出现,用评价促进学生的学习成为评价的核心理念。但是这种新的评价方式不会自动生长,它需要我们用实际行动去实践它。

参考文献

[1] 李立国.中国高等教育大众化发展模式的转变[J].清华大学教育研究,2014,35(1).

[2] 张应强.高等教育质量观与高等教育大众化进程[J].江苏高教,2001,26(5).

[3] 崔允漷.促进学习:学业评价的新范式[J].教育科学研究,2010,24(3).

[4] 李秀梅,赵平.促进学习的评价:以人为本的评价范式[J].河北联合大学学报(社会科学版),2016,16(1).

[5] 郑东辉.促进学习的评价:教师的策略[J].教育科学研究,2008,22(10).

[6] 钟启泉.学业评价:省思与改革——以日本高中理科的"学习评价"改革为例[J].教育发展研究,2013,22(10).

[7] 高树浪.促进学生学习的课堂教学评价设计——基于逆向的"教—学—评"一致性评价设计[J].文理导航,2016,24(8).

本论文已发表于《化学教育(中英文)》,2018 年第 4 期。

◎基于可拓方法的 MOOC 教学质量评价与预测研究

——以"数学实验"MOOC 课程为例

朱树海①

摘　要:随着 MOOC 课程的普及,其教学质量成为教育研究者关注的焦点。本文根据 MOOC 教学的特点,从课前、课中、课后三个维度构建了 MOOC 教学质量评价指标体系,利用可拓物元理论和方法,建立了可拓评价模型,以"数学实验"MOOC 课程为例,对其教学质量进行了评价与预测分析,旨在为广大 MOOC 教育工作者提供参考与帮助。

关键词:MOOC 教学质量;可拓方法;可拓评价模型;关联函数

MOOC(Massive Open Online Course)是一种具有规模大、开放性强、个性化、实时交互性强等特点的新兴教育(课程)模式,依靠名师、名校、互联网的便利以迅雷不及掩耳之势席卷全球。MOOC 的出现为学习者提供了一种新的知识获取渠道,成为 21 世纪人们学习的新途径。MOOC 的流行虽然给高等院校教育教学模式改革带来了机遇,但不可避免地也出现了一系列问题,如通过率低、学生参与度低、师生互动缺乏等,其教学质量问题日益突出,如何评价 MOOC 的教学质量并建立有效的质量保障体系备受关注。传统教学的教学质量评价主要是以学生的期末考试成绩为测评依据,缺乏过程性评价,导致学生

---

①　作者简介:朱树海(1983—　　),男,河南驻马店人,宁波财经学院讲师,从事数学教育和应用数学研究。

通过考前突击记忆就能获得高分,无法从根本上调动学生主动学习和主动参与的积极性,不能照搬用于 MOOC 教学上。因此,本文通过对 MOOC 教学的特点进行深度剖析,构建区别于以往传统课堂教学质量评价的评价指标体系,并采用可拓评价模型和方法进行实证研究。

一、MOOC 教学质量评价指标体系的构建

根据 MOOC 教学的特点,可以将 MOOC 的教学流程分为课前学习、课中讨论、课后拓展三个环节。

第一,课前学习。MOOC 教学的课前学习主要是在教学前教师充分利用已有的优质教育资源,让学生观看相应的 MOOC 视频,再结合学生自身的实际情况,发布合适的扩展资源,学生在课前有充足的时间自主学习,通过网站上的引导问题,观看 PPT 课件和教学视频,因此课前学习评价主要为过程性评价。笔者将课前学习分为学习行为和学习成效。

第二,课中讨论。MOOC 相比传统课堂教学,使学习者自己控制学习进度,根据自己的想法掌握"自己的课堂",这就要求学生必须有强烈的主动参与意识。课程中设置的问题环环相扣,需要小组合作讨论。离开学生的主动参与和小组合作,MOOC 教学的课堂学习活动就难以开展。因此,课中讨论主要包括主动参与、合作讨论和讨论成效三个方面。

第三,课后拓展。课后拓展是整个教学活动中不可或缺的一部分,通过课后总结反思和拓展学习,可以将所学知识进一步巩固、深化和升华。MOOC 教学的课后拓展主要涉及课后作业完成情况、总结反思、拓展阅读等。可以从拓展行为和拓展成效两个方面来考察。

基于上述分析与研究,本文构建了 MOOC 教学质量评价指标体系,如表 1 所示。为了体现 MOOC 教学质量评价指标体系的完整性,本研究采用德菲尔法确定权重,首先从校内外聘请五位 MOOC 教学经验和研究成果丰富的专家或学者为指标体系按照所占比例轻重分为的一级指标和二级指标打分,通过统计分析,利用均值计算处理,分别得到各指标权重。

表1 MOOC教学质量评价指标体系

一级指标（权重）	二级指标（权重）	指标描述与解读
课前学习（0.35）	课前学习行为（0.15）	课前视频观看情况，课前交流讨论情况，重点知识标注情况
	课前学习成效（0.20）	疑难问题交流结果，基础内容测试结果，知识结构梳理质量
课中讨论（0.50）	课中主动参与（0.15）	课堂出勤统计结果，课堂参与讨论情况，课堂提问发言情况
	合作讨论情况（0.20）	小组成员分工明确，小组成员交流频繁，小组成员团结协作
	课中讨论成效（0.15）	课堂提问发言水平，小组合作讨论质量，课堂成果展示情况
课后拓展（0.15）	课后拓展行为（0.05）	遗留问题解决情况，课后总结反思情况，课后拓展学习情况
	课后拓展成效（0.10）	课后作业完成质量，课后拓展深度水平，课后总结反思成效

二、MOOC教学质量的可拓评价模型

可拓方法是我国可拓学工作者蔡文教授所创立的多元数据量化决策的一种新方法，它是通过物元分析将事物进行可视化和数量化表达，把研究对象从定性转化为定量。可拓评价模型是建立在可拓物元理论、可拓集合论和可拓方法上的一种评价方法。本文以物元模型为基础，将MOOC教学质量进行定量表述和评价，以期提高MOOC教学质量和教学效率。

（一）MOOC教学质量的物元表示

根据本文构建的MOOC教学质量评价指标体系，利用可拓物元理论，将其进行物元表示，可以得到MOOC教学质量待评物元阵列：

$$A = \begin{pmatrix} p_0, & c_1, & v_1 \\ & c_2, & v_2 \\ & \vdots & \vdots \\ & c_n & v_n \end{pmatrix}$$

其中 p_0 表示待评的 MOOC 教学质量，c_i 为待评物元 p_0 的特征，v_i 为待评物元 p_0 关于特征 c_i 的量值。

（二）MOOC 教学质量的经典域和节域

根据专家意见，我们可以将 MOOC 教学质量由高到低划分若干个等级，比如 m 个等级，从而得到 MOOC 教学质量的经典域为

$$R_j = \begin{pmatrix} N_j, & c_1, & V_{1j} \\ & c_2, & V_{2j} \\ & \vdots & \vdots \\ & c_n & V_{nj} \end{pmatrix}, (j = 1, 2, \cdots, m)$$

其中 N_j 表示 MOOC 教学质量第 j 个等级，$V_{ij} = <a_{ij}, b_{ij}>$ 为 N_j（第 j 个等级）关于特征 c_i 的取值范围。

节域是评价等级区间的全体，故节域物元可表示为

$$R_p = (p, \quad c_i, \quad V_{ip}) = \begin{pmatrix} p, & c_1, & V_{1p} \\ & c_2, & V_{2p} \\ & \vdots & \vdots \\ & c_n & V_{np} \end{pmatrix}$$

其中 p 表示待评事物的全体，$V_{ip} = <a_{ip}, b_{ip}>$ 为 p 关于特征 c_i 的取值范围。显然 $a_{ip} = \min_j a_{ij}$，$b_{ip} = \max_j b_{ij}$。

（三）评价指标关于 MOOC 教学质量等级的关联度

根据可拓物元理论，待评物元第 i 个评价特征 c_i 关于第 j 个等级的关联函数为

$$K_j(v_i) = \begin{cases} \dfrac{\rho(v_i, V_{ij})}{\rho(v_i, V_{ip}) - \rho(v_i, V_{ij})}, & \rho(v_i, V_{ip}) - \rho(v_i, V_{ij}) \neq 0 \\ \dfrac{-\rho(v_i, V_{ij})}{|V_{ij}|}, & \rho(v_i, V_{ip}) - \rho(v_i, V_{ij}) = 0 \end{cases} \tag{1}$$

其中 $\rho(v_i, V_{ij})$，$\rho(v_i, V_{ip})$ 分别表示点 v_i 与经典域 V_{ij} 和节域 V_{ip} 的可拓距，即

$$\rho(x, \langle a, b \rangle) = \left| x - \frac{a+b}{2} \right| - \frac{b-a}{2}, |V_{ij}| = |b_{ij} - a_{ij}| \tag{2}$$

将上述关联函数值规范化，得到规范关联度为

$$k_{ij} = \frac{K_j(v_i)}{\max_j |K_j(v_i)|}, i = 1, 2, \cdots, n; j = 1, 2, \cdots, m \tag{3}$$

（四）MOOC 教学质量等级的评定

根据指标权重和各规范关联度，可得待评 MOOC 教学质量 A 与第 j 等级的关联度为

$$k_j(A) = \sum_{i=1}^{n} \alpha_i k_{ij}, j = 1, 2, \cdots, m \qquad (4)$$

其中 α_i 表示第 i 个指标的权重。

该关联度的大小表示待评物元与 MOOC 教学质量等级的相关程度，数值越大，则表明待评物元与该等级的关联程度就越高。例如若 $k_{j_0}(A) = \max\limits_{j=1}^{m} k_j(A)$，就可以认为待评 MOOC 教学质量 A 属于第 j_0 等级。

三、MOOC 教学质量可拓评价实例分析

（一）MOOC 教学质量可拓评价过程分析

为方便对 MOOC 教学质量进行定量研究，根据专家意见，将各指标评分限值定为＜0,10＞。根据教学质量的特征，本文将其分为"优、良、中、差"四个等级，对应范围分别为＜8,10＞，＜6,8＞，＜4,6＞，＜0,4＞，从而可确定待评物元的经典域和节域，见表 2。

表 2　MOOC 教学质量待评物元经典域与节域

一级指标	二级指标	经典域				节域	权重
		优	良	中	差		
课前学习	课前学习行为	＜8,10＞	＜6,8＞	＜4,6＞	＜0,4＞	＜0,10＞	0.15
	课前学习成效	＜8,10＞	＜6,8＞	＜4,6＞	＜0,4＞	＜0,10＞	0.20
课中讨论	课中主动参与	＜8,10＞	＜6,8＞	＜4,6＞	＜0,4＞	＜0,10＞	0.15
	合作讨论情况	＜8,10＞	＜6,8＞	＜4,6＞	＜0,4＞	＜0,10＞	0.20
	课中讨论成效	＜8,10＞	＜6,8＞	＜4,6＞	＜0,4＞	＜0,10＞	0.15

一级指标	二级指标	经典域				节域	权重
		优	良	中	差		
课后拓展	课后拓展行为	$<8,10>$	$<6,8>$	$<4,6>$	$<0,4>$	$<0,10>$	0.05
	课后拓展成效	$<8,10>$	$<6,8>$	$<4,6>$	$<0,4>$	$<0,10>$	0.10

本文采用问卷调查方式进行,根据 MOOC 教学质量评价指标体系设计问卷,以我校面向大一试点班级共计 225 人开设的"数学实验"MOOC 课程为调查对象,收回有效问卷 220 份,对各指标进行均值化处理,得到"数学实验"MOOC 课程教学质量待评物元 A_0,其中各特征量值分别为课前学习行为 $v_1=8.13$,课前学习成效 $v_2=7.56$,课中主动参与 $v_3=9.24$,合作讨论情况 $v_4=7.36$,课中讨论成效 $v_5=6.85$,课后拓展行为 $v_6=7.14$,课后拓展成效 $v_7=4.52$。

根据公式(1)-(3),可以得到"数学实验"MOOC 课程教学质量评价指标关于各等级的规范关联度,并对此进行评价与预测,结果见表 3:

表 3　MOOC 教学质量各评价指标与等级之间的规范关联度

一级指标	二级指标	规范关联度				指标等级	变化趋势
		优	良	中	差		
课前学习	课前学习行为	0.1085	-0.0944	-0.7736	-1.0000	优	良
	课前学习成效	-0.2575	0.3708	-0.6573	-1.0000	良	优
课中讨论	课中主动参与	0.4351	-0.7099	-0.9275	-1.0000	优	良
	合作讨论情况	-0.3484	0.5714	-0.6071	-1.0000	良	优
	课中讨论成效	-0.5630	0.7780	-0.4474	-1.0000	良	中
课后拓展	课后拓展行为	-0.4418	0.8217	-0.5446	-1.0000	良	优
	课后拓展成效	-1.0000	-0.5670	0.2989	-0.2372	中	差

根据公式(4),可以计算"数学实验"MOOC课程教学质量与各等级的关联度,结果见表4:

表4　MOOC教学质量各评价指标与等级之间的规范关联度

优	良	中	差	所处等级	变化趋势
−0.2462	0.1689	−0.5725	−0.9237	良	优

(二)MOOC教学质量可拓评价结果与建议

从表4可以看出,"数学实验"MOOC课程教学质量与第二级等级关联度最大,因此可以确定该MOOC课程教学质量处于"良好"状态,由变化趋势可知,总体上该MOOC课程教学质量未来向"优秀"等级方向发展。但根据表3可以清晰看出该MOOC课程教学质量各评价指标不均衡,个别指标有恶化的危险,如课中讨论成效和课后拓展成效,其中课后拓展成效指标已经严重影响了"数学实验"MOOC课程教学质量。具体分析如下:

第一,MOOC教学充分调动了学生课前学习的积极性。以"数学实验"MOOC课程为例,根据表3知课前学习行为和课前学习成效两个指标评价结果都非常好,这充分说明了"数学实验"MOOC教学在学生课前学习上起到了关键的作用,极大程度上改变了以往传统教学中学生课前不预习、不思考,课堂上等老师灌输讲授的坏习惯,将学生从课堂被动学习转化为线下和线上相结合的主动学习,这也正是MOOC在全球得以迅速发展的关键所在。

第二,教师对MOOC教学的课中讨论缺乏有效引导。由表3可以看出,课中主动参与指标评价较高,说明"数学实验"MOOC教学能充分调动学生的积极性,从"要参与"转变为"我要参与",小组合作讨论情况也较好,并且未来向更好的方向发展。但由于"数学实验"MOOC教学处于试点阶段,教师没有能充分掌握MOOC教学的精髓,在课堂上对学生的引导不够有效,因此课中讨论成效不够明显,并且有恶化的危险,在后续的教学中应重点关注该指标,加强对教师MOOC教学理论和方法的培训和指导。

第三,MOOC教学缺乏对课后拓展的监控和指导。"数学实验"MOOC教学改变了以往传统的教学方法和模式,在课后教师不仅要求学生完成课后作业加以巩固,还布置了一些课外拓展知识,需要学生在课后自己查阅资料完成,因此学生课后拓展行为比以往传统教学大大增加。但由于学生长期以来习惯于传统的教学模式,使得其主动探究问题的能力不强,个别同学有应付或搭便车的行为,导致课后拓展成效不高,并且由表 3 可知该指标有严重恶化的趋势。因此在后续的教学中应加强对学生课后拓展行为的线下监控和指导,改变以往的陋习,培养学生主动探究问题的能力。

参考文献

[1] 翟国.MOOC 对高校信息化教学的影响和建议[J].中国管理信息化,2015(1).

[2] 蒋立兵,陈佑清.翻转课堂教学质量评价体系的构建[J].现代教育技术,2016(11).

[3] 李志林.可拓综合评价方法及其应用特色[J].广东工业大学学报,2000(2).

[4] 朱树海,史纪磊,阳军,等.基于可拓评价的无菌医疗器具生产环境安全评价与预警研究[J].数学的实践与认识,2017(3).

[5] 杨春燕,蔡文.可拓学[M].北京:科学出版社,2014.

◎基于"SPOC"的项目化教学模式应用实践研究

——以"液压与气压传动"课程为例

任丽华　赵毅斌[①]

摘　要:本文详细阐述了基于项目化的SPOC教学模式在液压与气压传动课中的实施,主要介绍了教学设计方法,分析了改革前后的学生学习成绩和改革后的学习体验,分析了改革对学生学习产生的影响和影响学习成效的因素,总结了这种教学模式的优势与弊端。

关键词:SPOC;项目化;影响因素

一、引言

(一)"SPOC"述评

随着信息技术的发展和教育教学观念的转变,"MOOC"在教学的理念、内容、方式、效果等方面所呈现出的优势使得各高校近年来在以"MOOC"为主要

---

① 作者简介:任丽华(1971—　),黑龙江哈尔滨人,本科学历,硕士学位,宁波财经学院副教授,主要研究方向为教学改革与评价;赵毅斌(1972—　),男,黑龙江哈尔滨人,宁波财经学院高级工程师,从事高等教育研究、自动化领域研究。

基金项目:2016年中央电化教育馆全国教育信息技术研究规划课题(课题编号:162233158)。

形式的翻转课堂上开展了大量的改革与实践,它的产生对传统教育模式产生了巨大的冲击。但"MOOC"的弊端也突显出来:"MOOC"不设门槛,学员的基础和学习能力的差异对教师提出了相当高的要求;"师生比"过大导致学生得到教师直接指导的机会少;学生学习的深度、广度得不到有效保障等。所以出现了完成率低的情况,阻碍了课程的持续发展。

"SPOC"(Small Private Online Course)是在线教育的后"MOOC"时代,由哈佛大学继"MOOC"之后提出,它的出现有效补充了"MOOC"的不足。"SPOC"中的 Small 和 Private 是相对于"MOOC"中的 Massive 和 Open 而言的,"SPOC"一般在几十人到几百人,并设置一定的准入条件,对旁听者仅限于部分开放,更加注重校本化,这样有助于提升学习参与度、互动性及完课率。麻省理工学院的阿纳特·阿加瓦尔(Anant Agarwal)教授认为,可以理解为"SPOC=Classroom+MOOC",是 MOOC 与学校课堂教学的深度结合,也正因此,"SPOC"在运行机制、教学形式、教学流程等方面发生了较大创新。

(二)项目化教学述评

继混合式教学模式提出之后,威廉·赫德·克伯屈(1871—1965)从杜威"做中学"的教育思想出发,并在其"问题教学法"的基础上,提倡方案教学并发表了相应论文。提倡根据学生兴趣从实际生活中确定目标、制定计划,从而完成达到既定目标到评价的教学过程。此后,项目化教学在美国 MBA 的教育教学活动中得到了长足的发展,相继在世界范围内的发达国家得以广泛使用,并于 20 世纪后趋于完善,形成了一种全新的教学模式。项目化教学,提倡以项目为主导,学生为主体,学生通过制作、研究项目的过程完成相关基础知识的学习。在这个过程中,强化学生的分析、合作、实践等综合能力。

项目化教学法的相关概念是美国教育界最早提出的,19 世纪中晚期引入欧盟国家并得以发展,当时他们采用企业的实际项目为载体的班级授课和小组讨论的方式教学,很大程度上弥补了职业实践能力培养的缺失。美国巴克教育研究所继而又提出优秀的项目化教学教师应该具备的素质和要求,以及项目化教学的设计方法、项目化教学实施的各种原则和基本方法。然而,项目化教学的真正成熟是在德国职业教育的"双元制"模式下,高校以企业真实项目为载体,进行理论和实践的教学,在实际产业的项目中,让学生直接担任产业角色,在教学活动中提升学生的实践能力和团队协作能力。至今为止,德国的职业教育依然处于世界领先的地位。

综上,项目化教学的理论研究和实践已有百年历史,产生了许多的成功案例,并在教学中展现出其作用和价值。这些成熟的理论和案例为工科专业课程的项目化教学实践提供了成熟的示范作用。

我国起步较晚,于20世纪80年代开始相应的研究。改革开放后,随着社会对技能型人才的迫切需求,教育界更加重视应用型人才的培养,项目化教学开始逐渐得到教育研究者的青睐。近年来,随着行业对应用型人才需求的增加和教学改革的不断深入,以工程实例为主要载体的项目化教学改革层出不穷。通过对中国知网的搜索,发现有关项目化教学应用研究文献数量从2003开始快速增长。目前此类文章已有近2500篇,主要集中在"职业教育""应用型人才""实践研究"方面,其中"实践研究"类的文献最多,涉及的专业主要是应用类的专业和学科。

"SPOC"模式和项目化教学改革都是较新颖的教学改革模式,笔者以"SPOC"和"项目化"为关键词在中国知网上查找相关文献,二者兼而有之的文献几乎没有,因此有必要对这种教学改革模式深入探索,并与传统教学模式进行对比,从而获得教学质量的比较数据。

因此,本课题组在"液压与气压传动"课程中实践了在传统教学基础上,充分结合"SPOC"教学模式,以工程实践项目为载体,完成了课程教学改革实践,并通过考试成绩分析、问卷调查等渠道,对学生的学习积极性、学习效果、解决问题的能力等方面进行了比较研究,从而不断深入探讨线上线下教学的优化比例,提高教学效率和效果。

本文以工科类专业"液压与气压传动"课程为载体,实施了为期两年的教学改革,并对测试成绩进行了比价研究。

二、基于SPOC的工科专业"液压与气压传动" 课程项目化教学实践探索

(一)课程简介

"液压与气压传动"课程是高等学校机械及近机械类专业的一门专业必修

课,主要讲授液压基本原理、液压系统的组成、各类液压泵、液压马达、液压基本元件、基本液压回路、液压系统、气压原理、气压元件、气压系统等,教学内容循序渐进,逻辑性强,适合以工程项目为载体开展教学活动。

(二)课程基础及培养目标

培养学生设计、识读、分析液压和气压系统原理图、确定参数选择液压与气压元件的能力,并能够指导安装。

改革前课程开设情况。我校"液压与气压传动"课程主要在机械设计制造及其自动化、电气工程及其自动化和机械电子等专业中开设。教学大纲要求和教学内容以及侧重点安排根据专业需要有所区分。学生相关学科学习基础也存在较大的个体差异。

根据以往在课堂教学中的经验,学生学习成效不佳,主要原因如下。

(1)课程自身因素:不单独开设流体力学基础,仅在课程中设置少量的流体力学学时,导致学生流体力学基础不够扎实;课程内容本身难度相对较大。

(2)教学条件因素:缺乏实验和实践机会,课程内容略显抽象,难以理解。

(3)教师因素:教学方法因循守旧,缺少引导,导致本身就枯燥的课堂更加索然无味;缺乏课堂教学设计,注重单向传输,对教学成效的反馈不足;缺乏对学生的了解,导致因材施教失去实际意义;对学生课余时间设计不够,课业负担较小,导致课内外学习时间失衡。

(4)学生因素:学生空间概念不够,对液压和气压元器件的空间结构无法快速想象出来;学生学习投入不够,主动探究动力不足。

(5)教学手段因素:因课堂教学时间有限,且采用大班课教学,使得教师无法顾及更多的学生,甚至个别学生对课程完全失去信心,自暴自弃,达不到预期教学效果。

在传统教学方法和质量评价体系中,更多强调外部输入因素,而往往忽视学生的内在动力。迈克尔于 2010 年提出以学生为中心的教学视角;阿斯汀提出学生投入理论,认为学生投入需要从生理上和心理上付出能量,才能真正将教学知识内化于心。

基于此,课题组早在 2014 年开始构思课堂教学改革,初衷是增加学生课业量,提高其主动学习的积极性,起初效果不佳。后来在给出典型机械设备液压系统图时,学生虽有积极性,但为时已晚,课程已经接近尾声。由此,课题组大胆假设,如果采用项目化教学,将课程内容倒置安排,所需的基础知识由学生通过翻转课堂教学模式自主探究,不失为一种较好的教学模式。

(三)课程改革的实施

课程改革设计思路。教学过程中,以典型机械设备液压和气压系统为项目载体,引导学生以基本元件的结构、工作原理、图形符号、故障现象及排除为知识学习的切入点,以液压与气压基本回路为学习单元,充分开展线上学习学习和线下交流为主要模式的学生方式,发挥学生的拓展性思维;开放实验室,为学生提供实践学习的场所,建立完善课程网络教学平台,并在课堂和线上进行答疑、交流,展示学习成果,以加深对课程知识的掌握。

课程改革实施。2016年9月至今,课题组对液压与气压传动课程进行了改革试点,分别对两个学年的课程进行了改革实践,并从最初的一个试点班发展到了现在的机械设计制造及其自动化专业的六个平行班全面铺开。

(1)准备环节。

课程资源准备:主要包括网络学习平台的搭建、项目载体的准备。网络平台需要为学生准备学习所需的基本资源,包括课程简介、课程教学大纲、教学课件、其他学习参考资料、测试资料、习题、教学视频(视频资料多数是课题组教师录制,个别视频借用其他学校的优质精品课程网站上的教学视频)、课程改革简介;项目载体主要来自典型机电设备,主要有外圆磨床液压系统、挖掘机液压系统、推土机液压系统图、液压机液压系统图等,虽然难度有差异,但是所需的基础是相同的,达到教学要求和目的过程和付出是相同的。

学生课前动员:课前利用一次课,对学生进行改革前的动员教育,不仅要介绍课程的性质、主要内容、要求、教学目标,更重要的是要充分介绍改革思路、教学安排、考核机制和方法;对学生进行分组,确定组长和成员的责任与义务;分配各组的学习任务和要求,介绍必要的学习方法。

(2)实施环节。

分组及责任安排:一个班级分成8个学习小组,每组设组长一人,负责组织学习、组织汇报准备、小组内部任务安排及学习成果检查;记录员一人,协助组长对各项工作发布进行记录、对成员进行考核等;明确组内成员的责任与义务以及必须达到的教学要求。

课程内容的引入：以牛头刨床的液压系统、剪切机气动控制系统等工程实例引出该课程在生产和生活中的重要地位和作用，并借此阐述液压与气压传动技术的基本工作原理，引导学生学习该课程的基本思维方式。

任务分配：教师任务分配宜粗不宜细，分配学习任务时以目标为导向，每组分配两个任务。其一，每组分配一个难度相当的典型机电设备液压系统和气压系统最终识读项目系统图为主线，对学习过程不做更多的干涉，而对于组内的学习要求必须明确，而且每个人必须达到目标。至于组内任务分配，则有本组组长与成员经过几次学习后共同商定，基本任务每个人必须做到，汇报任务则视学生的情况再做决定；其二，每组分配一个小型机电设备液压与气压系统设计图，要求各组在学期结束时完成该系统的设计、元器件主要参数的确定、元器件选型以及设计说明书的撰写。

课前学习：教师引导学生将该液压传动和气压传动系统分解为若干能够实现一定动作的简单基本回路，再将回路拆分为若干液压和气压元件，每一个元件的结构、工作原理、图形符号、应用分析、常见故障分析等通过学习平台上事先录制的具有动画演示功能的小视频来完成。各组内部学习过程可以分散，遇到疑难问题先在组内讨论，解决不掉的问题与教师在线互动。但基本回路功能分析、元件作用分析、液压和气压系统分析等需要小组讨论完成。教师充当的角色是答疑者，每完成一个回路，各组之间会通过课堂展示阶段性学习成果，最后展示整个液压系统的学习成果（也包括设计成果）。各组之间带有一定的竞争性，每次展示不仅要陈述对内容的理解，同时要对同学和老师提出的问题进行答辩，教师和每组组长作为评委，对各组进行评价，作为考核环节中的平时考核。

（3）考核环节。

考核分为过程考核、完课率考核、项目考核、期末考核四个部分。过程考核主要考查学生课程参与度、课堂表现等；完课率考核主要是通过考核督促学生完成基本知识的学习，主要由视频学习记录和随机回答问题的质和量来衡量；项目考核由两部分组成，一部分主要由项目组组长给定，按照组内成员对项目的理解程度、贡献率、参与度以及创新性等指标考察，并相对客观地给出这部分的成绩，另一部分则由教师和考核小组通过项目汇报、项目答辩的基本情况给定；期末考试则按照常规进行，但在综合成绩的评定中占比不高，各部分的具体占比可自行确定,本课题组是按照2∶3∶3∶2的比例分配的,主要是引导学生做好相应的基础学习和具体的项目。

(4)课程反思:课程结束后,课题组要求教师和学生及小组从不同的角度进行自我反思,以便课题组积累经验,在下一轮改革中加以克服。

三、教学效果分析

(一)卷面成绩对比分析

改革实施结束后,在命题环节,课题组为便于比较,设计了测评试卷,确保各部分难度与改革前基本相当。本次对比采用实施改革的第一个班的成绩和改革前相对比较好的一个班的成绩做比较,认为改革后成绩提高较为明显。

为增加比较研究的可比性和可靠性,本次对比均采取卷面成绩按照百分制进行比较。改革前后卷面考试均采用的是闭卷笔试。

各分数段人数对比(见图1)。

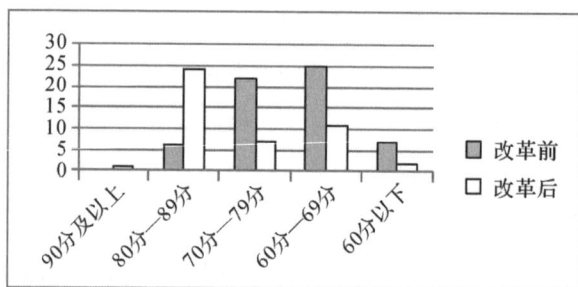

图1　改革前后各分数段人数对比

从图1明显可以看出改革后的高分段人数明显大幅提升。

平均分数对比。改革前试卷卷面平均成绩68.73分,改革实施后平均成绩77.67分,较改革前提高了8.94分,提高幅度达到13%。

问卷分析。课题组共发放并收回有效问卷150份,基本情况如下:

(1)与常规教学方式比较,学生的学习投入度(见图2)。

由图2明显可以看出,91.3%的学生自认为学习投入较常规教学模式下有所增大,仅凭这一点,改革就是成功的。

学习投入度

8.67%　1.33%

□ 多且好

■ 持平

□ 不及传统教学

90%

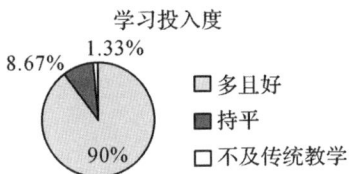

图 2　学生学习投入度比较

（2）每周平均投入课程的学习时间（见图 3）。

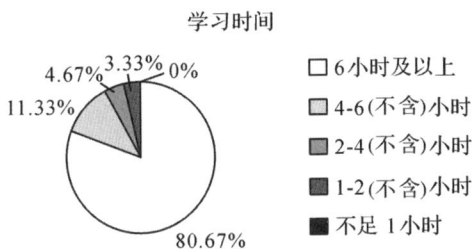

学习时间

4.67% 3.33% 0%

11.33%

□ 6小时及以上

□ 4-6(不含)小时

■ 2-4(不含)小时

■ 1-2(不含)小时

■ 不足 1 小时

80.67%

图 3　学生学习投入时间

可见学生学习投入时间相对较多，比较理想。

（3）对课程知识掌握程度（见图 4）。

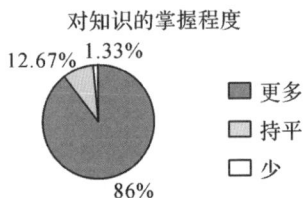

对知识的掌握程度

12.67% 1.33%

■ 更多

□ 持平

□ 少

86%

图 4　学生对知识的掌握程度比较

86％的学生认为改革后对知识点的掌握更好，掌握的知识更多。

根据以上分析可见，基于 SPOC 的项目化教学模式虽然不是最好的，但是对促进学生学习投入、提高知识的掌握程度、促动学生主动探究和合作学习无疑是一种较好的方式。

（二）改革对学生学习产生的影响

积极影响。改革后学生的变化较为显著。主要表现为能按要求完成自主学习、小组研讨、自我测试等任务；能进行自我学习管理；明确学习任务并积极思考和研讨；能更快更准确地理解教学内容，掌握课程的学习和思维方式；对教师布置的任务，能提出自己的观点，能够找到适合自己的最佳学习方式；能在课后一定时间内完成具有一定挑战性的学习任务;与小组成员分工协作、组织协调能力明显提升,团队合作能力明显增强;积极主动向老师提问的学生明显增多;对不懂的问题能够更进一步地深入研究。

消极影响。因为改革中没有成熟的经验可以借鉴,改革中也存在一些问题,比如:因考核机制不够健全,导致个别学生借团队合作之机,浑水摸鱼;因学生依旧存在等、靠、要的心理,导致学生参与程度不同,学生能力发展不均衡,外向型性格和表现欲望强烈的学生得到锻炼的机会多,而性格相对比较内敛的学生则多数随波逐流,不够主动,得到的锻炼不够;学生合作学习存在缺陷,体现了"能者多劳",但也充分体现了"多劳多得"和浑水摸鱼学生的"不劳而获"。

(三)影响教学效果的因素分析

教师因素。基于 SPOC 的项目化教学模式改变了教师在教学中的角色定位,对于习惯了传统讲授式教学的多数教师而言,要从思想观念、知识结构、工作方式等方面全面改变,要从单纯的知识传授者,变成学习活动的设计者和组织者、学习资源的建构者、学习过程的促进者和辅助者,变成知识的解惑者和引导者。因此,这种教学模式对教师的要求更高,尤其是网络发达、知识大爆炸的当今时代,学生提出的问题难以预先准备,所以要求任课教师要及时更新和补充专业知识,以适应不断变化的发展需求。

学生因素。学生要及时改变角色定位,从被动吸收知识,转变成主动学习相关知识,主动提出问题,学会自我管理、自我约束,改变以往教师教什么,我就学什么的观念。学生学什么,学多少全靠自己,教师只是起到策划、设计和辅助的作用,要彻底改变过去的等、靠思维模式,对学生而言也是一个不小挑战。转型顺利的学生,收获大;个别转变较慢的,或者不适应教学改革的学生,则体现出了旁观者的心态。

考核机制因素。任何一种考核机制都有其利弊,很难公平公正地反映客观事实,所以对部分学习投入较多的学生来讲,很难从成绩上给予充分体现,也无法对少量投机取巧的学生给予真实评价。但是,任何考核也只是一种促进机制和手段,促进学生真正掌握知识、学会学习、学会自我管理才是最终目的。本课题组设计的四个考核环节,也存在较多的漏洞,比如:完课率考核和项目化考核,则存在较大的不可控空间。

四、结语

　　基于 SPOC 的项目化教学方式,在"液压与气压传动"教学中的实施,给教师和学生带来一种全新的教学和学习体验,也在一定程度上激发了学生的学习兴趣和探究心理,但同时也对教师的备课和授课提出了全新的挑战。教师和学生变得更忙了,课程教学中更加凸显了学生的主体地位,更加回归教学的本性,充分发挥了教师作为学生学习的设计者和解惑者的作用。但是,如何调动所有学生的积极性,还需要通过不断的改革,不断地总结经验,从教学设计和考核机制上逐步完善。

参考文献

[1] 康叶钦.在线教育的后"MOOC"时代——SPOC 解析[J].清华大学教育研究,2014.

[2] 孟爽等.工程实例在"液压与气压传动"教学中的应用[J],液压与气动,2012(7).

[3] 徐小凤等.基于 SPOC 的大学物理课程实践效果研究[J],现代教育技术,2016.

[4] 王超英.基于项目教学法的后期制作实践教学改革与探索[J].计算机时代,2015(5).

[5] 姜辽.数字媒体专业的项目化教学研究——以《Maya》教学为例[D].福州:福建师范大学,2016.

◎高校职业生涯规划课程"三课堂联动"教学模式的实践探索

方 瑛①

摘 要: 高校开设的职业生涯规划课很多流于形式,收效甚微。本文提出"三课堂联动"实践教学模式,从通识教育、体验教育和职业教育三个方面入手开展实践教学。同时,适当有效地融入创新创业启蒙教育,提升课程的实效性,提高人才培养的质量,培养创新型人才。

关键字: 职业生涯规划;三课堂联动;实践反思

近年来,我国越来越重视本土化的职业生涯教育,传统的教学模式重理论、轻实践,重讲授、轻体验,无法契合生涯规划课程"实践性"和"主体性"特征。探索新的实践教学模式,实现"三课堂联动",能够帮助学生进行合理规划,融入创新创业的意识、精神等培养,以提升学生的职业化能力、核心竞争力和可持续发展能力。

一、职业生涯规划课程教学现状

(一)学生意识薄弱

由于传统教育只重视学习成绩,而高中阶段也较少注重学生生涯规划的意

---

① 作者简介:方瑛(1982—),女,汉族,浙江慈溪人,法学硕士,宁波城市职业技术学院讲师,研究方向为职业生涯规划、创新创业等。

识启蒙,所以很多学生不了解职业生涯规划,甚至认为生涯规划是关于"找工作"的一门课程。再者,大部分学生高考填报志愿时,多是依据专业热门程度和高考成绩来筛选,没有对专业进行深入的了解。很多学生和家长没有考虑过自身的兴趣和能力倾向,也没有考虑过未来职业发展方面的需求。有一部分学生进入大学后,发现不喜欢或者不适合专业而消极应对学业。由于职业生涯规划教育的缺失,学生的生涯规划意识薄弱,造成对生涯规划课程的学习缺乏内在的学习动力。因此,他们容易目标迷茫,行动力不强,对未来没有方向感。

(二)教育手段单一

目前,课堂授课和集中讲座是最为普遍的两种教育方式,但内容多为基础知识的讲授,且多为大班授课,无法针对个体进行有效指导,缺乏针对性。当然,在课程优化的过程中,也有一些创新的教学方式,如利用在线职业测评系统进行自我认知部分的测评,通过生涯人物访谈等形式进行职业环境的调查与分析,组织学生参加职业生涯规划大赛,以赛促学,等等。但总体来看,仍显得较为随意,缺乏系统性,且深入度不够。如大多数学生的自我测评结果没有进一步的解析和验证,学生看中生涯规划大赛的结果,而忽视了比赛过程中的认知与反思。

(三)课程内容随意

职业生涯规划课程除了相关理论外,还应包括职业、就业的实践,其目的是帮助学生明确目标,知己知彼,做好规划,实现可持续发展。但实施过程中,课程内容的选择更加关注学生能否就业,缺少对就业质量的关注和长远发展的规划。一方面,课程内容上以就业形势、面试技巧等为主,功利性较强;另一方面,因为课时原因,职业生涯规划课仅在大一进行授课,且与就业指导课也没有进行很好的对接,造成课程内容缺乏连续性。

二、"三课堂联动"的实践教学模式探析

结合职业生涯规划教育实践性较强的特征,融入创新创业启蒙教育,搭建"三课堂联动"的实践教学模式,使课程真正被学生喜欢,对学生受用。

（一）第一课堂通识教育是夯实基础

通识教育以理论知识和探索方法的学习为主，让学生能够认识自己和探索职业，学会决策的方法，为今后产生有效的行动力做好准备。

1.讨论式教学

讨论式教学法是指通过预先的设计与组织，启发学生就特定问题发表自己的见解，以培养学生的独立思考能力和创新精神。讨论式教学的环节大致包括设计问题、提供资料、启发思路、得出结论四个步骤。如关于"我的专业谁选择"这一主题，通过对"我的专业是怎样选择的？""我对专业的了解情况""我对专业的总体感觉""我的专业今后可以做什么？"等问题展开讨论，加深学生对专业的认知，跳出常规思维的束缚，拓宽思路，探讨专业发展及自身发展的可能性。

2.头脑风暴式教学

头脑风暴法即无限制的自由联想和讨论的代名词，其目的在于产生新观念或激发创新设想。头脑风暴法让所有参加者自由提出想法或点子，并以此相互启发、相互激励，引起联想并产生共振和连锁反应，从而可以诱发更多的创意及灵感。生涯规划课自我探索和职业探索的部分都可以采用头脑风暴法。如口头完成20个"我是……的人"的句子，能够让学生更加深入发掘自身的特点和优势，包括创新创业的能力和潜质；如"你能想到的跟手机有关的职业有哪些？"这一问题可以帮助学生探索行业的多样性，带着创新的思维去发现职业的新趋势和新兴职业的发展可能性。

（二）第二课堂体验教育是深化反思

第二课堂的体验教育让学生通过活动体验、反馈和反思，更加深入认识自己和社会，并结合自己的特点，进行个性化的目标设定和路径规划。

1.生涯工作坊

工作坊（WORKSHOP）是以小团体的方式，由领导者带领学员共同参与、体验、探索、分享和建构的地方。生涯工作坊的实践教学能够解决学生在职业生涯发展中的共性问题，了解职业生涯规划，从而提升创新、合作等核心技能。生涯工作坊采取团体招募和甄选的方式，面向全校各年级学生，组成30人以内的小团体。主题的选择以生涯发展脉络为主线，结合人际交往、沟通表达、团队合作、创新思维和创新能力等多维度的能力与素质的提升。

2.生涯体验周

生涯体验周遵循生涯理念,将职业生涯规划课程设计成系统的活动,学生在区域内的互动活动中进行自我目标定位、自我探索、职业探索等,在实践中了解并进行职业生涯规划。

3.职业生涯规划与创业大赛

举办职业生涯规划与创业大赛,并将该项目列入学科技能节项目。比赛可分职业规划类(简称 A 类)、创新创意类(简称 B 类)和创业实践类(简称 C 类)三个类别,分赛前指导、初赛、复赛和决赛四个阶段,由学院和学校两级共同组织和实施,做到以赛促学,以赛促生涯规划理念和创新创业意识的普及。同时,通过比赛遴选出优秀选手参加省赛、国赛。

(三)第三课堂职业教育是挖潜提效

通过深化校企合作,利用协同创新平台,充分发挥企业实践教学优势,第三课堂的职业教育旨在让学生真正近距离接触企业或职场人士,掌握职场信息,深化实践体验。

1.企业调研

企业调查是指通过各种调查方式系统客观地收集企业的信息并研究分析,从而对企业的运行和发展做全方位的了解,为创业或就业的决策做准备。这里的企业调研是学生基于自我了解的基础上,有针对性地选择今后要从事的行业、企业做调研,对发展环境进行了解和评估,调研过程由学生自主设计、组织和完成,对策划、组织、沟通等多方面的能力都有提升和锻炼。

2.生涯人物访谈

生涯人物访谈,是通过与一定数量的职场人士(通常是自己感兴趣的职业从业者)会谈而获取关于一个行业、职业和单位"内部"信息的职业探索活动。通过访谈,了解该职业岗位的实际工作情况,获取相关职业领域的信息,进而判断你是否真的对该工作感兴趣,实际上是一次间接、快速的职业体验。这项活动对于没有工作经验和社会阅历的大学生来说,是了解职业的一个比较好的方法,访谈过程本身也是一种自我能力探索和创新能力培养的过程。

三、实践反思

(一)教学目标要体现持续发展

职业生涯规划课程的教学目标不仅仅是满足学生就业的需求,更多的是关注学生职业的可持续发展。古语云,授之以鱼不如授之以渔,授之以渔不如激之以欲。欲为激发欲望,是前提;鱼为传授知识,是基础;渔为培养能力,是关键。教学过程中,除了教授学生生涯规划的知识和方法之外,更重要的是要把知识转化成有效的行动力,培养学生的能力。而只有先激发学生的热情和兴趣,才能让学生主动学习,并学以致用。

(二)教学内容要满足因材施教

生涯规划课的教学内容应抛开传统思路,注重实践,凸显个性。其一,应选取生涯规划理论中最经典、最基本的知识,以满足学生进行职业生涯规划的需求。同时,引入生涯规划领域新的理念和研究。其二,倡导因材施教,不同学校、不同年级、不同专业的学生,对教学内容的需求点是有区别的,应结合不同特质有针对性地设置教学内容。其三,教学内容的选取要善于利用学生身边的例子,联系实际,能够解决学生真实的问题和困惑。

(三)教学结合要实现相得益彰

生涯规划课既具有专业性,又具有综合性。要提升课程的有效性,一方面,要与专业相结合,引导学生从专业学习的角度,了解就业和职业发展,重视职业技能、职业素养等综合性的培养。另一方面要与创新创业的理念融合,将创新创业的精神和能力的培养贯穿到课程教学过程中。职业生涯规划课程的对象都是独立的、个性化的个体,要从学生个体需要出发,真正解决学生的就业及未来的可持续发展。

参考文献

［1］刘辉.体验式教学模式在职业生涯规划课程中的应用研究［J］.教育教学论坛,2017(37).

［2］李可依.基于大专业的"宽基础、活模块"课程模式架构与实施——以浙江工商职业技术学院"大学生职业生涯规划"课程改革为例［J］.职教通讯,2017(3).

［3］苏文明,吴薇莉.生涯教学的误区及走出误区的思考——生涯教学应以唤醒生命意义与促进幸福为着力点与归宿［J］.西华大学学报(哲学社会科学版),2015(7).

◎变革与突破:以信息处理能力为导向的高职展示设计课程教学探索与实践

张莹莹[①]

摘　要:展示设计专业的学习核心是对信息收集和信息处理能力的培养。本文从专业最基本的展示设计概论课程出发,改变传统的讲授教学法,将信息处理能力作为导向,设计以学生"本能体验空间""行为感触空间""深层反思空间"环环相扣的教学模块,培养学生学习的综合能力,形成设计思维的可持续发展。本课程的探索与实践为设计理论课程的教学改革提供了借鉴和参考价值。

关键词:展示设计概论;信息处理;空间体验

一、教学改革背景与课程

我国展示设计专业的建立从2004年起,经历了2010年上海世博会的挑战,如今迎来了后世博时代的理性回归。2015年3月29日,国务院以印发《关于进一步促进展览业改革发展的若干意见》,进一步明确我国将从展览业大国

---

①　作者简介:张莹莹(1988—　),女,浙江宁波人,硕士,浙江纺织服装职业技术学院助教,研究方向为艺术设计教育。

基金项目:浙江纺织服装职业技术学院教学改革课题"从本能体验空间到编译信息处理——高职'展示设计概论'课程改革研究"。

向展览业强国发展的目标。从世博前大量人才缺口的填补到当前更规范合理的专业人才的培养,展示设计专业的教学应该从单纯的横向技能培养向纵向的深层设计思维发展。教师有必要重新审视新的市场需求,对应改革课程教学。

展示设计概论是展示设计专业的基础理论课程。该门课程作为设计专业的引导课,通常设置在大学一年级的第一学期,为学生开启设计专业的学习做准备。设计概论类课程在高等艺术院校设计课程中,一般都处于基础但不受重视的地位。教师和学生通常认为设计技能的学习看得到摸得着,而理论课则虚无缥缈,很难快速体现出教学成果。加之理论课多以传统的讲授方式教学,难以提起学生的兴趣,与之后的设计实践无法形成关联和对接,使学生在后续的专业学习中出现如下问题:

(一)对设计学习的迷茫,无法找到设计思考的途径

展示设计概论作为入学第一门专业课,起着未来3年学习的引导作用。学生从高考美术的学习过渡到专业设计的学习,需要经过一系列思维的转变。"展示设计"的学习首先是对"设计"的学习,需要培养学生对设计学习的兴趣,从各个设计领域找寻学习的灵感,从而培养自我思考和探索的能力。若在前期的展示设计概论课程中没有建立相应的学习思维和方法,将浪费大量的时间在"设计"学习的门外徘徊。

(二)对展示设计的认知不明确,与后续课程学习的衔接紧密性不足

对于高职设计类教学来说,"学时短、内容多"一直是教师在教学过程中面临的主要矛盾,如何在现有课程中合理安排教学内容,并做好各课程之间的贯通,各知识点之间的衔接,是高职教师课程改革的关键议题。在第一学期的课程设置中,"展示设计概论"课程后紧跟的是"素描与图形""色彩与表达""立体与空间构成"这些传统意义上的设计类三大构成基础课。学生如果对展示设计专业没有明确的认知,其对三大构成课的学习是孤立的知识块,无法实现知识的链接和迁移。反之,若学生对展示设计专业有了明确的认知,教师在三大构成课中可以适当引入展示实践案例进行教学,其对后续的专业设计课程将起到非常积极的作用。

"展示设计概论"课程作为展示设计专业的入门课,发挥着引领新生转变固有思维,快速进入设计专业学习的作用。在有限的18课时中,以直观、快速、有

趣的方式了解"什么是设计""什么是展示设计""学习设计和展示设计的方法探讨"等,形成可持续发展的知识连接和迁移,是进行"展示设计概论"课程改革的目的。

二、教学目标与课程框架

"展示设计"的定义是在固定的时间和空间运用各种艺术手段来达到传达信息目的的设计。因此,对于"展示设计"的学习,其核心是对信息收集和处理能力的学习。这种能力的培养可以分为两个方面:信息收集和信息处理。在展示设计领域中,信息收集可以指对展会情况的了解,品牌案例的收集,展品信息的解读等。这些知识在课堂上的讲解是非常有限的,如介绍相关展示设计实例,提供学生获取设计信息的渠道,带领实践参观展示空间等。而引导学生自主上网检索、建立优秀设计案例库等都可以帮助学生在设计学习过程中培养可持续发展技能。信息处理的重点在于将收集到的碎片信息进行系统加工,有组织有目的地进行再次传播。它有两种方式,一种是处理成文字、表格等信息;另一种则是将抽象信息的视觉化表达,处理成图形或图表的方式。信息处理能力的培养需要学生有意识地反复练习,养成设计思考的习惯。

以上两种能力的培养是可持续发展的,它将会贯穿学生今后的整个设计生涯。因此,本课程教学的改革旨在培养学生信息收集的能力,从感兴趣的领域出发形成各自的关注点,激发和引导学生主动参与、自主学习;信息处理能力则是学生独立思考、持续创新的关键要素,这种思维方式的训练,在重视技能学习的高职院校里尤为重要。本研究也以此来探究学生展示设计知识结构优化的路径与方法,促进学生以差异化的思考角度呈现出不同创新性的设计效果和能力。

在"展示设计概论"课程的教学改革中,以学生本能体验先行,通过对三种展示空间的感性参观,有意识地引导学生进行相关资料调研,最后形成具有创意设计的信息反馈,为设计思维的形成和设计综合能力的建立构建培养框架。

三、教学组织与教学手段

整个课程围绕"什么是展示设计"这个核心问题展开,打破传统照本宣科的被动讲授方式,锻炼学生主动寻找信息、处理信息的能力。

课程主要分为四个模块。(1)理论部分。以生活周边的案例作为引子,通过最浅显和简明的方式让学生理解"什么是设计"和"什么是展示设计",以及从专业学习之初就有意识有目的地培养学生自觉寻找自己的兴趣方向,为之后的设计学习以及长期职业生涯的准备,抑或是人格培养,建立一种设计通识课。(2)实践部分。这部分是整个课程的核心部分,选取展示空间设计的三个主要方向,结合当地的实践场地来进行教学。如会展空间的考察,结合每年一度的宁波国际服装博览会;卖场环境空间设计,结合宁波当地的和义大道商圈专卖店展开;文博类展示空间设计,结合宁波博物馆、宁波天一阁等。(3)展示部分。通过前两部分的学习和实践,对展示设计有了一定的理解和设想后,将收集到的信息进行处理,选择一种方式呈现给老师和同学。(4)课外延展部分。以班级兴趣小组为单位,将课内调研资料以微信公众号发文传播,并使之成为后期教学过程中班级资源共享的平台。如表1所示:

表1 "展示设计"课程模块表

编号	模块名称	教学步骤	教学练习	教学方式
模块1	理论认知	概念理解:设计、展示设计概念 案例讲解:展示空间设计案例 关注兴趣:培养自身的设计兴趣	信息收集,找寻兴趣点	讲授、引导、讨论
模块2	空间体验	课题1:展会空间考察(宁波国际服装博览会) 课题2:卖场空间考察(宁波和义大道商圈) 课题3:博物馆空间考察(宁波博物馆、宁波天一阁)	以图形或模型呈现参观后感想 以小组讲述"品牌的故事" 小组展示"不一样的博物馆参观"	实地考察、参与式观察
模块3	成果展览	布置成果展示 陈述展览思路	小组课程作品布置于教室一角	学生自主、教师协助
模块4	课外延展	微信平台搭建	创建平台,自主管理	学生自主、教师协助

模块1:理论认知——概念理解—案例讲解—关注兴趣。

课程第一模块的主要内容是对"设计"和"展示设计"的认知,从日常生活中的设计案例出发,引导学生关注身边某些设计案例,找到自己感兴趣的某个设计方向。如对某品牌服饰的喜爱,可以进而关注该服饰每年的流行趋势和发展变化,其品牌发布会、展览空间、专卖店的设计风格等,找寻相关资料,持续关注其设计发展。这部分教学以概括性的理论讲解到具体案例的分析说明,意在激发学生以各自兴趣为出发点,培养其主动收集和整理信息的能力。

模块2:空间体验——本能体验展览空间—行为感触空间内容—深层反思参观亮点。

展示空间设计分为会展空间设计、卖场环境设计、文博展览设计、主题乐园等。课程第二模块选取其中最重要的三项设计内容,也是展示空间设计专业的核心内容,依托当地展览空间的实地体验展开,并为后续"卖场环境设计""会展空间设计"课程的开展提供前期基础。课程教学设计了三个课题项目,围绕这三个项目完成信息收集和信息处理的能力培养。

课题1:展会空间考察。

课题描述:以"从宁波国际服装博览会引发的联想"为题,通过图形或模型的方式呈现。

课题说明:本课程正值秋季的展会高峰期,一年一度的宁波服装节是宁波最具影响力的品牌展会,也是学生体验展会空间的最佳展览活动。在参观品牌展会之前,要求学生查找展会相关资料,并提供给学生不同的参观视角来进行实地体验。这部分的展会体验,要求每位学生最终以图形或模型的方式呈现他们对宁波国际服装展的观后感,呈现可以是针对整个服装展的各个策展环节的所思所想,可以是展会中的某个品牌展台的观后感,也可以是就某个设计元素引发的连锁思考。在这部分的展台体验中,依循学生初次的展览体验,在各品牌展台空间中引导其了解品牌内容。学生的反思过程是作为参观者的他们根据全方位的体验,然后学着从设计师的角度来重新对获得的知识进行重组。

课题2:卖场空间考察。

课题描述:调研某品牌专卖店,结合图文,以讲故事的方式呈现"品牌的故事"。

课题说明:专卖店考察以宁波最为高端品牌的聚集地——和义大道商圈作

为调研对象,对于品牌的历史和定位,以及风格特点,都能从专卖店的设计考察得出。这部分的信息收集以小组为单位,调研某个品牌的前世今生,并将收集到的信息重组,以"品牌的故事"为题,配合道具进行陈述演绎。

课题3:博物馆空间考察。

课题描述:参观博物馆,转换一种不同的参观路线,并用图文或模型展示。

课题说明:文博展览设计的考察以宁波博物馆和宁波天一阁为体验对象。前者是普利兹克奖得主王澍的成名作品,后者是宁波著名的藏书阁。不但接触了现代博物馆的陈列方式,也体验到原址博物馆的再建和设计。这部分同样是以小组为单位,要求学生在实地体验后,变化一种不一样的博物馆参观路线,以图文或模型配合陈述来呈现最终作品。

展览空间体验从以上三个空间类型切入,每部分都以学生的本能体验展览空间出发,寻找最为吸引他们和符合兴趣的关注点。在展览空间中以参观者的视角了解商品,熟知展示陈列以及各区域的功能,收集实地信息,并进一步通过网络查询,扩大信息收集范围。信息处理则从专业设计师的角度来深层反思体验的内容,并重新选择视角再设计。

模块3:成果展览——布置成果展示—陈述展览思路。

课程最终展示就是一次小型的展览策划组织实践。学生以小组为单位,选择教室里任意一个角落,将每次完成的作业统一展示出来。在小组同学的每次作业中寻找共性,将任意的作品以一条主线的方式串联并展现出来。这个实践已完全将学生从一个展览空间的体验者转化为展览策划和设计的专业人员。将"所思"转化为可实施的展览设计,并担任此次展览的解说员,这一系列的内容便是展览设计师所需具备的职业技能。

模块4:课外延展——微信平台持续学习。

对信息的收集、处理、再演绎,是贯穿于整个设计生涯的必备技能。如果说软件的应用技能是硬性的学习指标,那么对设计的思维培养以及可持续性的发展则是更为长期的发展关键。学生可以通过各种渠道收集设计相关的信息,培养自学能力并形成自己的设计思维。以班级为单位创建的微信公众平台就是全班学生信息互换的场所。最初以向公众展示课程作业为出发点,后期则可以让学生自由转发最新设计案例,形成资源共享的平台,扩大设计案例收集的范围。一旦形成较好的学习氛围,这个平台所共享的设计案例资源可以使班级学生长期受益。

综上所述,信息收集和信息处理能力其实就是设计思维培养的核心。在设计学习之初需要学生尽可能地去涉及更多的优秀案例,在看、学、模仿中分辨优劣设计的差异,并从中吸收更多的思考路径。在课堂教学中,教师更多的是提供学习的途径,如欣赏设计的角度和思考方式的引导。在课堂上,教师将主动权交给学生,提供一个畅所欲言、自由表演的舞台。小组与小组之间形成研讨式、辩论式的学习方式。这种轻松和自主的教学环境更能激发学生开放、积极的学习兴趣,形成设计教学的良好氛围。

四、作业展示与学习评价

经过2016级和2017级两届学生的课程实践,积累了相应的教学成果和教学经验。根据各个模块的课程步骤,初步建立了展示设计学习的框架,以培养学生信息收集和信息处理的能力为目标,综合锻炼了发散性思维、批判性思维和创造性思维,并以展示设计师必备的思考、制作、陈述的综合技能贯穿于课程始终。

在学生进行信息处理时会呈现两种方式:一种为文字信息的输出,在展示设计中我们俗称"讲故事"的能力;另一种是图像表现,可以是二维的图像也可以是三维的模型。针对文字信息输出,要求学生以"上台展示—集体互评"的方式进行,并围绕"是否能自圆其说""是否听懂""是否表现力强"等一系列问题进行辩论式问答;针对图像和模型等图像信息输出,通过学生作品展览,帮助学生从实情实景中感受"展示"和"自我思维"的呈现,丰富了原来课程教师单向评价的方式。

(一)模块2(空间体验)作品展示评价

课题1(展会空间考察)作品展示:个人完成的"从宁波国际服装博览会引发的联想"作品,以二维或三维方式呈现并配合思考过程陈述。

评价描述:该课题主要从学生作品效果和思维过程的陈述两方面进行评价。对于该课题名称的理解,是对学生发散型思维的培养。不同的参观经历,知识构成和兴趣点都会组成最后不一样的作品展示和表述。对于展会信息的处理也一定是建立在广泛的信息收集基础之上,从最后的思考过程陈述中便能体现。

课题 2(专卖店考察)作品展示:小组合作完成并讲述一段"品牌的故事"。

评价描述:经过课题 1 的点评和引导,学生在进行课题 2 的任务时,思维更活跃,作品的展示方式也更多样。如其中一个小组将 Louis Vuitton 品牌作为调研对象,一组四人每人演绎一段相关背景,来讲述整个品牌的发展历程(见图1);另一组则从 Hermès 品牌商品和他的展示方式入手,一边在黑板演示,一边讲述,并把整个演绎过程用摄影机记录下来,最后剪辑成为作品(见图2)。每组的展示结束后,进行小组间的相互问答和互评,扩大了信息收集的范围,并在此过程中锻炼了批判性的思维方式。最终评价会根据他们作品展现的新颖程度,四人配合的故事演绎以及在小组互评环节的问答情况三方面形成。

课题 3(博物馆考察)作品展示:小组合作设计一条"不一样的博物馆参观路线"。

评价描述:参观流线是展示空间设计的关键。以不同的创意视角来改变传统的参观路径是展示空间策划颇有趣味性的一环。从空间的角度统一室内外参观路径,或转换参观者角色,以古人或以动物角色进行参观等。这些奇思妙想的假设为原来传统的展陈提供了无限可能性。课题评价根据创意的趣味性和道具制作(配合演绎)的精美程度来评定。

图 1　Louis Vuitton 品牌故事演绎

图 2　Hermès 品牌故事演绎

(二)模块 3(成果展览)作品展示评价

作品展示:以小组为单位将个人作业与集体作业协调布置于教室一角。

评价描述:这部分的作品展示是一项小型的展览(见图3)。要考虑到展览中的各项展品(前期作品),并通过一种统一的方式串联起来。最终评价会根据现场展览情况和组员之间的互评打分两方面来综合评定。

图 3　部分作品展示照片

五、课程教学效果与思考

课程改变了以往设计理论课的固有模式,将原来只是讲授设计相关知识的课程转变为设计综合能力的培养。在短短的 18 课时的教学中,不但让学生直接参观体验了各项不同的展示空间,也以课题的训练突破了禁锢的思维模式。学生从课题之初的缩手缩脚、不知所措,到后期颇有兴趣的作品制作和滔滔不绝的过程陈述,一切的改变都是之后设计课程教学的准备,也是设计入门的关键。学生在课程结束后,反馈该课程很好玩,这正是教师所期望的——教育是玩(出)自我或产生(出)自我的地方。

2016 级的学生目前已进入大二的学习。在后续的专业课程中,其他任课老师都表示该班级学生有更好的表述能力和更强的方案探索能力,想必这与展示设计概论课程中埋下的"认识设计"和"思考设计"的种子,以及培养的"信息收集"和"信息处理"能力是分不开的。

课外延展部分的微信公众号,是课程结束之后向公众展示课程成果的平台,如 2016 级学生用视频拍摄将整个课程记录下来,并剪辑成 3 分钟的短片,展示他们有趣的课程(见图 4),同时在后续的其他课程中也发挥了线上展示的作用。学生自主管理和发布课程内容或感兴趣的设计领域的最新动态,在编辑信息和运营过程中就是对信息收集和处理能力的不断练习。通过公众号的运营使运营者(部分学生)和阅读者(看信息的学生)都得到了信息收集处理能力的锻炼。

对于设计概论类课程而言,不应该只是照本宣科的概念讲解,更应落地到实景体验,亲身感受,调动兴趣,培养学生首先成为艺术设计的欣赏者,其次才成为受益大众的设计师。

图 4 课程视频剪辑和微信公众号

参考文献

[1] 安迪·斯塔福德.罗兰·巴特传[M].北京:中国摄影出版社,2017.

[2] 唐纳德·诺曼.设计心理学[M].北京:中信出版集团,2015.

[3] 陈实.动画创意课程的教学探索与实践[J].装饰,2017(289).

[4] 陈星海.以设计工作流程为导向的项目式界面设计课堂教学改革与实践[J].装饰,2017(5).

◎移动端网络学习工具"课堂派"在高职英语教学中的应用研究

孙从众[①]

摘　要:在"互联网＋"背景下,教学信息化对高职英语教学改革具有积极促进作用。网络学习工具"课堂派"以移动客户端与社交软件为平台,为高职英语课程开展混合式教学模式提供技术支持,丰富教学形态多样化。

关键词:"互联网＋";课堂派;高职英语;教学改革

随着"互联网＋"的不断推进与深入,各种新型教学模式在基于互联网技术的背景下应运而生。网络公开课、慕课、微课等视频化、碎片化、任务化的教学模式尽管丰富了传统课堂教学形式,但在发展过程中也产生了诸多问题,如高辍学率、低完成率等。因此,课堂教学仍然是高校开展教学的重要平台与基础,在网络技术迅猛发展的趋势下,如何将新型教学模式融合于传统教学是提高教学有效性的关键。高职英语教学有别于综合性研究性大学强调学术型与研究型,高职英语教学更强调英语能力的应用与职业教育的结合。移动端网络学习工具对改变高职教学形态与提高学生学习积极性有显著的效果,利用手机使线上线下的教学互动成为可能,将授课式教学模式变成混合式教学模式。"课堂派"学习平台在结合微信社交软件的同时,也为传统教学中的不同教学环节提

---

①　作者简介:孙从众(1987—　　),男,浙江宁波人,硕士,宁波城市职业技术学院国际学院讲师;主要研究方向为高职教育、英美文学。

供技术支持,可操作性强,特别适合高职院校英语教学的开展。

一、"互联网＋"背景下丰富与创新高职英语教学形式的必要性

"互联网＋教育"是新时期下高职英语教学面临的新常态,由于高职英语教学有其职业化与应用型的特点,更强调英语实用技能的强化。互联网技术的发展不仅对传统单一式、授课型占主导地位的教学模式提出了挑战,教学手段能否适应以"90 后"为主体的高职学生成为教学有效性的重要指标。因此,互联网背景下,高职英语教学既面临着严重的冲击,也拥有许多的机遇,互联网技术给高职英语教学带来了巨大的创新空间。

(一)互联网对传统教学模式的冲击

传统教学主要以集中授课式开展教学内容,往往以知识点的讲解与期末考核为依归,生硬且枯燥。与此同时,高职英语教学除了基本语言教学的共同特征外,更强调语言的实操与应用能力,语言技能与未来就业岗位的适应。这就要求高职英语教师必须改变现有的单一式或应试型教学,尝试并丰富教学模式,提升高职学生的外语表达能力与职业应用技能。互联网的出现,无论对教师与学生都有巨大的冲击,尤其在课堂教学环节,手机等移动端的使用,碎片化与可视化信息的接收方式,使整个教学过程对教师提出了更高的要求与期望。

传统以多媒体课件固化式呈现模式已经无法满足学生对课堂教学的需求。高职英语教学的对象很多都基础薄弱、词汇缺乏、表达困难,又面临师资等现实问题,无法开展小班化教学,课堂效率低下,可控性不强。互联网的出现,使高职学生更易分散注意力,利用手机脱离于英语课堂教学。同时,以"90 后"为主体的高职学生对手机等社交软件依赖性强,如何在互联网背景下改变传统教学模式成为高职英语教师迫切需要面对的现实问题。

(二)互联网对高职英语教学的机遇

高职英语教学虽然在互联网的冲击下遇到诸多瓶颈,但这也是对传统教学模式进行反思的机会,未尝不是一次英语教学改革的契机。作为高职英语教学

的特点,可以有效利用互联网技术,激发学生学习积极性。互联网背景下的共享模式,可以为高职英语教学提供许多最新的资讯,扩展了获取国外各类信息的渠道,使学生都能发挥自身能动性,主动去阅读英语类新闻报道及文化知识,而非仅仅局限于教科书的学习。各类社交软件及自媒体的发展,也给高职学生学习英语提供了便利,为与不同国家的同龄人交流沟通提供了媒介。

因此,互联网技术突破了地域与空间的限制,共享了知识与信息,高职学生在英语学习的过程中,多了许多自我选择、自我学习、自我提高的机会,丰富了学习的内容,开拓了自身的视野。高职英语教师也可以充分利用互联网在整个教学过程中带来的正能量,除了教学素材的取得,更多了许多与同行及专家沟通交流的机会。在研究英语教学的过程中,提高自身对互联网技术的认识,并有效利用各类互联网工具,弥补传统教学中的缺陷,以服务学生为主旨,开发适合新时期网络原住民一代学生的课程体系与教学模式。

(三)互联网对高职英语教学的创新

互联网的发展对教学的创新具有现实与积极的作用,各类开放式在线教学平台也蓬勃兴起,如MOOC、SPOC、DOCC、MOOR、MOOL等。高职院校不能盲目跟风,用开放式在线教学平台来代替传统教学是不现实与非理性的。高职英语教学应该结合自身教学过程中的需要,并以高职学生学习特点为抓手,将各类在线教学平台中的资源进行有选择性的利用,最终开展以适应高职学生英语学习习惯为目标的混合式线上线下相结合的高职类在线教育平台才是符合师生利益与提高课堂教学有效性的理性选择。

移动客户端的出现,是又在互联网技术与手机功能增强的基础上,深化网络技术应用于日常生活的体现。高职英语教学应充分结合各类移动端学习媒介,不仅操作简易,而且将日常教学过程中学生使用手机的弊端进行转化,主动将手机作为英语教学的硬件设备,使其成为师生互动的新型媒介,具有积极的意义。网络学习工具"课堂派"就是基于手机移动端来辅助教学过程的新型教学平台,"是一种新型高效的在线课堂教学管理服务平台,它贯穿了教与学的全过程",特别适合于解决高职英语教学的现实瓶颈,提供操作简易的技术支持。

二、网络学习工具"课堂派"的主要功能与高职英语教学效能分析

"课堂派"最初由北大学生团队为了方便教师教学使用而研发,从 2014 年 9 月开始在北京大学试验使用,并以"让教育更简单"为口号。面对互联网对高职英语教学的影响,网络学习工具"课堂派"的主要特点就是将社交软件与学习平台相连接,将过程考核细化与量化,并能为师生互动提供时间与空间上的便利。教师在利用其数据统计的优势中,可以有效发现课程中需要改进的问题,为教学改革与模式创新提供可靠的数据支撑。因此,网络学习工具"课堂派"对于提高高职英语教学的效果与质量有积极的促进作用,并能激发学生学习的主动性,提升人才培养的质量。

(一)社交软件与网络学习工具的结合

"课堂派"学习工具无须下载 APP,直接利用其社交软件微信公众号(ketangpai01)进行关注即可注册申请,整个过程操作简易迅速。注册过程中,学生实名制申请,并填写学号、邮箱及手机号码,方便教师管理及联系。根据教师开课内容,建立课程名称,并告知学生邀请码即可组班成功。日常使用只需打开课堂派微信公众号,即可进入所学课程的课堂,不必再次登入账号,提高了师生的使用效率与灵活性。

课程建立完毕后,"课堂派"主页会显示课程名称、师生角色、成员数量等基本信息。每门课程界面中主要涉及话题、作业、资料、公告、测试、互动六大板块功能,还包括成员、成绩、考勤、表现四大管理功能。所有板块与管理功能都涉及了社交软件微信,进行相关推送与信息的发布,并有效利用微信功能与"课堂派"结合,发挥社交软件中的各类优点来为"课堂派"移动端学习工具服务。

(二)归档管理功能与过程性考核结合

高职英语教学过程的量化与标准化考核是整个教学环节中的重中之重,如何科学有效地进行日常考核是提高学生整体英语应用能力的基础与关键。学习工具"课堂派"就能很好地为师生提供英语课程中的过程性考核与管理归档

功能。其主要集中于作业与测试两大板块中,作业部分教师可以发布作业并设定提交时间,主页中会显示历次作业的内容,还有教师批改情况(已批、未批、未交)的呈现,根据课程内容,可以设置作业形式是个人作业还是分组作业,操作性强。教师可以用移动端直接进行批改给分,还可以进行查重,防止学生抄袭与剽窃,对于不合格的作业进行打回。

测试模块可以让教师发布测试试卷,设置测试时间,批改后可以进行成绩分析,自动计算出平均分与得分率。通过课堂测试与成绩分析,可以有效了解学生的学习情况,掌握难点与重点,对高职英语教学裨益良多。同时,所有的作业与测试都可以通过归档管理功能进行导出,呈现在 Excel 文档中,使学生整个学习状况与过程性成绩都能一目了然。由于整个学习工具与社交软件微信相结合,学生能随时收到测试与作业的反馈,对于有些作业,还可以在作业讨论板块进行评论,发表个人意见,教师也能及时跟进,掌握学生作业与测试完成情况。

(三)师生互动形式与自主讨论的结合

师生互动与自主讨论主要集中在话题、公告与互动三个板块中进行开展。高职英语教学中,由于师生比例、班额大小、师资情况等诸多因素的影响,师生课堂互动与自主讨论时间有限且效果不佳。"课堂派"中话题部分,可以让师生自由发起话题,如对课程中的教学环节提议、对重难点部分讨论、对作业疑难点互助等。以楼主发帖,师生评论方式开展自由平等的讨论,也可以随时添加话题讨论,使互动的深度与广度得以加深和拓宽。社交软件微信还可以将讨论内容分享到朋友圈等社交媒体,扩宽了互动的渠道与分享的空间,也增强了趣味性与参与度。

如果说话题模块给了师生更多课下时间进行形式多样的讨论平台,那么互动板块则更侧重于课堂内实时互动,教师可以自行设计互动的环节、时间、展示等内容。学生在完成互动内容后,可以自动统计结果。以英语单选题为例,教师发布互动中开始答题按钮即可,互动结束后,在展示部分会显示学生答题情况,正确答案及各选项所选择的比例,学生的数量等量化数据,帮助教师知晓学生对知识点的理解程度,还可以在该平台上随机提问,实时互动。通过互动,让每个学生都参与其中,在使用移动端学习工具"课堂派"过程中,丰富和创新了教学互动的模式。

三、网络学习工具"课堂派"应用于高职英语教学的优势与特色

互联网对教学的影响已经十分深入,从最初的网络精品课程到近期热门的微课、慕课等复媒体教学形态的出现,都说明利用互联网技术来进行教学改革的迫切性与必要性。高职英语教学有其独特的职业化与应用型的目标,更应该将高职学生的学习习惯与课程目标相融合,网络学习工具"课堂派"应用于高职英语教学起到了技术支持与教学创新,更有助于探索混合式教学的实践与学生自主学习能力的提高,成为广大师生开放式交流的平台与媒介。

(一)混合式教学模式的应用与实践

混合式学习是指把"传统学习方式的优势和网络化学习的优势结合起来",其宗旨就是突出学生作为学习主体的主动性,转变以教师作为课堂主导者的现象。传统英语教学教师"一言堂"普遍存在,高职院校学生基础薄弱,无法开展有效的课堂讨论,往往流于形式。"互联网+教育"背景下,许多高校纷纷开展线上教育的尝试,大量慕课、微课等线上教学视频与课程建设项目上线,但也出现了诸多问题。高校信息化建设应该以为了学生的需求为根本,但事实上很多教师更基于评奖等目的拍摄线上课程,尽管制作优良,但对学生助益不大,收效甚微,学生"辍学率"在线上课程体现得尤为突出。高职院校更应该以生为本,根据高职学校学生的特点与教学应用型、职业化、实践化的教学目标,开展线上与线下相结合的混合式教学模式。

网络学习工具"课堂派"的出现,对高职英语教学帮助明显,成为混合式教学模式开展的重要媒介与平台,尤其与社交软件的结合,更利于使用和操作,也更符合"90后"高职学生的学习习惯。师生在传统课堂授课的基础上,随时利用"课堂派"开展实时线上交流与讨论,消弭了课堂与讨论的界限,真正给了学生学习和交流的空间,提高了学生对英语学习的兴趣与利用网络学习工具的积极性。学生作为主体的教学模式在高职院校由于师资、师生比例等主客观因素无法得以落实与贯彻,高职英语教学更为突出。以公共外语课程为例,作为大一

学生在大一阶段必选的课程,学生人数基础庞大,师资数量有限,学生基础薄弱,传统教学过程中存在多层次、多面向的问题。网络学习工具在公共英语类课程的实践,效果更为明显,以课堂出勤为例,教师只需利用线上生成的数字即可,全班学生的出勤情况一目了然,节约了有限的课堂时间。线上各板块内容也方便了师生开展形式多样的讨论与交流,师生关系得到改善,混合式教学模式在利用该网络学习工具中得以实现。

(二)自主学习能力培养的手段与载体

移动网络学习工具"课堂派"的另一大优势就是其利用手机中微信客户端直接登入学习的特点,在资料板块可以直接打开任何形式的文档进行自主学习,如图片、视频、课件、文档等,呈现方式与PC端完全一致。对于高职英语学习者来说,可以有效利用课余时间来复习课程中的知识点与重难点,并利用资料板块中的丰富材料来提高自身听说读写译的能力,使英语自主学习的能力在"课堂派"的使用过程中得以实现。在作业与测试板块中,学生也可以在课下时间,自主完成教师所布置的内容,利用手机微信端随时随地可以利用零碎时间完成,拓展了作业完成的时间与空间,给了学生更多自主选择的机会,有效激发学生学习英语的主动性与自觉性,在使用网络学习工具的过程中,潜移默化地养成良好的英语学习习惯。

除了过程性自主学习媒介的作业与测试板块,教师还可以根据学生自主学习的情况给予三级星评制评价,激发学生自主学习的兴趣和动力。在网络学习工具"课堂派"中的表现栏目中设置表现内容及名称,根据学生课外自主学习的情况和考核依据给予相应的星级评价,在学期末可以自动导出,用以对学生一学期内自主学习的内容与绩效给予公正合理的评价。

高职英语课程中需要学生课外反复训练得以提高的英语技能可以通过表现这一类目进行跟踪与考核,如"基础英语听力""基础英语综合""英语视听说"等课程,学生基数较大,可以借助"课堂派"网络学习工具实时跟踪和督促学生自我管理、自主学习、自由讨论的良好学习态度与学习氛围。

(三)师生开放交流的平台与媒介

"课堂派"作为基于微信社交软件的网络线上学习工具的主要优势就在于其开放和互动的特色。高职英语教学过程中因为传统课堂教学课时量有限,而知识点众多,大部分时间以教师讲授为主,缺少了互动与交流的时间和机会。"课堂派"中的话题、公告、互动等板块给了师生、生生之间平等的沟通机会,所有互动项目都可以通过微信客户端直接提醒每一位学生及教师,及时且有效。高职英语教师可以根据课程特点,提前在"课堂派"平台上发布关于单元的主题与讨论的话题,动态式进行文本及课程内容的讨论,使学生在走进课堂之前,已经对课程主题有所了解并发表自己的看法。

通过"课堂派"网络学习工具,可以有效地将传统被动式、强制式的预习任务转化为主动式、自由式的线上讨论互动模式,不仅能够改善师生关系,还能开发学生发散型、批判型思维训练能力,起到一举多得的良效。在课程过程中,"课堂派"也能发挥及线上互动的功能,教师可以利用互动板块,提前设置好互动的内容、形式与环节,在课堂教学过程中,真正做到线上线下连动式教学模式,创新了师生之间互动的形式与效果,活跃了课堂气氛。课后学生还可以针对课程内容提出疑问,在话题板块进行留言,或者直接私信教师,使课程中的难点与疑点在最短时间内得以解决,不断提高教学有效性和针对性。

四、网络学习工具"课堂派"对高职英语
教学的启示与反思

互联网的发展已经影响到了人们生活的方方面面,高职英语教学也应该充分利用互联网技术来创新和改革传统课堂模式,以服务学生为宗旨,以教学相长为理念,以行为示范为标杆。网络学习工具"课堂派"就是在这样的背景下,作为高职英语教学混合式教学试验的平台与抓手,让师生都能共享科技进步对日常教学与学习的帮助,真正能够学以致用,共同提高师生综合素质与能力。

(一)服务学生,以生为本的教学理念

高职英语教学尽管有许多主客观的困难,但只要以服务学生、以生为本的教学理念为主线,教学改革与教学有效性就会产生积极的影响。有别于综合性学术型高等院校英语专业的教学目标,高职英语教学有其独特的教学规律与教学重点。整个教学过程应该更贴近于岗位要求与市场需要,培养以语言加技能型复合型高职人才,服务地方经济,使学生能有更好的职业规划与发展前途。

因此,以学生需求为根本,是贯穿于高职英语教学的重中之重,良好的语言技能为高职学生未来发展提供了更多的竞争力与综合能力。

(二)与时俱进,教学相长的创新思维

作为新时代的高职英语教师,应该不断与时俱进,吸收新的教学理念与教学技术,特别是互联网技术对高职英语教学有重要促进作用。对于互联网时代成长学习起来的"90后"学生,如何了解他们的个性特点是高职英语教学过程中亟待重视的课题。高职英语教师更应该以平等、理解、互动的心态与学生有更多的交流与沟通,以信息化教学为契机,发现和鼓励学生的优点与能力,在教学相长过程中提高自身教学能力与课堂掌控力。在改革创新教学模式与手段的尝试中,将课堂主导权更多地给予学生,提高学生自主学习能力与主观能动性。

(三)工匠精神,行为示范的育人思想

倡导工匠精神有助于高职英语教学注重职业化与专业化,教师作为教学的主要参与者,更应该用行为示范,用工匠精神来服务学生,关心学生,以自身的行为来影响学生在未来职业化与社会化过程中的专业态度。高职英语教师应该以身作则,在加强个人专业能力之外,更应加强师德师风,用良好的精神感召力为学生将来发展贡献自己的心力,将行为示范的育人理念融合在日常的教学过程中,不断提升高职教师的良好职业形象。

参考文献

[1] 杨眉,孙刚成."A+课堂派+Camtasia Studio+BYOD"支持下翻转课堂的设计与实现[J].现代教育技术,2016(10).

[2] 陈志伟,唐冬梅,张志.在线课堂管理工具在高校教学应用的研究——以课堂派为例[J].电脑迷,2016(6).

[3] 张欢.网络环境下的大学英语混合式教学模式研究[J].吉林省教育学院学报,2015(5).

[4] 孙从众.新常态下高职英语专业分层分类人才培养模式研究——以宁波城市职业技术学院应用英语专业为例[J].湖北成人教育学院学报,2016(2).

[5] 王新宇."中国制造"视域下培养高职学生"工匠精神"探析[J].职业教育研究,2016(2).

本论文已发表于《湖北成人教育学院学报》,2017年第3期。